HISTÓRIA DA LIBERDADE RELIGIOSA

Dados Internacionais de Catalogação na Publicação (CIP)
(Câmara Brasileira do Livro, SP, Brasil)

Coelho, Humberto Schubert
História da liberdade religiosa : da reforma ao iluminismo / Humberto Schubert Coelho. – Petrópolis, RJ : Vozes Acadêmica : IHPV – Instituto Homero Pinto Vallada, 2022. – (Série Ciência e Espiritualidade)

ISBN 978-65-5713-382-8

1. Ciência e religião 2. Filosofia 3. Iluminismo 4. Religião – Aspectos socioculturais 5. Religião – História I. Título II. Série.

21-78250 CDD-200.9

Índices para catálogo sistemático:
1. Religião : História 200.9

Aline Graziele Benitez – Bibliotecária – CRB-1/3129

Série Ciência e Espiritualidade

Humberto Schubert Coelho

HISTÓRIA DA LIBERDADE RELIGIOSA

Da Reforma ao Iluminismo

LIVRO: ISABEL DE CASTELA A 1ª GRANDE RAINHA DA EUROPA - GILES TREMLETT
46,00 - 624 Pgs
2º LIVRO
ISABEL DE ARAGÃO - A RAINHA MÉDIUM
LIVRO: JOANA A LOUCA. LINDA CARDOSO. - 25,00

Vozes Acadêmica

ihpv

Rua Frei Luís, 100
25689-900 Petrópolis, RJ
www.vozes.com.br
Brasil

Diagramação: Raquel Nascimento
Revisão gráfica: Alessandra Karl
Capa: WM design

ISBN 978-65-5713-382-8

Este livro foi composto e impresso pela Editora Vozes Ltda.

Agradecimentos

Este livro é o resultado de meu estágio pós-doutoral como pesquisador convidado da Faculdade de Teologia e Religião da Universidade de Oxford, o qual só foi possível graças ao apoio do Instituto Homero Pinto Vallada e da Clínica Jorge Jáber.

Devo ao meu supervisor nesse estágio, Andrew Pinsent, as condições logísticas e institucionais que permitiram o acesso a numerosas bibliotecas.

Quanto às fontes, acumulei-as ao longo de mais de uma década, com destaque para os acervos da Universidade Martinho Lutero Halle-Wittenberg, de diferentes ramos da Franckesche Stiftungen, e da Escola Superior de Teologia de São Leopoldo. Também devo à Bodleian Library, à Taylor Institution Library, ao Harris Manchester College, ao Christ Church College, ao Wycliffe Hall, à biblioteca de Filosofia e Teologia de Oxford e à Pusey House por me permitirem acesso a seus acervos sobre o tema, mesmo quando estes eram exclusivos para membros dos respectivos colleges.

Agradeço, particularmente, a permissão de Susan Killoran para acessar os arquivos da Library of Protestant Dissent, do Harris Manchester College.

A redação do livro beneficiou-se da leitura atenta de Alexander Moreira Almeida, e de conversações estimulantes com diversos amigos valiosos, com destaque para Abigail Whalen, Di Wang, Jakob Jonnerby, Joel Gamble e Lydia McCutcheon. Não posso também deixar de mencionar a mentoria de professores que ajudaram a formar minha visão sobre a história da Reforma, como Eduardo Gross, Jörg Dierken e, principalmente, Luís Henrique Dreher.

Prefácio

É com grande satisfação que anunciamos o lançamento da Série *Ciência e Espiritualidade*. Com ela, buscamos trazer à comunidade reflexões sobre esse importante campo de pesquisa que tem crescido exponencialmente em suas investigações científicas.

A Série *Ciência e Espiritualidade* tem o intuito de divulgar pesquisas acadêmicas de alta qualidade desenvolvidas a partir dos métodos de uma ciência organizada. Experiências espirituais e religiosas, fé, transcendência, sentido da vida e diversos aspectos da espiritualidade estão entre suas publicações.

Inauguramos esta Série em parceria com a Editora Vozes oferecendo apoio à brilhante obra *História da liberdade religiosa – Da Reforma ao Iluminismo* do Prof. Humberto Schubert Coelho. Este livro trata de forma arrojada a relação entre a história da filosofia e a da religião. É uma obra dedicada a entender o lugar da religião e da fé na vida e na sociedade. Por meio dela, o leitor tem uma visão clara das relações entre pensadores, artistas, cultura da época e o desenvolvimento da noção filosófica de liberdade.

Esta pesquisa inspirou a nós, do IHPV, a fomentarmos publicações nesse campo do conhecimento.

Instituto Homero Pinto Vallada – IHPV
www.ihpv.org.br

ihpv

Sumário

Introdução, 13

Capítulo 1 | Raízes medievais e renascentistas da luta pela liberdade religiosa, 17

O problema da liberdade religiosa em face da suspeita de heresia, 17

Críticos gentis da Igreja: Francisco de Assis e Dante Alighieri, 26

Críticos radicais da Igreja de Roma: John Wycliffe, Jan Huss e Joana D'Arc, 34

Nicolau de Cusa: o cardeal filósofo, 48

Capítulo 2 | Nasce a Reforma, 52

Erasmo de Roterdã, o ponto médio entre a Renascença e a Reforma, 52

Martinho Lutero e a rebelião que fraturou a Igreja, 59

A diversidade resultante do individualismo protestante: Karlstadt, Schwenckfeld, Zwinglio, Franck, e os anabatistas, 64

Melanchthon e a Confissão de Augsburg, 71

Henrique VIII, Thomas Cranmer e as peculiaridades da Reforma inglesa, 73

João Calvino e Miguel de Servet: a Reforma regrada e a desregrada, 80

A Contrarreforma: o modo ibérico de reformar, 85

A Transilvânia sociniana; a ilha de tolerância da Europa, 89

A França entre huguenotes e católicos, 94

Giordano Bruno e seu universo do tamanho de Deus, 98

Capítulo 3 | O mundo moderno: religião e ciência reconfiguram sua relação, 105

Francis Bacon e o nascimento do puritanismo inglês, 105

Descartes e Galileu; o moderno platonismo matemático e religioso, 109

Jakob Böhme e a explosão mística da era da ciência, 119

Choques político-religiosos: A Guerra dos Trinta Anos e a Guerra Civil Inglesa, 127

Jan Comenius e Blaise Pascal: duas expressões peculiares da síntese entre ciência e religião, 133

Robert Boyle e a criação da Royal Society, 144

O papel decisivo de Espinosa no entendimento moderno da religião, 149

Capítulo 4 | Despertar espiritualista na aurora do Iluminismo, 157

A "outra face" da Modernidade: os exemplos de George Fox, de John Milton e do pietismo hallense, 157

A França se prepara para as luzes: François Fénelon, Pierre Bayle e o pensamento francês da virada do século XVIII, 167

John Locke e Isaac Newton: os heróis do Iluminismo, 174

Gottfried Wilhelm Leibniz, o filósofo que explicou como Deus cria espíritos, 185

Primeiros passos do pensamento das Américas, 198

Capítulo 5 | A geração de Voltaire, 207

Christian Wolff e o sistema Leibniz-Wolff, 207

Joseph Butler, os moralistas e George Berkeley nos primórdios do iluminismo inglês, 216

Voltaire, pai dos *philosophes*, 224

David Hume e a Igreja da Escócia, 237

A mudança geral de mentalidades, 247

O Metodismo: evangelismo revolucionário, 255

Capítulo 6 | A Era das Luzes, 260

Diderot e a Enciclopédia, 260

Johan George Hamann, Moses Mendelssohn e Hermann S. Reimarus; pensadores deslocados, 265

Emanuel Swedenborg, o visionário iluminista, 271

A segunda onda do sistema Leibniz-Wolff: a imortalidade da alma no centro da investigação filosófica, 277

Benjamin Franklin e a Revolução Americana, 284

Gotthold Ephraim Lessing e a teologia racional, 294

Jean Jacques Rousseau e a Revolução Francesa: da liberdade ao terror, 304

Epílogo, 321

Referências bibliográficas, 323

Introdução

A história jamais é história de alguns, e nunca é história do passado. É sempre o fragmento de uma trama de coletividades, a fundação do presente e dos futuros possíveis, tão concreta e real quanto qualquer fenômeno da natureza. Sua interpretação pode variar muitíssimo, mas a massa de fatos, de ocorrências que constituem o patrimônio mais ou menos visível sobre o qual deitamos pertence à esfera das realidades dadas. Roma caiu, e os Aliados venceram a Segunda Guerra Mundial. As consequências desses fatos são colhidas invariavelmente por todas as pessoas.

Apenas não somos conscientes do "inconsciente histórico" que nos define.

Em algum sentido transcendental abstrato podemos ter consciência imediata de nós mesmos, mas, no sentido concreto e empírico, nossa autoconsciência é desenvolvida no jogo histórico que começa pelas primeiras percepções infantis. Quando recebemos um idioma, nos damos conta de estarmos inseridos em uma família, uma determinada região, uma determinada condição social, econômica, cultural, política, religiosa, e cercados por um determinado imaginário estético[1]. Aprendemos o que é o ser do mundo através da mediação de um *eu* empírico e histórico, e esse aprendizado se dá pela oferta, por parte do mundo circundante, de traços humanos e culturais que foram constituídos no tempo[2]. Nesse sentido, ao menos, é impossível a existência de pessoas não históricas, ou de uma ignorância radical da história. Estamos sempre minimamente conscientes da nossa historicidade; e quando se fala sobre ignorância histórica, fala-se sobre a falta de um refinamento específico, uma educação específica, sobre determinadas partes de nossa constituição histórica.

Por isso, uma história da fé ou da religião interessa a todas as pessoas. Todas as pessoas, ainda que não religiosas em termos confessionais, são constituí-

---

1. (COLLINGWOOD, 1946).

2. (ARON, 1948, p. 55-60,).

das por uma história e um desenvolvimento cultural nos quais a religião exerceu papel fundamental. A todas as pessoas, com ainda maior força, interessa uma história da liberdade, já que, contrariamente ao caso da fé e da religião, não há pessoas que não desejam estar incluídas na categoria das pessoas livres.

É preciso fugir da ingenuidade de que a história possa ser mais do que relativamente imparcial, pois ela sempre parte de uma intenção comunicativa que quer apresentar algo, de um modo bastante específico, a alguém. No entanto, também tem havido grande confusão quanto ao fato igualmente evidente de que ela é um processo menos social e menos (pejorativamente) interessado ou engajado de autodescobrimento. Embora, mesmo que apenas de modo subconsciente, a autoanálise também contenha um grau de viés e interesse de reforço da visão que já possuímos sobre nossos próprios valores e identidade, é por demais cínico supor que não haja uma contribuição significativa de um impulso mais puro de busca pela verdade ou, que seja, de mera curiosidade. Não parece razoável negar que, ao abrirmos um livro de história, e ainda mais quando abrimos muitos, um dos nossos interesses mais centrais é o da mera satisfação de perguntas, do mero preenchimento de lacunas para as quais não vemos respostas.

Outro risco significativo é o do simplismo quanto a uma causalidade histórico-social. O problema, na verdade, é tão grande, e parte de princípios tão questionáveis, que uma atitude saudável e viável é sempre a de evitar o conceito de causalidade, preferindo o de "acompanhamento" do fluxo histórico, ao estilo: "foi mais ou menos assim que aconteceu". Dessa forma, o leitor consegue visualizar e compreender o que foi concretamente registrado, sem a necessidade de ter de comprar alguma tese explicativa sobre isso.

A história da religião, no Ocidente, é altamente partidarizada. Em geral, divide-se em teses pró-católicas, pró-protestantes ou pró-materialistas, criando uma narrativa do bem contra o mal a partir de sua própria perspectiva. Isso é mais evidente quando tomamos conhecimento de que uma história da religião "científica", isto é, que busca conceituar o papel da religião enquanto fenômeno histórico, só nasce no começo do século XX, com Ernst Troeltsch[3], não obstante louváveis exceções que tentaram buscar a imparcialidade possível em séculos passados. O próprio, Troeltsch, e seu amigo e colega mais famoso que responde pela ideia de que o protestantismo é o espírito por trás do capitalismo, Max Weber, décadas depois passaram a ser vistos como ainda partidários de uma visão na qual o protestantismo seria superior ao catolicismo.

---

3. (TROELTSCH, 1912-1925).

Após esse período, pode-se dizer que um quarto partido surgiu, um partido só possível após considerável secularização: o do cristianismo genérico, isto é, não partidário entre catolicismo e protestantismo.

Considerando que a imparcialidade é impossível, e que nosso lugar mental-cultural e nossos interesses determinam como iremos enxergar a história, apesar de nossos esforços, o século que transcorreu entre Troeltsch e nossos dias viram uma sensível mudança na direção da imparcialidade possível, enfim assumida como versão mais justa e racional (científica) dos fatos.

Historiadores da filosofia e da teologia, contudo, muitas vezes contribuíram mais do que os historiadores "tradicionais" na explicação do surgimento da ideia de liberdade religiosa, da secularização e das consequências extremas que esses processos tiveram na configuração da Modernidade. Contribuíram mais, primeiro por verem como ideias filosóficas e teológicas capitanearam as mudanças de consciência rumo à formação de valores e demandas de liberdade religiosa, e, em segundo, porque a história "pura", como todas as demais ciências humanas, caminhou a passos largos entre 1920 e 1980 na direção do postulado positivista ou cientificista de que as ciências humanas só poderiam ser ciências assumindo o materialismo metodológico. Esse materialismo metodológico só passou a ser reconhecido nas décadas recentes, novamente, como mais uma opção metafísica, ao invés de uma verdade imparcial e comprovada, como se tentou estabelecer em boa parte do século XX.

Duas das consequências do materialismo metodológico são: 1) a narrativa de que a religião seria a causadora dos conflitos entre pessoas religiosas, como se estas não usassem outros pretextos para entrar em conflitos e não tivessem sempre outros interesses paralelos aos interesses religiosos; 2) a ênfase hipertrofiada na dimensão política de todos os processos transformadores da história da cultura e das ideias, como se a filosofia, a arte e a teologia não contribuíssem tanto quanto – ou mais – na transformação política e econômica do que o contrário.

Parte do trabalho de uma história da filosofia e da teologia, portanto, é mostrar como o valor intrínseco das ideias funciona como "causa material" ou "conteúdo" da percepção de valores como o da liberdade religiosa, seja enquanto tolerância seja enquanto direito de livre-crença. Ora, tais valores, para os quais houve pálidas tentativas de proteção e instrumentalização legal no século XVII, só se consolidam realmente ao final do século XVIII como ideia de que há direitos inalienáveis da consciência. Essa mudança política é fundamental para a percepção clara, entre a população, de que o Estado ou autoridades eclesiásticas não poderiam obrigar os indivíduos a frequentar a comunhão ou a se batizarem em determinada igreja, de determinada forma.

Antes, contudo, que as pessoas e instituições reconhecessem e consolidassem a noção de que o Estado deveria *defender* as pessoas da imposição religiosa ao invés de as impor, numerosas gerações de pessoas pagaram altíssimos preços por sustentarem ideias proibidas ou malquistas pelo clero e pelos governantes.

Cada progresso científico, literário, filosófico e teológico, bem como cada movimento popular que tenha ousado enfrentar a coerção religiosa, portanto, tem necessariamente de ser lembrado como rachadura na barragem do autoritarismo que represava a liberdade religiosa. Muitas vezes essas rachaduras foram desferidas por adversários da religião cristã, ou materialistas; outras tantas vezes por dissidentes das igrejas oficiais, que desejavam viver uma forma alternativa de cristianismo; outras vezes, contudo, essas rachaduras foram provocadas por membros ortodoxos das igrejas católica ou protestantes. Essa diversidade contribui para a riqueza e complexidade da história do pensamento ocidental e cristão.

Não se deve concluir desta apresentação, portanto, que a história da liberdade religiosa tenha tido como vilã a instituição religiosa. Em alguns momentos a necessária ênfase sobre esse aspecto pode dar ao leitor a impressão de que o presente livro faz apologia à secularização. Se isto chega a ocorrer, foi de forma não intencional, consequência do foco sobre o processo muito específico de choque entre ideias religiosas e instituições religiosas no contexto da dissidência. Muitas vezes a dissidência se caracterizou como gesto provocativo e proselitista por parte de filósofos, como foi o caso no Iluminismo. Esse enfoque assume como protagonistas *os vícios e os erros* da ortodoxia religiosa, sem enfatizar suficientemente os seus méritos e o quão fundamentais as ortodoxias são para o estabelecimento de coerência mental e ordem social suficientes para que suas ideias e princípios básicos sobrevivam por séculos.

Contra o purismo militante, tão comum em nosso tempo, a história parece nos revelar seres humanos não tão diferentes da pretensamente superior geração atual. Seres humanos que queriam acertar, melhorar o mundo e fazer o bem, e que não poucas vezes o fizeram de forma tão rebelde e iconoclasta a ponto de criar quase apenas a destruição, ou tão autoritária e conservadora a ponto de impedir a luz de chegar aos cantos sombrios.

Se nos permitirmos uma dose de otimismo, apesar de o equilíbrio ser tão raro a ponto de parecer utópico, talvez seja possível interpretar a história evolutiva da liberdade religiosa como a história da complexa relação entre o espírito greco-romano e o espírito judaico-cristão; uma história que intensifica a harmonia entre essas consideravelmente distintas raízes através do estímulo provocado por seu próprio conflito; que revela a unidade na diferença e ajuda a explicar o aprofundamento de ambas.

CAPÍTULO 1 | Raízes medievais e renascentistas da luta pela liberdade religiosa

O problema da liberdade religiosa em face da suspeita de heresia

A pré-história da Modernidade inclui alguns movimentos tipicamente medievais, que, sem contrastar com a estrutura de pensamento da Idade Média, permitiram novos horizontes de conflito e tensão do mesmo.

O pensamento ocidental tem três fontes perenes de inspiração: Platão, Aristóteles e a Bíblia. Estas três fontes revezam-se em ciclos que enfatizam uma delas sem apagar as demais, ou estão simultaneamente estuantes nos momentos de maior glória da cultura ocidental. Esta é uma afirmação particularmente verdadeira para a Idade Média e para o período de Renascença/Reforma que antecederam e criaram as condições para a Modernidade. Com a licença poética das classificações simplificadoras, poderíamos imaginar essas três forças como criticismo (Platão), realismo científico (Aristóteles) e fideísmo (a Bíblia), com configurações intermediárias e, evidentemente, cruzamento com outras tantas fontes menos constantes, mas nunca desimportantes para a compreensão do todo.

Platão lança um método para a busca da verdade que evidencia a natureza humana da empreitada e, por isso, enfatiza a fragilidade subjetiva de todos os esforços humanos, sem que isso o leve a desesperar da verdade como promessa da razão. Ele formou, assim, o pensamento idealista.

Aristóteles ofereceu ao mundo um método similar, mas um pouco mais voltado à estrutura da natureza e aos objetos de estudo do que à alta introspecção, formando o tecnicismo e o rigorismo que hoje reconhecemos nas abordagens mais analíticas e concretas.

A Bíblia, por sua vez, adiciona ao pensamento grego uma visão radicalmente diferente, da verdade que chega por intuição, que é "ouvida" pelos profetas e santos e que, portanto, depende muito mais da fé e da pureza moral para a sua recepção do que de uma investigação propriamente dita. Não se deve, no entanto, interpretar erroneamente esse fideísmo como atitude contrária à razão ou mesmo distinta da razão, pois os meios de se preparar a alma para a recepção da verdade exigem também o seu método, e o irracionalismo é produto do fundamentalismo religioso, não da fé em si. A visão judaica de um Deus único e racional, do qual o ser humano é imagem e semelhança, garantia a possibilidade de conhecer a verdade, séculos antes de começar a filosofia grega.

No entrechoque das tendências, contudo, posições muito radicalmente distintas de interpretação das Sagradas Escrituras sacudiram a Antiguidade, a Idade Média e a Modernidade, naquilo que os partidos capazes de impor seu sistema interpretativo chamaram de heresias.

Porque a Modernidade e a liberdade religiosa como uma de suas colunas mestras estão inteiramente conectadas ao conflito entre ortodoxia religiosa, de um lado, e ceticismo, criticismo ou secularização, de outro, a discussão sobre o estabelecimento da ortodoxia em face das heresias subjaz aos fenômenos contestadores que reemergem, depois, como Reforma Protestante. Independentemente do que pensemos sobre as heresias e seu papel na formação da Igreja na Antiguidade e na Idade Média, portanto, é preciso considerar que uma determinada reabilitação das heresias faz parte da agenda secularizante a partir de, no mínimo, meados do século XVII.

As heresias cristãs eram, fundamentalmente, ou filosofias cristãs concorrentes com a filosofia da ortodoxia ou híbridos de cristianismo com outras tradições espirituais, como o maniqueísmo e o gnosticismo.

Um exemplo muito típico disso, isto é, que as heresias não se resumiam a perversões de uma pretensa doutrina verdadeira, é a controvérsia entre Santo Agostinho (354-430) e Pelágio (354/360-418). O primeiro, famoso filósofo, teólogo e bispo de Hipona, o segundo, importante pensador britânico da mesma época, e duramente perseguido por Agostinho e outros como herege.

A dualidade entre eles é mais simbólica do que fundamental, mas ajuda a entender como as limitações de um dos maiores pensadores e santos da tradição permitiram o crescimento de uma erva competidora no jardim do cristianismo. Se Agostinho tivesse sido filosoficamente capaz de acomodar o contraditório, ou socialmente hábil a ponto de conseguir uma conciliação, a história do cristianismo, do Ocidente, poderia ter sido outra.

Agostinho era não apenas um autor brilhante como um líder político e carismático da Igreja; e é sabido que suas propostas e posições, muitas vezes, impuseram-se por força de sua superioridade retórica, literária, política ou carismática.

Sem discutir os méritos ou deméritos das teorias de Agostinho e de seus vários antagonistas, é notório que o consenso geral dos cristãos pendeu muito rápida e acriticamente em favor da ideia de que Agostinho rebatera todos os argumentos de todos os seus adversários, estabelecendo nada menos do que interpretações "corretas" dos pontos doutrinários por ele defendidos. A interpretação correta e invariável é, aliás, o significado original do termo ortodoxia. Nesse sentido, Agostinho não é o grande filósofo que conhecemos pela doutrina do mal, da memória ou da subjetividade, e sim o teólogo dogmático, que fecha portas à discussão filosófica sobre alguns princípios cristãos fundamentais. E isso porque a filosofia não permite o estabelecimento de ortodoxias, por mais que elas sejam a argamassa que impede a estrutura social de desmoronar.

De acordo com Agostinho e com o consenso estabelecido a partir de sua autoridade (quase equivalente à das Escrituras, para muitos), Pelágio teria incorrido em uma série de erros graves de interpretação das verdades cristãs. Atualmente, contudo, até mesmo a autoria dos textos atribuídos a Pelágio, por exemplo, é muito discutida, havendo quem defenda que apenas *De divina lege*, *Epistola ad celantiam*, *De virginitate* e *De vita christiana* seriam dele[4]. Nosso desconhecimento sobre os pormenores da doutrina de Pelágio deixa-nos em uma posição difícil para avaliar o quão justa foi a análise de Agostinho em seus textos antipelagianos.

Alguns ataques a Pelágio se dirigem a outros textos falsamente atribuídos a ele, gerando suspeição sobre a pertinência das acusações que se lhe fazem, e justificando alguns dos grandes preconceitos a respeito do real papel de Pelágio na história do cristianismo primitivo. Conforme esses preconceitos, criou-se uma caricatura que servisse de contraste e ameaça artificial a Agostinho, e também a caricatura oposta, provavelmente lendária, do grande pensador que o antagonizou com uma superior teoria humanista e libertária. Seja como for, o pelagianismo correu ora nos subterrâneos ora explicitamente como doutrina concorrente ou "opção humanista" ao relativo fideísmo de Agostinho. Por isso, pode-se enxergar outros pontos de cisão dualista na história da Cristandade como reencenações da controvérsia Pelágio-Agostinho; a mais óbvia delas é a disputa entre Lutero e Erasmo sobre o livre-arbítrio.

Mitos sobre Pelágio e o pelagianismo, fomentados pela condenação da ortodoxia via concílio e pela condenação textual de Agostinho, ajudaram seus antagonistas a estabelecerem a caricatura de heresia e heterodoxia contra eles. O que em algum momento foi uma disputa teológica, hiperdimensionada pela propaganda dos opositores, logo tornou-se "grave erro doutrinal". Parte dessa atitude combativa e mutuamente excludente do debate refletia a ideia romana da vitória

---

4. (EVANS, 1968).

retórica, e os partidos vencedores geralmente eram vistos como desmoralizadores dos derrotados. Não sabemos ao certo em que medida Pelágio pode ter contribuído para aquecer o debate e levá-lo ao ponto de um conflito tão grave, mas sabemos que algumas inverdades foram associadas à sua doutrina com o fim de a desmoralizar, ou por excesso de zelo em negá-las.

É falso, por exemplo, que Pelágio tenha dito que o pecado de Adão só afetou a este, pois Pelágio diz exatamente o oposto em *De divina lege*. Para desmoralizar Pelágio, a caricatura que dele fizeram afirmava que ele considerava a natureza humana isenta de pecado original, quando, na verdade, ele tem uma visão apenas levemente distinta e justificada por passagens das Escrituras.

É parcialmente falso que tenha negado a gratuidade da graça, pois enfatizava que Deus precisa auxiliar diariamente o livre-arbítrio do homem e, com muito mais força, daqueles que Lhe pedem[5], pois Deus pode agir em consórcio com a liberdade humana[6]. O que não se deve, portanto, é considerar a graça aleatória. Não negava, que a graça é prerrogativa de Deus, mas a racionalizava minimamente para que não fosse a eleição de um déspota.

Para Pelágio, a predestinação não pode senão ser uma expressão da presciência, isto é, Deus não escolhe uns para serem salvos e outros para se perderem, mas Ele "vê" aqueles que por esforço, fé, arrependimento, em suma, por mérito, encontrarão a salvação[7].

É possível, inclusive, resumir a posição de Pelágio a um antipredestinarismo, o que, consequentemente, faz dele um libertarianista e um humanista cristão; não admitia a eternidade das penas, nem que "se dissesse que Deus não se inquieta com os assuntos deste mundo"[8]. No final das contas, Pelágio de fato não é um reprodutor das ideias em voga, mas uma espécie de reformador, que acreditava buscar a verdadeira essência do espírito cristão por trás da letra, às vezes engessada, da doutrina dos teólogos[9]. Seria exagero, contudo, supervalorizar esta índole reformista para fazê-lo passar por inovador, pois a maior parte de suas ideias já havia sido defendida por Atanásio, como o otimismo, a defesa do livre-arbítrio e a disposição do homem ao bem[10]. É razoável concluir, portanto, que Pelágio era perfeitamente ortodoxo, ainda que um ortodoxo crítico e provocativo.

---

5. (BONNER, 2018, p. 4; 11-13).

6. (BOHLIN, 1957, 1939).

7. (BOHLIN, 1957, p. 38-39).

8. (DE PLINVAL, 1943, p. 184).

9. (DE PLINVAL, 1943, p. 222-236).

10. (BONNER, 2018, p. 36-40).

O impasse era também formal, já que as ideias pelagianas foram condenadas em Cartago (411), mas logo depois tidas como ortodoxas pelo Concílio de Diópolis (415), levando Agostinho e a comunidade dos bispos africanos a uma guerra de longo prazo.

Para além da caricatura feita por Agostinho, a correta compreensão de Pelágio passa pela sua dialética entre Deus e as criaturas, entre a vontade soberana e a do homem, entre mérito e uma graça quase imanente. O que constitui a parte mais discutível da doutrina de Pelágio é, provavelmente, a justificativa bastante filosófica para sua crença na propensão do homem ao bem: a constatação de que nossa consciência é competente em alertar-nos e discriminar o bem e o mal[11/12]. Ao lado desse elemento filosófico, sua teologia era a teologia do puro amor de Deus[13].

Por que, então, Pelágio teria sido tão duramente perseguido como desviante? Esta resposta pode, lamentavelmente, ter mais a ver com questões políticas e sociais do que teológicas ou filosóficas. Independentemente das discordâncias sobre a doutrina, a qual ambos acreditavam defender zelosamente das distorções um do outro, é fato que, àquela altura, vencedores e perdedores de disputas tão grandes tinham respectivamente muito a ganhar e muito a perder com elas. Tinham a perder a respeitabilidade, o renome, e até o direito de sustentar suas ideias, e tinham a ganhar com a aceitação de suas ideias como símbolos da ortodoxia e da perfeita doutrina cristã, protetores da Cristandade contra as muitas e "perigosas" dissidências dessa ortodoxia. Para instalar qualquer ortodoxia na forma de autoridade intelectual e política, "uma parte necessária do processo é que alguém seja flagrado quebrando regras e que seja condenado por isso"[14].

Não é incomum na história que tentativas de estabelecimento de uma ideologia, partido ou religião incluam ou dependam de uma relação viciosa entre a perseguição e o reforço à autoridade, porque condenar "desvios" é uma exigência logicamente necessária da afirmação de uma posição como autorizada e absolutamente verdadeira. Em uma relação obviamente dialética, a ameaça alimenta o ímpeto reformador e puritano.

---

11. (FERGUSON, 1956, p. 124).

12. "From the many revolutionary steps in Pelagius' interpretation of the Epistle, it is striking how far he stresses the absolute responsibility of the soul to sin or do good, to promote its own vices and virtues, which should not be reputed to the body, the flesh, or any other exterior influence from evil, despite the fact that all this factors may add to temptation. It is ultimately the soul that decides what to do, always" (DE BRUYN, 1993, p. 43). Ver [Rm 6,4-21].

13. "It would not be improper to call Pelagius the herald of Love. This is the real centre of his message; in it he is very close to the Mind of Christ; before it much of the controversy that surrounds his name seems irrelevant" (FERGUSON, 1956, p. 126).

14. (BONNER, 2018, p. 267).

Para manter o cargo de "papa da doutrina" – um cargo simbólico que ele aparentemente tinha gosto em manter para si –, Agostinho, ou qualquer outro, teria de sustentar continuamente a posição e a postura de autoridade inquestionável.

Por fim, outra causa provável da condenação dos desviantes é a preferência psicológica por protagonistas e heróis da história, uma tendência que nos leva a comprar teses com heróis isolados que lutam contra tudo e contra todos para impor a verdade. Essa tese é reforçada pela percepção favorável que temos diante da superioridade intelectual e literária ou da articulação dos oradores. Diante de textos de Platão, Agostinho ou Kant, a mente se sente naturalmente inclinada a supor que qualquer opositor ou concorrente dificilmente teria levantado alguma questão legítima. Esse partidarismo ou sectarismo natural apela para nosso senso de conforto cognitivo, que vê no partido dominante a resposta definitiva para os problemas que, de outro modo, restariam em aberto.

É importante, portanto, não confundir a constatação de que houve supressão de doutrinas por parte de um partido que se assume como ortodoxia com uma tese conspiratória sobre "a verdade ocultada" ou "as vozes silenciadas" da história – no caso, do cristianismo –, porque essas não seriam teses que responsavelmente prestariam auxílio à compreensão do fenômeno mais universal de estabelecimento de ortodoxias. Até certo ponto, o processo que importa compreender é universal e inevitável. Estabelecemos sistemas políticos, ideológicos, religiosos e filosóficos combatendo outros. O que é problemático é a não compreensão do caráter combativo e relativamente autoritário de todos os processos de estabelecimento de ortodoxias.

Dito isto, podemos entender melhor explanações como a de Maurice Willes:

> O estudo da doutrina cristã primitiva tem se modificado quanto à atitude frente às heresias e aos heresiarcas. A imagem de um gradual florescimento de uma única e consistente visão da verdade cristã, desenvolvendo-se apenas no sentido de aumento de precisão de suas expressões, que foi imposta à Igreja como necessidade de combater perversões introduzidas por hereges malévolos, desapareceu. [...] Pelágio e Nestório não são vistos como homens de intenções malignas; são vistos como cristãos determinados a defender alguns aspectos da verdade cristã que estavam efetivamente em risco nas doutrinas de Agostinho e Cirilo. Mesmo que sua apresentação geral da fé seja julgada menos satisfatória que a de seus oponentes canonizados, eles lutavam por noções cristãs às quais seus oponentes cristãos ortodoxos não faziam inteira justiça. Onde esses conflitos deram origem a divisões eclesiásticas, como as igrejas nestoriana e monofisita, isso empobreceu a Igreja

Católica que passou a se definir contra elas. A posição que aqui defendemos não envolve negar a realidade das questões que os dividiam. Apenas envolve dizer que as noções corretas não são prerrogativa exclusiva de um dos lados[15].

Esta constatação não é apenas mais razoável, esclarecida e autocrítica do que a afirmação enfática e inevitavelmente dogmática de uma única perspectiva, como é também uma constatação que nos obriga a irmos ao encontro dos "hereges", por uma questão de justiça e pelo valor instrutivo que suas doutrinas possam ter para uma compreensão mais racional, mais integral e mais moralmente saudável do cristianismo.

Até pelo menos meados do século II, a "constituição das igrejas católicas assemelhava-se a uma federação, e não a uma monarquia", e isto, de acordo com Homersham Cox, fazia com que a identidade e a unidade da Cristandade dependesse de uma coesão doutrinal, e um consequente esforço em favor da pureza doutrinária, a qual só poderia ser garantida com "a exclusão dos 'heréticos e cismáticos'"[16]. Como vimos, é natural que na disputa sobre a verdade ou sobre a correção de um protocolo comportamental os partidos estejam preocupados em eliminar alternativas indecentes. Algumas vezes, essa "indecência" é verdadeira, como quando a democracia elimina a possibilidade de discursos nazistas, ou quando a comunidade científica não está disposta a discutir com aqueles que não seguem os métodos apropriados, como terraplanistas. Outras vezes, contudo, a mácula dos hereges pode não ser tão ruim aos nossos olhos, embora parecesse inaceitável a um grupo, em outro ambiente e contexto.

O problema, alega Cox, é que este tipo de comportamento rápida e naturalmente degenera em uma compulsão irrefreável por parte daqueles que se atribuem o direito e se sentem investidos da responsabilidade pela purificação doutrinal.

Por um princípio de mútua exclusão, a busca obsessiva por desvios acaba por reforçar a ideia de que apenas uma doutrina verdadeira existe; e há também uma vantagem muito prática na rigidez do cânone: "quanto mais estreita e exclusivista é a doutrina, mais agilidade de decisão e clareza na discriminação, de modo que instituições sociais e políticas em crescimento eventualmente têm de mover-se da pluralidade e relativa liberdade para a centralização e autoridade sobre a doutrina"[17].

---

15. (WILLES, 1996, p. 2).

16. (COX, 1886, p. 260-266).

17. (COX, 1886, p. 389). Cox também observa que os judeus e romanos provavelmente não viam, do ponto de vista da rigidez doutrinária e do ritualismo, a Igreja primitiva como algo novo, espiritual e distinto do

Textos de Tertulino (155-220) e, depois, Lactâncio (240-320) já defendiam fortemente a tolerância[18], mas essa defesa é menos meritória quando a religião professada pelos tolerantes é a perseguida, e não a religião dos governantes. O que realmente interessa na discussão sobre a tolerância é que seja exercida, sobretudo, pelo partido dominante.

Uma consequência óbvia da guinada em direção à ortodoxia e a um autoritarismo que a sustente, então, é a progressiva mudança de atitude de vítima para a atitude de perseguidor[19], o que se faz acompanhar de uma respectiva mudança no apreço pela liberdade para o apreço pela ordem e rigidez da ortodoxia. Em um exemplo bastante característico, Geoffrey de Saint Croix afirma que mesmo os mártires cristãos não tinham índole fanática ou sequer ortodoxa, mas antes liberal. Eles não entendiam ser obrigatório o martírio, mas uma oportunidade a ser abraçada alegremente quando oferecida[20], e esta mesma ideia da liberdade de consciência já não era aplicável quando começaram as perseguições a outros cristãos a partir de Ário e Pelágio, que de algum modo tentaram dialogar com as autoridades, ou até se retratar, e deram de frente com o muro da inflexibilidade ortodoxa.

As transformações do pensamento cristão ultrapassam em muito as mais óbvias e bem conhecidas influências do gnosticismo[21], do neoplatonismo, do helenismo e de religiões populares no Império Romano, e além. Doutrinas como a de Marcião estimularam as primeiras igrejas a traçarem as linhas fundamentais da identidade cristã, rejeitando o que as ultrapassasse. Paulo já havia feito trabalho semelhante, mas é a partir do século II que os cristãos começam a sentir a necessidade mais concreta de expulsar do corpo da Igreja nascente os dissidentes mais radicais e exóticos.

---

que entendiam como religião. Se ela era de fato mais espiritual isso se restringe a um nível mais filosófico e respectivamente moral, não ao nível prático e exterior da vida cristã. "Os ritos cristãos eram, em muitos aspectos, similares aos da sinagoga", "lavavam as mãos antes das orações, como os judeus" (COX, 1886, p. 412; 417).

18. (LECLER, Vol. I, 1955, p. 68).

19. (DE STE. CROIX, 2006, p. 153).

20. Idem.

21. "I do not intend to examine the very difficulty problem of the origins of Gnosticism. Suffice it to say that none of the traditional explanations is wholly satisfactory. It is not 'acute hellenization' if this means a reinterpretation of the Gospel in the terms of Hellenistic philosophy, though there is something Greek about the intellectualism which emphasizes the importance of knowing the truth. It is not just Hellenization of ancient Oriental religions, though Wendland's description of it as 'the theology of syncretism' is nearer to the truth than Harnack's. It is not, as conservative Christian scholar have sometimes sought to represent it, mere deviation from orthodox Christianity in the direction of a mystical dualism, for we can see traces of it in pre-Christian thought, even within Judaism" (GARRARD, 1965, p. 77).

As confusões de Marcião[22] (85-160) exigiam, aos olhos da comunidade, o apontamento claro "do cânone novo testamentário" e uma valorização do Velho Testamento, "frequentemente interpretado pelos primeiros cristãos como alegórico"[23].

É louvável, contudo, que a comunidade cristã primitiva jamais tenha justificado ações violentas no afã de defender a noção cada vez mais dominante de verdade doutrinal. Os mais dogmáticos defensores da ortodoxia, até pelo menos a geração de Agostinho, não se sentiam confortáveis em excluir membros da igreja, e talvez a nenhum pensador cristão da Antiguidade tenha ocorrido matar em nome da fé e da doutrina verdadeiras. Isso começa a mudar, presumivelmente, com o aprofundamento das relações entre a Igreja e o poder terreno, e a necessidade de se justificar certas demandas temporais, como guerras, espionagem, código penal e intrigas palacianas, no seio de nações agora oficialmente cristãs.

Bem antes de uma "política cristã" começar a ser um problema, o caldeirão cultural de um mundo bastante interconectado pelo Império Romano apresentava desafios adicionais às dissidências (heresias).

No caso bastante significativo e não tão atípico do maniqueísmo, em que uma síntese eclética entre judaísmo, cristianismo e zoroastrismo unidos por uma cola de ares helênicos se apresentava como nova revelação, cristãos começaram a perceber que não apenas tinham de confrontar hereges que alegavam ter uma versão válida do cristianismo em si, como agora também tinham de responder a novas religiões que pretendiam absorver o cristianismo como mero elemento de suas próprias sínteses.

Com a vitória da ortodoxia e a expansão do cristianismo pela Europa, entre os anos que se estendem da oficialização do credo por Constantino até mais ou menos o período da escolástica e das Cruzadas, a Igreja Romana garantiu a unidade doutrinal à custa de um significativo estreitamento da liberdade interpretativa. A grande mudança, portanto, se deu quanto ao fechamento da interpretação da doutrina, ao passo que a liberdade de investigação e de pensamento em geral, tantas vezes exageradamente apresentada como inexistente, sofreu restrições menores para além das inevitáveis mudanças de preferência cultural dos próprios estudiosos. Uma dessas mudanças culturais, por exemplo, foi a ênfase dada por Agostinho, entre outros, à fé e ao estudo das Escrituras em relação às ciências mundanas, que não salvam a alma. Essa ênfase, persuasiva para todos os cristãos, deslocou as maiores mentes do mundo para o Céu mais do que qualquer proibição.

---

22. Um dos primeiros grandes hereges, conhecido por defender doutrinas tão absurdas que gerava a exigência de maior zelo e unidade entre os cristãos.

23. (GARRARD, 1965, p. 31).

Críticos gentis da Igreja: Francisco de Assis e Dante Alighieri

A Idade Média está entre os períodos de mais intensas transformações do nosso planeta. As grandes religiões cristã e islâmica prosperaram e reconfiguraram completamente a cultura do mundo antigo em uma nova visão de mundo, uma nova forma de agir e de se relacionar com Deus. Entre a Índia e a Irlanda, das estepes geladas da Ásia Central ao Marrocos, essas duas grandes expressões de fé pautaram o ritmo do progresso da consciência e da civilização. Esse processo não ocorreu sem grandes choques com pagãos, a proliferação de numerosas e influentes seitas e heresias, assim como um vibrante debate filosófico.

Plural e complexa desde sempre, a cultura medieval era um cruzamento de três matrizes significativamente distintas: a pagã, a greco-romana e a judaico-cristã[24]. Essas três culturas prévias, com suas religiões, sistemas políticos, tradições e realizações estéticas, técnicas e sociais, nunca se fundiram perfeitamente. Ainda hoje, quinze ou dezesseis séculos após o começo dessa hibridação, é possível distinguir movimentos separados de classicismo e racionalismo gregos, de hebraísmo e fideísmo cristão ou biblicista, bem como movimentos pagãos ou eclosões de traços pagãos que corriam subterrâneos.

Por volta de 1100 a 1200 d.C., principiam as Cruzadas. A grande geração de Bernardo de Claraval, Santo Anselmo, Hildegard von Bingen, Pedro Abelardo e a escola vitorina prenunciaram grandes mudanças na atitude espiritual e intelectual da Cristandade. O mundo parecia preparar-se para Tomás de Aquino, Francisco de Assis, Boaventura e Raimundo Lúlio, que fariam do século XIII o zênite do pensamento medieval.

As Cruzadas não foram bem-sucedidas, apesar de os cristãos ocuparem a terra santa e garantirem o acesso aos peregrinos por muitas décadas. Seus custos financeiros e humanos assombrosos e o constante avanço do Islã sobre o Império Bizantino representaram um momento ameaçador para a Cristandade. Não teria sido exagero supor, por volta de 1200 a 1500, que estava destinada a desaparecer.

Situação radicalmente oposta era a da Península Ibérica, onde, desde o século VIII, alguns poucos cristãos, inspirados por Pelágio das Astúrias, travavam combates contra as forças aparentemente invencíveis dos mouros.

O Reino de Portugal estabelece-se, e estava na ofensiva entre 1157 e 1187.

Os templários e alguns comerciantes italianos começaram a praticar o empréstimo a juros de forma regular e bem estruturada, dando início à atividade bancária e à consequente transformação da economia decorrente da maior disponibilidade e movimentação de recursos.

---

24. (LE GOFF, 1993, p. 101).

Ao mesmo tempo, na Úmbria, Francisco Bernadone (1182-1226) experimentara uma conversão mística após episódios em 1207 e 1209, que julgou serem revelações, iniciando um movimento radical de retorno à vida cristã.

Poderíamos começar a história da liberdade religiosa como uma ideia que nasce com Sócrates e Xenófanes, ou com Jesus Cristo, ou com Boécio e Dionísio Aeropagita, mas, pelas razões expostas no tópico anterior, decidimos começar pelo contraste interno da Cristandade católica romana do século XVIII em diante. Esse contraste se deu entre o conceito de liberdade de pensamento, que amplo ao longo da Antiguidade e da Idade Média desde a época em que fora estabelecido na Grécia Clássica, e o princípio da contestação das autoridades eclesiásticas. Nesse segundo sentido, Francisco de Assis e Dante são bons exemplos de católicos exemplares que, de maneira inovadora, discordavam de princípios que a doutrina não lhes permitia questionar. Mais importante ainda, acreditavam discordar da estrutura da Igreja por causa da mensagem cristã, e não contra ela.

Aqui é preciso observar a importância de não se confundir uma crítica à hipocrisia e mau exercício dos princípios, crítica interna recorrente desde os primeiríssimos dias do movimento cristão, com a crítica mais pesada e de maiores implicações sobre a doutrina. Dante e Francisco são importantes e inovadores por estarem na berlinda dessa segunda forma de crítica mais radical e que apontava diretamente para um erro estrutural da Igreja e da doutrina cristã em permitir os desvios graves entre a doutrina de Cristo e o que a comunidade dos seus representantes se tornara nos séculos recentes.

Sem que fosse um inaugurador desses princípios, Francisco excedeu em influência e força moral todos os predecessores que propuseram reformas da prática cristã no sentido da espiritualização e da efetividade da conversão das consciências a Cristo. Recriminava as leituras e preleções que não se convertessem logo em ação beneficente[25]; não considerava cristão aquele que não tivesse suficiente "pobreza de espírito" para receber sem revolta um tapa na face[26]; e em sua regra aos frades menores recomendou nada menos que o mais radical abandono das coisas mundanas e a total entrega a Cristo e ao seu divino código de conduta[27].

Sem expressar revolta ou ataque explícitos, confrontava, por seus princípios e ações, o entendimento que as autoridades eclesiásticas tinham da vida cristã, não apenas afrontando, como insinuando sua invalidade, o que feria o princípio da autoridade dos concílios, dos papas, da cúria, e de toda a estrutura

---

25. (FRANCIS OF ASSISI, 2005, p. 29).

26. (FRANCIS OF ASSISI, 2005, p. 31).

27. (FRANCIS OF ASSISI, 2005, p. 40- 57).

assentada sobre esses. Francisco acreditava, aliás, que o cristianismo não poderia jamais assentar sobre tais invenções humanas, e sim sobre o modelo de Cristo e dos apóstolos. Se tivesse colocado essas ideias em palavras claras, como outros tantos fizeram poucas décadas depois, teria sido tomado por herege.

É também necessário lembrar que Francisco, muitas vezes chamado de protorreformador, não era senão um humílimo reformador espiritual, sem qualquer intenção de contestar a estrutura eclesiástica instituída, ainda que suas propostas de vida cristã implicitamente condenassem a subordinação do clero à ordem do mundo de preferência à ordem de Deus. Em seu testamento, afirmou que jamais recriminaria clérigo algum, pois via em todos eles ministros de Deus e seus mestres[28], mas as atitudes de Francisco, na prática, ofendiam e envergonhavam muitos deles.

Sem ser considerado herege em momento algum, Francisco havia, contudo, cruzado a linha da crítica "normal e aceitável" à Igreja e ao clero, cujos dogmas estabelecidos protegiam e abonavam. Não tanto por seus ataques, mas por sua defesa do que deveria ser a vida cristã verdadeira, contrastava excessivamente com princípios estabelecidos e entendidos, então, como indiscutíveis, motivo pelo qual foi visto como louco e rebelde em um primeiro momento.

Como demonstram tanto suas biografias quanto os comentários históricos, a razão central de não ter sido perseguido por sua rebeldia está em que grande quantidade de pessoas, incluindo o papa, se convenceram de que ele era santo, e bem poderia estar sendo inspirado e dirigido por Deus. Como veremos, em muitos outros momentos um desvio doutrinário ou até mesmo uma heresia foram perdoados porque os seus contemporâneos viram o seu portador como um profeta ou um santo.

Após a morte de Francisco, a geração dos grandes místicos daria lugar à dos grandes pensadores. Tomás de Aquino, Raimundo Lúlio e John Duns Scotus dominaram a segunda metade do século XIII com as claridades intelectuais, sem perder em força de caráter e vivência cristã.

Em Paris, a tese do naturalismo moderno começava a ser formulada com a decisão de Alberto Magno de separar o conhecimento da natureza dos assuntos da fé, enfatizando que em filosofia natural não se deveria tratar dos milagres[29], por exemplo.

Entre os discípulos contemporâneos de Francisco destaca-se Fernando de Bulhões, o Santo Antônio de Pádua (ou de Lisboa) (1195-1231). Com sólida for-

28. (FRANCIS OF ASSISI, 2005, p. 67).

29. (SHANK, 2019, p. 48).

mação, que fazia dele o intelectual dos primeiros franciscanos, dedicou-se a combater os hereges através da oratória e inspiração. Foi considerado figura moral tão grande e pura quanto a do próprio Francisco[30], e recebeu o título de "Arca do Testamento" por alegadamente o ter de cor.

Por esta altura, poetas italianos do século XIII haviam criado a escrita vernácula, que Dante elevou e ampliou, como Camões viria a fazer com o português, três séculos adiante.

Dante Alighiero degli Alighieri (1265-1321), que assinava suas obras como Dante Alighieri, teve a boa fortuna de nascer em uma Florença que se preparava para desabrochar, 120 anos antes de Cosimo de' Medici.

Dante foi um poeta filosófico e humanista, indubitavelmente muito à frente do tempo em mais de um aspecto, entre eles o uso do vernáculo, que elevou e confirmou como uma língua capaz de expressar os mais altos voos do espírito. Também foi importante crítico da sociedade da época, conhecido por não perdoar nem mesmo papas e trazer para sua poesia grandes porções de arte e filosofia antigas.

Era também um místico, e alegava ter visões[31], que não eram episódios muito raros em sua vida. Como muitos místicos, suas incursões no oculto causavam ou eram produto de um humor também oscilante, de modo que grandes crises íntimas não lhe eram incomuns.

Acima de tudo, no entanto, foi um gênio da poesia e, o que nos interessa mais de perto, um mordaz crítico do pensamento e das práticas religiosas de seu tempo.

De acordo com Gertrude Leigh:

> Ele lançou as fundações da reforma mais pura que já se tinha visto realizar até ali e, audaciosamente, advogou em favor de reformas então denunciadas como heréticas, e só realizadas séculos mais tarde. Sua maior meta era trazer o cristianismo de volta à sabedoria de seu fundador, apagando da mente dos homens o conceito venenoso de um Deus vingativo[32].

Esta proposta reformista era baseada na mística de efeitos práticos dos Victorinos, bem como em uma visão humanista e, como no caso de qualquer outro

30. (NUGENT, 2008, p. 16).

31. Algumas dessas visões eram tão intensas que ele não tinha certeza se tratava-se de uma visão espiritual ou um encontro com uma pessoa de carne e osso. Geralmente, no entanto, elas alteravam de forma significativa alguma disposição ou parte de sua visão de mundo. Ele narra tanto episódios espontâneos quanto causados por longa e profunda meditação (LEIGH, 1932, p. 61-63; 109).

32. (LEIGH, 1932, p. x).

intelectual deste porte, uma veneração por Platão, Aristóteles e Cícero, que contribuíam para clarear seu cristianismo como uma filosofia do puro amor[33]. De todos esses autores, e também de todas as religiões de que se tinha notícia dos países mais distantes, Dante concluía que a sabedoria consiste em reconhecer a alma imortal, e que "não haveria tolice maior do que acreditar que a vida termina com a morte do corpo" [34].

Que a filosofia de Dante fosse uma filosofia do perdão e do amor de Deus pode parecer contraditório com a compreensão comum que se tem de sua obra, quase exclusivamente restrita às imagens aterrorizantes do inferno e que deram origem ao adjetivo *dantesco*.

Para afastar o estereótipo popular e trazer à tona o grande pensador é preciso ter em mente o papel alegórico e pedagógico da *Comédia*[35]. Ela não é a materialização *ipsis verbi* das crenças do poeta, mas o símbolo que expressa sua preocupação em reformar a humanidade, em torná-la cônscia das aflições que decorrem dos vícios e das glórias da virtude, da fé e do amor.

Os medievais, que até aproximadamente o século XIII entendiam a morte como um radical nivelamento, com um pós-vida genérico e semelhante para todos, a partir de Dante e de outros passam a visualizar o pós-vida como extensão da biografia do indivíduo[36]. O pós-vida, então, reflete rigorosamente o tipo de pessoa que se é e o tipo de vida que se viveu. Este "aprofundamento" da ideia do pós-vida tinha de incluir as consequências lógicas da imoralidade e dos vícios dos sacerdotes, e o público educado parece ter compreendido isso.

Naturalmente, contudo, esta pretensão de reformar a humanidade, a começar por clérigos, papas e príncipes, era nada menos do que escandalosa, e exigiu dele a coragem dos contestadores.

O simbolismo seria uma de suas poucas proteções, além do fato de não ser um herege, mas isso poderia não ser suficiente para quem estava para condenar papas ao inferno. Tal simbolismo é uma constante sutil, talvez secundária, mas consistente na obra. Como observa Étienne Gilson, a palavra *sorriso* aparece "uma vez no Inferno, seis no Purgatório e nove vezes no Paraíso". Da mesmíssima forma, a palavra *intelecto* cresce do Inferno ao Paraíso, dando a entender que os

---

33. "Love is the guide of mysticism from the start to the goal, and love is its beginning and its end. Love leads the mystics, in their search for absolute truth and absolute beauty, to a state in which for a moment. We might define Mysticism as the love-illumined quest of the soul to unite herself with the suprasensible – with the absolute – with that which is" (GARDNER, 1913, p. 27).

34. (GILSON, 1948, p. 123).

35. (FORTIN, 2002, p. 64-66).

36. (CAMERINO, 2020, p. 85-89).

danados não entendem o que lhes passa, onde estão e por que sofrem, ao passo em que os bem-aventurados tudo compreendem com lucidez. *Vontade*, ainda segundo Gilson, "não aparece no Inferno, pois danados e demônios agem por compulsão e paixão, e no Purgatório ela é uma aspiração"[37].

O elemento dominante e mais apelativo da obra é o seu sensualismo. É através dele que foi revelado ao mundo, pela primeira vez, a vívida agonia dos danados. Tudo na *Divina comédia*, e especialmente no Inferno, fala de montanhas, vales, planaltos, lagos, vistas, gritos, ventos, sede, fome, frio, enfim, sensações. O mundo espiritual é pintado com as cores bem definidas dos cinco sentidos que conhecemos, e isso torna tudo perfeitamente inteligível, mas seria ingenuidade supor que Dante pensa e oferece ao público um retrato exato da vida da alma após a morte, pois esta pretensão seria, inclusive, blasfema, visto que consistiria em uma revelação bem mais ampla e detalhada que a das Sagradas Escrituras sobre o assunto.

Claro, se pensarmos que só aos salvos está disponível a água da vida eterna, que dessedenta para sempre, é possível concluir que a libertação das necessidades carnais não favorece os condenados.

Uma segunda característica peculiar da *Divina comédia* é o papel do autor como um *peregrino*, que passa do Inferno ao Purgatório, e deste ao Paraíso. Esse recurso narrativo pode bem significar que o verdadeiro *locus* da *Divina comédia* é o do filósofo cristão expondo as possibilidades aos leitores, e progredindo da infelicidade à felicidade.

Essa condição de "viajante" é polissêmica, podendo representar um percurso do intelecto "entendendo" o processo moral, uma viagem em espírito, um sonho. Há indícios claros de ambiguidade proposital, inclusive, como a transição entre os cantos III e IV do Inferno, que falam de um estado semelhante ao sono, um "sono da mente", do qual se sai "como se se despertasse à força"[38]. São excessivos "como se" para que se considere literal a analogia com o sono. Outros tratados místicos deixam claro que os estados de consciência experimentados em transportes místicos podem ser descritos como sonhos por falta de terminologia mais adequada, mas é também sempre útil lembrar que se trata de um poema, e que é impossível calcular os pesos que cada um desses fatores (poesia, mística, filosofia, linguagem bíblica/profética) exerce.

---

37. (GILSON, 1948, p. 230-232).

38. (DANTE, 1918, p. III-IV).

A terceira característica digna de consideração é a discrepância entre a dureza da condenação de papas e clérigos, por um lado, e a exaltação quase excessiva dos grandes santos no Paraíso, que veio a inspirar o desfecho do *Fausto* de Goethe.

No canto XXVII, Dante chama Bonifácio VIII de "príncipe dos novos fariseus, que faz guerra não contra sarracenos ou judeus"[39]. A cena torna-se ainda mais ofensiva, pois é dito na estrofe 112 que Francisco de Assis veio receber Bonifácio após a morte deste, mas um anjo proibiu o santo de levar o papa ao Céu, dizendo "a quem não se arrepende não se absolve"[40].

Se, portanto, Nicolau III pode ser encontrado no oitavo círculo do inferno, no vale dos simoníacos, e – o que é ainda mais provocativo – pode confundir Dante com o papa Bonifácio VIII, a quem Nicolau esperava, é também verdade que a condição de Tomás de Aquino, Bernardo de Claraval, Boaventura e Francisco no Paraíso condiz perfeitamente com o papel que a boa doutrina católica lhes atribui. Dante é, portanto, um tipo de reformador espiritual não muito diferente de Francisco de Assis, que, como Wycliffe, não admite que sacerdotes e até mesmo os papas entrem no Céu sem seguirem o código moral evangélico, e negava que os sacramentos e a intervenção de um sacerdote bastassem para a salvação, mas nem por isso foi ou quis ser anticatólico.

Defendia que as almas poderiam se arrepender sinceramente no Purgatório, e dali seriam retiradas se dispostas a orar, mas não admitia que preces encomendadas pudessem ter qualquer efeito favorável[41].

O canto de Dante é, assim, um lamento rebelde, mas profundamente devoto e piedoso, contra uma Igreja que se permitiu desviar de sua função[42]. É o brado

---

39. (DANTE, 1918, Vol. XXVII, linha 85).

40. (DANTE, 1918, Vol. XXVII, linhas 112; 118).

41. (LEIGH, 1932, p. 186-187). E também: "The whole delineation of Dante's Purgatory is a reasoned protest against Roman doctrine on this subject. The expiatory aspect insisted on by the orthodox is obliterated. Here is no torment inflicted in penal vengeance. Sin is regarded as an infringement of the law of love, and is purified by successive stages – not without pain – of progress in the way of love. The calm, the love and contentment which fill all the souls from outset, whether excommunicated by the Church or tardy in turning their hearts to God, is an amazing contrast to the terrors depicted by preachers of popular sermons and 'pardoners' greedy for gain.
Throughout the Purgatorio we are in a region of very simple Evangelical teaching. The souls who are undergoing purification rejoice in the symbolic forms of retribution which are so adjusted as to turn the mind in the right direction and lift the burden of evil desires from the conscience. The whole system hinges upon love. The penalty of fire is introduced mainly, it would seem, to demonstrate the spiritual quality of God's purifying flames contrasted with the wicked tortures to which Inquisition victims were doomed in this life. The exquisite passage, in which Dante depicts his fear of the purification by fire, is heartened by Reason and, spurred to encounter it by thoughts of Beatrice, seems to be artfully contrived to wipe out the coarse conception of God's ways with sinners derived in great part from misunderstanding the Bible" (LEIGH, 1932, p. 188).

42. (LEIGH, 1932, p. 141).

de alerta do amigo que reconduz, não do adversário que quer derrubar. Além disso, a Igreja tampouco quis abrir mão dele, apesar de tudo. Dante era grande demais para ser posto no terreno adversário.

A forma como Dante escolhe fazer esta crítica direta à Igreja, ainda que guardadas as supracitadas ressalvas, exigia uma bravura extrema. Ninguém poderia em sã consciência ignorar que haveria retaliações por essa afronta, mas a motivação de Dante era transcendente, e ele se acreditava investido de uma autoridade divina a partir da visão da "senhora da janela", relatada na *Vita Nuova*.

Nesse livro, Dante apresentou de maneira indiscreta suas visões místico-poéticas, que pareciam combinar os relatos de aparições de santos com a evocação de musas da Antiguidade. A figura central do livro é Beatriz, a quem ele diz ter conhecido desde criança, e que morreu muito jovem, deixando duradoura impressão sobre Dante. Misturando paixão, encantamento e veneração religiosa, Dante elevou Beatriz à santidade, de uma forma que muitos relacionam ao ideal cortês da poesia provençal, mas que é também quase blasfemo se imaginarmos que ela não correspondia ao grau de perfeição moral e proximidade de Deus descrito por Dante.

Ademais, é relevante considerar que o poeta insiste no aspecto visionário de sua poesia; aspecto esse dependente do que ele realmente reconhece como visões e descreve em linguagem mais mística do que poética.

Em um desses episódios, por exemplo, Dante afirma ter sido visitado por uma aparição de um jovem de alvíssimas vestes, durante o sono. Como nos outros relatos, não é perfeitamente claro se foi despertado pela aparição ou se esta se deu durante o sono, mas o jovem lhe disse: "*Fili mi, tempus est ut pretermictantur simulacra nostra*"[43] (Filho meu, é hora de cessar nossas simulações), "*Ego tanquam centrum circuli, cuí simili modo se habent circumferentie partes; tu autem non sic*"[44] (Sou como o centro do círculo, que se conserva do mesmo modo em relação a todas as partes da circunferência, enquanto tu não és assim). Esse espírito presumivelmente nobre e sábio foi identificado por Dante como visitante frequente de seus sonhos, e a quem o poeta "fazia esforço para dirigir uma pergunta".

Em outra ocasião, não se sabe se vagando por ruínas ou "vagando em espírito", Dante topa com a senhora da janela, uma figura que vem acrescentar uma dimensão paralela à sua já costumeira adoração a Beatriz, manifestação símbólica do amor. A senhora da janela parece expressar, para Dante, a piedade, e se reveste de uma aura até mais nobre que a de Beatriz.

43. (DANTE ALIGHIERI, 1993, p. 23).

44. (DANTE ALIGHIERI, 1993, p. 24).

> Algum tempo depois, como estivesse em lugar que me recordava tempos passados, andava tão preocupado e com tão dolorosos pensamentos que apresentava um aspecto de terrível abatimento. Pelo que, suspendendo o meu trabalho, levantei os olhos para ver se alguém me observava. Vi então uma gentil mulher muito jovem e bela que de uma janela me olhava tão piedosamente que toda a piedade parecia ter-se acolhido nela. E como acontece que quando os míseros veem que outros se compadecem deles mais depressa se movem a chorar como que apiedados de si mesmos, senti então que os meus olhos começavam a encher-se de lágrimas[45].

Em outra oportunidade, após terminar o que segundo ele mesmo seria um belo soneto, uma visão espontânea pareceu convidar o poeta a retornar à descrição da grandeza do relacionamento entre Deus e Beatriz. Reconhecendo que a tarefa exigia estudo e um voo extático da alma em direção a Deus, Dante promete a si mesmo que um dia estaria à altura de cumprir a vocação, o que foi realizado no Paraíso da *Divina Comédia.*

O Dante crítico da Igreja não era, afinal, o tipo de crítico cínico pintado pelo estereótipo a que a ortodoxia gostaria de reduzir todos os críticos; era sim, mais que um crente, um místico exaltado.

Críticos radicais da Igreja de Roma: John Wycliffe, Jan Huss e Joana D'Arc

O século XIV começou agitado, embora aparentemente não tão brilhante quanto o anterior. Raimundo Lúlio morria devido ao apedrejamento sofrido após pregar em terras mouras, em 1315. A estrela de Dante se apagava na década de 1320, passando a tocha do humanismo a Petrarca, o "avô" da Renascença. O maior pensador vivo era Guilherme de Ockham, famoso pela teoria resumida como *navalha de Ockham* – detalhe minúsculo de sua vasta e multifacetada obra –, mas que naquele momento era um exilado e praticamente um herege[46].

Luís IV da Bavária "tendo sido excomungado pelo papa João XXII, deu asilo a proeminentes e poderosos antagonistas do papado, como Marsílio de Pádua, João de Jandun e Guilherme de Ockham"[47].

---

45. (DANTE ALIGHIERI, 1993, p. 80).

46. "On stricktly logical Ockhamist grounds many Christian doctrines and dogmas are matters of "probable opinions" rather than of rationally demonstrable proof. [...] Only those truths are catholic which the Holy Scripture teach. [...] It is on these grounds that Ockham accused Pope John XXII of heresy for teaching that the elect shall not see God until after the Last Judgment" (SPINKA, 1965, p. 9).

47. (SPINKA, 1953, p. 92).

Em seu *Dialogus*, Ockham propôs que mulheres participassem dos concílios gerais, e afirmou que não apenas o papa, mas toda a Igreja Romana poderia errar e cair em heresia[48]. Também defendia que as Escrituras deveriam ser lidas com o olhar crítico, histórico e lógico do filósofo[49]. A geração dos críticos gentis ficara para trás.

Em algum ponto entre 1324 e 1330, nascia John Wycliffe (também grafado Wycliff of Wyclif), destinado a ser o estopim da pré-reforma, ou do esforço reformador geral que ganharia força com Jan Huss e seria formalmente estabelecido apenas por Lutero, em 1517. A lentidão do processo tem muito a ver com a falta de apoiadores dos movimentos de Wycliffe e Huss, o que não foi um problema tão grande para a geração de Lutero.

Wycliffe, mais do que talvez qualquer outro reformador, era um acadêmico – com exceção de Erasmo, se o podemos considerar tão comprometido com a Reforma quanto Wycliffe. Educara-se no Merton College, em Oxford. Proferia sermões empolgantes e frequentes, em latim e inglês, e era um líder espiritual, mas esses distintivos não o impediam de ser primariamente um intelectual comprometido com a discussão de pontos doutrinais mais do que com embates institucionais; e mais entretido com filosofia e retórica do que qualquer outro reformador mais engajado poderia se dar ao luxo de ser.

A segunda metade do século XIV era dominada por Ockham, especialmente na Grã-Bretanha. Em clima de novidade e sob a inspiração de Thomas Bradwardin, o *doctor profundus*, teólogos de Oxford especulavam sobre a rotação da Terra e projetavam fórmulas para a aceleração constante. Geoffrey Chaucer, o maior poeta medieval inglês, revolucionava o conceito medieval tardio de poesia, com permanentes implicações sobre a poesia inglesa posterior.

Apesar de rebelde, Wycliffe sabiamente começa sua obra pelas questões abstratas. Escreve abundantemente sobre lógica, e consideravelmente sobre metafísica e teologia. Admiradores chegaram a afirmar que, logo após sua morte, o volume de textos deixado por Wycliffe ultrapassaria o de Agostinho[50], mas uma parte desses escritos foi perdida, já que eram sistematicamente queimados pela ortodoxia da Igreja, e não sabemos exatamente qual teria sido a sua extensão. Só em meados da década de 1370, já muito estabelecido e respeitado, começa a tratar

---

48. (SPINKA, 1953, p. 94).

49. "He reaffirms the thesis that Scripture is the ultimate criterion of Christian faith and applies historical and dialectical, rather than allegorical, methods of interpretation to it" (SPINKA, 1965, p. 10).

50. (WYCLIFF, 1842, p. 34).

das questões mais espinhosas da separação entre Igreja e Estado e dos diversos erros da primeira.

Tendo passado de sua vida acadêmica no Balliol College de Oxford, Wycliffe iniciou e dirigiu a partir de lá uma das mais audazes iniciativas da história medieval: a tradução da Bíblia para o médio inglês, finalizada poucos anos após a sua morte.

Dono de um pensamento original e indomável, Wycliffe colocou-se contra a Igreja de modo que talvez nenhum cristão medieval tenha feito antes dele. Esta postura, estranhamente, tinha uma ligação com o determinismo de Wycliffe, para quem todos os dons do espírito são dados por Deus e o livre-arbítrio de pouco adianta na aquisição da virtude[51]. Se todo o fundamento da salvação é garantido por Deus, diretamente, pouco papel resta para a Igreja, seus sacerdotes e sacramentos. Esta combinação seria a base da teologia wycliffita e, logo depois, de seus discípulos, os lolardos.

Ninguém poderia prever um ímpeto reformista tão agressivo, mesmo aqueles já acostumados aos escritos de Marsílio de Pádua e Guilherme de Ockham.

> Porque Wycliffe, poder-se-ia dizer, saltou sem aviso para o palco. Ele não teve nenhum precursor; nenhuma sugestão profética do que estava por vir foi ouvida; não foi graças a nenhum estágio preliminar perceptível que o processo das coisas atingiu os objetivos wycliffitas [...] O sol nasceu já em seu zênite, de uma só vez [...] Havia um caráter de milagre, ao invés de um amadurecimento[52].

Atido às Escrituras, Wycliffe enfatizava que os evangelhos garantem o amparo de Deus a todos os que o pedem sinceramente[53]. Mais tarde, Martinho Lutero escreveria um texto muito semelhante sobre a oração do Senhor, e com o mesmíssimo propósito de estabelecer a hierarquia das coisas espirituais sobre as terrenais, inclusive a instituição da Igreja.

Em seu *Trialogus*, onde a falsidade, a sabedoria e a verdade discutem, a falsidade com frequência está do lado da Igreja, ignorando as Escrituras, e no escrito *Contra as ordens e os frades* prenunciam-se os mais fortes ataques à Eucaristia e às instituições da Igreja, tidas por Wycliffe já a esta altura como hipócritas e integralmente pervertidas[54].

---

51. *The Poor of Caitiff* (WYCLIFF, 1842).

52. (CLARK, 1911, p. 24).

53. *The Poor of Caitiff* (WYCLIFF, 1842, p. 86).

54. (WYCLIFFE, 1845).

Em sua interpretação algo literal das Escrituras, pregava o comunismo, o total abandono dos interesses terrenos e uma vida de pureza apostólica. Não conseguir realizar esses ideais seria aceitável, mas substituí-los por um comodismo que afastasse o fiel dessas metas e o enganasse com rituais vazios e palavras em latim seria a maior das abominações.

De acordo com Hornbeck II e Lahey, que reuniram a essência da espiritualidade wycliffita, algumas bases desse espiritualismo seriam: 1) Guardar os mandamentos de Deus; sem obediência cega ou a conotação posterior de *sola scriptura*, mas enfatizando os mandamentos do Êxodo e de Cristo como mais importantes que qualquer elemento doutrinal ou ritual/sacerdotal[55]; 2) Prece incessante (Lc 18,1; 1Ts 5,17) como reforço ao cumprimento dos mandamentos[56]; 3) Imitação de Cristo: Quase ignorando a Igreja, wycliffitas buscavam antes seguir as recomendações do Cristo aos discípulos e a emulação do padrão moral do próprio Cristo, como modelo[57]; 4) Responsabilidade e suporte da comunidade contra os pecados, incluída aí a assumpção de responsabilidade da comunidade por todo o mal que se permitir gerar em seu meio. Não apenas a comunidade deve sentir-se culpada por estimular, mas também por permitir (responsabilidade por consentimento)[58] ou deixar de inspirar o bem que ajudasse o irmão vacilante a evitar a queda; 5) Rigorismo: expresso na passagem "muitos serão os chamados, mas poucos os escolhidos"[59]; 6) Reforma social[60], isto é, a sociedade cristã deve espelhar o bem-estar consequente das virtudes nela cultivadas; não pode tolerar nem a crueldade, nem a injustiça.

Matthew Spinka acrescenta a esses princípios uma maior ênfase na invalidez e até blasfêmia da autoridade temporal, na necessidade de pobreza e na inutilidade de eleições e concílios.

Toda a autoridade vem de Deus, como Jesus deixou claro a Pilatos, e só é realmente legítima enquanto o soberano está em graça. Se um governante que contraria a Deus tem poder sobre um cidadão justo, isso equivale a dizer que o diabo tem direito sobre Deus[61]. Clérigos devem viver com frugalidade apostólica.

---

55. (HORNBECK II; LAHEY, 2013, p. 10-11).

56. (HORNBECK II; LAHEY, 2013, p. 12).

57. (HORNBECK II; LAHEY, 2013, p. 14).

58. (HORNBECK II; LAHEY, 2013, p. 16).

59. (HORNBECK II; LAHEY, 2013, p. 19).

60. (HORNBECK II; LAHEY, 2013, p. 21-21).

61. (SPINKA, 1953, p. 23).

"Tendo comida e vestimenta devemos estar contentes"[62]. As eleições papais não garantem qualidades espirituais; "nenhum sucessor de Pedro possui a autoridade de Pedro, a não ser que disponha das mesmas qualidades de devoção, fé e amor"[63]. Tais ultrajes ultrapassavam infinitamente o limite da cordialidade diplomática estabelecida por Francisco, sugerindo que a vida levada por papas, cardeais e bispos era totalmente incompatível com a vida cristã.

Apesar de ortodoxo em relação a muitos outros (talvez todos) pontos da doutrina, Wycliffe tinha ido longe demais, e suas posições foram imediatamente inseridas no contexto da guerra política entre a Igreja e a coroa inglesa. Por esta época, o anticlericalismo era comum entre a elite inglesa que se via atrapalhada com o fluxo constante de dinheiro das ilhas britânicas para o clero, e deste, muitas vezes, para fora do país. Esse partido anticlerical estava disposto a fazer interpretações generosas das doutrinas de Wycliffe, lendo o seu comunismo, por exemplo, como um ataque ao enriquecimento do clero. Com tais edições vantajosas, a doutrina de Wycliffe poderia prestar grande favor à nação.

Esta simpatia interesseira rendeu a Wycliffe um convite para um dos mais importantes cargos religiosos do Reino Unido, ao lado dos arcebispados de Canterbury e York: o *peculiaris regis clericus*; uma espécie de conselheiro religioso do rei, no caso João. Uma causa presumível do apontamento de Wycliffe era a insatisfação do rei e do parlamento com os tributos cobrados pelo papa.

> Quando João de Gaunt propôs que o governo confiscasse parte da propriedade da Igreja, convidou Wyclif a defender a proposta em uma série de sermões em Londres. Wyclif aquiesceu (setembro de 1376) e foi por isso estigmatizado pelo partido clerical como instrumento de Gaunt. O bispo Courtney de Londres resolveu atacar Gaunt indiretamente, acusando Wyclif de heresia. O pregador foi intimado a comparecer diante de um conselho de prelados na catedral de São Paulo em fevereiro de 1377. Ele compareceu, mas acompanhado de João de Gaunt com uma escolta armada. Os soldados entraram em luta com alguns expectadores; seguiu-se um tumulto e o bispo achou aconselhável adiar a sessão. Wyclif voltou ileso para Oxford. Courntey enviou a Roma uma acusação pormenorizada reproduzindo 52 passagens das obras de Wyclif. Em maio, Gregório XI expediu bulas condenando 18 proposições[64].

62. (SPINKA, 1953, p. 25).

63. (SPINKA, 1953, p. 28).

64. (DURANT, 2002, Vol. VI, p. 27).

A reação de Wycliffe à condenação foi tão dura, sugerindo a independência da Igreja da Inglaterra, que até mesmo o rei se posicionou contra ele e sugeriu que moderasse o tom. Wycliffe estava propondo não menos que a reforma protestante e a criação de uma Igreja independente do papado.

O reformador não tinha apoio quase algum além de certa simpatia popular, e os bispos designados pelo papa exigiam que a universidade o entregasse a eles para prisão. Em um ato marcante para a história medieval, o reitor da universidade de Oxford declarou, em consonância com grande parte do corpo de professores, que não podia participar da perseguição a um de seus membros quando a questão era de liberdade de opinião.

Com idade avançada para a época e doente, Wycliffe não despertava grande zelo por parte dos perseguidores e, assim como Mestre Eckhart, essa é a razão mais provável para ter escapado da fogueira.

Nos primeiros anos da década de 1380, os seguidores mais fiéis de Wycliffe começavam a pregar. Partiam para diversos pontos da Grã-Bretanha com mantos pretos de lã e foram apelidados lolardos por balbuciarem repetidamente preces e/ou os sermões que preparavam.

Eram oficialmente tidos como hereges e perseguidos, ora com ora sem empenho. Queimar lolardistas não era um evento muito raro, mas a situação só ficou realmente difícil para eles após o Concílio de Constança (1415). Por causa da muito mais grave repercussão da rebelião de Jan Huss, Wycliffe foi condenado retroativamente como um herege tão pleno quanto Huss. O concílio determinou que seus ossos fossem desenterrados e jogados em um córrego.

Jan de Husinec (1369-1415), com o nome de origem abreviado para Huss, ingressou para a Universidade de Praga como estudante batalhador em 1390, concluindo os estudos em 1396. Pouco antes, alguns tchecos voltaram de Oxford, para onde haviam sido enviados para estudar com Wycliffe e, por isso, traziam ideias radicais. O ambiente da Universidade de Praga, então no seio do Sacro Império Germânico, era de franco e aberto debate na década de 1390. Em 1401, Huss dirigia a faculdade de humanidades; e em 1403 passa a proferir sermões contra os abusos do clero na capela de Belém, com toda a aristocracia boêmia sob sua tutela espiritual. Por esses dados – mas também e principalmente por suas ideias – é possível concluir que Huss estivesse muito ligado aos intelectuais que voltavam de Oxford contaminados pelo wycliffismo.

A capela de Belém rapidamente tornou-se o ponto central de difusão do nacionalismo tcheco e de ideias reformistas, tornando-se um problema grave tanto para a Igreja quanto para as autoridades alemãs. É certo que, de um ponto de vista estratégico, comprar as duas brigas ao mesmo tempo foi uma imprudência, mas ele talvez não fosse capaz de instigar tanto a população sem unir os dois incômodos de forma explícita e dramática. Mais próximo dos protestantes do século seguinte do que dos críticos anteriores, Huss entendeu que seria inútil não comprar todas as brigas ao mesmo tempo.

Contudo, há razões para crer que Huss jamais tenha aderido tão completamente às teses wycliffitas a ponto de assumir-se ele próprio um seguidor, apesar de ter lido as obras filosóficas do grande reformista, declarando: "ele abriu os meus olhos"[65]. Seria mais justo falar em uma influência determinante e estimulante, que o forçou a sair em defesa de suas próprias teses.

O que torna grande a figura de Huss, portanto, não é o fato de ter defendido esta ou aquela tese em oposição a uma autoridade capaz de tomar-lhe o emprego e a vida, e sim o fato de ter feito isso não por convicção nas teses em si, mas por convicção no direito à liberdade de pensamento.

Para compreender isso, é fundamental ter em mente que a disputa étnica e cultural entre tchecos e alemães levava os primeiros a entender a rebeldia wycliffita também como um gesto revolucionário contra seus opressores alemães. Conversivamente, para os clérigos e professores alemães a obediência não era apenas uma questão teológica ou eclesiástica, como também uma seríssima necessidade política para a manutenção do tecido social dado.

Apesar de constituírem uma minoria na população geral de Praga, os alemães eram uma elite educada que ocupava cargos sensíveis, a universidade entre eles. Com maioria, os professores alemães repudiaram as ideias wycliffitas, apontando ao menos quarenta e cinco teses heréticas em sua obra, "vinte e cinco das quais já haviam sido condenadas em Londres, em 1382". "Huss defendeu essas teses, mais repudiando a maneira ilógica e indiscriminada pela qual os professores alemães as condenaram, não discutindo explicitamente se eram ortodoxas ou heréticas"[66].

A crise entre alemães e tchecos intensificou, provocando uma migração em massa de intelectuais alemães da Universidade de Praga para a Universidade de Leipzig. Eles se tornaram "não apenas inimigos da Universidade de Praga em geral como inimigos de Huss em particular. Eles fizeram valer seu ódio no Concílio de Constança, onde seus testemunhos enviesados agravaram em muito o caso contra Huss"[67].

---

65. (SPINKA, 1965, p. 30).
66. (SPINKA, 1965, p. 33).
67. (SPINKA, 1965, p. 35).

Como Wycliffe, e talvez um pouco como Francisco e Dante, Huss não conseguia conciliar o dever de obediência à hierarquia da Igreja e o que sua consciência exigia como questão moral e de princípio. Uma profissão de fé e uma religião que não tornavam os homens melhores pareciam-lhe intrinsecamente erradas ou desvirtuadas; e a Igreja daquele tempo e contexto parecia especialmente dedicada a tornar os homens piores.

Em um gesto não menos insolente que os de Wycliffe, Huss afirmou que a alma do mestre de Oxford certamente estaria entre as salvas, e que ele, Huss, não deixaria de ensinar o que quer que fosse sem razões mais persuasivas que proibição arbitrária.

Cientificado do escândalo, o papa Alexandre V ordenou ao arcebispo de Praga, Zbynek, que resolvesse a questão, não admitindo que a heresia wycliffita perdurasse. Zbynek queimou textos de Huss e ordenou o fechamento da capela de Belém, onde este pregava. Estimulado ainda mais por essa nova censura, Huss redobrou seus esforços em defesa do direito de pregar e ensinar teses wycliffitas, ou quaisquer outras.

Quando convocado, Huss rejeitou comparecer, e a junta papal designada o excomungou imediatamente. Foi redigida uma bula ordenando o encarceramento de todos os wycliffitas. Em 1410 o arcebispo Zbynek já havia exigido o confisco de todos os livros de Wycliffe, que eram prontamente queimados após a entrega. Quando a bula exigindo o encarceramento de wycliffitas chegou a Praga, a "comoção foi enorme". "Uma procissão foi organizada, figurando um jovem em trajes de prostituta e com uma paródia de bula papal pendendo do pescoço. [...] A população ovacionou a queima do documento"[68].

Um último e não menos perigoso gesto de Huss contra a Igreja foi ter condenado desde o começo a venda de indulgências, intensificada quando o papa João XXIII decidiu mover uma Cruzada contra o reino de Nápoles, em 1412.

Em seu escrito mais importante, *De Ecclesia* (1413), Huss defende que a *verdadeira* Igreja é o corpo de Cristo, uma Igreja puramente espiritual, invisível e católica (universal) por estar em todas as partes através do poder da divina presença. Qualquer outra Igreja não é a do Cristo, mas um simulacro. Ainda mais, Huss afirma que esta Igreja, se é a do Cristo, tem Cristo como chefe, e não o papa[69]. Na sequência, Huss assume uma hermenêutica ultraliberal ao discordar da forma tradicional de leitura de Mateus 16,18, quando Jesus diz a Pedro "sobre

68. (SPINKA, 1965, p. 38).

69. (HUS, 2004, p. 58).

esta rocha edificarei minha igreja"[70]. Segundo Huss, o texto não permite concluir que Jesus construiria a igreja sobre Pedro, e sim sobre a pedra. Embora sutil, essa escolha interpretativa era uma afronta ao credo da Igreja, mas uma importante tomada de posição em favor da liberdade de interpretar livremente as Escrituras. No movimento iniciado por Ockham e que explode com Wycliffe e Huss, o que está em jogo é o retorno ao que é dito nas Escrituras e, principalmente, a introdução de uma noção filosófica de liberdade de juízo, compreensão e interpretação, que tentava ser varrida para baixo do tapete pela dogmática teológica.

No capítulo XI, sugestivamente intitulado *O abuso da escritura segundo o interesse do poder clerical*, Huss se mostra tão incisivo quanto Wycliffe, perguntando "quem é a besta que os homens louvam por temor?"[71] Sem se render a esse temor, Huss continuou "Por isso o papa Clemente estendeu em demasia sua autoridade quando comandou os anjos a salvarem aqueles que morressem em peregrinação a Roma por causa das indulgências"[72]. A conclusão dessa análise é que "a Igreja pode se governar sem a necessidade de papas ou cardeais" e, por isso, é também justo resistir às determinações dos papas quando elas são opostas à doutrina de Cristo.

Após tentativas frustradas de reconciliação, o papa ordenou um concílio em Constança (1414), e Huss, ansioso por liquidar a controvérsia, e estimulado por um salvo-conduto de Sigismundo da Hungria, atendeu.

Quando chegou, Huss foi confrontado por uma comissão convicta de sua adesão à heresia wycliffita. Para a surpresa de todos, Huss rejeitou a adesão à doutrina de Wycliffe, respondendo negativamente ao menos trinta e três teses wycliffitas de que era acusado, e afirmando "eu não sustento e jamais sustentei isto". Outras teses foram tidas como aceitáveis, mas não suas, enquanto apenas sete mereciam sua total adesão, "pois negá-las seria mentir perante Deus"[73].

A comissão esperava que, após toda a longa guerra, Huss fosse um herege confesso, mas ele insistia em um direito à liberdade acadêmica e não parecia mentir quando afirmava que só defendeu Wycliffe por questão de princípio na maioria das teses. O debate, portanto, se arrastou por várias semanas além do esperado, e uma análise mais cuidadosa dos textos de Huss teve de ser feita. Essa análise detectou como pontos heréticos[74]: que só existe crença em Deus, e não na

70. (HUS, 2004, p. 62).

71. (HUS, 2004, p. 84).

72. (HUS, 2004, p. 88).

73. (SPINKA, 1965, p. 59).

74. (SPINKA, 1965, p. 59-62).

doutrina, a qual deve ser julgada livre e racionalmente; que só Deus perdoa os pecados; obediência só em caso de um comando bom; que a excomunhão só é válida em caso de pecado mortal, e em outros casos o gesto da Igreja nada vale; que a simonia é uma abominação.

Em relação a todas as condenações por heresia é interessante notar que os historiadores e teólogos se dedicam exaustivamente à análise da pertinência da acusação, quando talvez fosse mais próprio perguntar se, independentemente da constatação ou não de heresia, uma autoridade religiosa poderia ter conduzido um processo que culminasse na pena capital por um "crime doutrinal".

Huss não se esforçou para escapar das acusações, reafirmando suas ideias centrais. Ao lorde João de Chlum, que o instou no final do julgamento (5 de julho de 1415) a se arrepender de qualquer erro, mas não mudar de opinião apenas para agradar ao tribunal, Huss respondeu que teria pedido perdão se tivesse cometido qualquer erro, mas que, se algum foi cometido por ele, foi sem a sua ciência[75].

Como os inquisidores estivessem já fartos de ouvir suas respostas, algumas obstinadas, tentaram cancelar seu direito de resposta, e ele se expressou assim: "Eu vos imploro, pelo amor de Deus, a ouvirdes-me, para que assim nenhum dos que aqui está creia que jamais defendi tais erros; depois disso, fazei comigo o que quiserdes!"[76] .

Em um gesto provavelmente desesperado para desmoralizar o réu, foi lido que uma das acusações era a de se afirmar a quarta pessoa da divindade, ao que Huss respondeu em um brado "Diga o nome de quem fez a acusação"[77]. Nenhum nome foi dado.

Assim que a condenação foi lida, Huss fez uma oração para que Deus perdoasse os que o acusaram falsamente e o condenaram com base em mentiras.

Após apagarem os sinais da tonsura com a tesoura, os bispos produziram uma coroa de papel identificando-o como heresiarca, dizendo "Encomendamos sua alma ao diabo". E Huss disse "e eu a encomendo ao senhor misericordioso Jesus Cristo". Depois disse sobre a coroa: "por mim, réprobo miserável, Meu Senhor Jesus Cristo sustentou uma coroa de espinhos mais pesada e dolorosa"[78].

A cena toda parecia ter sido planejada para produzir o mais duradouro simbolismo. De acordo com os registros das testemunhas[79], seu pescoço foi acor-

---

75. (SPINKA, 1965, p. 224).

76. (SPINKA, 1965, p. 229).

77. (SPINKA, 1965, p. 227).

78. (SPINKA, 1965, p. 230).

79. (SPINKA, 1965).

rentado ao poste, ao pé do qual lenha de duas carroças foi colocada. Ele morreu cantando, e depois que as roupas e lenha haviam se consumido, o corpo carbonizado ficou pendurado apenas pelo pescoço. Mais lenha foi reunida e os executores partiram os ossos com porretes e queimaram o resto para que nada sobrasse. Após tudo ser consumido, partes de vísceras, incluindo o coração, foram encontradas. Elas foram cuidadosamente incineradas e despedaçadas para que não pudessem ser usadas como relíquias pelos seguidores de Huss.

Consumada a condenação, restava ainda ao concílio apurar a heresia de Jerônimo de Praga, tido como principal discípulo de Huss. Após um instante de fraqueza, no qual buscou a reconciliação, dissociou sua figura de Huss, mas

> mandado novamente para a prisão, recuperou aos poucos a coragem [...] As acusações foram-lhe lidas uma a uma, e ele a todas respondeu sem retratação. Quando finalmente teve permissão de falar livremente, seu fervor e sinceridade quase conquistaram o concílio. Passou em revista alguns dos casos históricos em que os homens tinham sido mortos por suas crenças; relembrou como Estevão, o apóstolo, havia sido condenado à morte pelos padres (fariseus), e afirmou que dificilmente se encontraria pecado maior do que o de padres que matavam sem razão um padre. O concílio esperava que ele se salvasse pedindo perdão; em vez disso repudiou sua retratação anterior, reafirmou sua fé nas doutrinas de Wyclif e Huss, e tachou o suplício de Huss de crime que certamente seria punido por Deus"[80].

Jerônimo foi queimado em 30 de maio de 1416. A heresia hussita foi abatida, mas não destruída, e dos subterrâneos da sociedade tcheca continua a instigar outras iniciativas contestadoras, ainda que mais discretas ou menos bem-sucedidas, até Lutero, que declarou "somos todos hussitas, sem que o tenhamos percebido".

O ano em que Huss morreu, 1415, foi também o ano em que começou a terceira e última fase da Guerra dos Cem Anos, com a invasão da Normandia pelos ingleses. A França estava em frangalhos, mas veria surgir a mais inesperada das esperanças na figura de uma rústica camponesa da qual pouco se sabe, embora muito se especule.

Joana D'Arc nasceu em Domrémy, vilarejo próximo a Nancy, provavelmente em 1412. Era comum naquela época que camponeses não tivessem certeza sobre o ano e o dia de seu nascimento. Em 1424, entrando na adolescência, a menina piedosa e mística ouve uma voz que lhe diz "seja boa e obediente". Nenhuma edu-

---

80. (DURANT, 2002, Vol. VI, p. 141).

cação recebera e nada sabia da vida além do que qualquer outro lavrador de uma vila medieval poderia saber, o que era provavelmente pouquíssimo.

Talvez o povo interiorano do nordeste francês não visse com tanta estranheza o misticismo exaltado da menina. O povo de Domrémy, pelo que se sabe, deveria crer em espíritos da floresta, agouros e simpatias[81]. Um tipo bastante específico de sincretismo católico-pagão, comum a todas as regiões rurais da Europa medieval, deve ter sido o imaginário básico dessa população.

Joana começa sua campanha por pressão de vozes que afirmava ouvir, e que geralmente discernia como o arcanjo Miguel, Catarina de Alexandria e Margarida de Antioquia, santas que se lhe afiguravam amigas muito próximas. Que seu corpo magro e frágil ainda na puberdade conseguisse suportar a armadura e todo o equipamento de guerra é em si um pequeno milagre, só possível graças à sua excitação constante. O próprio julgamento, melhor fonte que se tem sobre ela, oferece o retrato de uma tenacidade poderosa. Sua extrema "tolerância à dor eram pertinentes ao soldado como ao santo"[82].

Ascendendo rapidamente de símbolo a líder e "comandante moral" dos exércitos franceses, não deixava de orar e ordenar aos soldados que orassem e cantassem hinos a Maria antes e depois das batalhas[83].

Não usava arma, apenas um estandarte, e afirmou não ter matado ninguém.

As armas principais de Joana eram sua fé contagiante e seu carisma. Uma opinião evidentemente romantizada, mas representativa da admiração geral por Joana D'Arc é a de Mark Twain:

> O contraste entre ela e seu século era o contraste entre o dia e a noite. Ela era verdadeira quando mentir era a linguagem comum aos homens; ela era honesta quando a honestidade era uma virtude esquecida; [...] ela era inamovível quando a estabilidade era desconhecida, e honrada em uma era que esquecera o significado da honra; [...] ela era infalivelmente sincera em uma era falsa até os ossos; [...] ela era todas essas coisas em uma era quando o crime era o negócio comum de senhores e príncipes, e os mais altos personagens da Cristandade eram capazes de chocar até mesmo esta era infame e recuar diante do espetáculo de suas vidas atrozmente sombrias por suas traições, carnificina e bestialidade[84].

---

81. (SACKVILLE-WEST, 1936, p. 37-38).
82. (MARGOLIS, 2003, p. 18).
83. (ASTELL, 2003, p. 40).
84. (HOBBINS, 2005, p. 27).

Os historiadores têm o cuidado de não exagerar o papel semilendário de Joana no desfecho da Guerra dos Cem Anos. É excessivamente contrário aos princípios de uma ciência moderna atribuir tão grande participação do carisma, da personalidade e da iniciativa individuais no curso do destino geral, e é justo admitir que, até certo ponto, boa parte dos acontecimentos nos quais Joana estava envolvida talvez se desse exatamente da mesma forma sem ela. A razão se assusta ao considerar o papel de uma moça pobre e sem treinamento militar, com sua atuação restrita ao ano de 1429, sobre uma guerra de mais de cem anos.

O mito, não obstante, persiste, e pode haver tanto razões puramente psicológicas quanto razões históricas para isso. A narrativa, de algum modo, é suficientemente persuasiva para nos fazer crer que o ímpeto e o zelo de Joana podem ter alterado a percepção e os sentimentos de grande parte dos envolvidos, desde o rei de França ao último soldado. Que alguém de personalidade tão forte tenha surgido com um discurso ao mesmo tempo profético e puritano que inflamasse a multidão e tornasse vacilantes os adversários não é algo tão raro, no passado ou no presente, que permita ao nosso ceticismo uma posição de conforto.

Algo não menos comum em líderes religiosos extraordinários é a ambiguidade e, às vezes, exclusividade de suas posições. No caso de Joana isso se define como a ambiguidade entre a camponesa católica que virou santa, quase 500 anos depois de ser queimada como herege (1920), apesar de a condenação incluir evidente motivação política; que era vista como santa e profeta por seus pares e, ao mesmo tempo, contestava qualquer poder instituído com base na autoridade superior de suas "vozes", sendo para muitos efeitos uma dissidente e uma potencial vítima da sedução demoníaca aos olhos de adversários, que nem sempre eram ingleses.

Após sucessivas vitórias e uma única grande derrota, em Paris, foi presa e julgada.

O julgamento se estendeu de 9 de janeiro a 30 de maio de 1431. Apenas um ano e poucos meses antes do julgamento, Joana havia liderado a vitoriosa tropa francesa na libertação de Orleans. A vida que foi um clarão de estrela cadente terminava tão breve, tão abruptamente quanto o resto dos acontecimentos que a preencheram. De reviravolta em reviravolta, de guinada em guinada, Joana viu a existência que afirmava não lhe pertencer inteiramente transformada e dirigida para o desfecho inevitável.

Importava-lhe, presumivelmente, morrer lutando, já que a luta era a única forma de vida que experimentara, e morrer fiel ao que pensava serem vozes angélicas direcionando-a a cada passo de sua missão divina. Joana não pretendia e não imaginava para si outra interpretação que a de serva do alto, peão involuntário do tabuleiro cósmico. Quer dizer, um peão aos olhos de Deus, mas um general, mártir e uma santa aos olhos humanos.

Em carta à Universidade de Paris[85], o duque Filipe da Borgonha deu destaque para a idolatria e os crimes contra a fé praticados por Joana. Em se considerando sua posterior canonização, isso levanta o ponto central da inserção de Joana em um rol das figuras religiosas controversas pelo choque com a autoridade e a ortodoxia: afinal, Joana era ou não era uma boa cristã? Era ou não era boa católica? Seja qual for a resposta, a divisão de percepção entre aqueles que a acusaram e condenaram e a comunidade que depois a canonizou demonstra cabalmente um conflito interpretativo.

Foram levantadas setenta acusações contra Joana, mas esse número absurdo foi reduzido a doze após consulta do tribunal com os teólogos de Paris, que viram redundância em algumas acusações. Esses teólogos, contudo, também estavam sob a influência dos ingleses, e é possível considerar que a condenação foi tão política quanto religiosa.

Joana respondia às acusações com incomparável altivez (ou empáfia), não se reprimindo em afirmar o que Deus e os santos pensavam sobre cada etapa do julgamento. A grande diferença entre intelectuais como Wycliffe e Huss e a campanha de uma profetisa sem erudição como Joana era o fato de ela atacar membros do clero com base na autoridade direta de Deus, revelada em suas visões e audições da mesma. Isso ficou perfeitamente claro na declaração que lhe foi feita antes da decisão final:

> Se ela humildemente quiser reparar seus modos, como uma boa e devota cristã deveria; os sacerdotes estão dispostos a tratá-la com misericórdia e amor, pela sua salvação. Mas se ela persistir em suas crenças por puro orgulho e arrogância, supondo saber mais que os doutores e escolados sobre os assuntos da fé, ela se colocará em grande perigo[86].

Uma sentença lhe foi trazida em 23 de maio, e ela aceitou assiná-la, "renunciando às suas vozes e às roupas masculinas"[87]. Como é comum aos mártires, esse momento de vacilo foi substituído por forte arrependimento e renovado zelo, que a fez chamar os juízes e reafirmar que jamais desmentiria as vozes que a dirigiram até ali. Acrescentou que o motivo de seu arrependimento foi justamente o retorno

85. (HOBBINS, 2005, p. 36).

86. (HOBBINS, 2005, p. 172).

87. (HOBBINS, 2005, p. 4).

dessas vozes, recriminando-a pela mentira, depois do que Joana admitiu que as renegou por medo, e não sinceramente[88].

Em 30 de maio, porque fosse considerada uma herege renitente por parte daquele tribunal, foi queimada na estaca.

Em 1457, após longo processo de apuração, foi reabilitada pela Igreja, que nela não viu nenhuma heresia e tomou o julgamento por politicamente motivado.

Nicolau de Cusa: o cardeal filósofo

O humanismo começa em plena Idade Média com a crítica de Petrarca ao ensino escolástico. Há quem afirme que, com Petrarca, a Renascença já havia começado, mas há uma ponta de desprezo pela Idade Média na insinuação de que ela não poderia comportar humanismo e classicismo. A verdade é que comportou muito bem e de distintas maneiras.

Desesperançado dos métodos, mas sequioso da verdade, Petrarca realimenta o conceito socrático ou jovem-platônico de filosofia como busca incessante do saber. Em seu *Autorretrato* ele expõe esse retorno ao pensamento crítico:

> Não sou tão afortunado no que atingi quanto apaixonado pelo trabalho, sendo muito mais um amante do aprendizado do que um homem que o conquistou em boa medida. Não estou ansioso por fazer parte de uma escola de pensamento; estou em busca da verdade. A verdade é difícil de descobrir, e, sendo o mais humilde e débil dos que a tentam alcançar, frequentemente perco a confiança em mim mesmo. É tamanho o meu medo de me ver num emaranhado de erros que eu me lanço nos braços da dúvida ao invés dos da verdade[89].

Antecipando o descolamento entre religião e sociedade, feito pela Reforma, o humanismo italiano denuncia o sintoma do incômodo ou da impossibilidade de acomodação da matriz agostiniana ao cinismo e ao ceticismo, ainda que sutis, de Cícero e outros grandes pensadores pagãos, popularíssimos no século XIV.

Nicolau de Cusa nasceu em Kues, no oeste alemão, em 1401. Não foi talvez um pensador tão influente em vida como Marsilio Ficino, mas sua influência foi mais duradoura, sobretudo porque absorvida tanto por filósofos quanto por místicos. Mais do que Ficino, tanto quanto Pico della Mirandola e Savonarola, Cusa é um exemplo perfeito de pensador renascentista muito influente sobre a religião.

88. (HOBBINS, 2005, p. 196-198).

89. (CASSIRER, 1963, p. 13).

Polímata, Cusa educou-se em Heidelberg e Pádua, enquanto Florença resplandecia sob a direção ao mesmo tempo idealista e pragmática de Cósimo de Médici e Constantinopla sofria suas últimas derrotas contra os turcos. Ambos os eventos, destaca Glockner[90], definiram o clima geral do ambiente de Cusa, já que a imigração de refugiados bizantinos e o mecenato dos Médici fomentavam de forma nunca antes vista um retorno aos clássicos perfeitamente alinhado com a mais audaciosa visão de progresso.

A extinção de Bizâncio gerou um canto de cisne que iluminou a Itália. Os refugiados traziam textos, obras de arte, técnicas e tesouros de mais de mil anos de civilização grega. Também traziam um fogo da alma, um lamento infinito pela destruição completa de seu povo, sua cultura e seu berço. Os intelectuais bizantinos eram, então, mais do que engajados. Sentiam-se imbuídos de um senso do dever e um senso de missão para com sua história e a cultura de seu povo, e não estavam dispostos a vê-los desaparecer. A geração de Plethon e Bessarion, portanto, contou com centenas de outros intelectuais, anônimos para nós, mas que se desdobravam para ensinar grego aos italianos e transmitir o que pudessem de sua civilização.

Embaixador do Vaticano em Constantinopla, Cusa vislumbrou, com olhar tipicamente universalista do filósofo, a futilidade do sectarismo religioso. Aprendeu a apreciar a piedade ortodoxa, como a muçulmana, e retornou fundamente impressionado e disposto a encontrar alternativas teóricas e políticas de harmonização e confraternização entre as diferentes populações. Esta visão perenialista, entretanto, exigia o abandono do zelo dogmático e uma maior flexibilidade interpretativa, além de um conceito de Deus mais universal, mais imparcial e mais sábio; o bastante para estar e amar igualmente todas as criaturas em suas diferentes formas de adoração.

O ideal de um Deus tão mais elevado que as imagens antropomórficas – mesmo da melhor metafísica e da melhor teologia, no entender de Cusa – passava pela extrema racionalização do conceito de Deus, para o que contribuía intensamente o projeto platônico de humildade intelectual, a postura de eterno aprendiz diante da grandeza imarcescível da verdade. A obra-prima de Cusa, a *Docta ignorantia*, daria corpo a esse projeto.

Em balanceado movimento dialético, a douta ignorância seria a percepção de que o intelecto humano estaria no ponto médio entre o saber e a ignorância, o entendimento e a confusão, sentindo vagamente o sabor da verdade, mas jamais possuindo-a e conhecendo-a de fato. A razão, assim, seria um órgão que orienta

90. (GLOCKNER, 1968, p. 365-368).

e auxilia, mas que não resolve o problema fundamental da busca pela verdade. Entretanto, o ser humano não pode desprezá-la ou olvidar que o Deus sábio e bom calculou o alcance da razão de acordo com as nossas necessidades, de modo que aquilo que a razão consegue é suficiente para tudo o que interessa ao homem.

O caráter prospectivo e hipotético das teorias humanas, então, leva-nos ao reconhecimento de que no nosso limite se encontra um infinito, um incognoscível e um inefável que é o Absoluto, o Deus de todas as religiões, e o alto ideal da razão de uma unidade integrativa de toda a realidade. A linguagem em que esta constatação se dá é a matemática, mais precisa para exprimir a noção de que o infinito não é dado, mas pode ser racionalmente deduzido da falta de sentido em proibir a adição ilimitada.

Ora, a infinidade não é idêntica a nada, mas inclui tudo, e é ao mesmo tempo simétrica e assimétrica em relação a tudo. Um polígono pode ser inscrito em um círculo, o que não os identifica, mas cria uma forte e evidente relação. Se um polígono de milhões de lados é inscrito em um círculo, eles parecerão idênticos, ainda que suas naturezas guardem uma distinta diferença. Na fonte:

> A infinidade não é maior, menor ou igual a nada. Mas, enquanto considero que infinidade não é maior nem menor que qualquer coisa que se apresente, digo que ela é a medida de todas as coisas, não sendo maior nem menor. E assim a concebo como igualdade de ser. Tal igualdade, porém, é infinidade, e, assim, não é igualdade do modo pelo qual à igualdade se opõe o desigual, mas aqui, a desigualdade é igualdade. Com efeito, a desigualdade na infinitude é sem desigualdade, porque é infinidade[91].

Um Absoluto (Deus) tão matemático, e que inspirou Bruno, Galileu, Descartes, Pascal, Espinosa e tantos outros, não pode fazer distinções entre as criaturas, pois o contraste entre infinito e finito diminui radicalmente as diferenças.

Conforme Cusa, é por demais evidente que a curva de um círculo infinito é uma reta[92], do que decorre que a diferença essencialmente contraditória entre a reta e a curva é eliminada na passagem da visão finita e limitada para a concepção ideal do infinito.

A dialética entre o abismo e a semelhança entre Deus e as criaturas é superada – porque intensificada e evidenciada – por Jesus Cristo, que sintetiza em si o finito e o infinito, o humano e o divino. Com esse expediente, Cusa pretende ter demonstrado através da pura razão a absolutidade do cristianismo, no sentido

---

91. (CUSA, 1998, p. 183).

92. (CUSA, 2003, p. 27-38).

de realizar o projeto da razão de acomodação entre o finito e o infinito, sem que com isso diminuísse ou desconsiderasse dogmática e sectariamente outras fés. Uma percepção que, séculos depois, seria ressuscitada mais de uma vez na Alemanha.

O legado de Cusa é o do filósofo inovador e do fomentador do diálogo ecumênico. Duas formas de se estar muito à frente de seu tempo, e em ambas ele excedia as expectativas. O fato de ser cardeal e equilibrar essas funções progressistas com um lugar de destaque dentro da estrutura da Igreja fazem dele uma peça inestimável na compreensão do avanço da liberdade religiosa, e de como esse avanço brotava de dentro do próprio pensamento cristão.

CAPÍTULO 2 | Nasce a Reforma

Erasmo de Roterdã, o ponto médio entre a Renascença e a Reforma

Separar a Idade Média da Modernidade é impossível. Renascença e Reforma são as categorias relativas, complementares e parciais de se marcar a divisão entre a mentalidade medieval e a moderna, mas tanto renascentistas quanto reformadores eram em grande medida parte tanto de uma coisa quanto da outra, isto é, eram tão medievais quanto modernos, e pensar nas proporções desses vínculos não é uma forma mais promissora de se estabelecer uma identidade para Renascença ou para a Reforma.

Mais do que isso, Renascença e Reforma dividem o mesmo período histórico, e não são tão separadas geograficamente quanto alguns manuais tentam estabelecer. A pintura renascentista existia no norte, como o comprovam Eyck, Holbein e Dürer; e havia reformadores na Itália, França e Espanha, inclusive radicais, como Socinus, Servet e a rainha Jeanne de Navarra.

A Europa era um continente muito integrado desde aproximadamente o começo do segundo milênio, e há poucos eventos significativos realmente restritos pelas barreiras geográficas. Graças ao latim, não havia praticamente nenhuma barreira cultural. Apenas as universidades alemãs da época de Lutero contavam com quase 80 mil estudantes, e há séculos os professores e oradores estavam acostumados a frequentar múltiplas universidades ao longo da vida.

Os eventos que mais merecem ser destacados na Renascença, ao lado das corporações e bancos dos Estados italianos são a navegação portuguesa e – na esteira dela – a espanhola.

O projeto renascentista português foram as navegações; sua conquista e contribuição maior para o avanço do saber foram a escola de Sagres, as cartas náuticas e a experiência que abriram caminho para a globalização[93].

---

93. (OLIVEIRA MARTINS, 1992).

Nas décadas de 1420 e 1430, o Infante Dom Henrique parte para explorações da costa africana que rendem também colônias em Madeira e Açores, plataformas fundamentais para as próximas explorações. Começa aí a estratégia portuguesa de estabelecer portos a distâncias estratégicas, projeto mais comercial do que colonial.

Parte da vantagem insuperável dos portugueses sobre outros navegadores vinha da experiência, riqueza e devoção dos cavaleiros da Ordem dos Cavaleiros de Nosso Senhor Jesus Cristo, fundada ou refundada em 1319 por templários remanescentes do expurgo e perseguição na França, e que, devido à pressão da Igreja, espalhou-se para outros países. Em Portugal, os cavaleiros da Ordem de Cristo estimularam fortemente as navegações como nova visão sobre a luta contra os infiéis, que incluía a expansão da Cristandade a terras ignotas.

Infante Dom Henrique foi mestre da ordem, e, em meados de 1440, Nuno Tavares, protegido de Henrique, atinge pela primeira vez Guiné Bissau. A ordem e o próprio Henrique tiveram, portanto, papel essencial no desenvolvimento de tecnologias e instituições, bem como patrocínio, dos quais dependeram as grandes navegações posteriores.

Em termos práticos, as conquistas portuguesas foram muito mais impactantes do que, por exemplo, as de Leonardo da Vinci, mas por uma falha de nossa educação elas são hoje menos popularizadas e menos reconhecidas como conquistas científicas e revoluções da mentalidade coletiva. Fala-se das navegações como empreendimento puramente geopolítico, como se ele fosse possível sem a matemática, a física, a astronomia e a engenharia náutica; como se não dependesse do ímpeto evangelizador que conservava a vaga das Cruzadas; e como se não tivesse transformado outras tantas dimensões da vida prática, econômica, científica e religiosa.

Outro evento que não se pode louvar suficientemente é a redescoberta do idioma grego, que permitiu à população "moderna" fruir os clássicos em sua pureza, clareza e perfeição estilística originais, através dos quais os intelectuais, rendidos, apaixonavam-se pelos autores do passado como já estavam apaixonados por titãs latinos como Cícero, Ovídio e Agostinho.

Na Florença dos Médici, Marsilio Ficcino traduzia Platão (década de 1460) e Pico della Mirandola escrevia 900 teses, muitas das quais críticas à Igreja e à teologia.

Navegadores, comerciantes e outros intelectuais mais práticos, contudo, fizeram igual proveito afluxo de conhecimento sobre engenharia náutica e relatos sobre antigas rotas; conhecimento este que se desenvolveu bastante em contato com os bizantinos, otomanos e por ocasião das Cruzadas e ascensão de Veneza e depois Genova a potências marítimas.

Nessa época de ebulição, em que o mediterrâneo se agitava entre as lutas contra os turcos a leste e contra os mouros a oeste, em que o conhecimento de Bizâncio aos poucos se espalhava pelas universidades, portugueses consolidavam seus territórios em Açores e na Ilha da Madeira, enquanto castelhanos terminavam a Reconquista nas últimas batalhas contra Córdoba e Alhambra.

Córdoba é finalmente anexada em 1492, mesmo ano em que Isabel de Castela decide financiar – em parte com suas próprias joias – a expedição do navegador genovês Cristóvão Colombo. A luta contra Córdoba, último bastião muçulmano na península ibérica, garantiu a Castela uma bula de Cruzada, através da qual o papa concedia absolvição de pecados aos que lutassem contra o infiel (neste caso, o muçulmano). A bula seria habilmente aproveitada também para cofinanciar a navegação.

Também por ocasião da luta contra Córdoba a coroa de Castela viu como necessária a implantação do tribunal da inquisição, que sob a direção do frade dominicano Tomás de Torquemada dedicou-se mais a perseguir judeus conversos do que muçulmanos ou maus cristãos. Apontado em 1482 e designado ao cargo de inquisidor geral em 1483, Torquemada celebrizou-se por implantar salas de tortura e a queima de hereges em grande quantidade, mas, sobretudo, também por forjar confissões sob tortura.

Em dez anos de atuação o número de vítimas da atividade inquisitorial de Torquemada alcançou os milhares, contribuindo para criar a imagem que se formou sobre a inquisição como um instrumento do fanatismo e do obscurantismo dirigido por sádicos.

Pouco depois, em 1494, portugueses e castelhanos repartem os territórios de pesca e comércio no Tratado das Tordesilhas, sem calcularem a dimensão exata das consequências futuras do acordo. Sabia-se que Colombo chegara ao Caribe após cruzar uma distância de mais de 700 léguas além de Cabo Verde, mas o tratado demarcava o direito português até a metade do caminho (370 léguas a oeste de Cabo Verde). Embora contasse com os maiores navegadores do mundo, o rei português Dom João II apostou nessa distância como suficiente.

Constrangidos com os desatinos de Torquemada, os reis de Castela e Aragão, com o aval do papa, fragmentaram o comando da inquisição e a direcionaram também aos monastérios. Nisso contribuiu a atuação do frade fransicano Francisco Cisneros que, com menos violência, mas igual dureza, investiu os anos seguintes na tentativa de moralização dos mosteiros, onde a prostituição e o concubinato eram comuns, e na conversão em massa de muçulmanos de Córdoba.

Em 1496, coroando a série alucinante de acontecimentos, o papa Alexandre VI (Rodrigo Borgia) reconhece os reis Fernando de Aragão e Isabel de Castela como os reis católicos.

O ambiente da superpotência em ascenção, portanto, era de zelo, reforma dos costumes e instituições religiosas e intolerância para com as heresias, espírito de época que, mais tarde, ajudaria a fomentar as missões evangelizadoras dos jesuítas por todo o mundo.

O ímpeto reformador de Wycliffe e Huss estava bem vivo ao longo de todo o século. Em Florença, a cidade dos grandes banqueiros, Lorenzo de Médici, o Magnífico, dera proteção a um grupo de intelectuais humanistas e artistas com gosto pelo paganismo. Em parte por causa do contraste entre a riqueza dos banqueiros e a miséria do povo; em parte por causa da "ameaça" do paganismo, o frade dominicano Girolamo Savonarola deu curso a uma revolução de tom "comunista cristão". Como muitos reformadores, perseguiu artistas e destruiu grande número de obras de arte florentinas. Savonarola conseguiu controlar Florença e implantar um governo revolucionário por alguns anos (1494-1497), sendo excomungado pelo papa, deposto, enforcado e queimado junto de mais dois apoiadores em função dos muitos e profundos ressentimentos provocados por sua inflexibilidade.

Na segunda metade do século XV, as escolas e universidades do norte da Europa já vinham se adaptando a essa reintrodução do grego como língua franca paralela.

Um dos primeiros a transitar confortavelmente pela literatura grega – a ponto de acumular uma erudição quase impossível – foi Erasmo Desidério (1466-1536).

Erasmo nasceu em Roterdã, Holanda, partindo já aos 4 anos para uma vida de estudioso e peregrino. Não foi, portanto, apenas pelo pensamento que viveu como cosmopolita, sendo antes um sujeito marcado historicamente pela pluralidade e universalidade de vivências, culturas, perspectivas e ideias.

Considerado o pioneiro da Reforma[94], sem nunca desejar – ou acumular suficiente coragem para, segundo as más línguas – o rompimento com a Igreja de Roma, foi tão agressivo, sarcástico e perigoso para as autoridades quanto Voltaire, mas também tão elegante, reto e fervoroso quanto Huss.

Na síntese de McLaughlin:

> Erasmo inspirou os radicais através de seu neoplatonismo, sua defesa do livre-arbítrio, seu apelo à autoridade das Escrituras, sua recomendação da

94. Até aquela época muitos já haviam sido considerados reformadores, mas as reformas isoladas não ganharam os ares de movimento universal da Reforma do começo do século XVI.

Bíblia aos leigos, sua ênfase sobre Cristo como modelo e mestre, sua preferência pela simplicidade, e sua preocupação de que princípios e prática coincidissem[95].

A esta imagem de santo-filósofo, muito propagada entre seus seguidores, está vinculada uma imagem mais picante, de um encrenqueiro ao melhor estilo socrático:

> Mas, mais comumente, Erasmo faz excelente uso de seu excepcional e mordaz humor, seu pungente sarcasmo, sátiras deleitosas, ridicularizações saudáveis e insinuações sagazes como armas contra a moralidade corrompida do clero e dos monges; das pretensões superlativas do papado; do culto aos santos, à Virgem, às relíquias e às imagens milagreiras; e dos pontos fracos da humanidade em geral. Estes recursos ele emprega como um mestre espadachim em defesa de um cristianismo racional (às vezes racionalista). Todas as suas obras estão repletas desta mordacidade, e muitas delas são tudo menos obras de um intelectual gentil, senão tímido e acovardado, como Erasmo geralmente é retratado[96].

Sem ignorar seus inegáveis méritos, portanto, é preciso destacar que Erasmo, como todos os reformadores, não era um pensador original, um filósofo com um modelo de descrição da realidade e/ou código abrangente de conduta na vida. Era, antes, um intelectual, um professor, que absorvia e reproduzia, no mais alto nível possível, a cultura clássica e cristã.

Soube de modo raro curvar-se humildemente ao altar da cultura antes de erigir um monumento a si mesmo. Traduziu Luciano, Xenofonte, Eurípides, Plutarco, Ovídio; comentou as obras dos Pais da Igreja, isto é, Hilário, Ambrósio, Irineu, Agostinho, Jerônimo, Orígenes, Basílio, Lactâncio, Cipriano e outros, fazendo-o com uma desenvoltura e familiaridade que chamaram a atenção do público culto; traduziu os evangelhos em uma versão tão crítica quanto o poderia ser para a época, e que marcou para sempre o modo de encarar as Escrituras. Suas obras originais, como *O elogio da loucura*, são certamente mais populares, no entanto, é a sua mais vasta e meticulosa obra interpretativa que constitui o seu maior legado, a saber, o do reavivamento da chama do espírito antigo, em toda a sua liberdade interpretativa e crítica.

Erasmo pretendia, a seus próprios olhos, erguer um cristianismo desmoralizado à altura e à dignidade de sua história. Nisso, foi um elemento de coesão e

---

95. (MCLAUGHLIN, 2007, p. 38).

96. (SPINKA, 1953, p. 287).

aglutinação entre reformadores protestantes e católicos, e até entre católicos não tão receptivos à reforma, mas suficientemente humanistas para se deixarem sensibilizar pela beleza da letra e dos ideais de Erasmo. Pretendeu, portanto, ser o promotor da concepção de um cristianismo unificador e não sectário; simples e puro, ao invés de intelectualista e "tecnocrático"[97].

Não é de somenos importância que Erasmo tenha iniciado – ou, no mínimo, epitomado – o estudo crítico e analítico das Escrituras. Agora, podia-se discernir o conteúdo da doutrina de Jesus, apresentado nos evangelhos, das posições de Paulo, e das posteriores análises dos Pais da Igreja. Sua distinção analítica e questionadora dos capítulos da história do cristianismo e de suas variadas correntes inseriu na teologia (e filosofia da religião) uma dimensão altamente secularizante. Chegamos, então, aos pórticos da leitura histórica, sociológica ou psicológica de elementos doutrinais antes indisponíveis a este tipo de julgamento.

Foi também prolífico escritor de textos edificantes, que conciliam a fineza de uma aplicação consciensiosa dos princípios éticos cristãos com um tom muito prático que, para o senso contemporâneo, soa um pouco como autoajuda. Vemos nesses textos, de um cristão helenizado, a ideia e a aplicação de uma boa vida e uma relativa felicidade, possíveis para o homem de bem ainda neste mundo.

De forma crítica (platônica), Erasmo percebe que o livre-arbítrio decorre da impossibilidade de se estabelecer uma interpretação única – porque totalmente dogmática – da Bíblia. Interpretar e discutir qualquer passagem implica discernimento e liberdade para tomar decisões interpretativas, além de abrir espaço para a investigação e busca da "verdade do texto". Se esta verdade puder ser dada por uma autoridade qualquer, então não há propósito em pensar, criticar, estudar ou tomar decisões quanto a este ou aquele ponto, mas isso também significa abandonar a responsabilidade sobre o futuro de nossas almas à autoridade. Esta não parece ser, contudo, de modo algum, a doutrina de Jesus, que evitava respostas diretas, taxativas e normas comportamentais, estimulando, ao contrário, atitude reflexiva e crítica dos discípulos, para que estes encontrassem por si mesmos as respostas aos dilemas apresentados.

Até os próprios espíritos que falam pelos profetas devem ser testados e analisados para que se saiba se eles provêm de Deus ou não[98]. Pior ainda, se a interpretação está com aqueles que se dizem inspirados pela graça, como compreender o fato de estarem também os inspirados em tão grandes contradições?[99]

---

97. (LECLER, 1955, Vol. I, p. 140-142).

98. (1Jo 4, 1).

99. (WINTER, 2007, p. 16).

Para resolver esta que é uma questão-limite entre filosofia e teologia, Erasmo decreta que sua definição de livre-arbítrio é "o poder da vontade humana pelo qual o homem pode se voltar para ou afastar-se daquilo que conduz à salvação eterna"[100]. Soa como um eco de Dante ou Huss, mas ainda mais claro.

Esta postura tinha consequências obviamente negativas para uma Igreja que, ao menos para muitos de seus apoiadores mais pragmáticos, pretendesse monopolizar a autoridade sobre a interpretação das Escrituras, como se retivesse em suas mãos a fonte única possível da verdade do texto. Não por acaso, todos os que o pretenderam tiveram de se opor ao exercício da razão e à consequente liberalidade que decorre da própria noção de busca e exercício contínuos. Neste infame grupo, contudo, não estão apenas muitos católicos, mas também numerosos protestantes que, após um breve e quase interesseiro momento de rebeldia e exigência de liberdade (para si), negaram o mesmo direito a outros.

Cirurgicamente, Erasmo identificava a postura autoritária e dogmática da "pretensão à verdade absoluta da interpretação do texto" com a subcontratação de Agostinho ou dos concílios. Afirmar, portanto, que essas autoridades estavam garantidas pelo Espírito Santo, que não podiam falhar em hipótese alguma, e que não é permitido discutir ou avaliar suas conclusões, sintetizam o que Erasmo diagnosticou como tentativa de racionalização da irracionalidade, isto é, um argumento que tenta proibir a argumentação.

Sua obra mais famosa, *O elogio da loucura* (1511), não é talvez o trabalho mais profundo, mas o mais sintético e, portanto, o que melhor representa o pensamento de Erasmo como um todo. Publicado seis anos antes do passo decisivo de Lutero no episódio das 95 teses, o livro de Erasmo já reunia mais provocações, mais passagens desmoralizantes e humilhantes para a Igreja do que muito do que fora feito antes ou depois. Dante condenara papas e numerosos clérigos ao inferno, Wycliffe condenara até a medula as práticas eclesiásticas, e reformadores logo se rebelariam de um modo prático contra tudo o que a Igreja representava, mas em talvez nenhum outro discurso falado ou escrito se tenha atacado tão radicalmente a perversão do cristianismo da época quanto o fez *O elogio da loucura*.

Erasmo não queria – como o livro e o restante de sua obra evidenciam –, contudo, expor o clero e a teologia da Igreja presente como as fontes de todo o mal. Ele ataca com igual força e aspereza a filosofia e a pretensão de erudição emprestada pela pompa e pela afetação acadêmica. Como Pascal, em seus *Pensamentos*, o ser humano em si é exposto em toda a sua precariedade, contradição e

100. (WINTER, 2007, p. 17).

corruptibilidade, sem que uma condescendência caridosa e cristã deixe de redimir essa triste visão da mais louca das criaturas.

O tom tragicômico da obra é justificado em passagens como esta: "A mesma coisa que dita por um sábio pode se provar um crime capital, dita por um idiota é recebida com deleite"[101].

Não que Erasmo já não tivesse atacado e não continuasse a atacar as distorções sociais e eclesiásticas que via de forma menos atenuada pelo apelo a esse recurso literário, mas ele reservou as formas mais impactantes de crítica para um ambiente em que elas pudessem ser razoavelmente perdoáveis como humor.

Como Rousseau bem depois observou, os filósofos, crendo-se no primeiro escalão dos homens em matéria de saber e conhecimento, não são capazes de entrar em acordo sobre praticamente nada, a não ser que desistam de filosofar e formem seitas (nominalistas, tomistas, platônicas, aristotélicas...). Os apóstolos, por sua vez, detestam mais que tudo o pecado, mas parecem incapazes de definir de modo minimamente claro o que é o pecado e quais seriam seus porquês[102].

A humildade intelectual cristã, para Erasmo, identificável com a consciência de ignorância socrática, e que fomentava também sua apologia da liberdade de interpretação, colocou Erasmo em rota de colisão com um monge mais jovem, Martinho Lutero[103]. Lutero não apenas via com desdém a relutância de Erasmo em abandonar a Igreja e abraçar a Reforma - que Erasmo claramente sugeria em suas críticas ao clero - como também desprezava a interpretação "humanista" do holandês sobre o livre-arbítrio. Com Lutero, quase todos os protestantes veriam a postura de Erasmo como de algum modo pelagiana e, portanto, desviante. Ficariam na segurança da doutrina de Agostinho, que mantinha a Reforma dentro dos muros espirituais da ortodoxia cristã.

Martinho Lutero e a rebelião que fraturou a Igreja

Boa parte dos historiadores da Alemanha não dedica espaço algum à Renascença em seus livros. Para todos os efeitos, esta é uma decisão acertada, pois os efeitos da Renascença ao norte de Milão são virtualmente irrelevantes. Alguma influência da revolução da pintura italiana chegou à Holanda e à Alemanha, e Thomas More, Erasmo e Paracelso não podem ser ignorados, mas as transforma-

101. (ERASMUS, 1913, p. 72).

102. (ERASMUS, 1913, p. 120).

103. (WINTER, 2007).

ções espirituais mais profundas que permitiram a saída da Idade Média, no centro e no norte da Europa, foram quase exclusivamente produzidas pela Reforma.

O protagonista inconteste da Reforma é o monge agostiniano e professor de teologia Martinho Lutero, nascido em 1483, no vilarejo de Eisleben, imediações de Halle, na Saxônia Anhalt.

Lutero educou-se em Erfurt e foi ordenado em 1507. Já reconhecido como intelectual competente, foi convidado por Johannes Staupitz, vigário-geral dos frades agostinianos e reitor da recém-fundada universidade de Wittenberg, a lecionar Teologia, em 1508. Staupitz, que era ainda confessor de Lutero, preocupava-se com as crises espirituais do jovem monge, e pensava que uma carreira acadêmica poderia desviá-lo de sua "guerra interna".

Por aquela época, iniciativas muito contestadoras e de caráter reformista, como as de Erasmo, já eram relativamente comuns, e monastérios alemães da região se dedicavam à reestruturação moral e administrativa. Staupitz e Lutero, portanto, faziam parte de um processo de crítica e tentativa de reparação de problemas há muito bem diagnosticados, mas esse processo já envolvia múltiplas visões de como e por onde começar as reformas. De certa maneira, Lutero e Staupitz eram o acelerador e o freio de uma atitude mais radical, mantendo-se em xeque.

Paralisados pelo bispo de Madgeburg, os frades agostinianos tentaram contorná-lo e levar seus problemas com a reforma de suas comunidades ao vigário-geral de todos os agostinianos, em Roma. Em 1510, portanto, Lutero partia a pé para Roma com o intuito de representar a causa ao vigário-geral, mas viveria experiências extremamente negativas e decepcionantes na cidade sagrada.

O choque entre a vida monástica germânica, com sua frugalidade e ascetismo naturais e não ensaiados, e a opulência e afetação de uma Roma no auge da decadência católica transformaram as dúvidas em desprezo.

Retornando a Wittenberg, Lutero começa a se afastar doutrinariamente, não se intimidando em separar claramente a teologia da nova universidade da pregada em outros bastiões da ortodoxia. Militante, Lutero tirava grande proveito das peculiaridades da recém-fundada universidade de Wittenberg, pois ela não apenas fora a primeira universidade alemã desvinculada da Igreja como, em parte por isso, sediava uma editora[104].

Em 1516, Lutero publica a *Theologia Germanica*, um tratado místico que vinha circulando há algum tempo e pregava uma radical transformação interior

---

104. (MACCULLOCH, 2003, p. 117).

através da rejeição do pecado e união da alma a Deus. Cerca de um ano depois, Lutero começa a identificar o papa com o anticristo[105].

No entendimento medieval – e todas as personagens até aqui tinham almas medievais –, ataques tão diretos ao papa não eram questões pessoais, mas heresia, contrários à doutrina cristã, que se confundiam com a doutrina da Igreja Católica Romana. Era de se esperar, portanto, que o não reconhecimento da posição do papa como um líder da Igreja de Cristo e condutor espiritual fosse imediatamente identificado com oposição ao cristianismo em si. Uma "quase heresia" ainda tolerável dentro do catolicismo seria atacar a pessoa de alguns papas, como fez Dante, mas jamais o cargo, fazendo dele fonte da corrupção da Igreja, como fizeram Huss discretamente e Lutero impiedosamente.

Fazer isso e pretender permanecer cristão, elaborando razões teológicas para isso, com base nas Escrituras, é uma atitude moderna, inconcebível para os medievais, e constitui um dos pontos centrais do conceito moderno de liberdade religiosa: a liberdade para ser *outro tipo de cristão*.

É claro, Wycliffe e Huss já o haviam feito, com argumentos muito parecidos com os de Lutero, mas, além de fracassarem em estabelecer uma "igreja alternativa" que pudesse acolher na prática os seus seguidores, não foram suficientemente claros quanto à necessidade de ruptura.

Isso não quer dizer que reformadores católicos, como Erasmo e Thomas More, fossem menos importantes ou "incompletos" se comparados aos reformadores protestantes. Eles fizeram de dentro muito do que os protestantes faziam de fora, e foram igualmente radicais em sua crítica à autoridade sobre a doutrina. Erasmo foi até mais radical que os protestantes em alguns pontos. O que os reformadores católicos não podiam oferecer, contudo, era um espaço que assegurasse essa identidade alternativa, onde seus seguidores não se sentissem tentados a retornar para a ortodoxia assim que suas lideranças se ausentassem.

O incômodo principal de Lutero, como se sabe, era a venda de indulgências. Um problema que já havia levado Huss à sua rebelião, mas Lutero foi mais incisivo quanto às implicações teológicas do erro, não o tratando apenas como imoralidade e inversão de prioridade entre o espiritual e o material.

Entre os pensamentos dominantes da Reforma estava o de que "Deus seria todo poderoso e, portanto, senhor da vida como da morte: nada na ação da prece intercessória pelos mortos [...] poderia alterar Sua decisão, nascida de Seu julgamento e Sua misericórdia"[106]. Esse é, segundo Diarmaid MacCulloch, o pen-

105. (BÄUMER, 1970).

106. (MACCULLOCH, 2016, p. 3).

samento que efetivamente derrubou toda a imensa estrutura de crenças que sustentava a Igreja e, de certo modo, a mentalidade medieval.

Os motes de Lutero seriam *sola fide*, *sola scriptura*. Somente a fé, somente a Escritura, e nenhuma outra autoridade ou meio de salvação intermediado por cabeças humanas.

Em 10 de outubro de 1517, pregava, na porta da igreja de Wittenberg, 95 teses às quais se dispunha a debater, grande parte delas condenando abusos e desvios da Igreja.

Em outubro de 1518, um ano depois das teses e após sua forte repercussão em toda a Alemanha, Lutero foi instado a esclarecimentos pelo cardeal Cajetan – uma sumidade intelectual, considerado intérprete autorizado de Tomás de Aquino –, que o questionaria em Augsburg e que tinha ordens para prender Lutero se este não se retratasse. A estratégia de Cajetan para o debate era ignorar os méritos das teses de Lutero, enfatizando apenas que, como monge, deveria obediência à Igreja. O ponto levantado pelo cardeal era justo, mas Lutero insistiu em não se retratar porque as críticas por ele levantadas também eram, e o encontro acabou em impasse, já que o cardeal não desejava fazer cumprir a ordem de prisão.

O clima esquentou progressivamente à medida que as tentativas de reconciliação falhavam. Houve esforços dos dois lados, mas eles pareciam naufragar instantaneamente por força de acontecimentos paralelos. Quando o papa Leão X estava disposto a um gesto conciliador, era forçado a recriminar um excesso dos protestantes em um evento aleatório, e Lutero se via obrigado a defender seu "partido". Quando Lutero se mostrava aberto às propostas papais, logo se via forçado a reagir diante de ofensas as mais apelativas.

Longe de se retratar, Lutero deixava claro que o papado era um problema, que a condenação de Huss como herege pelo Concílio de Constança fora um erro. Em seu *Apelo à nobreza cristã*, de 1520, assumiu-se reformador e "convocou uma renovação da Cristandade que fosse politicamente sustentada e separada do papado"[107].

Na *Exposição sobre a Oração do Senhor* (1519), um de seus textos mais espirituais e belos, Lutero defendeu que Jesus revelou a forma espiritual de orar, em oposição às formas rituais e pretensamente mágicas de repetição de palavras-chave. O cristão deve, conforme ensinou Jesus, orar com poucas palavras e muito sentimento; deve arrepender-se, entregar-se à misericórdia e à graça de Deus, e buscar a transformação interior, não os gestos aparentes. Na análise dos deta-

107. (HENDRIX, 2007, p. 13).

lhes[108], Lutero mostra o significado espiritual mais profundo de cada sentença: que devemos louvar o nome de Deus reconhecendo Sua grandeza; que devemos confiar na vinda do Reino; que devemos agradecer o pão de cada dia, mas particularmente o espiritual; e que tudo o que desloca a vivência cristã do coração para a aparência meramente social é uma deturpação do cristianismo e a essência do catolicismo.

Um ponto relevante da nova teologia de Lutero era o individualismo, isto é, a ênfase na importância da vivência cristã pessoal e interpretação pessoal das Sagradas Escrituras. Esta preocupação obviamente refletia uma percepção de que a corrupção da Igreja de Roma se devia em grande parte à alienação do rebanho de sua responsabilidade na própria salvação e uma correspondente inflação do poder e da autoridade clerical, artificialmente autorizada a arbitrar sobre as almas dos fiéis. Lutero estabeleceu, então, que ninguém poderia ser chamado de cristão, ou participar de qualquer sacramento, se não dominasse o catecismo[109]. Isso impunha uma necessidade absoluta de alfabetização da população, em oposição à atitude mais passiva geralmente aceitável por parte do fiel católico ou anglicanos não puritanos.

Leão X condenou 41 das 95 teses de Lutero, assim com as ideias de Andreas Karlstadt, professor e colega de Lutero em Witenberg. Logo depois, o imperador Carlos V convocou a Dieta de Worms a fim de mitigar o conflito que agitava todo o império, mas Leão decidira excomungar Lutero e Karlstadt antes que a Dieta pudesse ser realizada.

Como Huss, que fora convidado ao Concílio de Constança sob salvo-conduto de Sigismundo, Lutero agora era instado a comparecer a Worms sob a proteção de um salvo-conduto de Carlos V. Tudo indicava que a história poderia se repetir. Sigismundo, que na época tentara pressionar Huss com a ameaça de cancelar o salvo-conduto, acreditava estar com isso defendendo a Igreja e a verdadeira fé. Era, portanto, possível que Carlos V fizesse algo semelhante mesmo "na melhor das intenções".

Lutero começou cuidadoso, mas firmou a posição de que jamais se retrataria contra a consciência, a razão e as Escrituras, no que repetiu os feitos de Huss e Jerônimo de Praga.

> Após receber 24 horas para reconsiderar a resposta e desculpar-se pela acidez de seus polêmicos tratados, Lutero apelou não só às Escrituras e sua própria consciência, como "à consciência de todos os fiéis"' que descreveu

108. (LUTHER, 1969).

109. (JULIA, 2006, p. 147).

como "miseravelmente enredados, vexados e fustigados" pela "tirania" da Igreja papal[110].

Era uma convocação aos fiéis para que ingressassem na modernidade.

Carlos V, apesar de abalado, honrou o salvo-conduto. O próprio papa Leão X insistiu que ele fosse mantido e que Lutero retornasse incólume a Wittenberg, mas, uma vez que o salvo-conduto valia por apenas mais duas semanas (até 6 de maio de 1521), Frederico da Saxônia organizou um rapto simulado para parecer um ataque de salteadores. Enquanto voltava para Wittenberg, Lutero foi levado pelos homens de Frederico ao castelo Wartburg.

Seguir-se-ia um dos períodos de reclusão mais célebres da história, com Lutero em semiconfinamento, sob forte estresse e atolado em cartas e projetos de tradução do Novo Testamento. Desde a *Theologia Germanica* ele defendera a beleza e grandeza do idioma alemão contra as insinuações de que ele não poderia vestir adequadamente a Palavra de Deus. Agora, entre generosas quantidades de cerveja e constante angústia por si e pelo destino de seus apoiadores, Lutero dava curso ao grande projeto de criação do idioma e da cultura alemães modernos.

A diversidade resultante do individualismo protestante: Karlstadt, Schwenckfeld, Zwinglio, Franck e os anabatistas

Lutero estava no ponto de equilíbrio entre o espiritualismo e o institucionalismo. De um lado, acreditava que a mensagem cristã era espiritual, não mediada por pessoa alguma, mas, por outro, acreditava também que a comunidade dos crentes precisava ter garantida aquela estrutura litúrgica sem a qual não poderia ser cristã.

Alguns outros protestantes, no entanto, passaram a identificar a Igreja com a liturgia e a mensagem cristã com um espiritualismo puro, sem mescla alguma com ritos, igrejas, concílios, sacramentos e liturgia. Esses *espiritualistas protestantes*, ou espiritualistas radicais, queriam acelerar o processo da Reforma, considerando a posição de Lutero insuficiente para garantir a libertação total do que entendiam como "exterioridades católicas". Sua meta, ao contrário, era criar as condições para uma vida cristã baseada no indivíduo, e não em instituições.

Os anos de 1521 e 1522 foram de aproximação entre Lutero e Andreas Karlstadt, que criava a sua própria e mais radicalizada concepção da Reforma Protestante.

110. (HENDRIX, 2007, p. 13).

Para Karlstadt, a vida acadêmica perdia sentido, e a Reforma representava o repúdio tanto do academicismo quanto de todo o traço de mundanidade da Igreja. Inteiramente espiritual, a verdadeira Igreja deveria ser destituída de imagens, música e de paramentos sacerdotais. Os pastores deveriam vestir roupas de camponês e em nada se distinguirem destes. Karlstadt também caminhava em direção a concepções que, em breve, seriam vistas como anabatistas (a rejeição do batismo infantil) e/ou gerariam a controvérsia interna mais grave do protestantismo nascente, a crise da comunhão.

Fora do castelo, a Alemanha pegava fogo. Levantes populares de caráter revolucionário campesino ameaçavam a ordem estabelecida. Os estados alemães caminhavam rapidamente para guerra civil de largas proporções, e Lutero passou a empreender esforços para reconduzir a revolta popular ao cânone seguro da indignação de consciência. Karlstadt, de Wittenberg, estava à frente das revoltas, e recebeu muito mal os apelos de Lutero à moderação. Chamou-o de monge acomodado e glutão, e teve de fugir de Wittenberg quando a maioria pendeu em favor do grande líder.

Karlstadt perambulou por um bom tempo como pregador radical, mais próximo do espiritualismo de Sebastian Franck e do evangelismo radical da Inglaterra do século seguinte do que das ideias originais dos grandes reformadores.

Após a exaustão, no entanto, recosturou sua relação com Lutero, chegando a se refugiar em sua casa em 1525. Lutero foi caridoso, mas não generoso, e não cedeu um milímetro em relação aos desvios doutrinários de Karlstadt, a quem não foi permitido pregar durante e após sua estada na casa de Lutero. Teve de se sustentar como camponês por alguns anos, até que escapou da Alemanha para a Dinamarca e, depois, Frísia (1529), onde influenciou decisivamente o líder do anabatismo holandês, Melchior Hoffman[111].

Karlstadt foi imensamente influente. Só atrás de Lutero no uso da imprensa, ele produziu cerca de noventa obras em mais de duzentas edições. Conhecido em toda a Alemanha, era lido por todos os primeiros radicais. Seu impacto sobre os anabatistas foi particularmente crucial. Sua rejeição do batismo infantil, sua eucaristia puramente memorial, sua radical laicização da Igreja, seu biblicismo, sua insistência em uma fé rica em obras, sua ênfase no comunalismo e na caridade, e sua crítica ao juramento foram cruciais ao anabatismo[112], movimento que ficou conhecido por pregar, contra toda a tradição cristã de todas as igrejas, que só adultos conscientes deveriam aceitar o batismo.

---

111. (MCLAUGHLIN, 2007, p. 40).

112. (MCLAUGHLIN, 2007, p. 40).

O anabatismo, portanto, não foi tanto um produto de Karlstadt quanto um movimento que a ele se encaixou perfeitamente. Surgido em 1525, na Suíça, e rapidamente espalhado por todo o mundo germânico, o anabatismo caracterizava-se por ser um radicalismo espiritualista, algo oposto à ortodoxia protestante, entendida como as doutrinas acordadas entre Lutero, Zwinglio, Bucer e Calvino[113].

Prenunciando o puritanismo, o que os anabatistas queriam era que a Reforma não se acomodasse a meio caminho de seu objetivo: a completa reforma dos corações em Cristo, e a consequente completa rejeição da ordem temporal em favor de uma vida mística e pura. Como isso não podia funcionar em uma sociedade normal, os anabatistas foram vistos como fanáticos ou exaltados (*schwärmer*) e ou tentavam formar sociedades alternativas ou partiam para a revolução, buscando derrubar os príncipes do mundo para a instauração do Reino de Deus.

Paralelamente ao surto radical de Karlstadt, Thomar Münzer, que ascendera rapidamente à popularidade após tornar-se pastor de Altstedt em 1522, pregava abertamente o extermínio dos infiéis (católicos).

Além dos católicos, os nobres também eram alvos das revoltas de cunho comunista. Diferentemente de Wycliffe e dos lolardistas, as comunas alemãs do século XVI não tinham paciência para a conversão dos ricos em cristãos verdadeiros. As consciências poderiam levar um tempo infinito para admitir que o acúmulo de propriedade e cargos era contrário à lei do Evangelho, de modo que era necessário usar a força.

Como a consequência das revoltas era o caos, o empobrecimento geral da sociedade e o enfraquecimento dos estados envolvidos, e como o assédio otomano ameaçava extinguir a Cristandade, católica ou protestante, foi convocada uma dieta em Augsburg para unificar o credo protestante e, consequentemente, as comunidades.

Uma razão subterrânea ou implícita do esforço por produzir uma confissão comum, no entanto, é o fato de que a própria natureza individualista do protestantismo das décadas de 1510 e 1520 mostrara-se fragmentadora do ordenamento social, a implantação apressada do *espírito moderno* precisava ser equilibrada por uma nova ordenação heterônoma, ironicamente semelhante à autoridade da Igreja de Roma.

Em 1523, ano em que a Reforma chegava à cidade imperial de Estrasburgo, onde faria na figura de Martin Bucer um de seus mais intensos defensores, Lutero incentiva as comunidades cristãs, em um gesto profundamente secularizante, a converterem o dízimo, as heranças e os donativos à Igreja, bem como o dinheiro

113. (KLASSEN, 2004).

da venda das propriedades clericais, a obras de caridade[114]. Posições como esta, por parte da ortodoxia protestante, estimulavam os radicais em sua interpretação de que o cristão não pode se permitir nenhum contato com as coisas do mundo. De forma vexatória, no entanto, o que os líderes revolucionários proibiam aos soldados permitiam liberalmente a si mesmos.

Um líder espiritualista radical mais sincero era Caspar Schwenckfeld, que não se converteu por argumentos, como Karlstadt, Bucer ou Melanchton, mas porque as ideias reformistas produziram nele um estado de espírito tal que sua alma se transportou em uma visão extática e divina (*Heimsuchung*).

Entre os anos de 1519 e 1522, Schwenckfeld aprofundou-se no estudo e prática do que entendia ser a grande oportunidade de renovação da humanidade, a Reforma Protestante. Começou, no entanto, a ver problemas tanto na comunidade quanto na doutrina, que se resumiam à falta de uma "melhoria moral visível entre os seguidores de Lutero". Quando Karlstadt e Zwinglio criticaram a explicação de Lutero sobre uma presença real de Cristo na Eucaristia, afirmando, ao contrário, que ela deveria ser entendida como reencenação espiritual da santa ceia, Schwenckfeld teve novo episódio de uma "visita espiritual (*Heimsuchung*). Schwenckfeld se convenceu de que o ensino de Lutero estava bloqueando o progresso esperado"[115].

Depois da terceira percepção espiritual, em 1527, Schwenckfeld não podia mais compactuar com o que lhe parecia um fideísmo passivo de Lutero, e aprofundou-se no espiritualismo[116].

Apesar do ar mais grandiloquente da mística, contudo, Schwenckfeld não ofereceu uma doutrina alternativa consistente o bastante para fomentar um processo paralelo mais robusto.

Sebastian Franck (1499-1542) era outro pastor luterano que abandonou o movimento ao presenciar imoralidades cometidas por seguidores de Lutero.

Baseado no fato de que a Idade Média e mesmo a Igreja primitiva deram origem a mil seitas e heresias, que cada grupo de cristãos negava como erradas e pecaminosas as interpretações de todos os outros, Franck concluiu que a Escritura não é um caminho seguro, mas um primeiro estímulo à vida espiritual.

Em seu livro *Crônicas, livro dos tempos e Bíblia histórica*, de 1531, defendeu a ideia de que "somente os hereges haviam sido bons cristãos"[117].

---

114. (HENDRIX, 2007, p. 16).

115. (MCLAUGHLIN, 2007, p. 43).

116. (MCLAUGHLIN, 2007, p. 43).

117. (MCLAUGHLIN, 2007, p. 44).

Mais que um grande reformador, fundador de igrejas e doutrinas, Sebastian Franck é um exemplo máximo de individualismo cristão e iconoclasmo, embora de um iconoclasmo tolerante, que não desejava destruir as Igrejas. Para ele, todas as instituições eram degenerações do espírito cristão, que reside na intimidade da alma, e foi concebido como Igreja puramente invisível e espiritual[118]. Se Jesus e os apóstolos eram perseguidos, perdoavam os inimigos e davam a outra face, é impossível que alguém se arvore no direito de condenar e perseguir qualquer pessoa em nome de Cristo. O cristianismo está sempre com os perseguidos, nunca com os perseguidores; sempre com os que foram condenados à fogueira e à tortura por suas crenças sinceras, nunca com as autoridades que os condenam. Conforme o exemplo dado por Huss, entende Franck, "a ação persecutória é o sinal da verdadeira heresia"[119], e não pode haver erro de interpretação das Escrituras que se lhe compare.

O conflito entre os radicais espiritualistas e os "ortodoxos" pendeu em favor dos últimos. Muitos anabatistas foram queimados em fogueiras entre 1527 e 1545, tanto por luteranos quanto por calvinistas, e milhares deles morreram nas décadas seguintes. Johannes Hubmaier foi queimado em Viena em 1529. Paralelamente, bruxas eram queimadas aqui e ali, em processos não muito distintos dos católicos.

Na Suíça, a Reforma foi iniciada por Huldrych Zwingli, sacerdote poucos meses mais jovem que Lutero. Estudou em Viena e Basel, esta última um dos bastiões do humanismo, e onde ele teve oportunidade de conhecer Erasmo. Inicialmente erasmiano, Zwinglio tendia para uma versão muito simples da Reforma, tentando levar o Evangelho ao homem comum. Por volta de 1518, no entanto, estava perfeitamente ciente da repercussão da rebeldia de Lutero e sua nova teologia, e começou a elaborar sua própria.

De acordo com a doutrina de Zwinglio, menos elaborada e menos clara que a de Lutero ou Calvino, mas bastante simples, o cristianismo deveria resumir-se à vida e aos interesses espirituais. Como Erasmo, entendia que a reforma do caráter deveria ter primazia sobre a reforma da instituição, pois o excesso de ênfase sobre a instituição fora justamente a causa da corrupção da Igreja[120]. Como Lutero, no entanto, não podia tolerar o conceito de mérito de Erasmo, que hipervalorizava o esforço na economia da salvação. Zwinglio preferia ater-se à noção mais agosti-

118. (LECLER, I, 1955, p. 183-184).

119. (LECLER, I, 1955, p. 185).

120. (CLARK, 1984, p. 25).

niana da graça: "se formos bem-sucedidos nisso (na fé), os mais excelentes frutos serão generosamente produzidos pela boa árvore"[121].

Ambos, Erasmo e Zwinglio, entendiam que os rituais e a própria comunhão não faziam sentido fisicamente, e que o gesto social de comer o corpo de Cristo não comunicava a ninguém o espírito de Cristo. Erasmo chegou a dizer que a comunhão puramente sacramental só deve ser mantida porque muitos fiéis são "bebês em Cristo", nada compreendendo da vida espiritual[122]. Zwinglio, ainda mais incisivo, considerava todos os rituais suportes psicológicos materialistas. A única força eficaz na salvação, para ele, viria de Deus, nunca de uma performance humana. Só o que é puro espírito é capaz de despertar em nós o que é puro espírito, e o papel dos homens é cultivar a pureza da vivência e da mensagem espiritual, mas a humanidade recai nas velhas práticas idólatras, que, então, passaram a constituir a parte majoritária dos costumes da Igreja de Roma.

Uma diferença muito séria, contudo, é que o holandês tinha uma fé racionalista inabalável no diálogo e no consenso, ao passo que o suíço acreditava que sua doutrina vinha diretamente de Deus, o que lhe dava um tipo muito diferente de convicção[123].

Após controvérsias com anabatistas, Zwinglio começa a enxergar a fragmentação protestante – um problema também óbvio para os alemães e que só parecia menos grave à Reforma inglesa – como estando ligada às separações políticas e culturais. Precisando reforçar sua posição como líder natural e original do movimento e, entendendo serem as dissidências realmente maléficas para a vivência cristã e para a unidade do movimento, Zwinglio estabelece, em 1523, talvez por convicção, talvez por questões práticas, o seu próprio papel como profeta, porta-voz de Deus para a Reforma.

Assim, "a autoridade com a qual falava não era a dele, mas a do Senhor. As palavras que dizia não eram apenas balbuciar humano, mas a Palavra de Deus, fundada e afirmada em Jesus Cristo e revelada pelo espírito de Deus a toda pessoa racional e crente"[124].

Entre as preocupações mais conhecidas de Zwinglio está o batismo, por causa da questão anabatista, mas também pelo costume local de enterrar as crianças não batizadas no espaço intermediário entre os túmulos profanos e os túmulos cristãos, sugerindo uma incerteza sobre a condição das almas daquelas crianças.

---

121. (CLARK, 1984, p. 29).

122. (CLARK, 1984, p. 31-32).

123. (CLARK, 1984, p. 43-45).

124. (FURCHA, 1984, p. 50).

Zwinglio insistiu que, no caso das crianças muito novas, todas as almas deveriam ser recebidas misericordiosamente por Deus[125]. A questão se alongou, no entanto, por causa da situação de filhos de pais pagãos, e Zwinglio insistiu que mesmo pagãos muitas vezes podem ter sido salvos por Deus. Não chegando ao ponto do humanismo ou do universalismo de Erasmo, Zwinglio encontrou um expediente para defender a salvação de nobilíssimos pagãos como Sócrates, Numa e Catão: Deus pode salvar a quem quiser[126].

Para um tipo de teologia que não admite o mérito, mas não quer cometer um crime mais grave contra a razão condenando Sócrates ao inferno, a eleição "injustificada" de Deus deve ter parecido uma boa solução.

De um jeito ou de outro, fossem quais fossem os méritos da Reforma suíça, a guerra explodiu entre eles e as províncias católicas vizinhas. Não é possível precisar com exatidão a origem do conflito, mas os protestantes estavam em minoria. Em algum momento, começaram escaramuças e ataques de guerrilha às linhas de abastecimento das cidades. Os protestantes de Zwinglio foram muito bem-sucedidos nisso, causando grande prejuízo aos grupos católicos. Em outubro de 1531, contudo, uma tropa de mais de sete mil católicos arrasou os dois mil prostestantes que se levantaram em defesa de seu bastião na segunda batalha de Kappel. Zwinglio e dezenas de outros pastores protestantes morreram no confronto.

Historiadores da religião discutem se, ao final, a Zurique de Zwinglio teria se tornado uma teocracia como a Genebra de Calvino, onde toda a vida política e social passava pelo crivo das autoridades religiosas.

Lutero, por sua vez, também se acomodava ao seu trono de ortodoxia protestante, piorando de saúde e se tornando mais intolerante para com judeus e dissidentes. Para alguns, terminou tão conservador quanto qualquer cardeal, apoiando o engessamento da doutrina através da Confissão de Augsburg e impondo-a autoritariamente. Muitas vezes, entretanto, esta é uma opinião comprometida pela oposição.

Não é possível negar, contudo, que as questões centrais da liberdade de crença e de consciência, e de como as igrejas não sabiam lidar com ela na prática, ainda que a reconhecessem na teoria, perpassa todos os movimentos históricos elencados neste livro, e era uma preocupação consciente de todas as suas personagens.

---

125. (GEORGE, 1984, p. 78).

126. (GEORGE, 1984, p. 78).

Siegfried Wollgast, historiador da Reforma, defende[127] que Erasmo, Franck e Paracelso eram os pacifistas radicais do ambiente reformista do espaço germânico, e eles de algum modo faziam o contraponto à visão de Lutero, o qual considerava a superação da guerra um dever cristão, mas achava que em muitas ocasiões a defesa contra a maldade exige uma reação forte, e ainda assim justa.

Em parte, Erasmo e Franck enfatizaram que essa posição tradicional de muitos cristãos em favor da ideia de guerra justa é ainda uma contradição para os cristãos, que não podem senão dar a outra face, jamais reagir ao mal com o mal, amar o inimigo e fazer a ele o que gostaríamos que nos fizesse.

Uma visão teológica mais amigável para com a mística, como a de Klaus Ebert, por outro lado, defenderia que Karlstadt, Franck e até Muntzer eram mais sensíveis que Lutero, mais preparados para a dimensão propriamente espiritual da vida cristã, dando a sonhos, intuições e fenômenos sobrenaturais uma importância equivalente e às vezes até superior às Escrituras[128]. É preciso, contudo, observar se esse entusiasmo místico não permitiu muitas vezes, ao contrário do que pretendia, um afastamento do cânone seguro da revelação maior em favor de idiossincrasias e modismos tomados por revelações diretas e casuais.

Melanchthon e a Confissão de Augsburg:

Philipp Schwartzerdt, sobrinho do famoso humanista alemão Johann Reuchlin, era bem mais jovem que a geração de Lutero, Zwinglio e Karlstadt. Nascido em 1497, só veio a envolver-se efetivamente com a Reforma entre 1518 e 1519, quando Lutero o convida a lecionar em Wittenberg. A esta altura já havia helenizado seu nome para Melanchthon e, aos 21 anos, era considerado um brilhante e promissor intelectual.

Melanchthon diferia muito do perfil de pregadores dos primeiros protestantes, sendo bem treinado tanto em escolástica quanto no humanismo de Reuchlin e Erasmo, de quem absorveu significativos ares humanistas e preocupação com a educação como elemento complementar da reforma dos espíritos.

Com ideias muito próximas de Lutero, e índole bem menos combativa que a dos demais protestantes, a Melanchthon foi confiada a tarefa essencial de liderar a Confissão de Agusburg, que tentou dar coerência a todo o protestantismo e diminuir as matérias de controvérsia o suficiente para preservá-lo do que muitos entendiam como heresias protestantes.

---

127. (WOLLGAST, 1968).

128. (EBERT, 1996, p. 56-60).

O imperador Carlos V conseguira encerrar os conflitos com a França e o papa Clemente VII, e desejava cessar os não poucos conflitos internos, convocando as lideranças luteranas para uma "confissão comum", em 1530, e que na prática funcionaria quase como um concílio.

Uma vez que era o imperador quem convocava os luteranos a uma declaração unificada, era de se calcular que ela tivesse impacto histórico sobre o curso do luteranismo na Alemanha, e os participantes sentiam isso gravemente.

Um dos problemas espinhosos e que requeriam imediata solução era o problema da comunhão. Os dois extremos da controvérsia eram a posição católica, da transubstanciação do pão e do vinho no corpo e sangue de Cristo, e a espiritualista, que tornava o rito pouco mais que uma metáfora que servisse de lembrete ao gesto de comunhão de sentimentos. Segundo a primeira interpretação, não restaria nada do pão e do vinho, embora as novas substâncias conservassem a aparência do pão e do vinho. A esta posição opunha-se a ideia de que a comunhão seria um ato puramente espiritual, defendida por Zwinglio e alguns dos espiritualistas radicais. Segundo estes, o pão e o vinho permaneceriam pão e vinho, mas na fé do cristão eles "valeriam" como comunhão em espírito com Cristo. Lutero, embora negasse a transubstanciação, criou uma solução paliativa não menos mágica: o corpo e o sangue de Cristo estariam presentes no pão e no vinho. Melanchthon, contudo, tinha já uma noção um pouco mais próxima do espiritualismo ou do simbolismo do que da ideia da infusão sobrenatural da essência de Cristo no pão e no vinho.

Porque Lutero já tinha a saúde prejudicada, sua participação na Confissão foi distante, quase que restrita a subcontratar Melanchthon como seu porta-voz, mas ele em parte se arrependeria de ter cedido uma liberdade mais ampla a Melanchthon, concluindo que havia um ar humanista ou irenista no documento final que traía sua índole mais inflexível. Esta suspeita (de irenismo) era muito grave para Lutero, pois colocar a razão acima da fé contradizia a essência de sua proposta. Cabe ressaltar que o irenismo era associado, na época, a Erasmo, que se tornara um dos maiores adversários de Lutero.

Se as diferenças a serem acomodadas permitiram à confissão maior flexibilidade, também é verdade que ela engessou o aspecto individualista e liberal do primeiro momento da Reforma Protestante, e que viria a reemergir com as dissidências o evangelismo e os radicalismos espiritualistas várias décadas mais tarde. O documento reflete as crenças médias acordadas entre as lideranças, mas não há uma filosofia de fundo consistente o bastante para justificar por que este ou aquele ponto foi incorporado ou rejeitado, e o resultado acaba por ser razoavelmente arbitrário.

A estrutura e o espírito final do documento são creditados, assim, principalmente a Melanchthon, e é considerada uma de suas maiores realizações.

De qualquer maneira, a Confissão cumpriu seu propósito, e, uma vez oficializada, passou a "uniformizar tanto crença quanto cerimônias"[129].

Entre os 28 artigos da Confissão destacam-se: defesa da Trindade (conforme o Concílio de Niceia); pecado original como disposição para falta de fé e confiança em Deus; justificação não pode ser obtida pelo esforço; boas obras decorrem da justificação; a Igreja de Cristo é a coleção dos fiéis, e não é necessária uma unidade formal das práticas (wycliffismo e hussismo); sacramentos são ineficazes, mas o batismo é sim necessário; o livre-arbítrio existe, mas é insuficiente para satisfazer a Deus[130].

Henrique VIII, Thomas Cranmer e as peculiaridades da Reforma inglesa

Comparada à Suíça ou à Alemanha, a Inglaterra começou sua Reforma atrasada. E esta não seria a sua única peculiaridade, pois seu maior protagonista, diferentemente de qualquer outro lugar, não seria um monge ou padre, e sim o próprio rei.

Aos 17 anos (1509), Henrique VIII desposou Catarina de Aragão, a mais bem nascida princesa da Europa, filha de Fernando de Aragão e Isabel de Castela, os reis católicos. Catarina estava prometida ao irmão de Henrique, Arthur, mas, após a morte deste, o rei Henrique VII rearranjou a situação.

Porque Catarina fosse seis anos mais velha que Henrique VIII, e não lhe produziu um herdeiro, o interesse por dissolver o casamento cresceu com a idade, mais precisamente a partir da segunda metade da década de 1520.

Catarina deu à luz, contudo, a uma menina, Maria, que seria uma rainha também muito ligada à história da Reforma nas ilhas britânicas.

Apaixonado por Ana Bolena, irmã de sua anterior amante, Maria Bolena, Henrique fez todo o possível para conseguir aprovação papal para a anulação de seu casamento com Catarina. Ele, inclusive, entendia que ter se casado com a esposa do irmão, embora o casamento entre eles alegadamente não se consumara, era em si um pecado; que deveria ser reparado.

Thomas More, o autor da *Utopia* e grande humanista, mas também suficientemente devoto, apoiava o papado contra a anulação do casamento. Quando More resignou, no entanto, a chancelaria foi habilmente preenchida por um apoia-

129. (KRAUSE; MÜLLER, 1979, p. IV, p. 617).

130. (HILLERBRAND, 1996, p. 95-96).

dor irrestrito de Henrique, Thomas Cranmer. Dos bastidores, Thomas Cromwell crescia rapidamente para um patamar equivalente de influência sobre a nação.

A crise da Igreja da Inglaterra se deu entre 1531 e 1533, com Cranmer exercendo o papel de teólogo oficial da Reforma inglesa. Do arcebispado da Cantuária, o mais importante fora do continente, exerceria imenso poder sobre os rumos da reforma anglicana. Não é possível subestimar o fato de que, por esta época (precisamente 1532), Cranmer quebrou o voto de celibato e se casou com Margarete, parente do teólogo alemão Andreas Osiander. Cranmer usou argumentos luteranos para justificar a invalidade do celibato compulsório.

As ilhas britânicas foram desde sempre uma espécie de continente à parte, com cultura e preocupações significativamente distintas do restante da Europa Ocidental.

Não apenas os dois arcebispados da Inglaterra (York e Cantuária) eram poderosíssimos, como também o próprio governo há séculos tentava mitigar a influência do Vaticano sobre si.

A Inglaterra vinha recebendo as notícias da Reforma já desde as 95 teses de Lutero, e os lolardistas, numerosos apesar de perseguidos, exerceram um papel não insignificante na recepção da Reforma.

> Tanto na Inglaterra quanto na Escócia, entusiásticas comunidades evangélicas tomaram forma em portos ao longo da costa, entre as décadas de 1520 e 1550, apesar de enfrentarem, no mínimo, hostilidade por parte de Henrique VIII e James V. No sudeste inglês, ativistas evangélicos hibridavam-se aos grupos lolardistas pré-existentes. [...] Mais influenciado pela França, James da Escócia imitou a atitude do rei francês, defendendo a igreja tradicional[131].

Em 15 de janeiro de 1533, sem apoio papal, mas já convicto de que a Reforma Protestante poderia ser uma saída melhor que a encomenda, Henrique se casava com Ana Bolena. Cranmer habilmente anulou o casamento do rei com Catarina de Aragão, "legitimando" o novo laço. Thomas More, que se recusou a participar da coroação da nova rainha, selava seu próprio destino.

Thomas Cromwell, que era o líder moral da Reforma inglesa – Cranmer seria mais o líder eclesiástico – confiscou as terras da Igreja, promoveu perseguições (sobretudo econômicas) pontuais ao clero, virando decisivamente a ordem de forças no impasse entre Henrique VIII e o papa. De origem humilde, Cromwell acumulou grande fortuna fazendo o que muitos não se sentiam confortáveis em fazer. Com mentalidade pragmática e cinismo ou desprezo pelo clero, Cromwell

131. (MacCULLOCH, 2003, p. 204).

pode tão bem ter tido sincera convicção reformista quanto pode ter sido essencialmente oportunista.

Ainda em 1533, Ana Bolena daria à luz a Elizabeth, futura grande rainha protestante. As duas filhas de Henrique, portanto, estariam inteiramente ligadas aos choques futuros entre protestantes e católicos, o que faz jus ao ambiente em que foram concebidas.

Não ignorando o fato de já estar casado há dois anos, apenas entre 1533 e 1534 Cranmer e uma pequena elite de clérigos bem protegidos pelo rei tiveram suficiente coragem para se apresentar como protestantes.

Em pouco tempo, Cranmer e Thomas Cromwell seriam os protagonistas da filial inglesa da Reforma, enquanto Henrique se tornava o chefe oficial da Igreja Anglicana.

Entrementes,

> Elizabeth Barton, uma freira de Kent, anunciou que tinha recebido ordens de Deus para condenar o novo casamento do rei, acrescentando que lhe tinha sido permitido ver o lugar que estava sendo preparado no inferno para Henrique. A corte real submeteu-a a severo exame e arrancou-lhe a confissão de que suas revelações eram imposturas e que havia permitido a outras pessoas que delas se servissem em uma conspiração para destronar o rei. Ela e seis outros cúmplices foram executados em maio de 1534[132].

Por sugestão de Henrique, Thomas More foi acusado de ter conspirado com o grupo de Elizabeth Barton. Ele de fato a encontrou, mas a teria aconselhado a ser mais prudente e não se envolver com a política; um conselho que ele tinha ampla autoridade para dar. De qualquer maneira, acusações acumularam-se sobre o nome do filósofo, e, por se manter fiel aos seus princípios, foi condenado e decapitado em julho de 1535.

O problema gerado pela freira de Kent e a controversa condenação do então maior pensador inglês não eram problemas menores, inserindo na dinâmica da Reforma inglesa uma mácula moral e espiritual.

O caso como um todo é muito instrutivo, pois serve de lembrete de que mesmo em um ambiente tão radicalmente "secular" como o da Reforma inglesa o elemento religioso podia emergir aqui e ali inesperadamente.

Na sequência atropelada dos acontecimentos, Catarina de Aragão morreria no exílio e o rei estava decepcionado com o fato de Ana só ter produzido uma menina. Após um breve caso com outra amante, Henrique começou a se interessar mais seriamente por Jane Seymor, encomendando a seus apoiadores mais próximos que produzissem uma justificativa para o divórcio entre ele e Ana Bolena.

---

132. (DURANT, 2002, Vol. VI, p. 461).

Ana Bolena era uma figura forte e peculiar, capaz de intrigar aqueles que com ela conviviam. Quase todas as notícias que se tem dela dão conta de ser muito difícil e caprichosa. Quando Henrique VIII e o articulador da Reforma inglesa, Thomas Cromwell, começaram a nutrir o desejo de se livrarem dela, direcionaram Thomas Cranmer para manipular Ana. O expediente funcionou, e Cranmer conseguiu influenciá-la como "amigo", e depois desequilibrá-la com ameaças[133].

Considerando-o um líder espiritual medíocre e uma figura moralmente deficitária, o escritor católico Hillaire Belloc – assumidamente antiprotestante – atribui o papel decisivo de Thomas Cranmer ao seu virtuosismo literário. A beleza insuperável de suas orações e sermões, acredita Belloc, seriam as verdadeiras causas do apelo (estético-sentimental) do protestantismo em um momento histórico tão crucial quanto aquele[134].

O fato é que Ana Bolena foi condenada por traição e decapitada em consequência de um dos mais absurdos julgamentos da história. Henrique contraiu núpcias imediatamente depois com Jane Seymour. Em 12 de outubro de 1537, Jane dava à luz ao tão aguardado herdeiro homem, o futuro Eduardo VII, mas morreu dias após o parto.

Em 1536, Henrique VIII havia assinado a Confissão de Augsburg, mas questões internas da Igreja inglesa impediram a uniformização, e aos poucos surgiu a Igreja Anglicana.

Cranmer e Cromwell trabalhavam juntos pela reestruturação da Igreja da Inglaterra, enquanto seu chefe *pro forma* se dedicava à sua vida pessoal. Cromwell recebeu permissão do rei para apresentar uma tradução da Bíblia ao inglês, e, ironicamente, fez grande proveito da tradução realizada por William Tyndale, lolardista estrangulado por denunciar o casamento de Henrique com Ana.

A vida pessoal de Henrique jamais se acalmaria, e todos aprenderam a calcular possíveis reviravoltas e escândalos como parte esperada de qualquer política nacional ou eclesiástica. Em 1545, contudo, Henrique e Cranmer fizeram um derradeiro esforço para tentar apaziguar as disputas internas e criar um senso de unidade nacional, a qual dependia da unidade da Igreja da Inglaterra[135].

Pragmático, Cranmer não tinha gosto ou interesse no pluralismo religioso ou na liberdade de crença.

---

133. (BELLOC, 1936, p. 80).

134. (BELLOC, 1936, p. 126).

135. (MacCULLOCH, 2016, p. 111).

De acordo com MacCulloch:

> Cranmer tinha três opções para a Igreja da Inglaterra: concórdia por coesão, concórdia por discussão ou concórdia por tolerância. Ele não era o líder inspirado e carismático de uma "reforma a partir de baixo", como Lutero fora no começo, como Thomas Müntzer fora por um momento, e como John Knox permaneceu; ele nem sequer era o líder carismático e inspirado de uma "reforma a partir de cima", como Zwinglio e Calvino descobriram ser. Ele era um agente, não um iniciador, e era o que ele queria continuar sendo. Cria profundamente na supostamente antiga verdade que Henrique VIII e Thomas Cromwell descobriram nos anos de 1530: que a melhor forma de governo para a Igreja era a autoridade exclusiva de um príncipe ungido por Deus. [...] Só lamentava que o ungido de Deus não entendesse bem o que Deus queria[136] .

A morte de Henrique VIII (1547) não poria fim ao caos da Reforma inglesa, como a esta altura se esperava.

Ascendeu ao trono Eduardo, uma criança sem preparo e sem as ferramentas para navegar mais confortavelmente no pântano político criado pelo pai. Seu maior empecilho, contudo, foi viver muito pouco, o que reduziu seu reinado para seis anos. A soma dessas limitações não impediu, contudo, que a regência estabelecida para governar no lugar do menino conseguisse fazer avançar a Reforma inglesa, no que Eduardo não teve praticamente nenhum mérito. Seus chefes religiosos conseguiram instrumentalizar uma Igreja funcional, e, em 1552, o parlamento tornou o celibato uma recomendação.

Influenciado por diversos reformistas luteranos e Martin Bucer, que tiveram de fugir para a Inglaterra, Thomas Cranmer estabeleceu também um novo entendimento da eucaristia, com pão normal ao invés da hóstia[137].

Dias após a morte de Eduardo VI, Maria Tudor era coroada como Maria I.

Desde cedo, tudo indicava que a princesa reduzida a dama – após as segundas núpcias de Henrique – era superdotada, adquirindo grande erudição e um raciocínio muito rápido desde tenra idade. A filha de Catarina de Aragão sofreu muito com a humilhante anulação do casamento entre esta e Henrique. Entre esse episódio e a morte da mãe, Maria piorou muito de saúde – o quadro sugere depressão ou outra doença mental como causa principal de uma degeneração mais ampla.

---

136. (MacCULLOCH, 2016, p. 119).

137. (BENEDICT, 2007, p. 140).

É possível especular que questões pessoais a levaram a não reconhecer o pai como chefe da Igreja da Inglaterra, mas o resto da personalidade de Maria indica que ela o fez por verdadeira convicção religiosa.

O também curto reinado de Maria I é conhecido pelos seus desmedidos esforços em favor da restauração do catolicismo. Até seu casamento com um príncipe espanhol, Filipe de Espanha, foi calculado para produzir um herdeiro o mais rápido possível, evitando que sua também genial irmã, a protestante Elizabeth, assumisse depois dela.

Maria começou sua tentativa de restauração firmando um acordo com o papa Júlio III, anulando todas as declarações de cunho protestante do pai e do irmão, e, ato contínuo, perseguindo protestantes no grande episódio conhecido como "perseguições marianas". Tudo indicava que seu reino seria o farol da Contrarreforma.

Cranmer tinha duas razões para temer Mary Tudor: ele apoiara a rainha Jane anteriormente e, como arcebispo de Canterbury, impedia legalmente a instalação de um arcebispo da Igreja Romana, que era um dos projetos centrais de Mary Tudor.

Entre os mais de 280 executados no curto reinado de Maria, Cranmer e outros clérigos estavam no topo da lista de candidatos.

Uma característica interessante da cena é o fato de que Cranmer acatou boa parte das acusações que Maria lhe fez, admitindo ter errado ao proteger os caprichos de Henrique.

> Após dois anos de prisão, Cranmer foi enfraquecido pelo crescente isolamento, por sua própria turbulência de culpa e confusão quanto a ter traído a filha de Henrique VIII, e dada a habilidade de argumentação dos seus interrogadores católicos. Ele foi quebrado, e assinou seis retratações de sua carreira protestante, cada uma mais abjeta que a outra, mesmo sabendo que Maria não permitiria que ele escapasse da fogueira.
> O regime mariano parecia ter conseguido a maior conversão da história da Reforma, mas no último momento Cranmer, a quem fora dado o púlpito da igreja universitária de Oxford lotada, para que fizesse sua penitência pública, inesperada e dramaticamente retirou as retratações[138].

Foi levado ao mesmo pátio onde outros haviam sido queimados antes dele. Em um episódio inesquecível, esforçou-se para estender a mão direita em direção às chamas que avançavam, punindo simbolicamente a mão que assinara a retra-

138. (MacCULLOCH, 2003, p. 282).

tação de sua fé. Enquanto as bolhas da mão explodiam nas chamas ele a amaldiçoava por ter assinado sua reconversão ao catolicismo, chamando-a aos berros de "minha indigna mão direita". O episódio, como era fatal, foi interpretado como "arrancar a mão que é motivo de escândalo", e um tal martírio deve ter exercido forte impressão sobre as consciências e a convicção dos anglicanos à medida que a história se espalhava.

No último momento, Carnmer mudou o destino de milhões de ingleses e americanos. Deixara de ser o articulador técnico da Reforma de Henrique para morrer como o grande mártir de Oxford.

Como de costume, a perseguição teve o efeito de estimular extraordinariamente a identidade e a convicção dos protestantes.

Elizabeth, um gênio do pragmatismo político, professou o catolicismo, como exigido pela irmã durante o reinado desta, mas, ao mesmo tempo, sabia que os protestantes viam nela uma carta poderosa de oposição à Maria Tudor[139]. Quando subiu ao trono, em 1558, Elizabeth I não encontrou empecilhos à restauração do protestantismo.

A Reforma custou quase tanto a chegar à Escócia quanto à Irlanda. Esses lugares, por um momento, pareciam tão imunes ao protestantismo quanto os países latinos. Finalmente, no entanto, após pálidas iniciativas wycliffitas, hussitas e luteranas, o calvinismo começou a enraizar, e isso só em 1550. Cinco anos antes, com a liderança de George Wishart e John Knox, um pequeno bando de denominação vaga resistia ao assédio de todos os partidos católicos. Pregavam e, quando necessário, lutavam.

Knox, como que para garantir a todos que se tratava de uma versão escocesa da Reforma, brandia uma espada de duas mãos. Uma frota francesa foi deslocada para suprimir o surto protestante escocês, e, após duríssimo cerco, os protestantes foram escravizados. Trabalharam nas galés por mais de um ano, até que, em 1549, adquiriram a liberdade.

Knox se estabeleceu como clérigo na Inglaterra, onde os protestantes pareciam ter mais futuro do que na Escócia. Ali, atuou como sacerdote do que seria a protoigreja anglicana, mas, com Maria Tudor no poder, teve de fugir para Genebra (1554), onde se encantou por Calvino e sua república.

Só entre 1559 e 1560 Knox retornaria definitivamente à Escócia, onde protagonizou a Confissão Escocesa, a partir de quando a Escócia estaria destinada a se tornar protestante, com os distintos ares calvinistas adquiridos por Knox na Suíça.

---

139. (BELLOC, 1936, p. 174).

João Calvino e Miguel de Servet: a Reforma regrada e a desregrada

Em Paris, João Calvino recebia avidamente as influências de Erasmo e Lutero, que ajudou a transportar para o texto de posse do reitor da Sorbonne, seu amigo Nicholas Cop, em novembro de 1533[140]. Intelectual completo, Calvino não se ordenara padre e deveria ter uma vida de humanista, não fosse sua rápida conversão ao protestantismo entre os 23 e os 24 anos. Teve de fugir de Paris para a Suíça, onde publicou *As institutas da religião cristã* em 1536. O livro foi um tremendo e instantâneo sucesso, merecendo ser queimado em Paris por ordem do parlamento.

As *Institutas* começam por apelar a Fransisco I de França, que não permita as perseguições que os protestantes vinham sofrendo naquele país. Enfatizou que os patrísticos condenavam pinturas "daquilo que se deveria adorar", e que este gesto é idólatra. Na parte propriamente técnica da obra, ressalta a importância de aceitarmos a revelação de Deus com fé e humildade, pois nosso intelecto nada pode sozinho. Necessário também compreender que Deus é criador, e Cristo é redentor; a um devemos nosso ser, ao outro devemos a oportunidade da salvação[141]. A isso acrescenta uma de suas mais célebres observações: que o ser humano possui um "senso da divindade", e que mesmo os mais brutos têm na alma a "semente da religião"[142]. Em um ataque direto e muito expressivo contra o catolicismo, alega que esse senso religioso natural só pode ser ofuscado pela depravação e pela ignorância, entre cujas fontes se incluem a superstição, a hipocrisia, a idolatria e toda sorte de ritualística (claramente incluindo os sacramentos): "Portanto, a seus *próprios* delírios cultuam e adoram quantos a Deus alçam *seus* ritos inventados, pois de modo algum assim ousariam gracejar com Deus, se já antes não tivessem moldado um Deus congruente com os absurdos de suas ridicularias"[143].

O texto de Calvino é belo e embebido de uma força profética de cima a baixo. Em qualquer movimento cultural há sempre aqueles autores mais didáticos, preocupados com a clareza e de fala direta, e há sempre aqueles que se encantam com as belezas e os floreios da literatura, com os labirintos da boa retórica, e não admitem fazer menos do que fizeram os grandes clássicos. Calvino é evidentemente um membro do segundo grupo, e ama o seu texto, não amando apenas as

---

140. (ARMSTRONG, 1987, p. 1.374).

141. CALVINO, 2006, p. 51).

142. (CALVINO, 2006, p. 53).

143. (CALVINO, 2006, p. 59).

ideias que ele apresenta. E poucas coisas são mais recompensadoras do que degustar um texto de alguém que cultivou cada parágrafo como um canteiro de flores.

Esse apurado senso de responsabilidade e até da própria grandeza não leva Calvino a se envaidecer de sua obra, que, bem pelo contrário, diminui as pretensões humanas e resume toda a glória a Deus. É somente a Deus, portanto, que se deve dedicar tudo o que é bom e belo, tudo o que vinga e medra sob o sol. Sua opinião sobre a filosofia, destarte, não poderia deixar de ser negativa, o que é também tipicamente protestante.

> E esta diversidade tão confusa incrementou a ousadia aos epicureus e a outros crassos desprezadores da piedade para que rejeitassem a todo senso de Deus. Pois, quando viam os mais sábios, todos e cada um, digladiar-se com opiniões contrárias das divergências destes e do ensino fútil e mesmo absurdo de cada um, não hesitaram em concluir que, desnecessária e estultamente, os homens trazem tormento sobre si quando se põem a investigar um Deus que não existe. E isso julgaram que fariam impunemente, visto ser preferível que se *lhes* afigurasse negar inteiramente a *existência de* Deus, imaginando deuses discutíveis, e em consequência suscitando contendas que não chegam a nenhum fim. É verdade que esses tais arrazoam sem razão nem juízo; ou, melhor dizendo, abusam da ignorância dos homens, como de uma capa para cobrir sua impiedade; pois de forma alguma nos é lícito obscurecer a glória de Deus[21]. Como, porém, todos confessam não haver coisa alguma acerca da qual a um tempo doutos e indoutos discordam em grau tão elevado, daqui se conclui que as mentes dos homens, que tanto erram na investigação de Deus, são mais do que obtusas e cegas em se tratando dos mistérios celestes[144] .

Onde, então, a verdade, se a especulação é impotente de no-la oferecer? Somente na Bíblia, afirmará Calvino; e não na Bíblia de papel, mas na Bíblia que é a Palavra de Deus em espírito, e que só o Espírito Santo pode revelar ao nosso coração. Calvino revive, portanto, o sentido bíblico da alma inspirada e movida pelo divino. É a esta alma em contato, em intercâmbio permanente com o divino, que aspira o movimento reformador.

De muitos pontos de vista diferentes a Igreja de Roma era mais progressista, liberal e racionalista do que as propostas de Calvino e do velho Lutero, e justamente por isso estes a acusavam de trair o ideal evangélico e introduzir o anticristo. Os papas renascentistas vinham patrocinando obras de arte evidente-

144. (CALVINO, 2006, p. 73).

mente pagãs, algumas sensuais, e os intelectuais italianos eram frequentemente mais céticos e cínicos que qualquer escritor ao norte dos Alpes, sem que isso os impedisse de lecionar em universidades e de estarem perfeitamente integrados à alta sociedade. A queixa dos reformadores, então, não se restringia mais a questões morais, extrapolando-as para um chamado ao retorno da pureza cristã; uma pureza, contudo, que negava muito do avanço cultural e filosófico dos últimos séculos; que contestava, em um sentido estranho e reminiscente à Idade Média pré-escolástica, o ceticismo e o criticismo resgatados pelos nominalistas e humanistas. Os reformadores desprezavam Tomás de Aquino e a escolástica em geral, mas também todos os humanistas, naquilo em que estes se aproximavam dos pagãos.

Por isso é tão difícil classificar a Reforma como oposição simplista à Igreja de Roma, ou à Idade Média. Ambos os movimentos possuem um toque secular em uma porção mais larga de cosmovisão cristã. Ambos os partidos querem avançar para além do outro, mas também resgatar algo de uma tradição que entendem ter sido negligenciada.

Aos poucos, Calvino fez de Genebra mais do que seu lar. Modificou-a em algo novo, algo que não havia sido tentado no mundo protestante: um *Estado de crentes*. Com isso, provava ser, mais que um pastor, um líder completo e um grande organizador da comunidade protestante nascente.

> O ideal de Calvino para Genebra era que Igreja e Estado trabalhassem lado a lado para criar e governar uma sociedade utópica, na qual a visão de mundo bíblica seria imposta. Mas o Estado genebrino estava determinado a manter a Igreja sob controle. Homem de coragem e vontade indomável, Calvino comprou a briga. Armado apenas com o poder do púlpito e das instituições da Igreja, por meio da persistência, aderência aos princípios bíblicos, organização dos talentos, e convicção moral, foi capaz de superar gigantesca resistência e ver realizados seus ideais. Genebra foi transformada de cidade de má reputação em uma onde um estrito código moral regulava as vidas de todos, independente de classe ou nível. Apesar da dureza radical de suas políticas públicas, ao final da vida Calvino era amplamente respeitado e até admirado pelos genebrinos. De uma perspectiva internacional, Genebra tornou-se o modelo para os Estados protestantes emergentes; cidade refúgio para os protestantes perseguidos, e assim chamada "Roma" do protestantismo[145].

145. (ARMSTRONG, 1987, p. 1.375).

Havia poucas razões para duvidar da capacidade de Calvino. Ele liderara e administrara a criação de algo novo no mundo, e que prometia ser a versão pura do que o Vaticano, a seu turno, se propusera a realizar. Essa promessa soou factível aos ouvidos dos novos crentes, até o episódio com Miguel de Servet.

Servet era um médico e intelectual da idade de Calvino, um dos primeiros a descrever a circulação pulmonar, e erudito em quase todas as disciplinas conhecidas, do Direito à Matemática.

Convertido ao protestantismo, o intelectual espanhol começa a se dedicar a combater a doutrina da trindade nos anos de 1530, atraindo relativamente pouca atenção, mas suficiente para que a Inquisição o assombrasse pelos próximos anos. Sua insistência no antitrinitarismo, e também os ataques à doutrina da predestinação, foram tomados como ataque às ideias de Calvino, com quem travou dura troca de correspondência.

Resumidamente, Servet defende em seu *Restituição do cristianismo*, que a Santíssima Trindade é uma invenção dos teólogos distintamente esotéricos dos séculos III e IV, sem relação com as Sagradas Escrituras. Estas, ao contrário, mostram uma comunhão entre Pai e Filho, não a identidade entre Deus e Cristo, o que, aliás, constitui blasfêmia. Nisso, afirma Servet, judeus e muçulmanos estariam corretos em considerar os cristãos idólatras.

Pode-se, afirma Servet, separar totalmente a alma do corpo, sem que com isso se afete a condição de unidade humana enquanto estão juntos. Da mesma forma, é concebível que uma perfeita unidade entre Pai e Filho exista, sem que sejam a mesma substância[146]. É natural que tenha sido recebido como Deus aquele investido por Deus, dotado do poder de Deus, agindo com a superioridade moral de ministro de Deus, seja, no final, tomado pelo próprio. No entanto, observa Servet, é certo que o filho é o Messias e o ungido de Deus, que traz a mensagem da salvação[147].

De forma mais apelativa, mas em boa lógica clássica: "Se Deus é idêntico ao que sustenta, então é um asno"[148].

Deus não se reparte; o Deus puro espírito, causa incausada, não pode ser confundido com um corpo, uma mente e uma personalidade finitos; e não há sentido na humildade de Deus, de modo que a humildade de Cristo demonstra o reconhecimento deste de uma natureza criada, submissa a Deus[149].

146. (SERVET, 1980, p. 104).

147. (SERVET, 1980, p. 126-140).

148. (SERVET, 1980, p. 140).

149. (SERVET, 1980, p. 144-146).

Afirmava ainda, não sem excessiva arrogância, que, "depois do delírio de Atanásio, muitos chegaram a confessar três deuses" e que o Filho é Deus, mas descendente de Abraão, e que Maria gerou Deus e não o filho de Deus. "Que de todas essas monstruosidades nos livre o Senhor Jesus, o Cristo, verdadeiro filho de Deus, salvador e libertador nosso. Amém!"[150].

Quanto à afirmação de *Colossenses*, na qual Paulo diz que em Cristo habita toda a plenitude da divindade, esquecem-se os trinitaristas de que Deus pode habitar qualquer (outro) ser, divinizando-o e glorificando-o, sem que este outro seja Deus[151]. Na verdade, só faz sentido falar em habitar algo não idêntico. Aqui também fica clara a preocupação de Servet em aplicar a lógica fria às Escrituras.

Isso era mais do que a ortodoxia poderia suportar.

Calvino enviou a Servet as *Institutas*, mas Servet devolveu o livro com numerosas anotações sobre supostos erros e saltos inferenciais inválidos. Além de pessoalmente ofendido, Calvino estava disposto a mostrar para o mundo que o protestantismo não era uma terra de ninguém onde absolutamente qualquer coisa fosse tolerada como cristã com base no individualismo e na liberdade interpretativa.

Miguel de Servet foi preso em 1553, porque tola e imprudentemente estava de passagem pela zona de influência de Calvino durante a discussão. Talvez ele tenha ingenuamente confiado na separação radical entre um debate de ideias e uma briga pessoal.

Defendeu-se como pôde. Acusou Calvino de cegueira para as palavras do próprio Cristo, o que nunca cai bem quando a acusação parte do réu para o juiz. Foi condenado em 26 de outubro com base, principalmente, no unitarismo – a ideia de que só há um único Deus, e Jesus Cristo e o Espírito Santo são entidades criadas por esse único Deus.

A execução de Servet pôs às claras a grave limitação do conceito de tolerância entre os protestantes. Melanchthon, Martin Bucer e mesmo Bullinger apoiaram a execução como exemplar.

É verdade que Servet era um rebelde sistemático, tanto quanto um intelectual convencido da verdade de sua interpretação das Escrituras. Se tinha o direito de pensar e crer, foi com excessiva imprudência e até petulância que ele o fez, em um contexto em que se sabia que isso não seria tolerado. A morte de Servet, então, foi uma consequência do choque de personalidades opostas, dele e de Calvino; a ânsia por liberdade bateu no muro da ordem social e doutrinária.

---

150. (SERVET, 1980, p. 181).

151. (SERVET, 1980, p. 215-217).

Segundo Vallejos[152], Servet realmente não possuía o refinamento metafísico ou teológico para apresentar uma opção melhor ao que ele considerava o erro trinitário, mas esta inabilidade teológica nem de longe justifica a ignominiosa fogueira que pretendeu calar sua voz dissidente.

A lição maior dos hereges, portanto, não consiste na doutrina que apresentam, nem no fato de estarem mais ou menos certos que a ortodoxia, e sim nos resultados catastróficos e injustificáveis de uma defesa autoritária e violenta dos dogmas e posicionamentos religiosos. Como em tantos outros casos, a monstruosidade da fogueira projetou mais o nome e a doutrina de Servet do que a força intrínseca de sua obra teria podido fazer. Por isso, a perseguição religiosa é sempre um farol que indica, não as falhas do objeto da perseguição, e sim as falhas dos perseguidores.

A Contrarreforma: o modo ibérico de reformar

Quando os espanhóis conquistaram Granada (1491), última província ibérica ocupada pelos muçulmanos, "Henrique VII da Inglaterra ordenou uma ação de graças na catedral de São Paulo, em Londres"[153].

O espírito cruzado constituía, então, uma parte central da própria identidade ibérica; e tanto os portugueses quanto os reinos espanhóis o manifestavam em esforço missionário e espírito aventureiro, duas faces da mesma moeda nas grandes navegações. Pelo fato de terem realizado o impossível na Reconquista, os ibéricos tinham a sensação de capacidade ou eleição divina à altura da missão de conquistar todo o mundo.

Não podemos compreender a Contrarreforma, e o colorido especial que ela adquiriu desde a Península Ibérica, sem entender que aquela era uma terra de cruzados, que por séculos e séculos tentaram retomar sua terra e sua fé ao invasor mouro.

> O ramo distinto do cristianismo formado na Ibéria [...] começou a estender o alcance do cristianismo ocidental para além de suas fronteiras naturais, em agudo contraste com suas derrotas e contradições no leste. [...] Sua perícia em navegação lhes foi imposta por seu isolamento e exposição na borda peninsular, bem como pela pobreza agrícola da pátria. Mas eles também tinham uma tradição de cruzada bem-sucedida contra o Islã[154].

---

152. (VALLEJOS, 2004).

153. (MacCULLOCH, 2003, p. 58).

154. (MacCULLOCH, 2003, p. 65).

A partir de 1443, ainda que timidamente, os portugueses passaram a usar um recurso que compensava sua carência populacional, e que aprenderam com o inimigo muçulmano: o tráfico de escravos. Em poucas décadas, e também graças à vitória em Ceuta, no Marrocos, "o monopólio do tráfico escravista na África passou rapidamente das mãos dos muçulmanos para as dos portugueses"[155].

Apesar do sucesso sem precedentes das navegações portuguesas, sua incomparável habilidade em manter e explorar portos comerciais ao redor de todo o mundo, e sua ânsia por converter e expandir o cristianismo, o pequeno país não podia abastecer seus navios com a população necessária para a realização de todas as suas ambições. Aos poucos, portanto, a incapacidade de manutenção e controle de seus vastos territórios além-mar forçaram os portugueses à inevitável aceitação e convivência com outros padrões culturais e outras religiões, o que não significa que eram bem-vindas, mas que a pressa e o ânimo em persegui-las era muito menor.

Além disso, não é puro romantismo afirmar que em colônias ou em entrepostos comerciais o interesse principal dos missionários portugueses era trazer à luz mais do que repudiar essas culturas e religiões estranhas.

Esse contexto geopolítico e o consequente ecletismo cultural estão inteiramente ligados ao modo como as campanhas missionárias, sobretudo jesuíticas, foram empreendidas nos séculos XVI e XVII. A posterior inércia social e cultural dos países ibéricos, após sua fase áurea, faria com que as mesmas práticas se arrastassem de maneira pouco dinâmica também pela maior parte do século XVIII.

Iñigo López, o futuro Inácio de Loyola, nasceu no país Basco em 1491, e o espírito ibérico vivia forte em seu peito desde tenra idade. Sonhava em ser cavaleiro como El Cid, mas, após curta carreira como nobre de armas, foi gravemente ferido na batalha de Pamplona, em 1521. Praticamente inválido, Iñigo torcia pela recuperação enquanto devorava avidamente livros sobre a vida dos santos, através dos quais converteu-se. Seu fervor de cavaleiro foi redirecionado para um propósito mais transcendente, a exemplo de Francisco, e nasceu um dos grandes cavaleiros de Cristo.

Apesar da volumosa literatura sobre Inácio, é difícil retraçar os passos de quem viveu e pregou um mergulho para dentro. Seus *Exercícios espirituais* e sua própria vivência cotidiana denotavam os traços exteriores do santo, mas não deixam revelar muito da mente do convertido.

Após curto período de perambulação, ainda em busca de seu destino e sua missão, percebe que estudar poderia ser o caminho e o meio para a realização de

155. (MacCULLOCH, 2003, p. 65).

seu propósito de evangelizar. Latinizou o nome para Inácio, também tendo em vista a efetividade de sua campanha junto à população.

Ignácio de Loyola tirou o melhor de sua experiência como cavaleiro em uma sociedade saturada de ideário cruzado. A índole do cristão espanhol embebido do imaginário onipresente da Reconquista transferiu-se para o terreno espiritual e intelectual, sem deixar de ser, de algum modo, um ímpeto guerreiro e transformador[156]. Esta índole se materializava no objetivo de alcançar Jerusalém, que Ignácio e seu círculo de colegas estudantes de Paris compartilhavam, até que, às portas de Veneza, a guerra com os otomanos os impediu de continuar. Impossibilitados de cruzar o Mediterrâneo para a Jerusalém física, o grupo decidiu criar uma Jerusalém dos corações e consciências, iniciando seu esforço missionário na Itália.

Logo (1540) o papa reconheceria a sociedade de Jesus, e os estudantes idealistas de Paris começaram a acumular apoiadores.

Por volta da morte de Inácio, em 1556, os Jesuítas contavam cerca de 1000 membros espalhados por boa parte da Europa e alcançando a Ásia e as Américas, e a fundação de 33 colégios ilustrava um redirecionamento para a educação e para a forma inovadora de sacerdócio do período[157].

Antes do final da década de 1560, comunidades poderiam ser encontradas no "Brasil, na Etiópia, na Índia, na Indonésia, na Malásia e no Japão. Abriram os colégios pioneiros de Lima (1568) e da Cidade do México (1573)"[158].

Contrariamente à propagada vantagem histórica das nações hispânicas em relação ao ensino superior, os colégios do Peru e do México diferiam muito pouco dos colégios jesuíticos brasileiros, que eram, na verdade, mais velhos.

Por volta de 1620, antes que tivesse sequer surgido o ideal de uma educação para todos, o número de alunos apenas em colégios jesuítas na França era de 40000. Um número tão espantoso de alunos para a época incontestavelmente influenciou de maneira radical o desenvolvimento intelectual daquele país.

Em 1584 "a arquidiocese de Milão também tinha quase 40000 estudantes, meninos e meninas, em 740 escolas, praticamente uma por paróquia, e eram instruídas por quase 3000 professores"[159], fazendo da rápida multiplicação de escolas, educadores e alunos o maior legado da sociedade de Jesus à formação do mundo moderno.

---

156. (MacCULLOCH, 2003, p. 220-222).

157. (BIRELEY, 2007, p. 147).

158. (DONNELY, 2007, p. 172).

159. (BIRELEY, 2007, p. 157).

O mesmo valia para muitas outras nações onde a ordem jesuíta prosperara, notadamente a América Latina.

Tanto quanto na Idade Média, a educação na Renascença e no século XVII foi uma obra das igrejas, assim como a própria aceleração desse processo. O protestantismo e a Contrarreforma estabeleceram, assim, a mais saudável competição pelas almas, no terreno da educação, a par de episódios deploráveis de autoritarismo e violência de ambos os lados. "Se alguma coisa mudou a maré do avanço protestante entre nobres e entre o povo foi essa oferta de uma educação jesuíta de alta qualidade, que aplicava um currículo decidido em nível internacional"[160].

Nos dois séculos seguintes, pais e alunos sabiam que nos colégios jesuíticos de Lima, Mariana ou Salvador se receberia uma educação muito próxima da que os nobres de Pádua, Riga e Regensburg recebiam. Quase sempre contando com maioria de professores europeus, os colégios eram também muito respeitados nas Américas, adquirindo *status* político e social.

Teresa d'Ávila (1515-1582), uma das maiores autoras de seu século[161], foi uma monja carmelita que, em profunda introspecção, encontrou um caminho especialmente subjetivo para o êxtase místico. Alegando a necessidade de confessores carmelitas, que compreendessem as necessidades específicas das freiras submetidas a esses princípios, recomendou uma reforma também da ordem masculina dos carmelitas. Entre o pequeno grupo de carmelitas reformados estava João da Cruz[162].

A Contrarreforma foi rica de profundidade espiritual e introspectiva. Sem sair dos mosteiros, Teresa D'Ávila e João da Cruz mudaram a forma como muitos milhares de monges e leigos sentiam e viviam sua espiritualidade. Juntos de Inácio de Loyola e Francisco Xavier, davam a seus contemporâneos a impressão de formar uma tropa de super-heróis, para os quais as limitações humanas pouco valiam. Situação análoga se desdobrava no Brasil jesuítico, com Manuel da Nóbrega e José de Anchieta à frente.

Descendo das alturas seráficas ao chão das instituições humanas, a Igreja reagia oficialmente à Reforma através do Concílio de Trento (1545-1563).

O resultado do Concílio de Trento é dos mais difíceis de avaliar. Enquanto a Igreja da Idade Média caracterizou-se por uma maior liberalidade e multiplicidade de práticas, a nova Igreja Romana celebraria uma missa tridentina idên-

---

160. (MacCULLOCH, 2003, p. 361).

161. (DONNELY, 2007, p. 176).

162. (DONNELY, 2007, p. 177).

tica em todas as partes do mundo[163]; enquanto a Reforma apresentava múltiplas doutrinas, rapidamente degenerando dentro de si mesma em uma série de seitas e dissidências, devido ao espírito individualista e liberal que dificultava o estabelecimento de cânones, a Igreja de Roma enrijeceu-se e apontou um caminho mais reto e invariável do que nunca.

Um projeto de unificação tão forte e bem-sucedido evidenciava a capacidade de reação da imensa Igreja Romana, mas na exata contramão da proposta original protestante de diminuir a importância dos ritos e potencializar o senso de individualidade e a compreensibilidade das cerimônias.

Apesar das conquistas, contudo, a Contrarreforma não foi menos manchada por pontos de contradição, fanatismo e perseguições que a Reforma.

A título de exemplo, a inquisição em Portugal foi mais intensa que na Espanha, apesar do reduzido número de tribunais. "Apenas em Goa, na Índia, o tribunal português condenou quase duas vezes mais pessoas que o tribunal espanhol em toda a América Latina"[164].

Cristãos novos, ou judeus marranos, foram vítimas costumeiras da inquisição portuguesa. Após fugir da Espanha em 1492 e se converterem, muitos foram ainda assim perseguidos como criptojudeus – judeus que fingiam ser cristãos e mantinham suas práticas judaicas em segredo –, processo que só viria a ser encerrado por Marquês de Pombal, uma vez que ele eliminou os registros dos convertidos e, com isso, igualizou as populações de "cristãos novos e cristãos velhos"[165]. Isso não ocorreu, porém, antes que os judeus portugueses tivessem amargado ao menos duzentos anos de perseguições, ainda que raramente resultantes em morte.

Afinal, perseguições eram a forma padrão de reagir à diferença religiosa, bem como à diferença política, em quase todos os lugares, com raríssimas e casuais exceções. A demorada história da formação das ideias de tolerância religiosa, inteiramente ligadas às ideias de liberdade, só pode ser compreendida como um movimento de toda a cultura ocidental. Junto à criação do pensamento científico, este pode ser o maior legado do Ocidente ao mundo.

A Transilvânia sociniana; a ilha de tolerância da Europa

Como a esta altura se pode perceber, a história da Reforma não se limitou de modo algum ao campo das ideias e convicções, que rapidamente se concre-

---

163. (MacCULLOCH, 2003, p. 322).

164. (MONTER, 2007, p. 291).

165. (MONTER, 2007, p. 294).

tizavam em atos sociais e políticos de todos os tipos, e com amplas implicações imediatas e futuras.

Incapaz de reagir com a mesma eficácia contra as menores revoltas lolardistas e hussitas, a Igreja de Roma se via sem meios de suprimir uma dissidência agora generalizada. Fazendo jus ao fato de serem ainda monges e/ou homens medievais, a maioria dos reformistas reagiu com igual dureza e inclemência para com o que eles próprios entendiam como heresias. O resultado dessas posturas era o aumento inusitado de vítimas fatais do choque entre as fés, e os dois lados tiveram oportunidade de fazer seus mártires.

> O martírio cristão renasceu dramaticamente no século XVI, à medida que homens e mulheres devotos provavam estar dispostos a morrer por suas respectivas visões divergentes sobre a verdade de Deus. Dependendo de contingências nacionais e locais, anabatistas, protestantes magisteriais, e católicos romanos foram levados a julgamento por violação de leis que prescreviam a crença e a prática religiosa correta. Aqueles que se recusassem a mudar eram frequentemente executados[166].

De 1520 até o começo do século seguinte, a perseguição religiosa fez "cerca de 5000 vítimas, a maioria na França, Países Baixos e Inglaterra"[167].

Após serem sistematicamente chacinados na Holanda, os anabatistas "conduziram certa quantidade de seus membros a procurar refúgio na Inglaterra, onde, muito frequentemente, sofriam destino semelhante. Quatorze anabatistas holandeses foram queimados em estacas em diferentes cidades inglesas em 1535, [...] três ou quatro homens, possivelmente anabatistas, foram queimados em Southwark (1540) por negarem a transubstanciação"[168].

No leste da Europa Central, eslovacos tendiam para o luteranismo, enquanto os transilvanos, submetidos por algum tempo ao governo otomano, encontraram um ponto intermediário entre adesões oficiais perigosas, promovendo uma tolerância inicialmente passiva, e depois ativa. Ali prosperavam luteranos, antitrinitários, bem como alguns poucos católicos e ortodoxos[169].

Graças a esta peculiaríssima "zona cinzenta" entre as grandes potências e credos dominantes, os príncipes transilvanos que originalmente haviam recebido bem o luteranismo eram também generosos com católicos, ortodoxos e muçul-

---

166. (GREGORY, 2007, p. 261).

167. (GREGORY, 2007, p. 261).

168. (WATTS, 1978, p. 9).

169. (BENEDICT, 2007, p. 129).

manos. Viviam sob forte pressão das forças católicas vizinhas e da cada vez mais próxima dominação otomana no sudeste europeu. Mais por sobrevivência do que por amor à ideia de tolerância, os príncipes da Transilvânia atrasavam suas decisões sobre o credo oficial da região. Isso permitia o florescimento de uma série de denominações vagas, e até exposições individuais sobre pontos da doutrina cristã, dentre elas a de Ferenc Dávid, que em 1565 "anunciou ter dúvidas quanto ao conceito de trindade"[170].

O mesmo se deu, em uma janela de tempo bem menor, na Polônia e parte da Hungria, de modo que as ideias que usualmente associamos ao Iluminismo já eram bastante comuns a essas regiões em meados do século XVI[171].

Surpreendentemente, em 1568, a Dieta de Torda reconheceu a minúscula comunidade antitrinitária como um dos credos legais, abrindo um dos maiores precedentes na história da tolerância religiosa. Com isso, a Transilvânia tornava-se a primeira organização política da história humana a declarar que todos tinham o direito de adorar a Deus ao seu próprio modo[172].

Esse evento ímpar, contudo, não ficou sem resposta, e logo as forças internas e externas passaram a pressionar os bolsões de tolerância à medida que algum grupo vizinho sentia-se forte o bastante para intervir no que todos concordavam ser uma abominação.

Enquanto a Áustria afligia os protestantes da Transilvânia, os católicos silésios (entre Polônia e Alemanha) impunham perseguição tão dura aos luteranos que mais de 200.000 deles se viram forçados a emigrar para reinos vizinhos[173]. Apenas a intervenção do rei da Suécia, Carlos XII, pôs fim à perseguição mais ostensiva, a partir de 1707.

Do ponto de vista teológico-filosófico, nada há de impressionante no caos doutrinário gerado pelo protestantismo. Uma vez que um de seus princípios fundamentais era questionar ou negar a autoridade externa sobre o direito de consciência de interpretar as Escrituras – e, ocasionalmente, a revelação não escrita –, era de se esperar que esse direito à liberdade de crença e opinião redundasse na proliferação de perspectivas, algumas delas inusitadas[174].

Um erro comum da leitura contemporânea da Reforma é atribuir a poucas figuras mais conhecidas um protagonismo absoluto, como se as dezenas de nomes

170. (MacCULLOCH, 2003, p. 262).

171. (MacCULLOCH, 2016, p. 7).

172. (TOTH, 1940).

173. (LEHMANN, 2006, p. 46).

174. (FOCK, 1847, p. 121).

que a história e a propaganda confessional não registraram fossem irrelevantes perto da estatura de Lutero, Calvino e Zwinglio[175]. A verdade, no entanto, é que por mais importância que tivessem, essas figuras centrais não eram capazes de conter o fluxo irrefreável de novas formulações e vivências espirituais que pipocavam por toda a Europa. A costura e a predominância das grandes denominações, como o luteranismo e o calvinismo, foram obras de mais de um século, tempo através do qual abundavam propostas concorrentes. Seria ingênuo e provavelmente sectário inferir que vingaram somente as melhores. Mesmo a mais superficial sociologia histórica do desenvolvimento das denominações protestantes permite acomodar uma série de fatores econômicos, políticos, culturais e circunstanciais que apagaram ou enalteceram esta e aquela denominações, esta e aquela igreja.

A morte de Servet passou para todos um atestado de que os protestantismos não haviam criado instituições mais tolerantes que a Igreja de Roma. O autoritarismo que rejeitavam sobre eles foi francamente aceito quando exercido sobre alguém diferente demais para gerar compaixão.

Sabedores de que suas ideias gerariam reações semelhantes, os antitrinitários que buscaram refúgio na Polônia e na Transilvânia tinham de elaborar uma teologia consistente o bastante para ser vista como cristã, e uma filosofia de tolerância.

Como seria de se esperar, Cristo estava no centro dessa concepção, o que não deixa de ser mais uma evidência da riqueza semântica de suas ideias.

Na sensível observação de Ogonowski sobre a intolerância cristã, ressalta-se a contradição de uma defesa violenta do "príncipe da paz". Cristo nunca fechou sua comunidade a ninguém por razão de crença e doutrina. Cristo nunca a fechou por conta do passado, falta de preparo ou falta de adesão instantânea ao seu novo credo. Ele pacientemente explicava e ensinava pelo exemplo àqueles que o seguiam. Como uma Igreja que exclui e persegue pode ser uma Igreja de Cristo? Como uma comunidade que é ciosa na seleção dos que podem ou não podem participar da Cristandade pode representar os valores e a atitude de Cristo? E mais, enfatiza Ogonowski, esta comunidade não deixou Cristo do lado de fora ao fechar suas portas?[176]

A figura central do antitrinitarismo, após a morte de Servet, foi Fausto Socinus (Sozzini), que assumiu sua rejeição da Trindade provavelmente nos anos de 1560, e foi suficientemente mais prudente que Servet para permanecer vivo mesmo como um dos mais célebres hereges. Como consequência do antitrinitarismo,

175. (FOCK, 1847, p. 122).

176. (OGONOWSKI, 2005, p. 139).

Socinus defendia também que adoração e orações dirigidas a Jesus Cristo não eram adequadas, embora não proibidas. Cristo poderia caritativamente dirigir nossos apelos a Deus, que os considera e responde, mas era necessário entender que Cristo jamais poderia exceder o papel de mediador e confundir-se com Deus, o que seria blasfêmia.

Ao lado de Socinus e Dávid, Georg Schomann passa a rejeitar a Trindade em 1559, bem como o batismo de crianças. Segundo ele, tais acréscimos humanos não podiam ser confundidos com as determinações divinas reveladas pelas Escrituras[177]. Confundir essas duas ordens de coisas (a revelação divina e o pensamento humano) é o pecado cometido pelos Pais da Igreja e repetido por todos os que os seguem.

Apesar de muito menos famoso que Socinus, Schomann lutou pelo unitarismo dia e noite, como um paladino disposto a dar sua vida pela causa. Agia em todas as frentes, escrevendo, pregando, palestrando e organizando o movimento[178]. Tinha uma imagem modesta de si, e, como verdadeiro cristão, julgava-se mero instrumento dócil nas mãos de Deus, mais corrigindo amorosamente confusões doutrinais, fruto de ignorância, do que combatendo a má-fé proposital. Seu único propósito parecia ser o desvendar da verdade e o direito de se propagar essa verdade.

Só após a morte de Fausto Socinus o unitarismo alcançou suficiente unidade para que fosse possível e coerente o surgimento de uma proposta de catecismo comum: o Catecismo Racoviano, que seria tremendamente influente na Inglaterra e fomentaria parte significativa do deísmo daquele país.

A sobrevida do unitarismo na Polônia e nos reinos germânicos vizinhos é uma história de indivíduos, de transmissão familiar ou por amizade de uns poucos para outros poucos[179], ao passo em que na Hungria e na Transilvânia a situação era mais confortável, o bastante para que sobrevivessem algumas igrejas unitaristas.

Os socianistas foram duramente perseguidos, mortos ou exilados da Polônia, com a omissão e o silêncio de uma comunidade protestante que sofreria destino semelhante pouco depois. Muitos só não morreram porque exteriormente professavam o calvinismo[180]. No geral, foram também perseguidos em todos os

177. (FOCK, 1847, p. 148).

178. (FOCK, 1847, p. 167-168).

179. (FOCK, 1847, p. 198-206).

180. (LECLER, I, 1955, p. 370).

lugares, mesmo em seu oásis, a Transilvânia, embora lá tenham sobrevivido a duras penas até os dias de hoje.

A França entre huguenotes e católicos

A situação da França no século da Reforma é insuficientemente valorizada em seu papel-chave para o futuro de todo o Ocidente. Contrariamente ao destaque que recebe em manuais de história da ciência, da filosofia ou das artes em geral, a tendência de se considerar a Reforma como fracassada desloca toda a atenção às nações onde o protestantismo se tornou o culto estatal, como se a história da minoria protestante francesa não fosse tão significativa quanto intensa.

Como no caso inglês, é verdade que a Reforma francesa foi protagonizada por políticos e líderes populares mais do que por clérigos e intelectuais.

O auge da Reforma alemã se deu durante o reinado de Francisco I de França (1515-1547). Francisco não tinha muito interesse em religião, no que foi seguido por seus sucessores até o final do século, mas oscilou entre a tolerância recomendada por amigos e membros da corte e a perseguição exigida por católicos quando os protestantes passavam dos limites, o que aconteceu, por exemplo, na noite dos cartazes (*Affaire des Placards*), quando protestantes pregaram cartazes anticatólicos em diversas cidades. O rei se viu forçado a se posicionar favoravelmente aos católicos, aumentando a polarização.

Após esse período de relativa "invisibilidade" dos protestantes franceses, o calvinismo, cujos membros na França eram apelidados huguenotes após a década de 1560, prosperou muito no começo do próximo reinado, o de Henrique II de França (1547-1559). Henrique II foi o rei que mais perseguiu os huguenotes, que tentaram até mesmo fugir para o Brasil e fundar a França Antártica.

Os huguenotes jamais gozariam do conforto dos protestantes suíços, germânicos, escandinavos ou britânicos, que já era um conforto muito relativo, pois o culto oficial protestante só se estabeleceu em cada um desses lugares com guerras ou sacrifícios de várias décadas. Na França, contudo, constituindo sempre pequena minoria, os protestantes não conheciam outro estilo de vida que o risco permanente de extinção. Isso cunhou nas consciências de alguns deles a ideia da tolerância, e na de outros um espírito zelote radicalizado, instigando-os a provocações constantes contra os católicos.

Um grande exemplo do primeiro grupo era Sebastian Castellio.

Sebastian Castellio, parte da minoria que aspirava a ser um cristão no coração mais do que na doutrina, converteu-se ao protestantismo após presenciar as perseguições que os católicos lhes impuseram na França dos anos de 1540.

Defendeu como poucos a tolerância e a liberdade de pensamento e de crença, e a condenação de Servet o obrigou a atacar diretamente Calvino, com quem tinha relações bastante boas antes disso. Em seu livro *Deve-se perseguir os hereges?*, Castellio desferiu poderosos ataques contra Calvino, com base na tolerância dos antigos cristãos e nas condenações do próprio Calvino em relação às perseguições dos católicos contra os protestantes. Seria compreensível, diz ele, que o magistrado defendesse Calvino da fogueira, mas não é compreensível que um magistrado ataque um cidadão inofensivo, por matéria de doutrina, que cabe aos doutores discutir[181]. Prenuncia-se, portanto, a noção de que as ideias deveriam ser *discutidas* no plano das ideias, não através da força física, algo que já havia sido claro entre os cristãos dos primeiros séculos.

Um exemplo do espírito zelote, por outro lado, era o iconoclasmo dos hughenotes, que quebravam imagens católicas à primeira oportunidade. Isso gerou um tal sentimento de revolta entre os católicos, que grande parte da população apoiava as retaliações, mas a situação fugiu de controle quando o duque de Guise, que tentava forçar a interrupção de um culto protestante em Vassy, foi atingido por uma pedrada, e mandou trancar e queimar o celeiro onde o culto acontecia. Mais de sessenta pessoas morreram queimadas, e muitas dezenas ficaram feridas, no que se tornou um dos episódios inesquecíveis das guerras religiosas francesas.

Centenas de huguenotes fugiram para Genebra, onde foram amparados por Calvino.

Em 1560 houve tentativas de apaziguamento, com esboços de tolerância mútua, mas o clima continuava aquecido demais para que qualquer inciativa política surtisse efeito. A própria população iniciava, à revelia das autoridades políticas e religiosas, brigas, linchamentos ou arruaças país afora, o tempo todo. Em 1564, com a chegada dos jesuítas, grande número de huguenotes se reconverteu ao catolicismo. Um pequeno renascimento espiritual e moral católico tornou o zelo protestante inútil. Era possível ter vida cristã e estar em conformidade com a maioria, afinal.

Naturalmente, a reconversão ao catolicismo não passou sem resistência. Uma mulher em particular dedicou sua vida a combater o catolicismo de todas as formas ao seu alcance: Jeanne d'Albret, rainha de Navarra.

Convertida em 1560, Jeanne tornou-se líder dos huguenotes da França já em 1561, quando declarou que "preferia morrer ou jogar seu filho e seu reino ao mar do que assistir a uma missa" [182]. Tendo de fugir de Paris, refugiou-se em suas

---

181. (LECLER, 1955, Vol. I, p. 338).

182. (DURANT, 1961, Vol. VII, p. 346).

terras, onde proibiu terminantemente a celebração das missas e estimulou fortemente que pastores protestantes viessem pregar. Ironicamente, o filho de Jeanne, Henrique de Bourbon, seria Henrique IV, rei da França.

A virada para a década de 1570 estava inserida no período auge das guerras religiosas francesas, com Carlos IX governando e sua influente mãe, Catarina de Médici, dando algumas cartas.

Os huguenotes entendiam que a manutenção de um *status quo* de perseguição discreta representaria sua destruição a médio ou longo prazo. Pagavam impostos excessivos e não conseguiam ascender em cargos públicos.

Mesmo sem conseguir vitórias nos embates com os católicos, os protestantes forçaram um impasse que produziu a Paz de Saint-German, em 1570, o que lhes garantia certos bolsões livres de interferência católica.

O casamento de Henrique de Navarra (filho de Jeanne d'Albret) com Margaret de Valois gerou grande alvoroço, já que Henrique, protestante, estava na linha de sucessão ao trono.

Em 22 de agosto de 1572, o almirante de Coligny (protestante) sofreu uma tentativa de assassinato, motivada pela tensão geral, já que a presença explícita dos protestantes soava como abuso e vitória. A tentativa, mesmo que frustrada, gerou grande ansiedade, pois esperava-se retaliação por parte dos protestantes. Neste contexto, o duque de Guise, que atribuía a morte de seu pai ao almirante, maquinava uma vingança. Para evitar retaliações dos protestantes à tentativa de assassinato de Coligny, o governo se adiantou ordenando a execução dos maiores líderes huguenotes no dia 24 de agosto, durante a Festa de São Bartolomeu; mas as tropas católicas não conseguiram se conter e acabaram por chacinar as famílias dos líderes e, por fim, todos os que podiam encontrar.

Milhares de pessoas foram mortas em Paris. Logo a fúria antiprotestante chegaria a todas as maiores cidades, levando-os quase à extinção[183].

Segundo Lecler, o descontrole foi muito influenciado pela "exasperação da rainha", e a catástrofe poderia ser explicada apenas por "razões de Estado"[184]. Embora isso seja verdade, outros tantos historiadores acreditam que o clima geral de intolerância, ódio e preconceito mútuo tornou o massacre generalizado uma possibilidade psicológica, antes que um produto de pressão política.

O massacre selaria o destino dos huguenotes, que jamais se recuperaram da perda repentina de sua elite social e espiritual.

---

183. (HILLERBRAND, 1996, p. 128).

184. (LECLER, 1955, Vol. II, p. 78).

Antes que as chamas das residências e locais de culto dos huguenotes esfriassem, Catarina de Médici repreendeu o duque de Guise, que reagiu com cinismo e certa insinuação de que a rainha era hipócrita. A forma truculenta com a qual Guise "resolveu" a situação gerou má fama. Crianças, idosos e mulheres mortos enquanto acordavam, o corpo do almirante Coligny despedaçado por transeuntes que assistiam os assassinatos como a um espetáculo, e outros detalhes sórdidos do extermínio geravam uma imagem de barbarismo para a tropa, o duque, o rei e a rainha-mãe.

O futuro rei Henrique III, então duque de Anjou, ajudou a planejar o massacre de São Bartolomeu, e participou ativamente do cerco aos protestantes no ano seguinte. Ao ascender ao trono, no entanto, foi menos dedicado ao extermínio de protestantes do que alguns esperavam. A noite de São Bartolomeu e as reações protestantes entre 1572 e 1573 geraram uma tênue paz, com um verniz de tolerância ao protestantismo, e o reinado de Henrique III foi comparativa e relativamente tranquilo.

Ao final dos anos de 1580, contudo, Henrique de Navarra tornou-se o próximo na linha de sucessão, gerando uma situação escandalosa para a maioria católica do país. Após significativo tumulto, a Liga Católica, liderada pelo duque de Guise, começou a reunir tropas e recursos com apoio de Filipe II da Espanha.

A situação se intensificou com a percepção popular crescente de que o rei Henrique III não parecia se importar com o fato de seu sucessor ser huguenote, estando mais preocupado com a manutenção da lei de sucessão e, portanto, da ordem monárquica. Como as hostilidades se agravaram, o rei acabou encomendando o assassinato de Henrique de Guise.

O rei escreveu uma carta cínica à sua mãe, Catarina de Médicis – Henrique III seria o terceiro filho de Catarina a se tornar rei, depois de Francisco II e Carlos IX –, anunciado que Guise fora "despachado", e a rainha, mais calejada, respondeu com ainda maior cinismo que esperava que tudo corresse melhor no futuro[185].

O desejo da rainha não se realizou. A liga católica sabia que Guise fora assassinado por guarda-costas do rei, e todos sabiam que Catarina e Guise eram adversários há anos. Ainda nos funerais ao duque de Guise, pelo país afora, o luto rapidamente degenerava em quebradeira.

A cidade de Paris estava se fragmentando a tal modo que o rei teve de usar tropas para tentar conter a turba, mas em 1º de agosto de 1589 um monge dominicano o assassinou[186].

185. (MacCULLOCH, 2003, p. 469).

186. (HILLERBRAND, 1996, p. 129).

Caía sobre Henrique de Navarra a responsabilidade de apaziguar o longo embate entre cristãos e tentar administrar um país radicalmente dividido. Coroado, Henrique IV jamais viria a conquistar os católicos, apesar de ter abjurado de sua fé calvinista por eles, e, graças a esse mesmo gesto, não teria a simpatia dos protestantes. Ainda assim era um governante pragmático e competente, costurando uma paz mais consistente com o Edito de Nantes (1598) e governando por mais de vinte anos em relativa paz.

A religião prosperou na França mais pela inação do que pela ação de Henrique, pois ele não era um promovedor ou patrocinador, mantendo sua posição de neutralidade. Alguns diriam, inclusive, que Henrique IV não era religioso. "Os pregadores huguenotes, a quem era obrigado a escutar, entediavam-no intensamente; tinha o fígado fraco, muito aferrado aos prazeres; era o oposto exato de um puritano. Tinha as virtudes de um soldado, mas nenhuma fé em doutrina alguma"[187]. Uma imagem bastante ateísta para alguém que descendia de São Luís.

Não devemos, porém, dar excessivo crédito às descrições mais cínicas da personalidade e do pragmatismo político de Henrique IV, pois o que um povo precisa de seu governante não são demonstrações de fé e apoio a este ou aquele credo, e sim a garantia do direito à liberdade religiosa, o que ele fez pioneira e esplendidamente.

Giordano Bruno e seu universo do tamanho de Deus

Muitos consideram o italiano Filippo Bruno de Nola, nascido em 1548, o maior pensador do Renascimento. Se Erasmo é talvez maior em influência e amplitude de capacidades, é também verdade que é menos propriamente um filósofo, na comparação com Bruno. Muito cedo, Bruno deu indícios de brilhantismo e vocação intelectual e clerical. Ao tomar votos, mudou seu nome para Giordano, em homenagem a um professor. Do mosteiro no sul da Itália, não deixou, de modo algum, de ser estimulado pelo ambiente provocativo da Reforma em sua inclemente crítica à Igreja Católica, e suas obras e atitude testificam uma rebeldia convicta, uma total rejeição da autoridade eclesiástica sobre o pensamento que deveria ser livre. Acima das disputas humanas, a verdade exigia e merecia essa franqueza e liberdade de pensamento, e Bruno não estava disposto a negociar verdade e liberdade a troco de nada.

Mantendo a comparação com Erasmo, que com ele compete pelo título de maior mente da Renascença, Bruno foi também um cidadão da Europa.

187. (BELLOC, 1936, p. 215).

A perseguição inquisitorial ao jovem monge dominicano começou em 1576, quando ele contava 28 anos, depois do que ele não criaria raízes em uma mesma cidade ou país.

Esteve em uma dúzia de outras cidades, mas destacam-se suas passagens por Genebra, onde encontrou clima de tolerância, Toulouse e Paris. Nessa última recebeu elogios de Henrique III e aumentou sua fama através de aulas brilhantes sobre diversos assuntos, o que chamava atenção para sua incomparável memória.

Com a bênção de Henrique III, Bruno foi para a Inglaterra, onde ofereceu palestras e tentou conseguir uma posição fixa em Oxford, mas foi perseguido por George Abbot, que se enfureceu com a defesa do sistema copernicano feita por Bruno.

Pouco antes de sair da Inglaterra, começou a desenvolver a ideia do universo infinito, da possibilidade de vida em outros planetas e de que um Deus infinito e realmente sábio não poderia criar exclusivamente um mundo tão restrito e pobre quanto o nosso; deveria ter criado mundos ao redor de cada estrela, e povos inumeráveis que O adorassem de mil modos. Nada disso soou religioso para a maioria de seus contemporâneos.

Em uma de suas maiores obras, *Sobre o infinito, o universo e os mundos*, escreveria:

> Mas enquanto consideramos mais profundamente o ser e a substância daquilo em que somos imutáveis, ficaremos cientes de que não existe a morte, não só para nós como também para qualquer substância, enquanto nada diminui substancialmente, mas tudo, deslizando pelo espaço infinito, muda de aparência. E porque estamos todos sujeitos a um ótimo eficiente, não devemos crer, julgar e esperar outra coisa senão que, como tudo vem do bom, assim tudo é bom, pelo bom e para o bom; do bem, pelo bem e para o bem. O contrário disto aparece unicamente àquele que só percebe o estado presente, como a beleza de um edifício não se manifesta ao que olha apenas uma parte mínima dele, como uma pedra, um pedaço de cimento, uma meia parede, mas principalmente ao que pode ver o conjunto e que tem capacidade para fazer comparações entre as partes[188].

O platonismo implícito é perceptível na teoria de Bruno. Como no *Timeu*, de Platão, a cosmologia de Bruno não prescinde de uma base metafísica, que é a integridade de todas as coisas no ser. O conceito de Deus e os conceitos de realidade, de universo e de leis naturais são sintetizados, potencializando a sinergia

188. (BRUNO, 1973, p. 18).

entre eles e facilitando a rápida transposição dos atributos de um a outro. Se Deus é ilimitado, o universo e a realidade deveriam ser ilimitados; se Deus é perfeito e a suprema inteligência, as leis naturais devem ser perfeitas e sumamente perspicazes e sábias; se a criação se assemelha ao Criador, então o universo é infinito e, sendo infinito, não pode comportar mudança, sendo eterno[189].

Um Deus que em qualquer parte estivesse ausente seria limitado e imperfeito, pelo que se deve concluir que está em tudo, inclusive naquilo que não valorizamos. Ora, a forma de valorizar substâncias e criaturas inconvenientes a seres humanos é a ciência, pois ela revela o "mérito" do ser da coisa enquanto tal: sua composição, sua função e, consequentemente, seu *bem*.

Em outra obra, acrescenta que "a coisa mais importante a se saber sobre a natureza é que, devido aos princípios ativos, a alma universal contida em tudo, nada é tão incompleto, imperfeito, ou defeituoso, nada é tão insignificante que não possa se tornar a fonte de grandiosos eventos"[190].

Mais filósofo que teólogo, Bruno percebera, portanto, que elevar todas as coisas ao divino era mais belo e coerente do que rebaixar o divino aos padrões humanos. Amar tudo, assim, seria mais acorde com a ideia de Deus do que separar, perseguir e proibir tudo aquilo que não estivesse contido nos limites estreitos de uma cabeça, uma doutrina ou um livro.

Para resolver o problema da substância que era – e por mais duzentos anos continuaria sendo o problema principal da filosofia ao lado do problema do conhecimento – dependente do primeiro, Bruno resolveu enfrentar o que entendia ser um preconceito da Atenas clássica. Tanto Platão quanto Aristóteles hierarquizavam a realidade, colocando o intelecto acima e a matéria abaixo. Em Aristóteles isso era mais discreto, mas a massa informe evidentemente é um nada, ao passo que toda a realidade provém de um intelecto que, no nível final da hierarquia, é um puro intelecto e puro agente sem mescla alguma com materialidade, Deus.

Bruno via nisso um problema grave, o rebaixamento da matéria e de todos os seres compostos de matéria. Ofereceu como alternativa o primeiro imanentismo forte, um pouco herdado de Plotino e próximo do que Espinosa ofereceria mais tarde, com ainda mais exclusão dos elementos espirituais. Na visão de Bruno[191], o universo seria um todo perfeitamente integrado, um organismo, pois a matéria não é morta e oposta ao intelecto e à vida. Deus, por sua vez, viveria em cada partícula do universo, atuando através de uma Força onipresente, substân-

189. (BRUNO, 1998, p. 87).

190. (BRUNO, 1998, p. 111).

191. (BRUNO, 1998, p. xv-xvi).

cia universal que tudo permearia como a emissária da vontade de Deus, ou uma Alma do Mundo, de acordo com os neoplatônicos, de modo que Deus e mundo seriam coparticipantes de um mesmo processo e sistema.

Tudo está em tudo, macro e microcosmo, um dentro do outro, refletem-se mutuamente. E em uma conclusão idêntica à de Espinosa, o movimento deveria ser tido como aparente. As coisas não deixam de ser, não entram e saem do ser, apenas mudam o modo como são. O universo, que contém todas as coisas e todos os modos de ser de cada coisa, jamais muda em nenhum sentido[192], pois mudar seria perder a propriedade da infinitude e da totalidade que, justamente, permitem-no conter todas as coisas e todas as possibilidades e modos de ser de todas as coisas.

A mesma teoria que levaria à matematização do cosmo e à concepção moderna da física, de que tudo está submetido às mesmas leis onipresentes, também servia à narrativa mística e mágica, em analogia com a relação que hoje algumas formas de mística assumem em relação às propriedades não mecanicistas da física moderna.

Platão, diz Bruno, poderia ter sabido isso, mas preferiu orgulhosamente ser mestre de um novo sistema do que discípulo de Pitágoras[193]. Se tivesse escolhido a última posição, contudo, poderia ter entendido a natureza, afirma Bruno.

Esse semipanteísmo matemático, conquanto inspirador de Espinosa, não chegou a identificar totalmente Deus à criação, o espírito à matéria. A unidade orgânica que impede as coisas de estarem apartadas e alienadas não é tão monótona que permita o cancelamento de toda a individualidade e toda a diferença. Deus segue sendo o puro espírito, criador, "autossuficiente e fonte de toda a luz"[194], ao passo que as coisas são e estão tramadas na teia universal graças a esta fonte absoluta e primordial. Em síntese:

> Está claro que cada espírito ou alma tem um grau de continuidade com o espírito universal [...] Como resultado, nossa visão alcança as coisas mais distantes, sem que precisemos nos movimentar e, de fato, o olho, ou alguma parte de nossa visão, se estende até as estrelas, e uma parte das estrelas está dentro de nós. De algum modo a alma, em seu poder, está presente em todo o universo, porque ela apreende substâncias que não estão contidas no corpo, nem têm qualquer ligação com ele. Assim, cessados certos impedimentos, nossa alma pode ter contato direto com coisas muito distantes.. Assim

192. (BRUNO, 1998, p. 89).

193. (BRUNO, 1998, p. 94).

194. (BRUNO, 1998, p. 108).

> como muitas luzes ocupam o mesmo espaço, como muitas vozes se misturam num mesmo ambiente, nossas almas estão presentes em todo lugar [...] e os inumeráveis espíritos, levam suas luzes por todo o universo, sem se misturarem ou atrapalharem uns aos outros [...] Daí se segue também que não existe um espaço vazio e, ao contrário, cada parte do cosmo está cheio de emanações de todos os seres do universo[195].

"Cessar certos impedimentos", portanto, é a tarefa da filosofia e da ascese mística, com a qual Bruno substitui sem arrependimentos a teologia.

Continuando suas peregrinações, Bruno passou por uma França já não tão amistosa, a Wittenberg de Lutero, e uma Praga à época luterana, para, finalmente, aceitar o cargo de matemático em Veneza, cargo este que, pouco após sua prisão, seria ocupado por Galileu Galilei.

Não passou muito tempo em Veneza, sendo preso em 1593 e levado para Roma, onde enfrentou sete anos de prisão, tortura e interrogatórios.

Enquanto na prisão em Veneza, admitiu erros em alguns escritos passados, que havia sido excessivamente sarcástico ou poderia ter se equivocado em alguns pontos, mas confessou que tinha sérias dúvidas em relação à Trindade. As autoridades de Veneza podiam, mas não queriam proceder à condenação, quase certamente para preservar a cidade liberal e comerciante de semelhante mácula. Insistiram para que fosse julgado em Roma, sob a alegação de que Bruno era cidadão de Nápoles, e Bruno foi transferido[196].

Em Roma, Bruno foi torturado ainda no final de 1593, e os relatórios produzidos pela tortura foram anexados ao processo, que se estendeu por mais sete anos. Desse processo de interrogatório, tortura e condenação à fogueira participou o ilustre cardeal Bellarmino, que depois também participaria da censura ao sistema copernicano e do julgamento de Galileu. Por tão belos serviços prestados, foi canonizado.

Em 1596, Bruno foi inquerido sobre o tratamento recebido na cela e durante o interrogatório, ao que respondeu apenas com uma queixa sobre a comida[197].

Bellarmino apresentou assim a peça de acusação:

> Sobre Bruno pairam as acusações de: negar a trindade, identificar o espírito santo com a alma do mundo; falar "muito mal" de Cristo; negar a transubstanciação e a virgindade de Maria; a alegação de que os milagres de Cristo

195. (BRUNO, 1998, p. 111-116).

196. (ROWLAND, 2008).

197. (DURANT, Vol. VII, 1961, p. 622).

e dos apóstolos consistiam em magia; afirmação da eternidade e pluralidade dos mundos, assim como existência de raças pré-adamitas; conduta ateísta; desprezo de relíquias e objetos de culto; zombaria contra o papa[198].

A defesa de Bruno foi invariável, enfatizando que as acusações mais graves eram fundadas sobre passagens suas tiradas do contexto e distorcidas para soarem diferentemente do que significavam nos livros.

Bruno deveria ter sobrevivido se tivesse feito o mesmo quatro ou cinco décadas mais a frente, e na França de 1750 em diante seria exaltado. O mundo mais tolerante e mais aberto a ideias radicais, no entanto, poderia não ter se formado sem seus escritos e sem o heroísmo com o qual insistentemente rejeitou todas as exigências do tribunal, negando-se a retratar sob o princípio de que o tribunal lhe pedia para trair a verdade em nome da mentira. Após anos tentando quebrar o seu espírito e fazê-lo renunciar à sua filosofia, queimaram-no como "herege, teimoso e intransigente"[199].

Conforme sua própria opinião, Bruno vivera e morrera como um cristão. Certamente heterodoxo, rebelde e com as dúvidas naturais de um filósofo a respeito dos dogmas que os fiéis comuns não questionam e não permitem sejam questionados, mas ainda assim alguém que não pensava ter dado as costas à doutrina de um Jesus que entendia como pensador moral e exemplo de homem piedoso. Tal era sua convicção que ele exigia, durante o julgamento, que fossem trazidos teólogos mais bem formados para debater com ele.

Não tinha a convicção de Wycliffe e Huss de que tudo o que pregava derivava das Escrituras, nem se importava com isso, mas acreditava não haver contradição radical entre a ciência, a magia e as Escrituras, pois tudo o que existe carrega a marca do Todo e do Uno. Era um platônico cristão, mas isso fora perdoado em muitas outras pessoas.

Só compreendemos o fenômeno atordoante do progresso da civilização ocidental se pudermos equacionar cristianismo e filosofia clássica em sua complexíssima relação dialética de harmonia e conflito.

É verdade que,

> Sem uma teologia comprometida com a razão, o progresso e a igualdade moral, o mundo todo estaria hoje onde estão as sociedades não europeias de, digamos, 1800: Um mundo com muitos astrólogos e alquimistas, mas

---

198. (KRAUSE; MÜLLER, Vol. VII, 1979, p. 244).

199. (KRAUSE; MÜLLER, Vol. VII, 1979, p. 244).

> nenhum cientista. Um mundo de déspotas, sem universidades, bancos, fábricas, lentes, chaminés e pianos. Um mundo onde a maioria das crianças não viveria até os cinco anos, e muitas mulheres morreriam no parto[200].

A mesma teologia que permitiu o surgimento da Modernidade – e isso em um macroprocesso que começa na Antiguidade –, no entanto, nem sempre esteve em relação tão harmônica com a razão quanto faz parecer a citação acima, de Rodney Stark. A verdade é que, se o Ocidente só pôde produzir tudo o de que a humanidade hoje se beneficia como moderno, liberal, democrático e científico graças à teologia cristã do dever, do esforço, da abnegação, da solidariedade e da responsabilidade individual, essa mesma teologia por vezes demais levou à obscuridade, ao atraso e à perversão, quando não fiscalizada e iluminada pela franqueza, pelo criticismo e pela lógica dos pagãos.

200. (STARK, 2003, p. 233).

CAPÍTULO 3 | O mundo moderno: religião e ciência reconfiguram sua relação

Francis Bacon e o nascimento do puritanismo inglês

Com um reinado que se estendeu entre 1558 e 1603, Elizabeth I dominou a segunda metade do século da Reforma. Encontrando o equilíbrio entre um puritanismo militante e um suficiente pragmatismo político, conseguia a devoção de seus súditos sem mergulhar em conflitos maiores com os católicos. Protegida pela sorte contra o assalto da Invencível Armada espanhola, rapidamente capitalizada como amparo da divina Providência, e tendo a audácia de permitir aos navios ingleses que agissem como piratas no Caribe, Elizabeth parecia abençoada tanto pelas forças exteriores quanto pelo seu próprio talento no jogo geopolítico.

Apesar de conservadora – com o perdão do anacronismo, não é injusto atribuir-lhe certo puritanismo – foi relevante para a vida e a formação da personalidade de Elizabeth que ela tivesse de simular a conversão ao catolicismo durante o reinado da meia-irmã, Maria. Posteriormente, ainda que distintamente conservadora, Elizabeth "respeitaria os católicos" que, como ela no passado, fossem capazes de fingir conversão à Igreja da Inglaterra em benefício da ordem social e do bom funcionamento do Estado[201]. Em suma, Elizabeth "aprendera política do jeito difícil. Não mostrava entusiasmo por uma religião esquentada, apesar da profundidade privada e serena intensidade de sua própria vida devocional"[202].

O separatismo e o *não conformismo*[203] eram fenômenos tão objetivos no começo da década de 1580 quanto o foram no auge da Reforma alemã, graças ao

201. (MacCULLOCH, 2016, p. 211).

202. (MacCULLOCH, 2016, p. 211).

203. Termo que diferencia os descontentes e os que pregam reformas dentro da Igreja sem chegarem ao ponto da dissidência.

anabatismo e ao não conformismo de Franck, Schwenckfeld, Karlstadt e outros. O que aos poucos foi definido como "puritanismo" era a versão calvinista do não conformismo quando ele era não apenas rebelde, mas também espiritualista ou místico. Eram suficientemente rebeldes para confrontar a Igreja e condenar-lhe o ritualismo, mas não desejavam abandoná-la ou derrubá-la[204]. Ou, nos termos mais simples e didáticos de Henry Clark, puritanismo é o não conformismo dentro da Igreja[205].

Robert Browne, que por algum tempo foi um separatista mais radical, mas contentou-se, por fim, em ser um anglicano não conformista, pregava que "cada membro da Igreja é 'rei, sacerdote e profeta sob a égide de Cristo'", insistindo em que um clérigo é investido de autoridade por Deus, e nenhuma autoridade mundana – em óbvia referência ao Estado inglês – pode emprestar essa autoridade se não houver reconhecimento dela por parte do corpo da Igreja[206]. Com isso, Browne atacava a autoridade puramente secular da Igreja da Inglaterra enquanto igreja estatal, que não podia se desenraizar da comunidade invisível de cristãos sem com isso perder a autoridade espiritual que recebia de Deus.

Tão cedo quanto o final do século XVI, portanto, o choque entre visões secularizadas e visões espirituais da Igreja era tão comum quanto o choque entre a ortodoxia romana e visões mais espirituais o foi um ou dois séculos antes.

Foi durante o período elisabetano que floresceu a era de ouro da dramaturgia inglesa, com Shakespeare.

William Shakespeare vinha da pequena e monótona Stratford-sobre-o-Avon, nas imediações de Birmingham, que tampouco tinha vida intelectual e artística digna de nota. É um daqueles gênios que emergem inesperadamente e sem causa aparente, como se um oásis brotasse de um deserto, para depois desaparecer tão misteriosamente como surgiu. Vivesse na Atenas clássica ou na Roma de Augusto, seria possível traçar um perfil histórico e social que dessem ao menos sugestões sobre a formação de uma mente dessa grandeza, mas estamos fadados a cercar com a bruma do desconhecimento qualquer dessas causas, se existem.

Shakespeare foi o bardo que deu voz a grande parte do espírito moderno, e um dos grandes apaixonados pelo espírito moderno, que ele, com perspicácia, visualizava perfeitamente na Itália renascentista. Espécie de eclosão do *Zeitgeist*, psicólogo dotado de uma habilidade ímpar tanto para a comédia quanto para a tragédia, filósofo moral capaz de retratar com perfeição e fineza os desdobramen-

204. (WATTS, 1978, p. 16).

205. (CLARK, 1911, p. 208).

206. (WATTS, 1978, p. 30).

tos dos dramas humanos, e poeta que vestia cenas banais com traços sublimes, inevitavelmente ganhou o mundo, tão logo pôs as mãos sobre um palco na grande e já cosmopolita Londres.

Ombreando com a reputação de Shakespeare estava a do maior pensador inglês daquela geração, Francis Bacon (1561-1626).

À semelhança dos Médici, Bacon era uma figura extraordinária, reunindo em si o poder político, o intelecto de um gênio e a devoção de um profeta, não sem o tempero de erros e vícios que tornavam sua vida ainda mais agitada do que já teria sido fosse ele apenas um intelectual de grande projeção ou apenas um alto funcionário do Estado.

Não sem razão, atribui-se a Bacon a criação do método científico, o que só pode ser disputado por Galileu e Descartes. É mais justo considerar que os três protagonizaram um movimento coletivo muito amplo, de dezenas de grandes filósofos e cientistas, mas o ser humano adora as causas únicas, e o título de criador do empirismo e do método científico persistem no tempo, o que também não deixa de ser uma homenagem adequada.

O papel de Bacon como cientista e filósofo do método científico é bem conhecido, mas ele também dedicou belas e profundas páginas à religião. Entendia, aliás, que o avanço da ciência era a vocação dada ao homem por Deus no Gênesis, bem como declarada nos salmos[207], e que o homem de ciência ou de negócios está contribuindo para a glória de Deus através da exploração e racionalização do mundo. Nas palavras do próprio, "Deus deve ter formado a mente do homem como um espelho, capaz de refletir a imagem do mundo universal, e jubilosa por receber essa impressão, como o olho que recebe a luz"[208].

Não apenas estamos equipados para conhecer a verdade, porque Deus não poderia ocultá-la deliberadamente (quase o mesmo argumento de Descartes), como temos o dever moral de persegui-la, pois não explorar o íntimo das coisas, estando capacitados para tanto, é quase um pecado e uma negligência reprochável[209].

Como demonstra Dragos Manea[210], as referências religiosas não são uma idiossincrasia ou anexo temático do *Novum Organon*, mas a medula da nova visão da ciência, de modo que liberdade de pensamento, busca pela verdade e a vocação espiritual revelada pelas Escrituras eram, mais uma vez, sinônimos.

---

207. (BACON, 1765, Vol. I).

208. (BACON, 1765, Vol. I, p. 4).

209. (BACON, 1765, Vol. I, p. 25).

210. (MANEA, 2015).

Em *Uma confissão de fé*, Bacon começa declarando sua fé e amor a Deus, sua adesão ao credo cristão do Pai, do Filho e do Espírito Santo, e que Deus está tão acima das criaturas que nenhuma delas pode fazer nada que Lhe acrescente algo ou gere agrado em particular[211]. Em relação à autoridade das Escrituras, enfatiza que "a Igreja não tem nenhum poder para ensinar ou comandar nada além da palavra escrita [...] sendo responsável apenas pela custódia e transmissão das Escrituras"[212].

A esses textos mais teológicos somava outros puramente devocionais, como o intitulado apenas *Prece*, onde diz "Milhares foram os meus pecados, e dezenas de milhares as minhas transgressões, mas a tua santificação permaneceu em mim." E em uma confissão de cientista cristão: "Tuas criaturas têm sido o meu livro, mas muito mais a Tua Escritura"[213]. Escreveu também uma *oração do estudante* e uma *oração do escritor*, através das quais buscava o auxílio da inspiração divina.

Em um escrito mais poético, *Caracteres do fiel cristão, em paradoxos e contradições aparentes*, o cristão é assim descrito:

> deseja mais graça que qualquer um sobre a terra, e sofre quando vê qualquer um com menos que ele mesmo, [...] acredita ser pior que um infiel que sequer sustente a própria família, mas vive e morre sem amparo, [...] ele entregaria a vida para salvar a alma de seu inimigo, mas não cometeria um pecado para salvar a vida de quem salvou a sua, [...] acredita que nada pode sozinho, e ainda assim trabalha pela própria salvação, sua parte mortal se tornará imortal [...] e uma criatura finita possuirá infinita ventura. Graças sejam dadas a Deus[214].

Diferentemente de Descartes e Galileu, que eram filósofos mais "puros" e concebiam Deus como um resultado da filosofia mais do que como revelado por profetas e eventos extraordinários na Palestina, Bacon era um cristão inteiramente convicto do credo da Igreja Anglicana, e que desenvolveu sua concepção de ciência e progresso científico e econômico como uma expressão das concepções puritanas nascentes: de que Deus não fala através da Igreja, e sim em cada coração que acolhe a Palavra; que a Igreja presta um serviço adicional à comunidade dos crentes, quando esta for digna de seguir a mesma inspiração a partir da fé e da dedicação sinceras de cada clérigo; que Deus espera algo do homem, e o fez para

211. (BACON, 1765, Vol. III, p. 121-122).

212. (BACON, 1765, Vol. III, p. 122).

213. (BACON, 1765, Vol. III, p. 126).

214. (BACON, 1765, Vol. III, p. 130-132).

grandes coisas; que cada homem está em missão, da qual não depende apenas o esforço de seus braços como também de sua inteligência e de cada talento disponível; que essa missão consiste em domesticar a natureza selvagem, ajardinando e adaptando a sociedade e o mundo aos altos propósitos de um reino do espírito.

Descartes e Galileu: o moderno platonismo matemático e religioso

No continente, os êmulos de Bacon eram René Descartes e Galileu Galilei, que diferiam do britânico por serem exímios matemáticos e racionalistas. Muitos manuais introdutórios de filosofia moderna trazem uma visão estereotipada e simplista dessa oposição, como se racionalistas não fizessem experimentação e empiristas não usassem a lógica e não lessem Platão. Esses extremos raramente correspondem à verdade, e nunca na figura dos grandes gênios.

É certo que os renascentistas tendiam para o platonismo em sua rejeição a um aristotelismo fatalmente associado à escolástica, mas a forma como os renascentistas adotavam o platonismo, sem critérios de seleção e filtragem, difere muito da forma como Galileu e Descartes, enquanto criadores de uma nova forma de pensar, científica, o faziam, pois estes extraiam do platonismo a sua essência crítica e (saudavelmente) cética, sem incluir no pacote de suas preocupações os elementos inflacionados pelo neoplatonismo antigo, como a magia e a cosmologia.

Já alertados por Cusa e Bruno, a geração do século XVII percebia que o platonismo precisava ser fiscalizado e corrigido sempre que necessário. A ideia de adotar escolas e modelos ficava para trás, e os modernos conceberam o pensamento de que um novo método deveria ser criado, inteiramente do zero – ou, ao menos, assim acreditavam ser possível –, embora usando aqui e ali ferramentas úteis do passado.

Galileu Galilei nasceu em 1564, e foi uma das últimas glórias da exuberante nação florentina, antes de ela ser reformulada como Toscana e perder os misteriosos poderes de que gozou desde a época dos Médici.

Não foi aluno pouco dotado, mas destacava-se por projetos paralelos, geralmente de inventos práticos, como a balança hidrostática e aplicações para o pêndulo.

A carreira de Galileu deslanchou quando retornou a Pisa como professor de Matemática. A partir de 1589, o aplicado e curioso estudante consolidara-se como experimentador, realizando a célebre medição da queda dos corpos, que se diz ter sido feita na torre de Pisa. Por esta época, tinha perfeita consciência de que suas teorias refutavam teses centrais da física de Aristóteles, sendo, portanto, revolucionárias. Uma das teorias aristotélicas sobre a queda dos corpos, por exemplo, afirmava que os corpos mais pesados deveriam cair mais rápido que os leves, o que foi invalidado pelo experimento da torre, já que, após diversas repetições, esferas de madeira e de ferro – do mesmo tamanho, para descontar a possibilidade de que recebessem diferente influência do atrito com o ar – chegaram ao chão exatamente ao mesmo tempo.

Transferiu-se para a universidade de Pádua, onde lecionou por dezoito anos. Ali adquiriu fama internacional e desenvolveu diversas teorias.

Em Veneza (1609-1610), usou um telescópio comprado pelo doge, e foi o primeiro a fazer uso científico dele. Percebeu que a Via Láctea era composta da luz difusa de incontáveis estrelas, os satélites de Júpiter e identificou montanhas e crateras na Lua.

Foi, portanto, físico e astrônomo de incomparável importância, mas também era matemático invulgar e tinha aguda noção das implicações filosóficas de suas teorias e experimentos.

A defesa explícita do heliocentrismo, condenado como "copernicanismo" pelo Tribunal do Santo Ofício em 1516, despertou o alerta da Igreja para o "problema Galileu". O cardeal Roberto Bellarmino havia publicado um esclarecimento sobre o caráter herético do copernicanismo, e chegou a advertir Galileu. Este manobrou bem, e quando o papa Urbano VIII assumiu (1623), Galileu aproveitou para pedir pessoalmente ao amigo que desconsiderasse as acusações.

Galileu alegava que a proibição do cardeal Bellarmino era para a "defesa" do heliocentrismo de Copérnico, mas que o documento não explicitava que fosse proibido "discutir" a teoria. O papa, razoavelmente progressista, acolheu bem a queixa e aconselhou Galileu a escrever uma comparação entre os dois sistemas, geocentrismo e heliocentrismo, de um ponto de vista puramente técnico, como se entretece possibilidades na qualidade de filósofo.

Galileu escreveu o livro em forma de diálogo, mas nele o personagem que defende o geocentrismo é ridicularizado e retratado como estúpido, ao passo que um terceiro personagem, originalmente neutro, é persuadido pelos argumentos superiores do heliocentrista.

No prefácio, Galileu apresenta este fiel resumo do progresso científico desde a escolástica até seu tempo:

> Louvor e admiração são merecidos àqueles perspicazes intelectos que, confinando sua atenção ao conhecido, descobriram e corrigiram falácias em muitas proposições emitidas por homens os mais distintos e aceitas como fatos por gerações. Embora estes só tenham apontado os erros, sem subs-

tituí-los pela verdade, são dignos de comendas se considerarmos o quão difícil é descobrir um fato[215].

O texto trata de matemática e física, mas, sendo um texto renascentista, não deixa de discutir filosofia esporadicamente. Quando o faz, Galileu revela um conhecimento bastante exato dos filósofos gregos.

O papa tomou como ofensa ou traição pessoal o fato de Galileu ter escrito o livro ao contrário do que ele havia recomendado, isto é, tomando posição e retratando de maneira ofensiva o geocentrismo. Galileu foi chamado a Roma em 1633 para explicar seus escritos.

A apuração do tribunal resultou na conclusão de que havia certa malícia na exposição de Galileu, já que ele implicitamente fazia uma defesa do copernicanismo em seu *Diálogos*, mas, por mascarar essa defesa como discussão teórica, Galileu não teria incorrido factualmente em heresia. Foi, então, acusado de "suspeição de heresia"[216], ao invés de heresia explícita, o que lhe deixava em condição muito mais confortável do que a de hereges renitentes, como Bruno.

O julgamento terminou em junho de 1633, e Galileu não ficou encarcerado nem durante nem após[217] – conforme o popular mito retrata –, pois abjurou de suas posições copernicanas. Ficou, contudo, em prisão domiciliar pelo resto da vida, mas não em situações desconfortáveis. Ao final, o resultado do julgamento de Galileu pretendia mais reprimir do que efetivamente suprimir sua atuação, o que para Bruno teria sido um resultado magnífico.

A filosofia da ciência de Galileu baseava-se, segundo Ernst Cassirer, na seguinte questão central: "possui a Bíblia alguma autoridade em matéria de ciência natural - e que tipo de autoridade?"[218] A resposta a esta questão, para Galileu, deveria ser um sonoro não. Isso porque, adiantando o que logo seria um pilar da interpretação histórico-crítica da Bíblia, Galileu nega que ela tivesse qualquer autoridade sobrenatural garantida pelo Espírito Santo. A Bíblia seria, então, um relato passado de boca a boca, com todos os potenciais e presumíveis desvios que esse processo pode conter, e o homem racional deveria buscar apenas uma fonte direta e infalível da lei e da vontade de Deus: a natureza[219].

Em uma decisão benéfica para a descrição, embora maléfica para a compreensão das causalidades finais, Galileu propõe que a Matemática seja o modelo

215. (GALILEO GALILEI, 1914, p. xix).

216. (FINOCCHIARO, 2009, p. 71).

217. (FINOCCHIARO, 2009, p. 73-74).

218. (CASSIRER, 2006, p. 58).

219. (CASSIRER, 2006, p. 58-59).

da exatidão e clareza que a nova hermenêutica da natureza de Deus demanda e merece[220]. A Matemática se resume à descrição das formas, e não possui ferramentas para a descrição dos fins. Com isso, privilegiam-se as relações eficientes do mecanicismo, a ordem plana dos puxões e empurrões que caracterizam (no entendimento da época) o jogo de interação entre os corpos materiais, mas perdem-se as razões e motivos, a ordem vertical dos fins e da ordem buscada por fenômenos, e que hoje sabemos estar presente como teleonomia de inúmeros fenômenos, inclusive os físicos.

A perda, contudo, era muito pequena se comparada ao amplo ganho oferecido pela nova física, que nos próximos séculos viria a permitir a construção de um novo mundo, de tecnologias e de conhecimento exato sobre uma infinidade de processos naturais.

Ao lado das superlativas realizações científicas de Galileu é preciso valorizar sua ética científica, atitude filosófica de hierarquização racional dos valores da verdade e da honestidade como superiores aos da obediência e do respeito à autoridade, sejam estas políticas ou intelectuais.

Essa ética científica, exemplificada por Bruno e melhor desenvolvida por Galileu, está também presente em Descartes na forma da valorização instrumental do ceticismo e de um purismo crítico à tradição, inteiramente contrários a atitudes submissas que a investigação escolástica e renascentista ainda tinham em relação aos clássicos da Antiguidade.

Ao diminuir os autores clássicos à condição de homens com argumentos e opiniões sobre as coisas, Descartes opera, tanto nas *Meditações* quanto no *Discurso do Método*, uma inflexão muito semelhante à que Galileu operara em relação à Bíblia. Esta inflexão era tremendamente proveitosa, à medida que liberava a mente do pesquisador para perguntar e reagir aos fenômenos sem comprometimentos e vieses impostos.

René Descartes (1596-1650) era bem mais jovem que os outros pais do método científico, Bacon e Galileu. Nasceu em La Haye, hoje merecidamente rebatizada Descartes. Estudou no famoso colégio real jesuíta de La Flèche, e graduou em Direito em Poitiers. Foi engenheiro, matemático, físico e filósofo, mas também ofereceu contribuições decisivas para a Medicina e a Psicologia de seu século através do tratado sobre as paixões da alma.

A epistemologia, e mais profundamente a teoria da verdade que subjaz à epistemologia de Descartes, não ignora que a questão metafísica principal que

220. (CASSIRER, 2006, p. 63).

norteia a busca da verdade é a relação entre o homem e Deus[221], pois é esta a relação que define tanto o grau de acesso do homem à verdade, seu comportamento em relação a ela e os meios de dela aproximar-se.

Desencantado com as autoridades, influenciado pelas atitudes renascentistas recentes, em uma geração que já havia absorvido muito de Erasmo, Bruno, Bacon e Galileu, Descartes queria refundar o conhecimento humano de uma forma radical, uma em que um novo método correspondesse a um novo fundamento absoluto e seguro para o conhecimento.

Esse propósito foi viabilizado por seus famosos três sonhos (1619), que ele teria insinuado poderem ser revelações de Deus. Os sonhos eram complexos e vivíssimos, provocando uma verdadeira conversão intelectual e dando a Descartes um senso de missão divina. Acreditava-se destinado a realizar o que os sonhos exigiam dele.

Inspirado por essas visões, resolveu o problema secular da divisão entre álgebra e geometria, com o plano cartesiano. Na filosofia, fundou todo o saber no sujeito conhecedor como força ativa inalienável, o eu penso.

Muito tem sido escrito sobre os sonhos de Descartes. Teriam sido apenas um recurso literário para o que provavelmente foi uma noite de estudo e "conexões mentais" criativas? Teria sido uma catarse ou um sonho em que conteúdos inconscientes reprimidos emergiram com força? Ou uma iluminação? Seja qual for o fato, a narrativa permite tirar algumas conclusões bastante objetivas.

Adrien Baillet[222], primeiro biógrafo de Descartes, bem como historiadores dedicados ao episódio, observam uma analogia forte entre a forma como Descartes narra o sonho e sua preocupação filosófica em separar sonho de realidade. Ao que parece, um ponto importante dos sonhos foi serem persuasivos o bastante para gerarem em Descartes dúvidas quanto a isso. Mais importante ainda é que Descartes, em algum ponto do devaneio ou sonho, observou que seu raciocínio não poderia ser obscurecido por esse estado, no qual todo o resto era incerto.

Outros detalhes dignos de nota sobre os dois primeiros sonhos eram os clarões de trovão, que Descartes interpreta como exigências de atenção ou um chamamento para a importância do que estaria por vir, e uma relação conflituosa com a Igreja, que o leva a orar angustiosamente após acordar do primeiro sonho. Sem entrarmos na interpretação do sonho, que nos levaria a um labirinto sem saída, importa saber que a impressão de Descartes parece ter sido a de que esse sonho representava um erro a ser corrigido. No segundo sonho, no entanto, fica

221. (CASSIRER, 2006, p. 90).

222. (BAILLET, 1691, p. 81-85).

claro que o erro só pode ser enfrentado através da verdade, e não pela submissão a autoridades e opiniões "reputadas verdades".

O terceiro sonho, mais complexo, inclui uma grande parte de análise do sonho dentro do sonho. Descartes, ainda dormindo, teria percebido que estava sonhando e tentado interpretar o sonho. No sonho, Descartes encontra dois livros sobre uma mesa, um dicionário e um livro de poemas (*Corpus Poetarum*). Escolhe abrir o livro de poemas, e lê "*quod vitae sectabor iter*?" (que tipo de vida desejas levar?). Abrir um livro de sabedoria ao acaso e interpretar a mensagem como dirigida pessoalmente a si era um velho hábito de cristãos – e judeus, antes deles –, e Descartes pode ter sentido que fazer isso significava que a nova verdade deveria substituir a Bíblia.

Os sonhos dariam a Descartes a determinação e o direcionamento para terminar o parto da ciência moderna e de uma filosofia que a acompanhasse no movimento de total reconstrução dos métodos e enfoques do saber; e esse movimento deveria consistir, entendia Hegel, em "tornar o pensamento o princípio da filosofia", o que foi feito, entretanto, com a supressão de todo o conteúdo e a total abstração e concentração sobre a pura forma[223].

Ao percorrermos a obra que é síntese e clímax do projeto cartesiano, as *Meditações Metafísicas* (1641), a sensação de completude é forte e inescapável. O livro é um todo orgânico no qual os argumentos elevam o espírito, tanto quanto o põem desnudo diante do rigor analítico e da devassa promovida pelo ceticismo, terminando em uma contemplação da verdade, do bem e do belo. Em raras ocasiões a humanidade viu fundirem-se tão perfeitamente a lógica e a estética; muitas vezes essa fusão teve como catalizador a religião, o que é também o caso das *Meditações*.

É sugestivo que uma das obras mais capitais para a fundação da Modernidade se propusesse, de acordo com o próprio autor, a provar a existência de Deus e a separação entre a alma e o corpo[224], e só entendemos como isso marca a ruptura com a Idade Média pela forma puramente subjetiva da alegada prova.

O resultado tipicamente racionalista do percurso das meditações foi alcançado, em grande parte, graças ao ceticismo instrumental de Descartes, que demolia metodicamente todas as tentativas de justificação do conhecimento, usando mão de uma dúvida hiperbólica, quando necessário. A dúvida hiperbólica foi a aplicação de questões que, conquanto muito improváveis, eram possíveis de ser colocadas, como a hipótese do gênio maligno. Se condições semelhantes são me-

---

223. (HEGEL, 1970, Bd. 20, p. 123; 130).

224. (DESCARTES, 2005, p. 9-10).

ramente possíveis, então quase qualquer possibilidade de acesso ao conhecimento pode ser enganosa.

Mesmo meu corpo e minhas percepções em estado de vigília podem se confundir com as fortes impressões de um sonho, em meio ao qual creio estar vivendo, experimentando aquelas condições[225]. O ceticismo antigo não tinha entendido tão radical e subjetivamente esse ponto[226].

É relativamente perceptível, contudo, que há uma diferença entre a apercepção do estado onírico e do estado de vigília, e que, uma vez acordados, reconhecemos como degradada a qualidade da apercepção em estado onírico, mas Descartes dá um passo a mais, um passo que é permitido pelo ceticismo à medida que este não fala de realidades dadas e sim de realidades hipotéticas. E se[227], prossegue Descartes, ao invés de um Deus bom que patrocina nossos melhores esforços, permitindo apenas alguns erros para a própria correção do intelecto de Seus filhos, houvesse um gênio maligno, um deus mau que tivesse o poder de nos enganar perfeitamente, sem que pudéssemos separar o erro da falha em nossas investigações?

Como encontrar uma certeza após uma dúvida radical? Decerto, só há uma forma, a forma cartesiana, de partir da própria dúvida, investigar suas condições de possibilidade. Estou eu aniquilado com a invalidação de toda a percepção? Ou restará, ao contrário, uma parte de mim que permaneça incólume à dúvida mais radical sobre a possibilidade dessa validade? E Descartes não teme colocar a questão nestes termos: "há uma parte de mim independente dessa dimensão onde tudo é incerto?"[228]

A pergunta sobre a possível independência acaba por levar ao questionamento da arma aniquiladora, isto é, o questionamento sobre a natureza do questionamento. "Que é dúvida? Um estado, condição – propriamente um juízo; e como pode haver juízo sem alguém que julgue?"[229] Desta forma, a dúvida implica um movimento mental postulador de convicção, convicção ou certeza que ela originalmente queria destruir e impossibilitar. É possível duvidar de tudo, mas, se duvidar é um ato mental, não é possível duvidar do sujeito que empenha esse mesmo ato. A arma capaz de destruir tudo encontra um escudo indestrutível, e desse tremendo choque conceitual surge uma certeza que não é opinativa, fruto

225. (DESCARTES, 2005, p. 31-33).

226. (LARMORE, 2006, p. 17).

227. (DESCARTES, 2005,p. 38).

228. (DESCARTES, 2005, p. 44-47).

229. (MAHAFY, 1902, p. 149).

de uma convicção pessoal e casual, mas uma certeza lógico-metafísica: penso, logo sou.

Surge com Descartes, portanto, a primazia da ação e da vontade sobre o entendimento, pois não é o entendimento que causa o ato da vontade, senão, ao contrário, a atividade do entendimento encontra suas raízes originalmente na vontade[230].

Com as mais profundas consequências sobre a filosofia moderna, Descartes faz a atividade da razão depender da iniciativa do agente, o sujeito pensante.

É claro, a certeza de Descartes produz um eu meramente formal, metafísico, que não resolve a pergunta anexa e até mais grave de "quem ou o que sou eu?"[231], mas cumpre a função de desbaratar o ceticismo como um recurso que possui limites, que depõe as armas diante do processo que o lança.

É de suma importância observar que Descartes diferencia certeza, que é a convicção racional possível, de verdade, à qual se revela como fase final e contemplativa da meditação[232]. Com isso, os princípios da filosofia cartesiana se revelam transcendentais, ao passo que o seu fim é místico-metafísico. Com vistas a esta dupla finalidade, a tarefa é dividida em duas fases, a epistemológica, concentrada na busca pelo ponto fixo, e a "unitiva", em que o ponto fixo do saber (o sujeito) remonta à sua origem em uma espécie de *amor dei intellectualis*.

Como as percepções não gozam do privilégio de semelhante certeza, acabam subordinadas à instância mais primordial da razão, justificando a cisão com o realismo de tipo empirista que se desenvolvia na Inglaterra com Bacon, Hobbes e, pouco depois, Locke. Ao contrário, Descartes entende que é preciso um recurso externo ao que a razão pode garantir para justificar nosso contato, o contato de nossas puras mentes, com um mundo externo só registrado pelos sentidos. Dada a natureza radicalmente diversa da substância pensante e da substância extensa, uma viva e livre, a outra morta e material, seria preciso outro fator que as harmonizasse.

Somente algo que estivesse acima e além da cisão original entre espírito e matéria, que fosse o vértice de onde partem essas duas substâncias, poderia em si conciliá-las. Este é o papel de Deus, pelo que a razão, em sua busca pela verdade, é forçada a pressupor um fundamento absoluto da realidade que nossas mentes só experimentam como duas ordens distintas. Portanto, sem Deus a ligação entre espírito e matéria seria um mistério inexplicável, mas, com a hipótese da existência de um ser absoluto, uma terceira substância, criadora tanto do espírito/mente

230. (KAHL, 1886, p. 97).

231. (LARMORE, 2006, p. 25).

232. (HATFIELD, 2006, p. 138-141).

quanto da matéria, seria concebível que uma ligação ou comunicação entre elas fosse possível. Devemos, portanto, assumir tal hipótese: de que há um Deus capaz de ligar mente e corpo, e que Ele assim deseja, e que não nos queira enganar, dando à mente impressões erradas sobre o que se passa na matéria.

> Descartes afirma que a totalidade do conhecimento humano, tudo o que as ciências podem dizer, e tudo o que sabemos firmemente em qualquer esfera da atividade humana, encaixa-se nesse quadro ontológico. Todas as predicações verdadeiras conhecidas podem ser analisadas de modo a referirem exclusivamente a essas ordens de determinação: substâncias corpóreas, extensas, e substâncias pensantes ou mentes[233].

O mundo, propõe Descartes, tem duas faces, ou dois tipos de substância, mentes e matéria, cada qual funcionando com sua ordem e atributos distintos, harmonizados pela vontade de um Deus bom em garantir que não nos enganemos, este é o pressuposto fundamental de toda a ciência, pois, de outro modo, é impossível explicar como uma mente pensante e sensível percebe coisas que não são nem pensamentos nem sensações. Esse racha dualista sustentaria e seria reforçado pelo mecanicismo e por uma concepção de ciência que, como já foi dito, ignorava causas finais, pois um mundo de pura forma exterior, morto, e um mundo de puro espírito, livre e vivo, não teriam necessidade alguma de se comunicar e interagir para além da conexão (misteriosa, diga-se de passagem) em Deus. Mais tarde, porque esse modelo se mostraria problemático, Leibniz e Espinosa, os maiores continuadores do projeto racionalista iniciado por Descartes, teriam de bolar as mais intrincadas e criativas soluções.

Aquilo em que os racionalistas concordam, por outro lado, é o papel insubstituível de Deus como ponto de partida absoluto da metafísica e de todo o saber em geral, na medida em que da metafísica depende todo o resto do saber humano.

A ideia moderna e científica de *leis naturais* deriva, assim, diretamente da ideia de um legislador, uma inteligência imutável que garante metafisicamente a imutabilidade dessas leis[234].

A ideia última, segundo a qual todas as outras ideias são medidas, exatamente como Platão e Aristóteles já haviam mostrado, é Deus.

> Pelo nome Deus entendo uma substância infinita, eterna, imutável, independente, onisciente, onipotente, e pela qual eu mesmo, e todas as outras

233. (SECADA, 2006, p. 84).

234. (HARRISON, 2019, p. 10).

coisas que existem (se é verdade que há coisas que existem) foram criadas e produzidas. Ora, essas vantagens são tão grandes e tão eminentes que, quanto mais atentamente as considero, menos me persuado de que a ideia que tenho dele possa tirar sua origem só de mim. E, por conseguinte, é preciso necessariamente concluir de tudo o que disse anteriormente que Deus existe; pois, ainda que a ideia da substância esteja em mim, pelo próprio fato de eu ser uma substância, eu não teria, contudo, a ideia de uma substância infinita, eu que sou um ser finito, se ela não tivesse sido posta em mim por alguma substância que fosse verdadeiramente infinita[235].

Nos *Princípios da Filosofia*, Descartes diz logo no princípio (ponto 17): "Quanto mais perfeições concebemos em uma coisa, tanto mais devemos também crer que suas causas são ainda mais perfeitas"[236]. Ora, a causa da alma não pode ser senão algo melhor, isto é, mais pensante, mais livre e moralmente melhor que a própria coisa, ou não a poderia ter produzido. É irracional pretender que a alma humana derive do nada, da matéria, que não possui os seus atributos e perfeições. O que se reforça no vigésimo ponto: "não somos a causa de nós mesmos" e se não temos sequer entendimento de nós mesmos, ou das coisas, ou de como exatamente nosso intelecto compreende as coisas, como é possível que tenhamos ideia de algo sumamente perfeito acima de nós, senão porque este mesmo Deus implantou em nossa alma estas ideias (de Si e de Seus atributos), as quais são claríssimas para a alma? Apesar de termos em nós essas ideias, elas são patentemente ideias que ultrapassam nossa capacidade intelectual. Assim, a ideia do infinito que está presente em nós, seres finitos, é causa de embaraço (ponto 26).

Da década de 1650, quando Descartes e Galileu, até o final do século, a ciência estaria consolidada, mas a presença de Deus nela seria tão ou mais forte do que no século passado, entre os renascentistas. Apesar de ainda receptivos ao platonismo, os cientistas e filósofos do século XVII eram mais cristãos que pagãos, o que é impressionante, já que os pagãos (ou semipagãos), como Bruno e outras figuras do século passado (XVI), já eram suficientemente apegados à ideia de Deus.

Depois de Nicolau Copérnico e Giordano Bruno, Johannes Kepler (1571-1630) retomaria a ideia de que o universo infinito representaria e espelharia mais exatamente a glória de um Deus infinito, sábio e bom. E um século depois de Kepler e Galileu, Cotton Mather diria sobre o telescópio: "Grande Deus, que va-

235. (DESCARTES, 2005, p. 72).

236. (DESCARTES, 1995, p. 31).

riedade de mundos criastes! Quão impressionantes são suas dimensões! Quão estupendas as demonstrações de Tua grandeza e Tua glória!"[237]

Entender esse entusiasmo religioso depende de observar bem a passagem da Reforma, com todos os seus solavancos e crises, e o aumento do zelo religioso provocado, muito provavelmente, pelo próprio conflito entre católicos e protestantes.

Não se deve utilizar esse entusiasmo, entretanto, como pretexto para uma interpretação apologética de personagens como Descartes e Galileu, que, embora cristãos convictos, tinham uma visão significativamente heterodoxa (às vezes rebelde) e antagonizavam a autoridade da Igreja em assuntos não espirituais. Descartes foi, sim, um importante advogado da divisão entre a razão e a fé; "enquanto a fé nada devia à razão, sendo iluminada pela revelação divina, a razão nada devia à fé: portanto, a filosofia teria o direito de se separar radicalmente da teologia revelada"[238]. Descartes também previu com grande lucidez que esta deveria ser uma bandeira política, pois, como teoria apenas, estaria fadada a não valer na prática[239].

Jakob Böhme e a explosão mística da era da ciência

A Alemanha não ficou imune à avalanche de atividade científica e filosófica do final do Renascimento. A preocupação de suas maiores mentes, no entanto, não podia deixar de contemplar a nova expressão de fé reformada como uma das mais graves questões a ser acomodada na nova imagem moderna do mundo. Se os católicos podiam dar as costas à Igreja, e viver a religião como um pressuposto e pano de fundo, os luteranos precisavam trazer e elevar sua vivência aos altos voos do pensamento.

Jakob Böhme, nascido nas imediações de Görlitz (1575), no que então era o reino da Boêmia, foi o Paracelso de seu século; um misto de místico neoplatônico e cristão, de dissidente da Igreja oficial, apaixonado pelas ciências nascentes, e líder espiritual. Treinado como sapateiro, Böhme lia insistentemente a Bíblia, como bom luterano, e tinha familiaridade com os textos de místicos da época, como Valentin Weigel, Schwenckfeld e Paracelso. É provável que tenha também lido Giordano Bruno ou, no mínimo, conhecido por alto suas propostas.

237. (DENIELSON, 2009, p. 57).

238. (MOUT, 2007, p. 227).

239. (MOUT, 2007, p. 227).

A feitura, conserto e comércio de sapatos, no entanto, não lhe deixavam suficiente tempo para cultivar o intelecto ao ponto de escrever livros como os que ele deixou; ao menos é isso o que alegam o próprio Böhme e seus biógrafos. Argumenta-se que não teria, portanto, condições de escrever uma vasta e abstrusa obra, não fosse esta inteiramente revelada do alto, por Deus e por Seus mensageiros.

Uma tese mais mundana para a produção intelectual do sapateiro seria a demanda crescente por uma vida espiritual mais vibrante que a oferecida pelo luteranismo de então. Uma vida que era anunciada por Schwenckfeld e Weigel, e que poderia ganhar forma e corpo em um sistema semelhante ao de Paracelso.

Böhme narra sua experiência iluminativa (1600) como uma súbita visão disparada por um reflexo da luz em uma tigela de metal. Ele se perdeu no reflexo, e viu a constituição do universo desde a criação até a organização das almas no inferno e no paraíso. Só começaria a escrever doze anos depois, e teria ao menos uma outra grande visão que ajudaria a direcionar seus escritos que, portanto, tinham caráter de revelação adicional às Escrituras e a outros místicos capazes de êxtase ou de receber revelações de outro mundo.

Outro mundo não é bem o termo correto para o que Böhme entendia como a natureza espiritual do universo. Como no caso do neoplatonismo, adotaria um monismo qualificado que via tudo em tudo. Acrescentou a esta visão neoplatônica a ideia mais teológica de que inferno, reino de Deus, pecado, salvação, criação e apocalipse já estão também em nós. Semelhantemente ao modo com que Bruno via todas as substâncias em cada criatura, e, por isso, todas as criaturas como irmanadas e participantes de um organismo geral, Böhme via todos os elementos teológicos e espirituais do verme ao universo infinito. Destarte, tudo carregaria em si o seu próprio Lúcifer, o seu próprio Deus.

Contemporâneos de Böhme acreditavam que ele teve o mérito de transformar a ciência e a visão de mundo de Paracelso numa teologia protestante[240]. Tanto a obra de Böhme quanto a de Paracelso, no entanto, só com certa generosidade poderiam ser consideradas científicas, no sentido mais secularizado e até materialista que se estabeleceu no final do século XIX, ao passo que obras científicas de outros crentes, como Galileu, Boyle, Newton e Descartes não são questionadas enquanto tais, pois souberam separar melhor as implicações práticas da ciência de seus princípios metafísicos teístas. É também verdade que Böhme também não tem contribuições originais à ciência – exceto, talvez, em psicologia –, tratando mais de divulgá-la (como Voltaire) como harmônica com a fé. Mesmo assim, os

240. (BERDIAEFF, 1945, p. 774-775).

resultados teóricos desses primeiros esforços abriram caminho para as futuras filosofias da natureza, ou tentativas de unificação sistemática da ciência, teologia e filosofia num saber completo.

O que Böhme realizou, sim, em um movimento humanista, místico e filosófico dentro do protestantismo, foi resgatar Cristianismo do hebraísmo e do legalismo dos reformadores do século XVI, bem como ressuscitar o espírito de livre-exame e absoluta responsabilidade de cada indivíduo pela salvação de sua alma, que esteve presente nos primeiros movimentos protestantes anteriores à Confissão de Augsburg.

Caberia perguntar, naturalmente, porque as influências de Erasmo, Franck ou outros espiritualistas que faziam interpretações radicalmente liberais das escrituras não foram suficientes para garantir essa prática, e por que Böhme foi bem-sucedido. Parte da resposta está em parecer ortodoxo o bastante para não ser rechaçado ou perseguido como dissidente, parte da resposta está no fato de escrever em um alemão lírico e empolgante, como ninguém havia escrito antes, o que fez dele o grande autor alemão e o grande pensador luterano. Por fim, uma possível causa da influência de Böhme em reacender o espiritualismo protestante de forma tão intensa e transformadora foram as consequências filosóficas da liberdade de interpretação a que se permitiu. Tão grandiosas elas eram, aos olhos de seus leitores, que "provavam" pela razão a necessidade de se fazer esta leitura mais livre, simbólica e exploratória da Bíblia.

Esta autonomia de pensamento permitiu a Böhme elaborar quatro perguntas que, se não pudessem ser respondidas, eliminariam o sentido de qualquer teologia: 1) O que é o homem? 2) De onde ou de quem? 3) Para que foi criado? 4) Qual é a sua função[241]? Pela sua obra, Böhme acredita ter respondido a estas e a outras questões derivadas.

Não se deve considerar o luteranismo heterodoxo e neoplatônico de Böhme, contudo, uma dissidência ou heresia luterana. A história o acolheu com significativo entusiasmo como ortodoxia ou, no mínimo, uma variante aceitável e não contestadora do luteranismo. O mais provável é que Böhme visse a si mesmo como ortodoxia, embora, para espiritualistas luteranos (do tipo de Schwenckfeld e Franck), o mote progressista da "*ecclesia semper reformanda*" estava acima de qualquer coisa engessada na Confissão de Augsburg ou qualquer livro de Lutero[242].

241. (BÖHME, 1923, p. 208).

242. (WEHR, 1971, p. 111).

Uma coisa que diferencia significativamente Böhme da ortodoxia é a substituição de uma mística do coração, vaga e pessoal, por uma mística da razão, isto é, uma teosofia.

> A teosofia procura abraçar bem mais que a teologia. A partir da ideia de Deus, tenta apreender o mundo, em todos os círculos do universo, enxergando como as coisas são em Deus; tenta, portanto, tornar-se filosofia sacra, em contradição com uma filosofia profana. A teosofia abraça natureza e história; quer apresentar uma filosofia da natureza à luz da ideia divina, assim como se esforça para oferecer uma filosofia da história, representação dos princípios do Reino de Deus conforme desdobrados de seu ponto de partida supra-histórico [...], a persistente luta entre a luz e as trevas, o juízo final e a consumação de todas as coisas. Nessa interpretação do cristianismo, ele não se limita ao interesse prático ético-religioso, tentando apreender seu significado cósmico e sua significância para o universo, além de provar que os princípios do cristianismo são idênticos àqueles através dos quais o mundo subsiste [...] e que o cristianismo é o foco de todas as forças e poderes do mundo[243].

Esta exata definição da teosofia é tão mais apropriada a Böhme por ter sido escrita especificamente como uma introdução à sua teosofia.

Trata-se, também, de um passo largo em direção à Modernidade, pois propostas anteriores de acomodação entre razão e fé continuavam submissas aos dogmas estabelecidos desde o século III d.C., e que grandes filósofos-teólogos como Tomás de Aquino, por exemplo, não questionava. Böhme, por sua vez, na linha dos espiritualistas luteranos, acreditava que todas as ideias e conceitos teológicos e das próprias Escrituras eram símbolos precários, nunca literais e nunca certos, para verdades que só a alma iluminada poderia compreender em seu real sentido. Na comparação com Tomás de Aquino, que parou de escrever após ser atingido por uma iluminação que fez seus escritos parecerem "palha", Böhme começa a escrever depois que Deus lhe descortinou o significado profundo por trás dos símbolos.

Porque a teosofia quer abranger e conectar os processos do mundo à teologia cristã, a psicologia é o ponto médio e valioso entre o saber mundano (que inclui a biologia, a física e a astronomia) e o saber sacro (que inclui os meios da salvação e uma cosmologia expandida aos temas teológicos). Esta é uma das ra-

243. (MARTENSEN, 1885, p. 17-18).

zões pelas quais, muito depois, Carl Jung viria a ter grande interesse por Paracelso e Böhme.

A filosofia mística vinha dar vida e coração ao luteranismo, ao mesmo tempo em que buscava satisfazer o anseio moderno por uma religiosidade universalista, filosófica, simpática à ciência, mas não menos profunda e fervorosa.

É também curioso que a solução de Böhme para a integração entre saber mundano e saber sacro seja muito parecida com a de Descartes: a valorização do espírito como força ativa da natureza e, portanto, primaz em relação aos objetos percebidos pelos sentidos.

A ciência mostra que a mente está inescapavelmente submetida às paixões, e as paixões, ou afetos, emergem sem aviso e sem explicação de um fundo obscuro da alma. O neoplatonismo, por outro lado, mostra a contraposição entre luz e treva, princípio ativo e princípio passivo, dando a entender que a força que abastece os apetites e paixões não pode ser a carne, pois toda a atividade é espiritual, a matéria é pura passividade. A paixão, portanto, brota de uma força ativa do espírito, embora ela não seja a mesma que a vontade livre, iluminada pelo conhecimento. Há, portanto, no coração humano, um complexo e obscuro conflito de vontades; um emaranhado de fins, uns cegos, inconscientes, outros lúcidos e conscientes. Nesse meio atuam a fé e a boa vontade, forças divinas da alma que dependem da harmonização desta com Deus. Mais voluntarista que Lutero, Böhme reconhece o esforço e o mérito na transformação da vontade da confusão inconsciente para a luz da consciência, mas, ao contrário de um dissidente que valorizasse as obras acima da fé, Böhme ainda sabe que o mérito está na conversão e transformação do coração. Este o palco da batalha entre Jeová e Lúcifer.

Na linguagem simbólica, mas não tanto obscura de Böhme, esta batalha entre luz e trevas, cujo fio da balança é a liberdade humana, se dará assim:

Mas isto deves saber, que no regimento da tua alma tu és o senhor de ti mesmo; não se levanta nenhum fogo a partir do círculo do teu corpo e espírito, tu o despertas por ti mesmo. Verdadeiro é isto, todos os teus espíritos fluem para ti e se elevam de ti; e na liberdade um espírito tem mais força em ti do que outros.

Se uma fonte do espírito se eleva, isto não está oculto à alma: Ela pode imediatamente acordar as outras fontes do espírito, que se opõem ao fogo insurgente, e podem apagá-lo[244].

De cunho místico, mas de grande alcance filosófico, o conceito de fé de Böhme trará à luz uma nova relação entre a força ativa, a iniciativa e o esforço e a transubstanciação do coração, que nunca abandonam e ignoram a obscuridade

244. (BÖHME, 1923, p. 156-157).

original de onde brotam conteúdos inesperados e menos harmônicos, pois esse fundo obscuro é constituinte do ser criado, contraposto e diferenciado da puríssima luz de Deus.

> A fé não é, portanto, uma crença em conteúdos dogmáticos ou históricos, podendo-se inclusive submeter estes à crítica. Ela resume-se numa transformação do caráter, numa decisão por assumir o controle da vida, ou melhor dizendo, dos conteúdos emotivos e volitivos da alma, direcionando-os com zelo e devoção. Devotamento, aliás, é a palavra-chave para a fé verdadeira, pois se ela não depende da crença em dogmas, alinhando-se antes como estado existencial. A sua relação com o divino deixa de ser teórica para ser vital. A fé viva é uma postura de doação, ato livre de oferta das forças, pensamentos, sentimentos e ações do indivíduo. Desnecessário dizer que a sua natureza é existencial[245].

Pode-se concluir que, se a mística é a união e harmonização com Deus, o tipo de mística oferecido por Böhme, uma mística voluntarista, prega e pressupõe que a harmonização entre o coração humano e o sagrado transcendente é um movimento da vontade, um esforço, uma transformação do sentimento e da disposição de espírito. Nisso Böhme estabelece um corte em relação à ortodoxia luterana. Ele continua perfeitamente alinhado com a ideia de que não são os atos, mas a intenção e o sentimento purificados que salvam a alma e lhe abrem as portas para a bem-aventurança. Desalinha-se, entretanto, em relação à ideia de que esse estado corresponde a um movimento da graça de Deus, sobre o qual o homem tem pouca responsabilidade; ainda que Deus faça a parte determinante, as condições para que Deus possa vir ao encontro, através da graça, são arranjadas e construídas pelo esforço.

Por isso, o convite do místico é um convite apaixonado e que visa empolgar, inflamar o ouvinte. O tamanho da responsabilidade dos que conhecem esse mistério da fé aumenta na proporção da importância do papel da liberdade humana na própria salvação. Qualquer um que descubra isso tem o dever moral de comunicar a cada ser humano: "dê o melhor"; "ame incondicionalmente"; "resigne e abnegue diante de qualquer perda e sofrimento".

Ora, a mística voluntarista, diferentemente de uma teologia luterana mais ortodoxa, é e tem que ser militante; não por prosélito, mas por amor. Qualquer um que ame ao seu próximo *quer* estender a ele a conversão do coração, *quer* comunicar a alegria da fé e o quanto vale o esforço e os sacrifícios para cultivá-la.

---

245. (COELHO, 2011, p. 129).

Mais do que os neoplatônicos e os místicos renascentistas, Böhme tinha uma apurada noção do caráter simbólico ao qual a teosofia e, em menor medida, os outros conhecimentos estão subordinados. A crítica superficial e os sucessivos surtos esotéricos que o incorporaram não foram capazes de extrair essa maturidade filosófica de suas obras, encobrindo com o véu do mistério a maioria de suas ideias. Místico tão competente quanto qualquer outro, Böhme sabia que sua visão do absoluto era inefável, e que precisava ser vestida didática e metaforicamente com os contornos mais plásticos da imagem sensível. Este movimento não só opera a típica "ocultação" da verdade da experiência mística sob a capa do símbolo como dá ao leitor liberdade interpretativa, e uma consequente responsabilidade pela tradução da teosofia e da "magia" em termos úteis à sua vida cristã.

Nascia ali, da inesperada pena do sapateiro, uma chama que alimentaria o puritanismo e o pietismo mais radicais, que mais tarde darão também lugar ao evangelismo e seus sucessivos "despertamentos" espirituais (*Great Awakenings*), que hoje constituem a parte dominante da população protestante que ainda se dá ao trabalho de ir às igrejas. E isso, sem que muitas dessas denominações não conformistas se aproximassem da considerável concessão de Böhme ao livre-arbítrio, já que sempre houve também agostinianismo radical, isto é, ênfase na doutrina da predestinação e quase inexistência do livre-arbítrio entre os radicais evangélicos, como depois entre os jansenistas.

Estas palavras resumem bem o poder da mística voluntarista; o poder da liberdade: "Assim não te permite cegar e constranger a tua liberdade a partir de um anseio, mas faça com que ele se transforme nos vermelhos raios da luz incandescente da majestade: E isto é uma gloriosa e elevada alegria na liberdade"[246].

Esta teosofia, híbrido de teologia luterana e filosofia neoplatônica, entrega o que promete em termos de fundamentação metafísica coerente com a proposta teológica reformada. Agora, a pura liberdade é fundamento absoluto do ser e do saber, o que terá as mais radicais consequências para a metafísica posterior. Apesar da linguagem confusa da mística, figuras tão destacadas quanto Leibniz e Newton leriam com reverência as páginas de Böhme, e Hegel o apontaria como o grande iniciador da filosofia alemã, cocriador do espírito moderno, ao lado de Descartes.

Outros cientistas místicos, como Kepler, desejavam ardentemente uma "reforma da reforma", aos moldes de Böhme ou Weigel. A maioria, no entanto, não desenvolveu uma doutrina definida que servisse de alternativa e, na verdade, opção superior à ortodoxia, e acabou por reproduzir um neoplatonismo ou neo-

---

246. (BÖHME, 1923, p. 281-282).

pitagorismo em algum ponto do espectro entre Bruno e Galileu. A geração de meados do século XVII estava em um ponto médio entre a ciência, a filosofia e a mística[247].

Hoje, não podemos imaginar o ideal da "reforma da reforma" sem Böhme. Ele teria sido um projeto falido, dos espiritualistas da época de Lutero, que foram suprimidos depois da Confissão de Augsburg. Com Böhme, contudo, a Reforma foi reformada, ou, ao menos, mostrou-se como isso deveria ser feito. A igreja invisível, perseguida por Huss, foi colocada acima das igrejas de pedra, e o espírito de Deus acima da teologia e da doutrina. Paradoxalmente, isso só foi realizado com muito texto e muita grandeza intelectual, e não através da mera empolgação da geração de Schwenckfeld e Franck.

O que é importante na relativa dissidência de Böhme, que assume um grau de liberdade de interpretação teológica para muitos indecente e potencialmente herético, é que ela foi persuasiva o bastante, tanto para grandes intelectuais quanto para espiritualistas e místicos que viam a ortodoxia como enfadonha e teatral.

Pouco depois, embora não inteiramente simpáticos a Böhme, os platônicos de Cambridge iniciariam outro movimento muito semelhante de resgate e substituição do que entendiam ser "teologia obtusa" por "teologia científica", isto é, platônica.

Contrastando com o núcleo libertário da proposta de Böhme, seus escritos foram recebidos com diferentes reações em meio ao caos da Guerra dos Trinta Anos, que se formava justamente na fase mais produtiva do autor. Com Böhme e Weigel o espiritualismo luterano indubitavelmente parecia gravitar em torno da Silésia germano-polonesa, mas suas obras sequer podiam ser impressas nos estados alemães. Tinham de buscar os grandes centros em um típico exemplo do ditado "ninguém é profeta em sua própria terra"[248].

Nas últimas décadas do século, diferentes luteranos iniciariam, por fim, um movimento de moralização e resgate da espiritualidade luterana, na forma do pietismo. Sob acentuada influência de Böhme, o pietismo viria a criar o momento áureo da cultura alemã.

Com o toque do exagero típico dos poetas românticos, Samuel Coleridge afirmaria que "talvez não tenha havido gênio maior que Böhme. Nem mesmo Platão"[249].

---

247. (WOLLGAST, 1988, p. 237-239).

248. (SCHÖFFLER, 1956, p. 138-139).

249. (COLERIDGE, 2000, p. 818).

Choques político-religiosos: A Guerra dos Trinta Anos e a Guerra Civil Inglesa

A primeira metade do século XVII foi também de fratricídio em proporções inimagináveis entre os cristãos. Sem armas modernas, como a metralhadora, o bombardeio aéreo e o morteiro, os europeus conseguiram a façanha de matar mais de oito milhões de pessoas somente com mosquetes, canhões e armas brancas. A tragédia, como todas da humanidade, tinha a ver com disputas políticas das grandes dinastias, mas também foi muito agravada pelo elemento religioso, sem o qual talvez não tivesse sido possível. Ao final, a política ordena, mas o que leva o homem comum a pegar em armas raramente é um senso cego de obediência, mas seus valores e cosmovisão, que o fazem acreditar estar fazendo a coisa certa, defendendo a coisa certa.

Inseridas no guarda-chuva genérico das "guerras de religião", acabaram sendo um dos maiores estímulos à tolerância e à liberdade religiosa que, a partir do final do século, daria ensejo ao Iluminismo e à aceleração do processo secularizante, além de incentivar uma muito maior migração para as Américas. Muito do mundo como o conhecemos, portanto, da supremacia dos Estados Unidos e suas origens puritanas à secularização radical da Europa, se deve a esse episódio.

Uma possível argumentação contra a propaganda antirreligiosa que, desde o Iluminismo, aponta exclusivamente para a religião como fenômeno causador dos conflitos. O historiador William Cavanaugh[250], por exemplo, mostra que foi criado um mito com fins de propaganda antirreligiosa, que tende a isolar as causas humanas, políticas e econômicas dos conflitos para ressaltar – às vezes desonestamente, e raramente baseado em evidências empíricas – a natureza má da religião como causa principal da intolerância.

A Guerra dos Trinta Anos foi a versão continental dos conflitos de religião. Teve muito a ver com a ascensão dos Habsburgo, a reconquista de parte da Europa Central pelo catolicismo, no que jesuítas tiveram um papel muito importante, e o fortalecimento da Suécia, que viveu suas décadas de maior destaque na história moderna.

Desde 1608, percebendo a perda de terreno para os católicos, os isolados principados luteranos fundaram uma *União Protestante*, esperando o assédio católico a qualquer momento. Em 1618, Ferdinando II de Habsburgo era o herdeiro por direito do Sacro Império, mas não governava, e quando o trono da tradicional Boêmia vagou, Ferdinando exigia ser coroado como rei, mas os protestantes tche-

250. (CAVANAUGH, 2009).

cos escolheram um calvinista. O enorme poder dos Habsburgo garantiu a imposição da vontade de Ferdinando pela força, mas a inédita agressividade com que os protestantes foram reprimidos, inclusive com proibição oficial de seu credo, levou a uma revolta geral em Praga.

A reação popular não pôde ser contida. O protestantismo buscou apoio no nacionalismo tcheco. O palácio imperial de Praga foi invadido e três altos-funcionários de Ferdinando II defenestrados. O episódio, celebrizado como Defenestração de Praga, lembrava um episódio da revolução hussita, duzentos anos atrás, quando sacerdotes católicos haviam sido atirados pela janela.

O caso consolidou o conflito geral entre protestantes e católicos, que só terminaria trinta anos depois.

> Estados luteranos como a Saxônia e Württemberg não se envolveram diretamente no começo, mas isso mudou rapidamente. Depois que o imperador Ferdinando Habsburgo derrotou os estados boêmios na batalha da Montanha Branca, em 1620, implantou a Contrarreforma na Boêmia através da força militar e com vigor sem precedentes. Como resultado, o delicado equilíbrio confessional entre territórios católicos e luteranos no Sacro Império Romano, construído como parte da Paz de Augsburg em 1555, e que viria a incluir os calvinistas extraoficialmente, havia sido severamente ameaçado[251].

Um tipo de *Reconquista* seguiu à falta de oposição ao imperador Ferdinando de Habsburgo, que com a ajuda da Baviera e da Espanha conquistou rapidamente o Palatinado. A guerra parecia próxima de acabar em 1625, mas a ameaça de um controle total dos Habsburgo sobre a Europa fez a balança pender contra eles, inclusive entre católicos, como a França. Dinamarqueses e noruegueses tentaram apoiar os luteranos alemães, mas bateram com o muro de mercenários e brilhantismo militar do duque Wallenstein, personagem depois retratado em um romance de Schiller.

Os estados não católicos sofriam duro processo de reconversão forçada, e não havia nada que os estados menores pudessem fazer. Eventualmente, no entanto, o rei Gustavo Adolfo da Suécia interveio (1630), dando aos estados luteranos a esperança de equilibrar a situação[252].

---

251. (LEHMANN, 2007, p. 65).

252. (LEHMANN, 2007, p. 66).

Como Wallenstein, que era um gênio da liderança, Adolfo da Suécia era um gênio tático, criando parte das técnicas de combinação de armas que caracterizaria a tática dos exércitos modernos nos próximos cem anos.

Gustavo Adolfo levou os luteranos a uma esmagadora vitória sobre a liga católica em 1631, em Breitenfeld, vila satélite de Leipzig. Essa pode ter sido a vitória isolada que mais contribuiu para a sobrevivência do luteranismo na Alemanha. Se o luteranismo tivesse desaparecido como resultado da Guerra dos Trinta Anos – o que por algum momento foi uma possibilidade concreta – as mudanças estruturais que formaram o mundo moderno não seriam totalmente revertidas, mas outras tantas consequências da participação dos estados protestantes alemães para a criação do Iluminismo, do Idealismo e do Romantismo poderiam não ter lugar.

Incapazes de fazer frente a Gustavo Adolfo, a liga católica e o próprio Ferdinando Habsburgo solicitam a intervenção de Wallenstein, que enfrenta Adolfo no ano seguinte e vence, ainda que com pesadas baixas. Gustavo Adolfo morre na batalha, e os luteranos perdem sua maior esperança.

Contudo, Wallenstein percebe seu protagonismo na guerra, e passa por cima de Ferdinando, iniciando negociações para encerrar a guerra total de proporções continentais. A desobediência do maior general católico, muito motivada pelo fato de que ele começou a não ver sentido em uma guerra entre cristãos, teve enorme importância para o fim do conflito e a sobrevivência do protestantismo na Europa Central.

Não menos crucial para a sobrevivência do luteranismo foi o fato de os franceses não se aliarem ao imperador na "cruzada" contra os luteranos, mas, ao contrário, terem aproveitado o momento para contestarem a sua supremacia. O oportunismo francês foi fundamental para limitar a capacidade militar de Ferdinando, forçando-o a dividir suas forças.

Entre 1619 e 1648, contudo, cidades luteranas inteiras desapareceram, tendo toda a sua população abatida em uma das mais terríveis tentativas de "limpeza" populacional. O genocídio de populações inteiras era alimentado pelo furor religioso, ainda que manipulados segundo interesses políticos e projetos de poder na maioria dos casos. O medo, a ansiedade constante de terem todos os seus entes queridos, seus filhos, dizimados[253], alterou profundamente a ideia dos centro-europeus sobre o papel da religião na vida civil, servindo como "trauma-motivador" das ideias iluministas logo depois.

---

253. (LEHMANN, 2007, p. 67).

A devastação causada pelo choque de tropas de diversas potências abalou de tal modo a indústria e o comércio alemães que acabou por ensejar o século de ouro da Holanda, que impulsionou a navegação e as artes deste país. A divisão religiosa dos estados alemães e vizinhos foi reconfigurada[254], e o período definiu o pavor europeu ao conflito religioso.

Luís XIII era o rei da França por toda a Guerra dos Trinta Anos. Em 1621, ele entendia que o poder dos Habsburgo era excessivo, e enquanto acumulasse vitórias não faria sentido lutar ao lado deles, mesmo considerando que Luís era um católico zeloso. Restaria apoiar os protestantes, o que era politicamente vantajoso para a França, mas, na dúvida, Luís decidiu começar suprimindo rebeliões huguenotes de seu próprio território.

Armand Jean du Plessis, desde 1622 cardeal de Richelieu, era um pragmatista político, e propunha uma forma extremamente moderna de resolver os conflitos de religião da França: considerar a religião uma questão privada. O Estado deveria se concentrar sobre suas próprias tarefas específicas, pois a história recente provara que os conflitos religiosos eram um mal geral[255].

O cardeal Richelieu fez grande esforço para manter a paz de Nantes e evitar a retomada dos conflitos, no que foi criticado por muitos católicos como sendo mais político do que religioso - coisa que vale ou ao menos se dizia de diversas outras de suas posições -, mas a verdade é que Richelieu conhecia bem as consequências das guerras de religião tanto na França quanto fora dela[256].

Lutando com os huguenotes em La Rochelle e Rohan, Richelieu ajudou a convencer Luís XIII de que a França deveria ter uma participação mais moderada na guerra entre católicos e protestantes. Começaram, portanto, financiando protestantes aqui e ali, mas era inevitável que tivessem de enfrentar os espanhóis, pois os Habsburgo estavam em quase todos os tronos ao redor da França. Conhecemos o ambiente tumultuado e caótico da França daquelas décadas pelo estereótipo criado por Alexandre Dumas em *Os três mosqueteiros*, mas Richelieu não era nem um vilão de cinema nem alguém tão poderoso que não tivesse de manobrar magistralmente recursos e tropas para garantir à França a sobrevivência em um conflito tão generalizado.

Sem conseguir nenhuma grande vitória militar na Guerra dos Trinta Anos, Richelieu foi bem-sucedido em deslocar o foco do conflito da religião para a contenção à ameaça Habsburgo.

---

254. (SCHÖFFLER, 1956, 51).

255. (BELLOC, 1936,260).

256. (MacCULLOCH, 2003, 476).

Uma atmosfera sombria parecia pairar sobre o mundo. No Japão, onde pouquíssimos missionários jesuítas encontraram um dos terrenos mais férteis à mensagem cristã, monges budistas incitaram as autoridades a uma espécie de inquisição, na tentativa de forçar os quase 300 mil católicos da província de Nagasaki à reconversão, e "2100 católicos foram executados entre 1614 e 1639"[257]. A pressão sobre os fiéis deve ter sido imensa, pois o cristianismo praticamente desapareceu do Japão tão rápido quanto havia florescido.

As Américas viam os primeiros movimentos nativos. Padre Antônio Vieira no Brasil e visitas de filósofos às colônias inglesas estão entre os grandes acontecimentos no campo intelectual. A questão religiosa era indissociável da colonização. Exemplo disso é o fato de ela não ter prosperado nem de longe nos países islâmicos e Extremo Oriente quanto o fez na África subsaariana e nas Américas.

Mais de cem anos depois das grandes navegações, contudo, o mundo ocidental continuava restrito a uma fração ínfima do globo. O interior das terras americanas estava por ocupar; a esmagadora maioria das sociedades africanas era tribal ou muçulmana, e apenas os povos muçulmanos asiáticos haviam prosperado em ciência e tecnologia nos últimos dois ou três séculos. O Extremo Oriente e a Oceania eram quase tão desconhecidos quanto antes da circum-navegação. Portugueses e holandeses, então os mestres dos mares, fincavam portos pelo mundo, mas não exploravam o vasto interior das nações visitadas. Um quarto ou mais da Europa estava ocupada pelos turcos. Acreditar no sucesso e expansão da civilização ocidental, naquele momento, seria uma aposta de alto risco, talvez insensata.

Na Inglaterra dos anos 1620, o rei Carlos I enfrentava grandes dificuldades para conter a oposição vinda do parlamento. O rei enviou uma expedição de apoio aos huguenotes em La Rochelle, mas a expedição fracassou humilhando-o ainda mais, e ele se viu forçado a dissolver o parlamento, restabelecendo-o em 1628. Nesta configuração já estava presente Oliver Cromwell.

Alguns anos depois, o rei Carlos I destacou William Laud para o Arcebispado da Cantuária. Laud provou ser excessivamente "católico" para os gostos da crescente parcela puritana da população. Tornou o culto mais formal e ritualístico, gerando revolta por parte da ala radical do puritanismo, movimento que pregava a diminuição do ritualismo e da autoridade da Igreja.

Ao final da década de 1630, quando Carlos tentou aplicar as mesmas mudanças religiosas à Igreja da Escócia, a situação degenerou em guerra e a Escócia levou a vantagem, ocupando os dois ducados mais ao norte da Inglaterra. Paralelamente, Cromwell e outros membros do parlamento apontavam

---

257. (GREGORY, 2007, p. 262).

para a guerra entre Carlos e os escoceses como uma guerra religiosa, e de católicos contra protestantes[258].

Daí até 1642 a moral abalada de Carlos permitiu a ação dos parlamentares da oposição, e após uma série de rusgas, traumas e desventuras Carlos tomou a infeliz decisão de ocupar o parlamento e prender cinco membros da Casa dos Comuns. Rapidamente, o escândalo gerou uma polarização que descambou em conflito armado, com um exército pró-parlamento e um pró-realeza emergindo naturalmente das convicções dos nobres, militares e líderes comunitários.

As inúmeras complexidades da guerra civil tomam livros inteiros, mas interessa saber que a guerra "modernizou" a Inglaterra de várias formas. Todas as muralhas e castelos fortificados foram derrubados durante a guerra, tornando-os inúteis militarmente, as mortes chegaram à casa dos duzentos mil, o que era muito para uma Inglaterra com pouco mais de cinco milhões de habitantes.

Os parlamentaristas venceram a guerra, e Carlos I foi decapitado por traição poucos meses depois, em janeiro de 1639. Executar um rei por traição à pátria deve ter causado uma impressão muito forte na sociedade. É difícil calcular se a percepção média do cidadão era de que isso significava uma deposição do soberano por uma "guarda pretoriana" ou um choque de secularização. Algumas figuras do parlamento tentaram reforçar a narrativa de que o segundo caso era verdadeiro: a nação acima do rei, não o contrário.

Oliver Cromwell (1599-1658) foi o grande nome que emergiu da guerra civil. A família Cromwell tinha acumulado grande fortuna depois que Thomas Cromwell, que fez a distribuição das terras da Igreja Católica, favoreceu-se dessa divisão. Pouco se sabe sobre sua juventude além do fato de administrar vários negócios e ser um puritano radical, com forte desprezo por católicos, tolerância total para com seitas e dissidências protestantes as mais estranhas e diversas – porque autoritarismo eclesiástico era um traço católico –, e obcecado com a ideia de cobrir seus pecados com vitórias para a causa de Deus. Em algum momento, experimentou uma "experiência de conversão, a partir da qual se comprometeu com a causa puritana"[259].

Sem um começo bem definido, o puritanismo inglês e calvinista se caracterizava por seguir a inspiração dos espiritualistas luteranos (como Franck, Schwenckfeld), ou seja, puritanos acreditavam na vivência cristã individual, com desprezo por ritos, imagens e autoridade eclesiástica. Eram, portanto, não conformistas, beirando a dissidência, mas muito menos modestos que outros não

258. (DURANT, VII, 1961, p. 212).

259. (WATTS, 1978, p. 107).

conformistas. Eram também um grupo muito diverso, com gradação que ia do leve desgosto à estrutura da Igreja à rejeição total.

Sem treinamento militar, Cromwell destacou-se quase imediatamente nas batalhas da guerra civil como excelente guerreiro e líder excepcional. Sua força moral e puritanismo empolgava os soldados mais crentes, que o tinham por predestinado. A partir de 1645, frustrados com derrotas, alguns líderes parlamentaristas incentivaram a criação do Novo Modelo de Exército, uma força composta exclusivamente pelos mais crentes puritanos, e que seria treinada para lembrar o propósito divino de sua campanha. Cromwell era seu fundador e líder natural, e seu poder cresceu com esse exército fiel sob seu comando.

A "elite puritana do exército" estava abaixo das expectativas em alguns aspectos, sendo reconhecidamente composta por "pobres e iletrados", mas Richard Baxter, que era um dos críticos da tropa, também acrescenta que era a "alma do exército"[260].

Após a decapitação de Carlos I, Cromwell liderou a guerra do novo regime contra os irlandeses, os quais vinham apoiando as forças pró-realeza há algum tempo, o que também dava sentido à ideia de que o conflito entre realeza e parlamento era, ao menos parcialmente, um conflito entre católicos e protestantes, ou entre ortodoxos e puritanos.

A situação de indefinição ficou insustentável, e em 1653 o *interregnum* – supostamente o período entre dois reinados – se metamorfoseou em *Commonwealth*, tradução nacionalista do latim *Republica*[261]. Oliver Cromwell se tornou o Lorde Protetor, com os poderes executivos, o que equivale a dizer que foi o primeiro e único presidente da Inglaterra.

Cromwell, como típico revolucionário, provou ser pior como governante do que como líder da revolução, e fez um governo pouco digno de nota, exceto pela tolerância inédita para com as novas denominações que pipocavam na Inglaterra ou que fugiam para ela quando a notícia dessa tolerância chegou a alguns anabatistas e socianistas. Alguns huguenotes também aproveitavam para fugir da França, onde as coisas davam a impressão de que jamais iriam melhorar.

Jan Comenius e Blaise Pascal: duas expressões peculiares da síntese entre ciência e religião

No século de Galileu, Descartes, Bacon, Boyle, Espinosa e Locke, que separaram as esferas da ciência e da fé para preservá-las de confusão mútua, é de

260. (WATTS, 1978, p. 106).

261. (MacCULLOCH, 2003, p. 524).

impressionar que duas figuras tão pias quanto Jan Amos Comenius (1592-1670) e Blaise Pascal (1623-1662) pudessem não fazer oposição fideísta à ciência, mas oferecer um caminho de fusão e síntese entre o saber e a fé, com uma subordinação daquele a esta, e sem que essa subordinação fosse teologicamente dogmática, e sim filosófica. Ainda que isso tenha sido intentado em grande estilo por Jakob Böhme, a forma específica com que Comenius e Pascal deram curso a seus projetos ajuda a entender o progresso que esse tipo de projeto fez dos anos de 1620 aos 1650.

Jan Amos Comenius era um morávio, educado em Herborn e Heidelberg, membro da irmandade boêmia, uma seita tcheca dedicada a viver o protestantismo sob inspiração de Jan Huss, e estudante de Johann Alstedt, calvinista que desenvolveu sua carreira e obra na Transilvânia.

Alstedt, entre outras influências, despertou em Comenius o interesse enciclopedista, com referência aos esforços de Petrus Ramus e Raimundo Lúlio. Também se dedicava ao trabalho de Bruno, de quem publicou um livro.

Comenius bebeu amplamente da mística teosófica de Jakob Böhme e do ideal baconiano de uma ciência completa. Não tinha interesse por autores não religiosos.

Como os puritanos calvinistas e anglicanos, os "irmãos morávios" eram uma seita dissidente, espiritualista e razoavelmente radicalizada que intensificaram sua vida espiritual através de uma reavaliação de seu comprometimento individual com o cristianismo. Böhme era um lugar comum entre os protestantes mais espiritualistas ou radicais por todo o mundo germânico, do qual a Boêmia fazia parte.

Em 1623, Comenius publicou um de seus mais significativos livros, considerado uma joia da literatura tcheca: *O labirinto do mundo e o paraíso do coração*. No livro, o mundo é retratado como um labirinto de vaidades, sem saída e sem sentido, que não leva a nada além de ilusões passageiras. Ao erguer os olhos para o alto, no entanto, o homem pode encontrar a consolação de Cristo, e mesmo que seu corpo vague pelo labirinto, seu coração participa do paraíso.

Poucos anos depois, Comenius seria considerado uma das maiores mentes vivas. Reconhecido como criador da pedagogia moderna já em vida, Comenius foi convidado a reformular os sistemas de ensino da Suécia, da Inglaterra e da Hungria, mas, perseguido por católicos poloneses, que queimaram sua casa e sua escola, teve de fugir para a Holanda.

Sua obra maior, portanto, é a pedagogia, sintetizada em seu livro pedagógico, filosófico, teosófico e teológico, a *Pampédia*. Tendo já escrito uma *Pansofia* (saber total), a *Pampédia* seria o complemento pedagógico adequado a oferecer um conhecimento total a todas as pessoas. Não por último, Comenius destaca que a educação deve ser universal, pois todo ser humano é filho de Deus e naturalmente constituído para usufruir do conhecimento. Comenius pensa pioneiramente que a educação deve ser ofertada a todos, com o mesmo grau de qualidade – suficiente para que cada pessoa seja capaz de obter e desenvolver o conhecimento necessário para qualquer de suas necessidades.

É assim que o texto define esse ideal quase utópico:

> Se Cícero disse, com razão, que a função da sabedoria é ocupar-se da educação do homem; se foi piedoso o desejo de Moisés, homem de Deus, que Deus concedesse o seu Espírito a todo o seu Povo; se é consoladora a promessa de Deus Santíssimo de que um dia derramará o seu Espírito sobre toda a carne; se alguma vez se há de imitar o zelo dos santos Apóstolos em educar cada homem em toda a sabedoria, para tornar cada homem perfeito em Cristo, aproximando-nos nós, na nossa época, mais de perto, dessa ocupação, desse desejo, dessa promessa, desse mandamento e desse zelo, desejamos que seja descoberto um método pelo qual, assim como as coisas já estão colocadas em ordem por força da Luz, assim também as mentes possam subordinar-se às coisas por força da Ordem, para que, à medida que todas as coisas estão entre si ordenadas e unidas pelas leis eternas da Verdade (o que vimos na Pansophia), nessa mesma medida possam os homens participar dessa luz, dessa ordem e dessa verdade das coisas, reconduzidos, cada um deles, dentro de si, e todos, entre si, a uma harmonia semelhante; e isto realmente.
>
> Isto constituiria como que uma reintegração do espírito humano no seu direito de contemplador, de ordenador e de senhor das coisas criadas. Para se conseguir que as obras tão grandes que Deus fez, e continua a fazer, e a beleza esplendorosa delas, não fiquem sem uma testemunha válida; nem qualquer testemunha fique sem olhos, sem língua e sem mãos; nem qualquer cidadão do mundo fique ignorante dos seus privilégios e sem o gozo da sua prerrogativa, vivendo apenas uma vida animal, no meio de animais. Pode parecer difícil conseguir-se que todos os homens se dediquem à cultura, à cultura universal, à cultura sólida, que os transforma verdadeiramente em homens novos, segundo a verdadeira imagem de Deus. No entanto, porque aquilo que se deseja é belo, deve pôr-se de parte o pensamento de que possa ser impossível, a não ser que, depois de se ter tentado tudo, se torne manifesto que é vã qualquer tentativa[262].

262. (COMENIUS, 2014, p. 35).

Em apenas um fragmento é possível observar todos os supracitados elementos da proposta comeniana. Pode-se também perceber a sintonia tanto com Böhme quanto com Bacon, e um não menor senso de missão.

Conquanto o projeto seja um só, ele se divide em fundo teórico e aplicação prática. O fundo teórico é a filosofia de Jesus Cristo, uma filosofia que não admite ficar restrita à academia e fora do alcance do pescador e da lavadeira:

> Efetivamente, Deus deu a cada um o mandamento de se preocupar com o seu próximo (Eclo 17,12). E não mandou apenas que cada um amasse o seu próximo (o que é um preceito de caráter geral), mas também que ensinasse o ignorante, que reconduzisse ao bom caminho aquele que dele se afastou, que repreendesse o pecador etc., preceitos de que está cheia a Sagrada Escritura. Por conseguinte, *todos os homens devem ser filósofos*, pois, criados animais racionais, é-lhes ordenado que contemplem as razões das coisas e as façam conhecer aos outros. *Todos os homens devem ser reis*, pois são destinados a governar as criaturas inferiores, a si mesmos e ao seu próximo. *Todos os homens devem ser sacerdotes*, pois são chamados a servir a Deus, seu criador, em seu próprio nome e em nome das criaturas inferiores...[263].

A aplicação prática envolve nada menos que capacitar todo e cada ser humano para receber a herança divina do Pai. Deve alcançar todos os intelectos, em todas as suas particularidades, mas reuni-los todos em um único foco que é o serviço a Deus, assim tem-se a certeza de que o conhecimento não será pervertido. Fundindo a educação clássica à cristã-medieval; reciclando ambas as concepções segundo os critérios renascentistas (neoplatônicos) de universalidade e método comum a todas as disciplinas; além de incluir na base o ímpeto puritano de reformar o mundo de acordo com um zelo e comprometimento pessoais com a obra divina, Comenius define da seguinte maneira os passos para a criação de um novo mundo, o mundo moderno, o mundo onde todos recebam a educação para a vida plena:

> Há uma tríplice via: 1) Seja submetido à educação o mais cedo possível, isto é, desde a infância; 2) Seja conservado numa boa palestra da mente enquanto for possível, isto é, até ao princípio da sua vida profissional; 3) Seja exercitado durante todo esse tempo, continuamente, carinhosamente e cuidadosamente, e conseguir-se-á o que se pretende. E quão fácil é isto, quão justo e equitativo que todos os anos da juventude, inúteis para

263. (COMENIUS, 2014, p. 55).

> as outras coisas, sejam dedicadas a este objetivo! Que ninguém inicie a vida sem estar já apto a viver para si, para o próximo e para Deus![264]

Um idealismo alto o bastante para soar progressista 350 anos depois.

Blaise Pascal nasceu em 1623, quando Comenius já tinha publicações. Era católico, o que o separa diametralmente de Comenius em termos de perspectiva cristã na Europa Ocidental do século XVII, mas tinham em comum o fato de serem as maiores mentes de meados do século dedicadas à religião, pois seus concorrentes potenciais ou não se aplicaram prioritariamente à causa religiosa ou, quando se aplicavam integralmente, não eram tão brilhantes.

Pascal, ao lado de Mozart, é o grande exemplo da criança prodígio na história humana. Sua familiaridade com a Matemática era tamanha que podia deduzir equações célebres por volta dos 11 ou 12 anos. Entre os 15 e os 16 começou a escrever tratados sobre física e matemática. Aos 18 anos construiu sozinho uma máquina de calcular assombrosa para a época.

Já maduro, em 1647, realizou significativos experimentos com o vácuo. Em 1654, travou correspondência com Fermat, a partir da qual iniciou a teoria matemática das probabilidades, inicialmente aplicável a problemas que Fermat colocara a respeito de jogos de azar.

A educação de seu tempo lhe dera familiaridade com a Bíblia, mas Pascal era pouco religioso, e seguia a recente moda dos tempos entre os cientistas franceses, dando as costas aos assuntos religiosos como indignos de um grande intelecto. Sua família vinha tendo contato com o jansenismo desde 1646, mas essa nova tendência tampouco o afetou, e ele chegou a desprezá-la justamente por "desviar" sua irmã do lar quando ele, doente crônico, precisava dela. Em 1653, sua paciência se esgotava com o que lhe parecia uma seita fanática de Port-Royal, mas, em novembro de 1654, viu uma luz.

De acordo com Emile Boutroux[265], Pascal teria chegado à iluminação através do esgotamento do raciocínio sobre a existência de Deus, por ocasião da continuada correspondência com Fermat, que àquela altura tratava justamente de um protoargumento da aposta: ou bem Deus existe ou não; a razão não pode provar um ou outro, resta a escolha entre essas opções.

O limite da razão apontava claramente para a sua incapacidade em permitir o pulo do gato capaz de salvar a alma, consolar nos sofrimentos e promover a felicidade. Quem o pode fazer é o Deus que salva, o Deus da fé, o Deus "de Abraão,

264. (COMENIUS, 2014, p. 126).

265. (BOUTROUX, 1900, p. 71).

Isaac e Jacó"[266], como se expressa Pascal, e que se revelou inesperadamente a ele como presença real naquela noite, e quem for capaz de sentir esse Deus vivo e real, ao invés do conceito (hipotético) dos filósofos, sentirá imediatamente que as palavras e feitos de Jesus Cristo são aqueles que testificam para os sentidos, no curso da história, aquilo que a alma sente no íntimo.

Na sequência, Pascal acabou se associando ao grupo jansenista de Port-Royal, então e depois o maior centro intelectual do jansenismo.

O jansenismo surgira como reação ao que alguns "puritanos católicos" entendiam como excessiva ênfase no livre-arbítrio, à época representada pelo molinismo. É bastante provável que essa reação ao livre-arbítrio tivesse muito a ver com a atitude calvinista, também focada na predestinação e hostil à noção de méritos individuais e, na base destes, livre-arbítrio. Os jesuítas, inimigos ferozes do jansenismo, estavam entre os primeiros a acusá-los como hereges e "calvinistas disfarçados". Cornelius Jansen, que não por acaso fundamenta o movimento em seu livro intitulado *Agostinho*, fora um católico holandês, em ambiente calvinista e que migrava para o puritanismo, e que, no livro, defendeu a salvação apenas pela fé.

A parte majoritária das reações puritanas (huguenotes ou jansenistas) ao jesuitismo tinha a ver com a casuística, uma arte desenvolvida por eles para acomodar o julgamento moral a cada caso. O mote "cada caso é um caso" ainda é popular nos dias de hoje, não apenas no ambiente religioso como em face da moral social mais geral, estando comumente ligado a tentativas de minorar o rigorismo moral, mas não poucas vezes funcionando como licença ao relativismo absoluto. Os jesuítas honestos entendiam a casuística como necessária adequação dos padrões morais medievais ao novo mundo, com mais recursos, mais acesso ao prazer e normas sociais citadinas, diferentes das feudais. Muitos jesuítas desonestos, contudo, usavam a permissividade da casuística para justificar qualquer espécie de pecado em troca do favor dos absolvidos, geralmente poderosos.

A situação favoreceu a relativa popularização do jansenismo como opção puritana ao que muitos católicos, incluindo não poucos jesuítas, entendiam como capitulação da Igreja Católica ao pecado e ao "governo do mundo"[267].

O bastião do jansenismo era a abadia de Port-Royal, em Paris, que na época da conversão de Pascal era comandada por Antoine Arnauld, grande filósofo e teólogo que travou extensa correspondência com os maiores intelectuais da época, notadamente Leibniz. Em 1653, contudo, o papa Inocêncio X havia condenado

266. (BOUTROUX, 1900, p. 80).

267. (DE SOYRES, 1880).

o jansenismo como herético em ao menos cinco pontos, e Port Royal estava na defensiva, com toda a sua força intelectual dedicada a demonstrar que Jansen e sua obra não continham os erros apontados.

Pascal, portanto, converte-se em um momento muito desfavorável para o jansenismo, e aplica seus talentos em defendê-lo como viável e não herético, e até como visão correta do cristianismo. Esse esforço tremendo foi despendido nas *Cartas Provinciais.* Nelas, Pascal argumenta, por exemplo, que a filosofia de base dos jesuítas, admitida como ortodoxa, não produz senão laxismo moral através de casuística exercida com tamanha arte que permitia encaixar qualquer comportamento em uma interpretação forçada das Escrituras, geralmente para agradar aos ricos e poderosos que confessavam seus pecados.

Apesar de consideravelmente diferentes, é esclarecedor para o leitor ler as *Provinciais* tendo em mente os *Pensamentos*, e vice-versa. A apresentação colegial desses livros muitas vezes perde pela falta de contextualização do pensamento do autor, o que se dá preferencialmente visualizando os dois livros lado a lado. No estilo, por outro lado, as *Provinciais* são enfadonhas aos olhos dos não iniciados, e não despertam muito interesse em quem não esteja minimamente familiarizado com a controvérsia entre jansenistas e jesuítas. O livro levanta uma série de argumentos contra os jesuítas e contra-argumentos aos ataques desferidos por eles, mas não há grandes reinterpretações das Escrituras ou conclusões filosóficas sofisticadas, tratando-se apenas de situar o jansenismo com maior justiça segundo a percepção de seus próprios membros.

Na quarta carta[268], por exemplo, os jesuítas são acusados de defenderem uma doutrina incentivadora do laxismo moral mais extremo: a de que só se peca com pleno conhecimento de causa e discernimento entre o bem e o mal. A isso, Pascal responde que o bem e o mal não dependem do conhecimento, mas são realidades. Se alguém peca, é vicioso, independente de não ter consciência disso. Na sétima carta, Pascal usa um argumento elegante para proteger o jansenismo do ataque do papa, dizendo que este tem autoridade para dizer o que é ou não uma questão de fé (se X é ou não heresia), mas não é uma autoridade em questões de fato (se alguém realmente disse ou não disse X), pois isso implica onisciência.

Nos *Pensamentos*, Pascal assume uma postura filosófica que contrasta, sem contradizer as *Provinciais.* Vemos a mesma maestria sobre a letra e a mesma profundidade de análise, mas agora aplicada à psicologia e ao drama da existência. Como em todo existencialismo cristão, há um tom inconfundivelmente agostiniano em quase cada página. É nos *Pensamentos* que Pascal estabelece a famosa

---

268. (DE SOYRES, 1880).

divisão dos intelectuais em "espíritos de geômetra" e "espíritos de fineza". Ambos oferecem apenas uma compreensão parcial da realidade:

> Os Geômetras que são somente geômetras possuem o espírito reto, desde, porém, que lhes sejam bem explicadas todas as coisas por definições e princípios; de outro modo, tornam-se falsos e insuportáveis, pois são retos apenas em relação aos princípios bem esclarecidos.
> E os sutis, que são simplesmente sutis, não são capazes da paciência de descer aos primeiros princípios das coisas especulativas e da imaginação, que nunca viram no mundo e que estão completamente em desuso[269].

Não possuir nenhuma clareza de espírito seria uma desgraça, mas possuir apenas uma delas já seria uma séria limitação, de modo que o que se espera do homem é que se instrua pela boa conversação e pela meditação para que seja capaz de gozar do patrimônio do próprio espírito.

Pascal revela especial preocupação com a frivolidade, as distrações e os autoenganos que nos levam a justificarmos para nós os nossos desvios e nossa submissão às paixões. Alegamos que este estado de coisas é inevitável, que há pessoas piores que nós, que certas circunstâncias nos levaram a isso ou aquilo, mas, principalmente, cedemos a um espírito de manada que oferece ampla oportunidade de reforço dessas crenças enganadoras. Por isso, uma das primeiras mudanças necessária ao cultivo do espírito é a educação e disciplina sobre as conversações, no que hoje deveríamos incluir a disciplina sobre a navegação por mídias e recursos que substituem a conversa como meios de informação e formatação do pensamento cotidiano. Como os antigos, Pascal observa que não podemos ter pensamentos profundos e grandiosos entregando-nos umas tantas horas por dia aos baixos e depravados.

O ridículo dos homens, continua, não é apresentar inúmeros defeitos, mas sua pretensão, sua arrogância, sua empáfia em imaginarem-se excelentes onde são mais carentes. "Como explicar que um coxo não nos irrite e um espírito coxo nos aborreça? É que o coxo reconhece que andamos direito, e um espírito coxo afirma que nós é que mancamos; se assim não fosse, teríamos piedade e não raiva"[270].

Há um fio sutilíssimo entre os males que praticamos com consciência e os em que somos dirigidos pelo inconsciente, e poucos traçaram essa linha com maior maestria do que Blaise Pascal. Primeiramente, pode-se dizer que o espírito é mais consciente quanto mais voluntária seja a ação, e inconsciente quando a

269. (PASCAL, 1999, p. 30).

270. (PASCAL, 1999, p. 51).

ação for involuntária, fruto de hábito ou instinto. A vontade é, assim, elemento constitutivo da consciência, e o exercício do poder da vontade aumenta ao mesmo tempo a consciência.

> A vontade é um dos órgãos principais da crença, não porque a forme, mas porque as coisas são verdadeiras ou falsas de acordo com o ângulo pelo qual as vemos. A vontade, que se satisfaz mais em um do que em outro, afasta o espírito da consideração das qualidades que não deseja enxergar; de sorte que o espírito, marchando de comum acordo com a vontade, detém-se a olhar do ângulo que esta aprecia. Julga-se desse modo pelo que se vê[271].

Nada, contudo, é mais difícil do que educar a vontade, pois a vontade inclina de uma forma muito natural para o egoísmo e o orgulho, tentando proteger o seu dono. Ainda que tenhamos muitos defeitos, o que nos perde é que, cedendo ao instinto de preservação, queiramos o nosso bem acima do que seria justo e digno, e queremos transmitir aos outros uma imagem tão boa de nós que esse esforço se converte em mentira. O perigo desses enganos, já haviam observado os grandes sábios, é que fechamos os olhos sistematicamente para o que poderia nos corrigir, e excluímos de nosso círculo aqueles que rejeitam uma bela imagem de nós mesmos[272].

Em um resumo que é um verdadeiro tratado psicológico e moral:

> Há diferentes graus nessa repulsa à verdade; é possível dizer, porém, que até certo ponto ela existe em todos, porque é inseparável do amor-próprio. Assim, essa falsa delicadeza é que obriga aqueles que têm necessidade de repreender os demais a optar por tantos rodeios a fim de não os magoar. Precisam amenizar nossos defeitos, fingir que os desculpam, mesclar elogios e testemunhos de afeição, de estima. Mesmo assim, tal remédio não deixa de ser amargo ao amor-próprio. Tomamos dele o menos possível, e sempre com aversão, e muitas vezes com um secreto despeito contra os que nos mostram a ele. Por isso ocorre que, quando alguém se interessa em ser amado por nós, foge de prestar-nos um serviço que, sabe, nos é desagradável; trata-nos como queremos ser tratados: odiamos a verdade, a verdade nos é ocultada; desejamos adulação, a temos; gostamos de ser enganados, engana-nos[273].

---

271. (PASCAL, 1999, p. 58).

272. (PASCAL, 1999, p. 59).

273. (PASCAL, 1999, p. 59).

De engano em engano, o ser humano posterga indefinidamente sua transformação moral, sua tomada de consciência.

O alcoólatra dirá que o próprio Cristo bebia vinho, embora nenhum relato diga que fora visto embriagado; o avarento alegará prudência; o sádico alegará que não tolera o pecado e a corrupção, e que os infratores devem ser duramente punidos; e não há vício humano que não encontre uma justificação elaborada.

Esses subterfúgios do pensamento, sofismas motivados pelo egoísmo e pelo orgulho, constituem uma parte grande demais de nossa visão de mundo. *Ecce homo*:

> Esse homem tão abatido com a morte de sua mulher e de seu único filho, e sujeito ao tormento de tão grande dor, por que não está triste neste instante, e o vemos tão desprovido de tais pensamentos dolorosos e inquietantes? Não há por que estranhar: acabam de entregar-lhe uma bola e cabe-lhe atirá-la a seu companheiro, e ei-lo a pegá-la de modo a marcar um ponto. Como pretendeis que medite sobre seus tormentos quando tão nobre assunto o ocupa? Trata-se de uma ação, com efeito, digna de encher sua grande alma e de expulsar todos os demais pensamentos de seu espírito[274].

Pascal conclui, portanto, que o mundo é impotente para oferecer a felicidade, pois nossa constituição mundana, à qual agradam os prazeres e tudo aquilo que é da ordem do mundo, não quer senão aquilo que apraz ao corpo, à sobrevivência da espécie, ao nosso nível de poder (físico, financeiro, político, social...) no mundo. Esta parte de nossa alma, considera Pascal, é escrava do mundo, e a felicidade só é concebível enquanto algo imune e indiferente a todos os interesses condicionais, transitórios e derivados de dependências. A felicidade só é concebível, ao contrário, na pura liberdade e diante de valores e ganhos eternos, os quais estão todos na esfera do espírito.

Antes de chegarmos ao argumento da aposta, entendemos que Pascal reduz a matéria do livro, a busca da felicidade, a uma questão de escolha. Não há uma fórmula para a felicidade; o ser humano orienta-se na vida conforme um eixo vertical e um horizontal. Se se dedicar a subir para Deus, pode ser feliz, se escolher distrair-se no mundo, não será mais que qualquer bicho. Essa é uma realidade compartilhada entre o crente e o pessimista, o cínico e o cético, pois estes últimos também afirmam que a vida não possui sentido, que o homem não é mais que um verme, e a razão não possui outra escolha a não ser aceitar que, para uma perspectiva horizontal, essas são puríssimas verdades. Sem Deus, tudo é permitido, mas

274. (PASCAL, 1999, p. 69).

também nada possui qualquer sentido além do rolar de uma imensa pedra ladeira acima, destinada a rolar de volta ladeira abaixo.

E em uma licença irônica não incomum no texto, Pascal provoca um historiador judeu e um pagão:

> Nem Josefo, nem Tácito, nem outros historiadores falaram de Jesus Cristo – Não é esse um argumento contra, e sim, a favor. Porque é certo que Jesus Cristo existiu e sua religião recebeu enorme repercussão, e essa gente o conhecia, e é patente que só calou propositalmente[275].

Do autoengano do homem comum não estão isentos os intelectuais, e isso não é raro nem difícil de perceber. Como a razão pode tecer sofismas e enganos mil para encobrir a verdade, o ser humano deve escolher com base no que sente e quer.

Ou há um Deus ou não há. As provas para a existência ou inexistência de Deus são matéria dos eruditos, mas o homem não pode esperar que estes, ocupados apenas com seu jogo de palavras, ofereçam uma solução. É preciso escolher, e da escolha depende a nossa paz de espírito atual, bem como a salvação da alma e a felicidade futuras. Apostar "não é algo que dependa da vontade, já estamos inseridos nisso"; e já que temos de escolher, cabe analisar "o que menos nos interessa"[276]. De um ponto de vista puramente pragmático, isto é, medição racional das consequências da ação, apostando em Deus temos a chance de ganhar tudo (se ele existe), e se apostamos no nada temos a certeza de não ganhar nada, pois, certos ou errados, perdemos tudo ao apostar assim.

Mesmo que a proporção de nossas chances fosse muito pequena, como em uma loteria, seria mais racional apostar na opção que promete alguma chance, ainda que pequena, de sucesso, do que apostar nas opções que não prometem sucesso algum. As duas partes mais importantes do argumento, portanto, são estas: a crença em Deus e a obediência a Seus mandamentos é um assunto prático, não teórico; e a aposta em Deus, nessas condições, só traz ganho, ao passo que a aposta contrária só traz perda.

O inventor da teoria da probabilidade encontrava, então, uma solução para o antigo problema dos argumentos sobre a existência de Deus. A fé seria, analogicamente, como um jogo no qual só para o crente existe possibilidade de vitória.

Conforme a ciência moderna se consolidava, e a filosofia geral transformava a política e as relações sociais, a própria ideia de homem, de acordo com as

---

275. (PASCAL, 1999, p. 259).

276. (PASCAL, 1999, p. 92-93).

recentes descobertas, mentes como as de Pascal e Comenius traziam para o terreno prático implicações de velhas ideias religiosas, de uma forma como ninguém havia feito antes, ajudando a criar os valores modernizados em que a fé poderia melhor se expressar.

Robert Boyle e a criação da Royal Society

Para a geração do século XVII, a antiga ideia de que a ciência era um campo de demonstração da perfeição intelectual de Deus assumiu a forma do ideal baconiano de experimentação sistemática. Esta era a tarefa do cientista de então.

> Um puritano como Samuel Hartlieb, um anglicano conservador como Robert Boyle, um ariano que escondia sua visão (como Isaac Newton) e um que tendia para a religião natural (como John Locke) podiam cada um trazer seus compromissos religiosos para o trabalho filosófico, sentindo-se contribuintes do projeto baconiano mais amplo de reforma da sociedade através do estudo da natureza[277].

Menos notório que os grandes metodólogos Bacon e Descartes, Robert Boyle está ao lado de Galileu como o maior responsável pelo desenvolvimento da metodologia científica prática, isto é, pelos detalhes e elementos de sua execução. É também um dos maiores autores e, certamente, o maior britânico a tratar da relação entre ciência e religião no século XVII, o que não é um destaque secundário, uma vez que grande parte dos nomes de peso da época se dedicaram ao menos parcialmente a esse problema. O fato é que, a par de declarações em favor ou em detrimento do papel da religião junto às ciências, pouco foi oferecido em termos de harmonização substancial, e que não se limitasse a algum tipo de reducionismo racionalista (como o sistema de Espinosa).

Para os materialistas, o fato de a maioria dos cientistas serem crentes era irrelevante para o exercício da ciência, feito com matemática e experimentos e não com passagens bíblicas, enquanto para os próprios religiosos essa conciliação parecia bem demostrada em tratados de metafísica, mas eles faziam em grande parte o que os materialistas diziam que eles faziam: separavam em estantes bem distintas a física da metafísica e da teologia.

Robert Boyle nasceu em Waterford, Irlanda, em 1627. Após uma infância de garoto inteligente e estudioso, mas não extraordinária, organiza o *college invisível* com alguns amigos, espécie de equivalente da "igreja invisível de Cristo" no

277. (BLAIR, 2007, p. 438).

mundo científico. O college invisível não tinha instalações, mas conectava firmemente, através dos laços da amizade e da intensa dedicação à ciência, uma série de mentes promissoras das ilhas britânicas.

Pai da química, Boyle conseguiu extrair da alquimia o estudo dos elementos, em parte através da aplicação da física aos processos químicos e, por outro lado, à sua perspectiva original sobre a experimentação na área, à qual aplicou com inédita perspicácia as noções de Bacon.

Teve papel capital no desenvolvimento da moderna filosofia corpuscular, na esteira de Hobbes e, principalmente, Margaret Cavendish[278]. Boyle "combinou atomismo e ceticismo em um ataque pesado contra a filosofia natural da escolástica"[279].

Foi o primeiro a defender solidamente o peso do ar e que a pressão do ar criasse um ambiente análogo ao da submersão na água. "Não será difícil conceber que a parte da atmosfera na qual vivemos, sendo a mais baixa, tem seus corpúsculos muito comprimidos pelo peso de todo o ar que está sobre ela, isto é, todas as partículas de onde estamos ao topo da atmosfera"[280]. O argumento segue até a conclusão de que, se a coluna de ar pressiona os corpúsculos de ar ao nosso redor com a pressão de várias milhas, é de se esperar que ao nível do mar não sobre espaço para muita movimentação por parte dos corpúsculos e que, ao retirarmos certa quantidade de ar, a grande força exercida sobre todo o ar circundante o forçará a preencher imediatamente o vácuo produzido. Uma conclusão que se poderia perfeitamente tirar da observação dos líquidos, que são visíveis e obedecem regras semelhantes de pressão, mas a formulação de Boyle conecta uma série de ideias frutíferas e bem embasadas, tais quais: a gravidade, a atuação dela sobre um elemento sutil como o ar; o comportamento semelhante ao dos fluidos; incluindo a pressão sobre um possível vácuo criado; a ideia de que esta coluna de ar e a pressão resultante, embora não perceptíveis, possam contar com forças significativas; a altura da própria atmosfera, segundo os cientistas da época etc. O número e o frescor dessas ideias, para a época, deveria fazer soarem todas levemente suspeitas.

Ao lado de medições científicas, os textos de Boyle trazem também alguns elementos filosóficos esporádicos, mas úteis, como advertências metodológicas, sobre a montagem de instrumentos e ilações sobre a natureza. Boyle observa, por exemplo, que as moscas mais delicadas e as substâncias fragilíssimas, como plu-

278. (HUTTON, 2015, p. 131).

279. (HUTTON, 2015, p. 172).

280. (BOYLE, 1999, Vol. I, p. 168).

mas e penas, poderiam sugerir não ser o ar um elemento submetido à referida pressão, uma vez que esses materiais seriam frágeis demais para rompê-la, devendo ficar parados no ar. A isso Boyle responde que a questão está ligada à proporcionalidade da força. Dizer que a mosca é frágil em comparação com o aperto da mão não significa que a força que ela exerce tenha de ser insuficiente para o voo, ou que, por isso, o ar deva ser ausente de pressão, pois nossa posição na escala física pode ser de uma ordem tal que o ato de nos levantarmos da cadeira ou darmos um aperto de mão envolva forças tremendas para a mosca, sem que sequer nos apercebamos delas.

Ademais, se apertamos um chumaço de lã com a mão, ainda sentimos a lã exercendo uma leve pressão em todas as direções, e ela continuará exercendo a pressão para fora para retornar ao seu estado dilatado original, sendo apenas impedida pela continuidade da pressão da minha mão. Similarmente, o fato de a mosca deslocar ar com suas delicadas asas não ignora ou anula a força da pressão do ar tentando recuperar o espaço ocupado por elas, nem a força do ar impede as asas, mas ambas atuam uma sobre a outra mutuamente, permitindo o voo ou a flutuação. O fenômeno, portanto, tem a ver com um equilíbrio complexo de forças ativas, e não com uma escolha de uma força válida em detrimento da exclusão de outras. Novamente, a analogia com o nado ou a flutuação na água pode ter sido tremendamente instrutiva, mas o esforço em extrapolar os conceitos ainda era necessário.

A bomba de vácuo de Boyle permitiu uma série de outras observações sobre o comportamento da fumaça e de diferentes tipos de materiais, como a água e o mercúrio, diante de alterações na pressão do ar dentro da bexiga.

Em outro texto impactante, intitulado *O químico cético*, Boyle desenvolve uma das ideias mais relevantes para o progresso da ciência na época: o refinamento da noção de arranjo e desarranjo de corpúsculos como causa da formação e dissolução de elementos. Além disso, o texto faz considerações muito precisas sobre as composições e decomposições químicas e as formas de se as produzir.

Outros títulos de grande importância para o avanço da ciência foram: *Novos experimentos sobre a relação entre a luz e o ar*; *Sobre o repouso absoluto dos corpos*; *Novas experimentações pneumáticas sobre a respiração*; *Sobre a temperatura de regiões subterrâneas*; *Sobre a temperatura de regiões submarinas*; *Ensaio sobre a origem e virtudes das gemas*; *Discursos sobre hidrostática*; *Animadversões sobre Problemata de Vacuo do Dr. Hobbes*; *Reflexões sobre alcalinos e ácidos*; *Experimentos e notas sobre a origem mecânica da eletricidade*.

No entanto, Boyle adquiriu reputação principalmente graças ao impacto entre os médicos de seu longo estudo sobre a respiração humana, onde esta é conectada com a circulação.

Em questões mais filosóficas, foi um ferrenho advogado da praticidade da ciência através de sua aplicação. Alguns de seus escritos mais filosóficos incluem: *Das utilidades da filosofia natural* e *Reflexões casuais.*

Por fim, seus escritos teológicos, enormemente influentes durante a sua vida e algumas décadas posteriores, incluem: *A excelência da teologia comparada à filosofia natural*; *Algumas considerações sobre a possibilidade de reconciliar razão e religião*; *Discurso sobre coisas acima da razão.*

Em *Algumas considerações sobre o estilo das sagradas escrituras* (1661), por exemplo, Boyle trata de explicar a razoabilidade das Escrituras, e porque os seus detratores falham em oferecer argumentos que as desautorizem, oferecendo antes argumentos contra quimeras produzidas por eles mesmos. Tais pessoas, notadamente ateístas e antiescrituristas, assombram Boyle por conseguirem a "façanha de negar ao mesmo tempo o que Deus disse e o que ele faz" [281], isto é, as Escrituras Sagradas e a providência divina. Há comentários ácidos como:

> É falso desencorajar a leitura da Bíblia por sua pretensa obscuridade, pois a frequência da leitura diminui essa obscuridade que, como a neblina, parece mais espessa à distância do que quando se entra nela e se faz algum esforço para atravessá-la[282].

Com igual perspicácia, Boyle ataca a crítica de que a Bíblia apresentaria dificuldade de análise e juízo coerente por se apresentar com grande discrepância de estilos narrativos. A isto, diz ele, pode-se objetar que também a natureza na maioria das vezes não é mais harmônica, e ninguém propõe que se abandone o estudo da astronomia pelo fato de as estrelas e constelações não estarem alinhadas[283].

Boyle revela parte da sua atitude diante do mundo, particularmente como cientista cristão, em *Reflexões ocasionais*. Esta atitude se resume a deixar-se inspirar pelo "livro da natureza", de modo que a atenção e o estudo de todas as formas e fenômenos, do voo dos pássaros ao caminho que a luz faz das longínquas estrelas até nós, sejam maneiras de penetrar a mente do Criador, admirar e louvar Sua infinita sabedoria[284].

---

281. (BOYLE, 1999, Vol. II, p. 394).

282. (BOYLE, 1999, Vol. II, p. 410).

283. (BOYLE, 1999, Vol. II, p. 412).

284. (BOYLE, 1999, Vol. V, p. 28).

Enfatiza a importância de não se restringir a mente analítica e perquiridora, pregando, ao contrário, que devemos, no limite de nossas forças, voltar nossa inteligência para as Escrituras e para a economia, para a sociedade, a política, a zoologia e a mineralogia, e com tudo e em tudo aprender e admirar, elevando nosso espírito às alturas serenas do conhecimento. Isto porque tudo é de Deus e, portanto, tudo merece nossa máxima atenção e dedicação[285].

É preciso muito cuidado, porém, para que a luz da ciência não se torne como a luz da Lua, que é bela e tem pura origem, no Sol, mas não transmite calor e vida. Assim também muitos escolados, afirma Boyle, refletem as elegantes luzes de um saber que não aquece e não produz melhorias para as vidas dos demais[286]. Esta não é uma crítica ao academicismo apenas, mas é uma apologia à ciência, como uma forma mais cristã de se construir o saber do que o escolasticismo monástico ou o diletantismo dos nobres que, acumulando imensa massa de habilidades e informações, não produzem fruto de bem-estar e progresso para seus semelhantes.

Um pensador que certamente se encaixa na crítica de Boyle sobre a "fria luz da Lua" é Espinosa, contra quem ele escreveu em 1675 defendendo os milagres e a ressurreição de Cristo[287].

Por fim, Boyle não se limitava a conciliar religião e ciência, mas queria que as duas coisas fossem vistas como uma mesma atividade de busca da verdade, apenas separada por matizes. Assim como Bacon, defendia, por exemplo, que fenômenos espirituais como transmissão de pensamentos à distância, premonições, inspirações de origem espiritual e outros fossem investigados como fenômenos naturais, e não relegados ao campo obscuro do sobrenatural, isso sim capaz de os condenar como superstição[288].

No final de 1660, o college invisível e outros colaboradores e amigos de Boyle fundaram a Sociedade Real de Londres para o Avanço do Conhecimento Natural, popularmente referida como Royal Society, que era a primeira sociedade científica nacional do mundo.

A Royal Society reuniria muitos dos maiores cientistas britânicos ao longo da história, ajudando a preservar o nome e a filosofia da ciência de Boyle como símbolos da liderança e protagonismo das ilhas no avanço da ciência.

285. (BOYLE, 1999, Vol. V, p. 30-31).

286. (BOYLE, 1999, Vol. V, p. 44-45).

287. (ISRAEL, 2001, p. 256).

288. (SOMMER, 2013, p. 21-27).

O papel decisivo de Espinosa no entendimento moderno da religião

A inquisição ibérica estava no auge no século XVI e começo do século XVII. Os judeus, e depois os criptojudeus, que eram numerosos nos territórios espanhóis e portugueses, começaram a fugir para outros países, e até para as Américas. Não se sabe muito sobre a família Espinosa, exceto que decidiu gozar do ambiente de maior tolerância e liberdade da Holanda. Benedito ou Bento, hebraizado como Baruch, foi criado em um ambiente de migração e adaptação de uma comunidade inteira, uma comunidade que também sonhava em encontrar um novo lar em Recife ou Manhattan.

Nasceu em 1632, poucos meses depois de John Locke, seis anos antes de Malebranche. Viveu pouco, ou teria pertencido mais à geração de Locke, Leibniz e Malebranche do que à geração de Pascal e Comenius, mas a poeira de vidro da função de polidor ajudou a abreviar bastante sua vida. Os rumos da filosofia e da ciência no mundo também poderiam ter mudado se Espinosa tivesse lido Newton antes de escrever, mas esse exercício especulativo, apesar de divertido, não nos ajuda a entender o que foi. O fato é que Espinosa seria o inaugurador *de facto* do método histórico-crítico de análise da Bíblia, apesar de esforços nessa direção existirem desde sempre e estarem muito em alta no período do Renascimento e da Reforma; outro fato capital é que Espinosa traz ao mundo a imagem do santo laico, ou do santo ateu, segundo alguns, e isso contrastaria fortemente com toda a história anterior, na qual ateus e materialistas notoriamente defenderam a ausência de padrões morais naturais e o egoísmo como principal motor das ações humanas. Irônica e curiosamente, o homem que tinha o comportamento perfeito defenderia exatamente que o homem é movido pelo egoísmo, mas isso é bom.

Fascinado pela razão, Espinosa acreditava que o único método para obtenção da verdade era o de Descartes e Galileu, e que a fé era o recurso dos mal providos de capacidade analítica e dedutiva. Uma espécie de anti-Pascal, pregaria que a concepção correta de Deus é a dos filósofos, não a dos religiosos e profetas, e mais especificamente a concepção dos filósofos racionalistas. A matemática e os fatos, essas as únicas línguas nas quais Deus se pronunciaria, e quem desejasse saber algo sobre Deus deveria perguntar ao físico.

Por essas ideias, Espinosa foi expulso e amaldiçoado pela comunidade judaica ainda muito jovem, sendo também odiado pelos cristãos ao longo de toda a sua vida.

Qual seria, então, a tão blasfema doutrina do inimigo de todas as religiões? A obra de Espinosa tem como ideia central a definição de Deus, Seus atributos e que consequências uma noção de Deus infinito, imutável, perfeito e com uma vontade correspondente a um intelecto infinito – ao contrário do Deus "infantil" revelado pelas religiões de milênios atrás – tem sobre a natureza e a vida humana.

A recepção de Espinosa mostra que suas ideias estão muito longe de serem fáceis, transparentes ou desambíguas, dando margem tanto para a defesa do materialismo mais radical quanto para a mística mais exaltada ao longo do século XVIII. Em ambas as vertentes, a presença de Espinosa formatou significativamente aquilo que entendemos por materialismo e mística modernos, com influência sobre autores tão discrepantes quanto os *philosophes* franceses e os idealistas alemães.

Nos *Pensamentos metafísicos*, disse que:

> A vida é a força pela qual as coisas perseveram em seu ser, e, como essa força é distinta das próprias coisas, dizemos propriamente que as coisas têm vida. Mas como a força pela qual Deus persevera em seu ser nada mais é do que sua essência, falam bem aqueles que dizem que Deus é a vida[289].

Completa que Deus também não pode amar umas coisas e odiar outras, como dizem as Escrituras, mas que aquilo que é feito por uma força infinitamente inteligente não pode ser mal feito a ponto de ser por esta mesma força inteligente e sábia odiada. Também não pode ser amada no sentido de surpreender ou agradar a Deus, pois que tudo o que é feito com sabedoria é bem feito e, como consequência lógica inescapável, agrada igualmente. Segue-se da mesma "placidez" deste conceito de Deus que não pode ser um criador, no sentido do Deus do Gênesis, pois um ser perfeito não muda nem em si nem de decisão. Podemos, então, conceber Deus como fonte eterna da existência, mas não em dois momentos distintos, um criando e um não criando. Deus, ao contrário, não é algo separado do mundo, e que olha para o mundo como um produto estranho e alienado como os homens olham para suas obras. Ele é o mundo, Ele é a coincidência das mais perfeitas leis e ideias com os meios adequados para expressá-las, e não há lapso entre Deus e o mundo, assim como não há forma alguma de contradizer a Deus; não há pecado e, portanto, nenhuma necessidade de redenção.

No *Breve Tratado de Deus, do homem e do seu bem-estar*, Espinosa começa repassando o argumento cartesiano de que Deus existe, pois uma ideia infinita não pode ser criada por uma mente finita. Não pode, portanto, ser ficção a ideia de Deus, mas tem de corresponder a um ser e um estado de coisas superiores à mente humana e que a condicionam. Na definição daquilo que Deus é, que co-

289. (ESPINOSA, 2005, p. 72).

meça por limpar conceitualmente o conceito de Deus de traços antropomórficos, rejeitando referências pronominais como "Ele" e "quem", Espinosa afirma que é o intelecto infinito do qual todas as coisas possíveis na natureza só existem enquanto contidas nesse intelecto[290]. É, portanto, condição de possibilidade de todo o real. Este mundo não pode senão ser infinito, pois não é concebível que Deus acrescente nada ao seu intelecto, de modo que o que está em seu infinito intelecto está disposto e criado no mundo[291].

Defendendo, contudo, que uma substância não pode criar outra, Espinosa chega à conclusão de que só há uma única e infinita substância, Deus, e que todas as outras coisas são também Deus, ou, Deus é tudo o que existe. Esse ponto seria melhor defendido na *Ética*, mas sempre foi o pensamento central do qual parte a filosofia de Espinosa.

O determinismo já estava igualmente insinuado na doutrina do *Breve tratado*, sob a ideia bastante consequente de que Deus não poderia ter feito de outro modo, pelo que seria outro Deus, com outros intelecto e vontade que não os infinitos e perfeitos[292]. Logo, tudo o que há e ocorre é consequência do ser de Deus, que não muda, e deve ser e ocorrer exatamente da forma como está.

Tendo dito, como Aristóteles, que Deus é ato puro, Espinosa divide a natureza em duas faces: a *naturans* (naturante) e a *naturata* (naturada). A natureza *naturans* é a força produtiva, verdadeiro ser de Deus. É o que Deus faz ou Deus em si mesmo agindo. A natureza *naturata* é o conjunto total das consequências da ação de Deus, e o que chamamos de coisas. Embora bastante distintas, ambas as faces pertencem ao mesmo macroprocesso ou sistema que chamamos de natureza, ou Deus.

Ainda no *Breve Tratado*, é possível concluir do que foi dito que o amor é o sentimento intelectual, isto é, o efeito do conhecimento das causas primárias. Quem conhece a Deus-natureza, entende que tudo é Deus, que tudo é segundo uma razão, só pode apreciar, aceitar e admirar a ordem das coisas, ao passo que aqueles que não filosofam, isto é, que têm juízos errôneos e incompletos, são movidos por desagrados, insatisfações e frustrações, como se as coisas pudessem ser de outro modo, e como se não fossem perfeitíssimas.

Na *Ética*, essas intuições tomariam uma forma conceitual muito mais embasada, e a poesia intrínseca à visão totalizante de Espinosa ficaria mais evidente. Um dos princípios decorrentes da ideia de substância única é que, sendo nós mes-

---

290. (ESPINOSA, 2014, p. 54-57).

291. (ESPINOSA, 2014, p. 58).

292. (ESPINOSA, 2014, p. 72-78).

mos Deus, e se tudo o que amamos em nós é também Deus e natureza, amando a nós mesmos amamos a natureza em nós, Deus em nós[293]. Assim, o amor-próprio, o egoísmo, contrariamente ao que dizem os religiosos, é natural e é amor a Deus. Mais ainda, o amor com que eu me amo é o amor com o qual Deus ama a si mesmo através de mim.

A *Ética demonstrada à maneira dos geômetras* apresenta, na sua primeira parte, definições muito precisas como pressupostos. É possível discordar delas, mas, uma vez aceitas, as conclusões seguem-se na forma de uma ciência exata. Algumas definições essenciais incluem:

> III. Por substância entendo o que existe em si e por si é concebido, isto é, aquilo cujo conceito não carece do conceito de outra coisa do qual deva ser formado.
>
> IV. Por atributo entendo o que o intelecto percebe da substância como constituindo a essência dela.
>
> V. Por *modo* entendo as afecções da substância, isto é, o que existe noutra coisa pela qual também é concebido.
>
> VII. Diz-se *livre* o que existe exclusivamente pela necessidade da natureza e por si só é determinado a agir; e dir-se-á necessário, ou mais propriamente, coagido, o que é determinado por outra coisa a existir e a operar de certa e determinada maneira (ratione).
>
> Proposição III: De coisas que nada tenham de comum entre si, uma não pode ser causa da outra.
>
> Proposição V: Na natureza não podem ser dadas duas ou mais substâncias com a mesma propriedade ou atributo.
>
> Proposição VI: Uma substância não pode ser produzida por outra substância[294].

Do que decorre que nada pode realmente ser criado, ou seja, acrescentado ao universo por outra substância além de si mesmo. Deus é, portanto, "causa imanente de todas as coisas, não uma causa transitiva"[295]. Ele não faz no sentido em que um homem faz uma cadeira, mas no sentido em que uma árvore cria um novo ramo a partir de si mesma; um novo ramo que é a própria árvore.

Na segunda parte do livro, os atributos de Deus, extensão e pensamento, são apresentados como diferentes ângulos da mesma substância. As coisas, incluindo os seres humanos, são apenas modos de ser dessa substância. Pode-se

---

293. (ESPINOSA, 2005, p. 427-430).

294. (ESPINOSA, 2005).

295. (ESPINOSA, 2005, p. 177).

dizer, portanto, que somos propriamente Deus, mas que, impropriamente e segundo uma mera forma ou maneira de ser, somos indivíduos.

> Todos devem conceder com certeza que nada pode existir ou ser concebido sem Deus. Pois todos estão de acordo em admitir que Deus é causa única de todas as coisas, tanto da sua essência como da sua existência, isto é, Deus não é apenas causa das coisas segundo o devir, como costuma dizer-se, mas também segundo o ser. Mas, entretanto, a maioria das pessoas acrescenta que à essência de uma coisa pertence aquilo sem o que a coisa não pode nem existir nem ser concebida; e, então, acreditam ou que a natureza de Deus pertence à essência das coisas criadas, ou que as coisas criadas podem existir ou ser criadas sem Deus, ou então, o que é mais certo, não estão de acordo com eles mesmos. [...] Em vez de considerarem, antes de tudo, como deviam, a natureza de Deus, uma vez que ela é anterior tanto na ordem do conhecimento como na ordem da Natureza, eles julgaram que, na ordem do conhecimento, ela era a última, e que as coisas chamadas objeto dos sentidos vinham antes de todas as outras[296].

As consequências propriamente éticas dessa metafísica são igualmente revolucionárias, mas tão estranhas e pouco influentes que não seria necessário comentá-las. Basta dizer que espelham a ideia de que o homem é um elemento do sistema determinado da natureza, e deve, portanto, aceitar-se e aos seus impulsos sem afetação, não desejar o que está fora de seu alcance e não se iludir de nenhuma outra forma. Em suma, o homem deve se comportar de uma forma parecida com a pregada pelas escolas helenísticas do epicurismo e do estoicismo, isto é, com o foco sobre si mesmo e não sobre o que é exterior a si, com regulação racional das paixões, mas não com eleição de valores transcendentes e extramundanos como metas e guias, e com grande aceitação para o contingente e disposição para perseguir o que lhe é natural e saudável. É um modelo que pavimenta a estrada para Schopenhauer e Freud, mas nega muito do que foi desenvolvido pela tradição filosófica e pela cultura religiosa.

De qualquer maneira, a metafísica da *Ética* foi tremendamente mais influente, não raro até sobre a própria ética, pois os místicos alemães a reconfiguraram de modo a estimular valores mais universais e atemporais, dando pouca atenção aos detalhes – numerosos, técnicos e um tanto enfadonhos – da doutrina propriamente ética de Espinosa.

---

296. (ESPINOSA, 2005, p. 232).

No *Tratado político*, algumas poucas, mas conclusivas referências à religião demonstram ser Espinosa um dos mais consistentes defensores da liberdade religiosa.

> No que respeita ao culto exterior, é certo que em nada ajuda ao verdadeiro conhecimento de Deus e ao amor que é a sua necessária consequência, mas que, pelo contrário, pode prejudicá-los; é necessário, portanto, não lhes atribuir um tal apreço que a paz e a ordem pública possam ser perturbadas por sua causa[297].

E em uma sugestão sarcástica para todos os cidadãos:

> É, aliás, certo que não sou, por direito natural, isto é, em virtude de um decreto divino, o defensor da religião, pois que não tenho de modo algum o poder que tiveram outrora os discípulos de Cristo de expulsar os espíritos impuros e fazer milagres, e este poder seria tão necessário para propagar a religião onde ela é interdita que, sem ele, não só se perde o esforço como, além disso, se produzem muitos males: todos os séculos fornecem exemplos desses funestos excessos[298].

Viver no século XVII sem dúvida alguma ofereceu a Espinosa uma quantidade superlativa desses funestos excessos, mas a base do argumento não deixa de ser semelhante à prerrogativa religiosa de uma conversão pelo espírito ao invés de uma conversão pela força; prerrogativa e interesse que existem e são dominantes quando a religião já não se corrompeu pelas razões políticas apontadas por Espinosa.

Uma visão liberal e secularizada da sociedade surge como solução para os inevitáveis e presentes conflitos de religião decorrentes do apoio estatal a apenas um culto, com perseguição aos demais.

> No que respeita à religião, os templos não devem ser construídos à custa das cidades, nem deve haver leis sobre as crenças, a não ser que sejam sediciosas e destruam os fundamentos da cidade. Aqueles a quem é dada a liberdade de praticar publicamente um culto religioso, edificarão templos, se o quiserem, a expensas suas. Quanto ao rei, terá na sua corte um templo seu para nele praticar a religião da sua escolha[299].

297. (ESPINOSA, 2005, p. 453).

298. Idem.

299.(ESPINOSA, 2005, p. 470).

Isso pode parecer evidente para os contemporâneos, mas era uma agressão às religiões nos tempos de Espinosa.

Poucos anos antes (em 1670), Espinosa havia publicado o *Tratado teológico-político*, que se concentrava mais diretamente sobre a questão religiosa e a credibilidade de relatos bíblicos. Entre as críticas que apresentou, Espinosa inclui a observação de que o "Deus da Bíblia" era um Deus de leis, e não de verdades, pois ordenava sem nada esclarecer. Adão, portanto, tinha toda a razão para questionar a ordem de não comer o fruto da árvore proibida, uma vez que a ordem não vinha acompanhada de nenhuma razão explicativa.

Ser judeu era uma vantagem para um autor que nutrisse ideias críticas sobre a teologia e as Escrituras, pois de todos os lados os judeus experimentavam ataques e críticas às próprias crenças, e seus intelectuais também viam com desdém as doutrinas cristãs, e particularmente as alegações de supremacia e divindade da pessoa de Jesus[300]. Se fosse, por exemplo, cristão, Espinosa muito provavelmente só teria conhecido os ataques à fé alheia, mas, assim como o cidadão de hoje, pertencer a uma minoria significava viver o constrangimento de ter também sua própria fé analisada e rechaçada como falsa.

Espinosa começa o livro por perguntar, como deve o filósofo, o que é a profecia. Por observação é possível concluir duas coisas: que os profetas dizem muitas coisas sensatas e sábias, mas que não acrescentam à sabedoria da razão, e que dizem tolices e loucuras que variam ao infinito, como varia a tolice e a locura, sempre alimentadas pelas paixões e ilusões. "Só devemos considerar autorizada a palavra dos profetas, portanto, quando ela recomenda a virtude"[301].

Esta virtude, contudo, brota na alma de modo natural, sem intervenções especiais de um Deus arbitrário, pois ínsita na alma estão já todas as leis morais e a própria natureza de Deus, que também estão, aliás, impressas em todas as coisas[302]. A verdade alcançada pelo profeta não é, então, uma verdade especial e distinta da verdade disponível a todo ente racional.

A perfeição de Cristo, por sua vez, é uma perfeição de todo natural, não mágica, pois o que tem de especial é o fato de este profeta não ter entendido (metaforicamente "ouvido") a Palavra de Deus vez ou outra, mas praticado na medida de suas forças o que o seu entendimento lhe apontava como a vontade de Deus. Nisso, Cristo é efetivamente divino; como ser racional, vislumbrou as leis de

300. (SPINOZA, 2015, p. 19-20).

301. (SPINOZA, 2015, p. 45).

302. (SPINOZA, 2015, p. 50).

Deus escritas por toda a parte, e se fez espelho delas[303], pelo que também se pode concluir que a verdadeira felicidade e libertação da servidão ao mundo, à ilusão, é a imitação de Cristo. Isso pode soar como uma apologia, mas o que Espinosa está efetivamente defendendo é que Jesus Cristo teria sido um filósofo, e a ortodoxia não a veria como declaração favorável à fé cristã.

Após um breve período em que o livro – mais fácil de entender e, por isso, mais afrontoso que os tratados metafísicos – circulou livremente, Johan de Witt, a quem cabiam muitas decisões políticas da república holandesa, passou a combatê-lo. Uma proibição passa a valer apenas em 1674, dois anos após a morte de De Witt[304]. Como quase sempre ocorre, isso só atrasou a chegada do livro às mãos dos interessados, agora estimulados pela proibição.

Todo corte histórico é uma abstração. A vida não conhece épocas e fases, apenas processos e movimentos orgânicos, geralmente mais lentos do que pontuais, mas é possível estabelecer tipologias razoáveis para fins didáticos. Nesse sentido, Espinosa é um autor que consolida a reviravolta científica iniciada por Cusa e definida por Bacon, Galileu e Descartes, apresentando a nova visão de mundo viabilizada pelo mecanicismo. Os limites desse mecanicismo, contudo, só seriam vistos e compreendidos a partir do século XIX, deixando ao sistema de Espinosa certa supremacia implícita, presente na maioria das discussões posteriores entre religiosos e ateus.

Formalista absoluto em um grau muito superior ao dos demais racionalistas, que não levam às últimas consequências o espírito sistemático, Espinosa justifica com relativa facilidade que as leis da natureza sejam objetivações do intelecto, e que a existência do mundo seja uma objetivação da extensão, mas, graças a esse mesmo formalismo, ele também falha em explicar o que é a vida, o que é a vontade, e qual é o sentido da existência humana. Lidar com um monismo tão hostil à individualidade seria uma das maiores preocupações dos filósofos nos próximos 150 anos.

---

303. (SPINOZA, 2015, p. 55, 83, 93-94).

304. (ISRAEL, 2001, p. 275).

CAPÍTULO 4 | Despertar espiritualista na aurora do Iluminismo

A "outra face" da Modernidade: os exemplos de George Fox, de John Milton e do pietismo hallense

Os manuais de história da filosofia hipervalorizam o surgimento da ciência como o grande – às vezes, único – ponto fulcral desta era, em contraposição à subordinação de todos os conhecimentos à teologia, especificamente católica e, portanto, mais institucional, ao que é comumente resumida a Idade Média. Conquanto crucial em muitos sentidos, as grandes navegações, a Reforma e as guerras de religião são outros fatores impossíveis de se ignorar, mas frequentemente olvidados em favor de uma leitura mais linear, simplista e centrada no conhecimento.

A globalização e a respectiva "crise da consciência europeia"[305] figuram entre as mais intensas mudanças de imaginário, hábitos e horizontes de ação da história humana, assim como as transformações internas, psicológicas, morais e estéticas propiciadas pelo surto de espiritualismo pós-reforma foram também responsáveis por Bach e Beethoven, pelo gênero de novela na literatura, pelas filosofias e consequentes movimentos políticos de caráter altamente subjetivo e introspectivo, na forma de interesses cada vez mais espirituais (sociais) do que materiais.

As histórias da religião, ou histórias da Igreja de cada denominação, por outro lado, inserem, mas também muitas vezes não valorizam suficientemente a gravidade do movimento espiritualista, particularmente evangélico, da segunda metade do século XVII à metade do século XVIII. As sucessivas ondas de evangelismo, às vezes descritas como reincidências no puritanismo ou surtos místicos populares, acabam descritas como elementos isolados mais do que como choques

305. (HAZARD, 1961).

secundários e desdobramentos da Reforma, como, por exemplo, o criador da religião, Ernst Troeltsch, as concebeu.

Troeltsch, aliás, evidenciou com assombrosa perspicácia o autoestranhamento do protestantismo – enquanto movimento cultural, mais do que enquanto teologia – como dialética entre secularização e espiritualismo. Ou bem o protestantismo liberava o homem de interesses mais seculares para uma vida que cada vez mais ignorava a religião ou a restringia a uma esfera restrita e semialienada da vida, ou bem liberava o homem de índole mais espiritualista dos mesmos interesses seculares, permitindo-lhe o mergulho em uma vida cada vez mais espiritual ao estilo dos profetas e santos que lhe inspiravam a tábua de valores. Em ambos os casos, na esteira da geração de Hegel e Schleiermacher, que o inspiram, Troeltsch perceberá que essa dialética é uma dialética da liberdade. Esta, entretanto, não estava materializada nas sociedades protestantes, que engessaram a doutrina e buscaram na política a força para a sua imposição; estava, isso sim, implícita nas entrelinhas liberais e individualistas da teologia reformada, implícita o suficiente para contrastar com muitos outros aspectos das doutrinas de Lutero ou Calvino.

O final do século XVII era um ambiente estranho, agitado e turbulento em matéria de religião, ainda mais do que em qualquer outro aspecto, ainda que a ciência e a política vivessem nada modesta efervescência. Na Inglaterra, quakers e deístas; na França, jansenistas se batiam com jesuítas e huguenotes insistiam em marcar presença; na Alemanha e na Holanda surgia o pietismo; Espanha e Portugal continuavam a exportar os mais extraordinários missionários jesuítas, amadurecendo as tradições místicas de até um século atrás e criando uma sólida herança católica na América Latina.

Pietismo e puritanismo são movimentos semelhantes e geminados que queriam exprimir esse espiritualismo, ainda que de forma a princípio mais intuitiva do que filosófica. A versão luterana, ou pietismo, surgiu como nada mais que um individualismo e um liberalismo protestantes[306], o que não queria dizer falta de zelo, pois, pelo contrário, a ênfase no individualismo e a ênfase na responsabilidade eram proporcionais ao moralismo dos pietistas.

O pietismo, significando literalmente um esforço por comportamento e vida mais pios, se alimentou tanto de Böhme e da poesia mística de Angelus Silesius quanto do puritanismo britânico e huguenote, concentrando sobre si o esforço difuso de espiritualização do protestantismo norte europeu, que desde Schwenckfeld e Franck eram pontuais. Seus fundadores são considerados Theo-

306. (CLARK, 1911, p. 208).

dor Undereyck e Philipp Spener, ambos nascidos em 1635, e a *Pia desideria* (Desejo de piedade, 1675) de Spener é considerada o ponto de partida de sua teoria.

Spener queria enfatizar o apelo à piedade de Johann Arndt (1555-1621) e "mesclou a esse apelo ideias próprias sobre uma reforma da Igreja luterana"[307].

Místicos, a princípio, os pietistas discordavam de uma visão - predominante na Antiguidade e na Idade Média - da mística como contemplação. Para eles, a união mística conduziria a uma *praxis pietatis*, muito mais do que a uma contemplação: O renascimento em Cristo é o móvel de uma nova vida de ação e trabalho purificados. O pietista não poderia admitir, portanto, menos que uma vida santificada à luz da leitura do Novo Testamento e imitação de Cristo[308].

A meditação e a introspecção profunda sobre as volições deixam de ter orientação intelectual, enfatizando-se, ao contrário, a orientação de Jesus sobre *a vigilância e a oração*. Nutriam também a convicção de que a teologia romana teria obscurecido seu próprio fundamento ético, o que só se reestabeleceu no cristianismo com o advento da Reforma. Entre uma ascese que buscasse sufocar a matéria sem reconduzir a força dos instintos para fins úteis (teologia do claustro), ou uma mágico-teologia que privilegiasse os sacramentos, o cristianismo medieval viu morrer o *ethos* original da Boa-nova. A *reforma da Refoma* surge, assim, como restauração de uma ético-teologia[309].

Foi, contudo, com August Hermann Francke que o pietismo se tornou o motor espiritual do mundo germânico.

Francke era um hallense, nascido em 1663, que se educou em Erfurt e Leipzig. Em 1701 integraria a recém-fundada *Sociedade real prussiana de ciências*, criada para competir com a Royal Society de Londres. Estabelecido como professor de teologia em Halle, Francke inicia um imenso projeto paralelo à atividade docente: a criação de uma pequena cidadela filantrópica, ou ao menos é o que ela seria às vésperas da morte de Francke. O primeiro passo foi a construção de um orfanato, célebre por ter recolhido literalmente todas as crianças de rua de Halle.

Em suas pregações e conversas com amigos, Francke afirmava que, conforme a visão pietista, cada discípulo de Cristo deveria lavar os pés dos pobres e deserdados, agir como o bom samaritano, e cumprir as recomendações de Jesus sobre alimentar, vestir e abrigar os pequenos do mundo.

Somaram-se ao orfanato uma moradia para seminaristas sem recursos e uma sociedade da Bíblia, responsável por um imenso volume de impressões da

---

307. (ZAUNSTÖCK, MÜLLER-BAHLKE, VELTMANN, 2013, p. 29).

308. (RITTER; GRÜNDER, 1989, p. 973).

309. (COHEN, 1904).

Bíblia ao longo do século XVIII. Hoje, A Fundação Franckeana, como é chamada, abriga também a maior biblioteca sobre o pietismo existente.

A reputação de Francke cresceu até o ponto de garantir-lhe a venereção de um santo entre os luteranos, alastrando-se pela faculdade de Teologia de Halle. Essa reputação de filantropo e grande teólogo esclarecido (não conformista) ajudou a alimentar seus projetos científicos. Estava bem familiarizado com as obras de Descartes, Bacon, Newton e Leibniz. Com este último trocou grande número de cartas. Sua principal influência intelectual, contudo, era provavelmente o projeto pedagógico de Comenius para a formação de um saber universal[310]. A partir dessa visão algo utópica, Francke determinou-se a construir um currículo e um ambiente congênere para a formação de sábios. Os seus alunos deveriam conhecer as culturas dos diversos povos do mundo e a medicina, a astronomia, a física e a filosofia tão bem quanto a teologia.

A união desses fatores colocou a recém-nascida (1694) universidade de Halle no centro do mundo intelectual germânico, e entre as mais importantes do mundo. A fusão de saber científico e de um ar de santidade tornavam sua atração irresistível para as mentes da primeira metade do século XVIII.

Ao lado do aspecto caritativo, iluminista e engajado de Francke, o conde Nikolaus de Zizendorf imprimiu no pietismo um lado sentimental. Zizendorf (1700-1760) era filho de pietistas, seguidores de Spener, e era considerado uma alma delicada, propícia à poesia e à santidade. Diz-se que aos seis anos escrevia cartas profundas a Jesus, e na idade adulta dedicou-se a combater a escravidão e pregar a conversão dos corações à verdadeira vida cristã. Ao longo dos anos de 1720, para salvar um grupo de irmãos boêmios das dificuldades que viviam sob a administração católica, Zizendorf fundou em suas terras uma cidade-modelo do pietismo, Hernhutt, basicamente composta pelos refugiados e outros adeptos do pietismo dispostos a construir as primícias do Reino de Deus.

O objetivo de Zizendorf era nada menos que o de estabelecer em sua comunidade alternativa uma *ecclesiola in ecclesia*, uma igrejinha dentro da Igreja; e suas pretensões não eram pequenas. Ao "invés de criar uma nova denominação", os irmãos morávios de Hernhutt queriam criar as condições para uma "revitalização da Igreja, espécie de fermento que levedasse a massa do cristianismo"[311].

A presença mais serena e de piedade granítica de Francke, somada à presença ígnea e militante de Zizendorf, impulsionaram as missões evangelizadoras

310. ZAUNSTÖCK, MÜLLER-BAHLKE, VELTMANN, 2013, p. 117-121).

311. (WATTS, 1978, p. 395).

pelo mundo, que, combinadas ao esforço britânico, se equiparariam a partir de então ao papel dos jesuítas como missionários globais.

Quando a filosofia de Leibniz se estabeleceu, no final dos anos de 1720, a fusão dela com o pietismo de cariz hallense criou a menina dos olhos do Iluminismo alemão: o sistema Leibniz-Wolff, que contaria com numerosos pietistas comprometidos a provar a existência de Deus e a imortalidade da alma, na exata contramão dos iluministas franceses.

Ainda que os puritanos já prosperassem desde o final do período elisabetano, só teriam um "santo" equivalente aos líderes pietistas na pessoa de George Fox (1624-1691).

Diz-se que sua personalidade era caracterizada por "uma gravidade e uma força de espírito não usual em crianças". Como Böhme, foi aprendiz de sapateiro, mas não exerceu a profissão daquele outro grande místico por ter encontrado dois amigos, supostamente puritanos, bebendo descontroladamente. "Esta revelação sobre a disparidade entre a profissão de fé e o comportamento moral veio como um profundo choque para o aprendiz, e o levou a embarcar em uma peregrinação espiritual na busca pela perfeição"[312]. Poucos que conviveram com Fox diriam que ele não foi bem-sucedido na busca.

Fox começou confuso e conturbado, como qualquer jovem aspirante à iluminação, e só fez progresso, segundo diz, ao parar de buscar nas opiniões e conselhos de outros homens as soluções para seus problemas. Apenas quando "não lhe restara nenhum auxílio exterior é que começou a encontrar seu caminho. Só quando ouviu a voz que dizia 'há um Cristo justo que pode apelar à tua condição' e quando permitiu ao seu coração 'saltar de alegria' foi que ele asserenou"[313].

Sem grande instrução, Fox leu o essencial do espiritualismo protestante ao seu alcance, dando especial atenção a Sebastian Franck. A exemplo de Franck e Hans Denck, queria que a voz interior de Cristo falasse mais alto que as próprias Escrituras, iniciando um novo tipo de vida cristã, baseada no carisma e na presença real de Cristo e do espírito de Deus ao invés do apego à letra.

O tom geral do diário de Fox é muito parecido com o de tantos místicos católicos ou pietistas: Arrependimento; transformação do coração; presença de Deus; oração pelo concurso da Graça; rigor ascético; vislumbres do Reino de Deus; senso de missão e carisma estão entre as características que chamam atenção.

Quase sem teologia, em um sentido mais técnico, a doutrina de Fox se resumia a uma sabedoria prática centrada no silêncio, na compaixão para com to-

312. (WATTS, 1978, p. 186).

313. (WATTS, 1978, p. 187).

dos e na total irmandade para com os discípulos e apoiadores. "Ensinou e foi um exemplo de silêncio [...] testificando e convertendo-os à luz de Cristo dentro deles, e encorajando-os a esperar pacientemente esse poder crescer em seus corações"[314].

Preocupava-se sobremaneira com o fato de que as pessoas liam a Bíblia para julgar os outros, e não a si próprios; e falhavam em entender que a Bíblia foi escrita para os que sobre ela pousam os olhos, e que é a estes cabe a mudança[315].

Em relação a si mesmo,

> era de uma vida inocente, despreocupado com o corpo e sem interesses pessoais; nem insensível nem crítico [...] Tão humilde, contente, modesto, fácil, constante e gentil era um prazer estar em sua companhia. Não exercia nenhuma autoridade a não ser contra o mal, e esta exercia em toda a parte o tempo todo; mas sempre amorosa e compassivamente, não fugindo ao sofrimento. O mais misericordioso dos cidadãos, tão rápido para perdoar quanto inapto a tomar ofensa[316].

Sua rotina consistia em andar pelas vilas e arraiais conclamando os cidadãos, e especialmente os clérigos, a se arrependerem de sua hipocrisia e falta de fé, e se voltarem para o Senhor. Em muitos desses ermos era hostilizado, mas em diversas ocasiões um bando de homens que parecia disposto a dar-lhe uma surra não parecia capaz de realizar o intento. Fox considerava isso um sinal do amparo divino sobre sua missão.

Pedindo abrigo ou comida, ainda que quisesse comprar, não conseguia. Passar alguns dias sem nada além de água de poças e córregos não lhe era estranho, assim como dormir no capim[317]. Essas coisas lhe causavam intenso júbilo, já que Jesus prometera aos discípulos vida atribulada, perseguição, desprezo e o peso da cruz. Quanto mais sofria, portanto, mais Fox se sentia revigorado.

A julgar pelo seu próprio diário, também houve episódios em que uma força maior o preservou de sofrer as consequências do incômodo que causava. Acusado de se apresentar como Cristo, negou firmemente o ardil e afirmou que o acusador era um Judas, e que poderia esperar o destino de Judas. As pessoas não conseguiam reagir em momentos assim, e o público jazia paralisado como que

314. (FOX, 1902, p. xliv).

315. (FOX, 1902, p. 34).

316. (FOX, 1902, p. xlviii).

317. (FOX, 1902, p. 97).

por uma força magnética que, Fox parecia crer, era emanada de si e através do seu carisma pela presença de Deus[318].

Essa impressão positiva, algumas vezes, era posta em xeque por um espancamento, apedrejamento ou encarceramento sofridos pouco depois, os quais Fox igualmente interpretava como bons sinais de que sua missão não consistia em agradar a ordem do mundo. Em um dia particularmente difícil, Fox recebeu porretadas de um grupo de bêbados, e pouco depois um homem se aproximou dele para sussurrar algo, e ele percebeu que o sujeito tinha uma faca e pretendia matá-lo[319]. Tudo isso o pregador considerava natural e esperado, e o tom do relato não é de lamúria ou autoexaltação pela quantidade dos sofrimentos suportados, mas de conselho para que futuros cristãos sinceros estejam preparados para todo o tipo de reação das forças contrárias à instalação do Reino.

Fox atribuía à hipocrisia – maior obstáculo à vida cristã – o fato de se acreditar que a leitura das Escrituras garante a sua compreensão. Longe disso, pensava Fox, as próprias Escrituras Sagradas são produto do Espírito Santo, e sem o Espírito Santo sua letra é morta e inacessível aos corações e mentes. Primeiro, portanto, é preciso ensinar ao povo a comunhão com o espírito divino, pelo exemplo da vida retamente vivida, na alegria e na modéstia cristãs. Essa vida, por sua vez, ajuda a despertar nos outros a luz do espírito, com a qual o sentido verdadeiro das Escrituras fica perfeitamente compreensível[320].

Talvez tentando imitar as peregrinações missionárias de Paulo, Fox não se demorava no mesmo lugar, viajando incessantemente por 40 anos.

> Sua jornada missionária o levaria a dar cinco voltas pela Inglaterra, e a visitar Gales, Escócia, Irlanda, Holanda, Alemanha e América, e também o levou a nove diferentes prisões. Essas realizações eram possíveis graças à constituição robusta que lhe permitia suportar jornadas a pé e a cavalo, espancamento e apedrejamento de turbas hostis, pernoites nos campos e celeiros, sob a chuva e a neve, além da imundície das prisões. Ele tinha uma voz poderosa, que levou um juiz diante do qual ele se justificava a reclamar: "falas tão alto que engolfas a minha voz e a da corte"[321].

Afirma ter realizado curas pela fé e invocação do nome de Deus, e que sua voz não era apenas forte, mas dotada de um estranho poder magnético. Fox tam-

318. (FOX, 1902, p. 101-102).

319. (FOX, 1902, p. 111).

320. (FOX, 1902, p. 138).

321. (WATTS, 1978, p. 194).

bém não tinha problemas em se apresentar como o professor e modelo da vida cristã, pois que para isso fora chamado por Deus e, conquanto não se considerasse especial, não estava disposto a supor que Deus escolhera mal[322].

Após certa notoriedade, e porque Fox e seus seguidores tremiam e gaguejavam ao falarem de Deus e de Sua presença, comunicando a mesma peculiaridade aos que os ouviam, Gervase Bennet os apelidou de *quakers*[323].

Após os anos da Guerra Civil, a perseguição aos quakers diminui significativamente, embora tenha continuado por décadas no Reino Unido. William Penn, a essa altura já atuante, conheceu Fox em seus últimos anos. Pouco depois, Penn perceberia que o futuro dos quakers estava no Novo Mundo e, portanto, dependia do esforço missionário de conversão dos índios. Nisso o quakerismo se assemelhou muito ao pietismo e ao futuro movimento metodista: viam que talvez o cristianismo não pudesse ser salvo na Europa, não sem um milagre, mas ele poderia ser plantado novo e puro em outro lugar.

Tão dissidente quanto Fox era sua esposa, Margaret Fell Fox, que pregava e organizava encontros, contra todas as recomendações da Igreja Anglicana. Também foi presa, e também não foi afetada por isso. Publicou o *Discurso das mulheres justificado* (1669), alegando "que a proibição de Paulo à pregação feminina só valia para as criadoras de caso e intriguistas de Corinto"[324].

O quakerismo seria uma peça fundamental para a transformação da sociedade, devido à radical ruptura com a Igreja e sua capacidade de persuadir seus novos fiéis de que essa ruptura, longe de significar afastamento de Cristo e da vida espiritual, significava uma *aproximação de ambos.*

Além de Fox, a geração da guerra civil produziria também o maior poeta puritano, John Milton (1608-1674).

Erudito e abastado, Milton teve o privilégio de construir ao seu próprio modo a trilha da ilustração de seu espírito. Visitou Hugo Grotius na França, Galileu na prisão domiciliar em Florença, e diversos poetas e teólogos. De interesses muito amplos, devorava autores antigos e modernos.

Sua Aeropagítica (1644) é considerada uma das maiores defesas da liberdade de opinião e de imprensa já apresentadas até então.

Como John Locke e Isaac Newton, pouco depois dele, Milton não cria no dogma da Trindade, defendendo antes uma espécie de arianismo moderno, isto é, que Deus seria o Filho primeiro do Pai, mas criado, no tempo, ao invés de uma

---

322. (FOX, 1902, p. 150).

323. (WATTS, 1978, p. 195).

324. (JULIA, 2006, p. 170).

face do próprio Deus. Essa era uma atitude que se popularizava na Inglaterra por influência da interpretação mais literal da Bíblia, sem os anexos teológicos acrescentados pelos concílios, além da chegada cada vez mais expressiva de refugiados socinianos.

Desnecessário dizer, esta era uma posição que teria levado alguém à execução poucas décadas atrás, e que deveria ter levado a uma perseguição um pouco mais branda, com prisão e prejuízo profissional, não fosse o fato de que os puritanos, por serem não conformistas, começavam a nutrir uma maior tolerância por outros tipos de inconformismo ou dissidência. Aos poucos, aquilo que a Reforma Protestante não realizou, por ter criado uma igreja alternativa que ainda parecia uma igreja absoluta, os dissidentes e não conformistas começavam a criar, pois já eram uma dissidência da dissidência, e estavam interessados em contínua reforma da Reforma.

No caso de Milton, sua visão religiosa era mais privada do que uma expressão típica do puritanismo, mas esta é justamente uma característica do puritanismo. Misturava a gosto "materialismo, ideias arminianas sobre o livre-arbítrio e predestinação calvinista. Conquanto parecesse homem profundamente religioso em seus escritos, não frequentava igreja alguma e não praticava ritos religiosos em casa"[325]. Se descrições deste tipo são verdadeiras, era um religioso mais secular do que a maioria dos iluministas do século seguinte.

A redação de *Paraíso Perdido* tomou-lhe duas décadas de trabalho paciente e refletido. Alguns presumem que o livro teria terminado muito antes, não fosse o papel extremamente ativo de Milton junto aos revolucionários parlamentaristas, mas é bem possível que tivesse seguido seu plano original de uma história sobre o rei Arthur, o que poderia ser uma contribuição muito menos significativa ao mundo. Os anos da guerra civil foram atribulados demais para permitir-lhe o mergulho introspectivo necessário para uma obra-prima, mas ele, pelo mesmo motivo, tinha muito trabalho como homem letrado do protetorado. Com o final da guerra e a restauração da monarquia, Milton era *persona non grata* e foi forçado ao isolamento conveniente de um erudito.

O poema narra de forma épica a dupla queda, de satã e do homem. Em ambos os casos, intérpretes que tentaram enxergar uma analogia política de defesa do conservadorismo, no caso defesa da monarquia, falham em observar o caráter religioso do poema, segundo o qual a autoridade de Deus é inquestionável e incomparável a qualquer autoridade humana. É mais justo e mais elucidativo, portanto, enxergar a rebelião de Satanás como expressão do mal radical, a rebelião

325. (DURANT, 1961, Vol. VII, p. 126).

contra Deus em absoluto e por princípio; e a queda de Adão e Eva como inserção daquele mal na alma e na experiência humana.

As referências à mitologia greco-romana são abundantes demais para uma obra religiosa, e fica evidente que Milton calcula bem o peso de descrever o inferno depois de Dante. Embora o objeto da obra seja mais psicológico, o quadro é claro o bastante para que se possa visualizar os detalhes da geografia infernal.

Marcando a diferença entre a latinidade e o norte germânico, o poema também traz numerosas referências à cultura nórdica, de gigantes de pedra a elfos, duendes e anões.

Como a *Comédia de Dante* e depois o *Fausto* de Goethe, Milton quis que seu livro fosse uma ode à cultura, à literatura particularmente, não deixando de exibir seu conhecimento sobre a geografia do mundo que as navegações revelaram poucas décadas antes, e um mais vasto conhecimento sobre história, literatura e, naturalmente, a Bíblia.

Na primeira cena, da queda dos anjos, Lúcifer é retratado como criatura espetacular e de justificável apelo a muitas mentes e corações. Transformado em satã ao assentar seus domínios no inferno, mostrou-se o líder altivo e majestoso que fazia jus ao seu posto como anjo. É não apenas grande retor como também poeta.

No livro III, Deus afirma que o homem, apesar de toda a tragédia causada pela rebelião dos anjos, não pode ser posto a perder, devendo ter esperança e um meio de salvação[326]. O Filho de Deus se prontifica a fazer o que estiver a seu alcance para resgatar a raça humana das garras de satanás. No livro IV, Adão e Eva são retratados como feitos um para o outro[327], de tal modo que este é um capítulo considerado por diversos intérpretes como uma defesa do matrimônio.

A preparação para a batalha e o choque entre as hostes angélicas e infernais não deixam a desejar frente a nenhum filme épico, e Milton consegue subir da descrição de uma guerra humana para o plano cósmico de uma guerra de potestades.

Em um momento de inigualável virtuosismo poético, que não deixa de incluir a preocupação antropológica que caracteriza a obra, Adão diz a Eva que o Senhor foi sábio em equilibrar o trabalho com horas de lazer, as quais consistem nos prazeres da comida e "da troca de olhares e sorrisos, estes a comida do espírito", divino é este alimento espiritual, pois os sorrisos e olhares "fluem da razão, o que é negado às feras"[328]. O livro VIII, porém, mostra ainda que as mesmas habilidades

326. (MILTON, 2001, p. 49).

327. (MILTON, 2001, p. 75-77).

328. (MILTON, 2001, p. 165).

poéticas e um profundo conhecimento da psicologia humana puderam ser usados por satanás em forma de serpente.

Na discussão com Adão, Eva já havia questionado a proibição de Deus com um argumento muito sólido: ela contrariava o livre-arbítrio. A serpente usa esse mesmo recurso, alegando que não há razão em proibir ao homem o que é permitido às bestas[329].

Aos poucos diminuídos por uma história cada vez mais secularizada, que os conservou como idiossincrasia de outra época, os puritanos e pietistas desempenharam um inolvidável papel na estruturação da própria Modernidade, da própria secularização, tanto por sua atitude liberal e individualista quanto pela postura contestadora e não conformista.

A França se prepara para as luzes: François Fénelon, Pierre Bayle e o pensamento francês da virada do século XVIII

A história do pensamento é uma história de comunidades em rica e estimulante relação dialética com os recônditos das almas dos gênios.

Uma boa história do desenvolvimento de um único filósofo ou teólogo pode exigir diversos volumes que incluem mais personagens do que poderíamos reter na memória sem múltiplas leituras. Um manual geral, portanto, obrigatoriamente tem de saltar de um vulto a outro, ignorando figuras "menores" da história, muitas vezes menores apenas em popularidade. A maioria das histórias do pensamento salta dos clarões de Descartes e Pascal aos de Voltaire e Rousseau, como se pouco mais que manutenção e transmissão do legado dos primeiros ocupassem o espaço intermediário entre eles e os últimos, e isso em uma França que vivia o auge de seu esplendor cultural.

Figuras como Fénelon, Malebranche, Bayle, La Rochefoucauld, Bossuet, La Bruyère e Racine podem hoje parecer coadjuvantes diante de outras que, mais incensadas, aprendemos a reconhecer como gigantes do pensamento. Seus contemporâneos, no entanto, não viam grande diferença entre estes e Pascal, Espinosa, Milton ou Locke, cujo reconhecimento póstumo acentuou uma distância que pudesse ser mais razoavelmente aceitável como real e devida. É também verdade que seres humanos não são capazes de fazer jus aos incontáveis mecanismos subsidiários dos grandes movimentos históricos, instintiva e convenientemente elegendo alguns poucos protagonistas que caibam em uma explicação didática dos eventos culturais.

329. (MILTON, 2001, p. 176).

Por esta mesma necessidade de calibrar a verdade com um limite didático do volume textual, escolhemos um calvinista e um católico como representantes médios do pensamento religioso francês nos anos 1670-1710: Pierre Bayle e François Fénelon.

Pierre Bayle (1647-1706) teve uma vida de peregrinações, como era comum aos intelectuais huguenotes que chamavam excessiva atenção se comparados aos seus pares de profissões mais burguesas. Como uma mariposa, fugiu da França para Genebra, mas não resistiu à tentação de voltar à pátria amada, apesar dos inconvenientes que esta lhe impunha. Chegou a lecionar na Academia Protestante de Sedan, até que essa foi fechada por um ato do governo contra a educação protestante, em 1681. Para sua sorte, encontrou ares mais tolerantes em Roterdã, onde viveu e lecionou até o final da vida. Escreveu sobre a tolerância e outros assuntos, mas sua obra-prima, o *Dicionário histórico e crítico*, foi o que lhe garantiu a imortalidade.

Saltou aos olhos de muitos o tom cínico e cético do dicionário. Na esteira de Montaigne, e talvez de Pascal, Bayle via com descaso a pretensão humana ao conhecimento. Tinha indisfarçável desprezo por cientistas e filósofos de sua época, que via como não muito mais do que formadores de castelos de opinião, como os pré-socráticos. Não obstante, dedicou-lhes muitas páginas.

Considerado uma das primeiras enciclopédias, e que, ao lado do projeto universalista de Comenius, inspiraria os enciclopedistas franceses e de Oxford, o *Dicionário histórico e crítico* (1696) é o investimento e a realização da vida de um grande intelectual. Seria um dicionário invejável para qualquer época, e um evento impossível de diminuir para o século XVII.

Aí aprendemos, no segundo tomo[330], que os Anabatistas surgiram em 1521 como dissidência do luteranismo, que eram de um ascetismo extremo, que se espalharam rapidamente pela Europa Central, entre a Holanda e a Polônia, e que se envolviam em muitos tumultos, por sua culpa ou não. O mesmo tomo tem um primoroso verbete sobre Santo Agostinho.

Pode-se aprender muito sobre a história dos grandes reis, conquistadores e filósofos, bem como de algumas figuras religiosas. Há também muitos termos, mas parece haver pouca lógica por trás da seleção dos termos significativos e merecedores de atenção, como se a obra fosse artesanal e refletisse indiscretamente as preferências e/ou competências do autor.

O verbete sobre Comenius não é lisonjeiro para com o gênio morávio; mas Dante tampouco recebe um tratamento mais do que técnico e insosso. Diógenes

330. (BAYLE, II, 1820).

e Demócrito são mais interessantes, fazendo parecer que a balança pesa desfavoravelmente contra a religião, mas o caso se inverte quando consideramos um verbete pífio para Hobbes e um bastante completo para Melanchton. O verbete sobre Epicuro (tomo VI) não deixa de declarar a posição geral sobre a "enorme impiedade" de suas ideias sobre Deus[331], apesar de ser analítico e enaltecer os méritos e grande influência de sua filosofia. É, contudo, um verbete delicado e que tem merecido muita pesquisa, pois algumas das fontes citadas por Bayle aventam a possibilidade de que Epicuro tivesse uma visão heterodoxa, mas não ateia da providência.

Erasmo mereceu um verbete belo, extenso e elogioso, que enfatiza a extensão sobre-humana de seu gênio.

O verbete sobre Inácio de Loyola apresenta o santo com ares triunfais, de modo que se sente que a verdadeira reforma e restauração da fé cristã foi empreendida por ele. Knox é apresentado como "maior instrumento da obra reformista de sua pátria"[332]. De Pitágoras se diz muito sobre a vida e sobre a influência de seu pensamento sobre ideias místicas da época de Bayle. Sobre Martin Bucer: "um dos clérigos mais hábeis de seu século [...] com grande destreza apaziguou as diferenças entre luteranos e zwinglianos"[333]. Sobre Calvino destaca-se a saída da França; o papel de Guillaume Farel; a doutrina da predestinação; e o fato de que sua maestria no estudo das leis lhe ajudou tanto a manter o governo de Genebra quanto a administrar o credo e a comunidade de fé como um magistrado. Impressiona o ar técnico do verbete e o quão pouco ele fala de Deus.

O famosíssimo verbete sobre Espinosa[334], que teve imensa influência na divulgação deste autor na França da primeira metade do século XVIII, fala de um homem que busca a verdade desembaraçadamente, mas em sua ânsia por tudo compreender recai nas perversões do ateísmo. A condenação de ateísmo é, aliás, um dos temas centrais do verbete, apresentando tanto juízos conclusivos em favor de um Espinosa blasfemo e francamente ateu até juízos mais incertos. Entre os argumentos "favoráveis" a Espinosa estão a sua acurácia técnica em desenvolver o conceito de Deus a partir de Descartes e o misticismo de fundo, que também os alemães não conseguiriam evitar encontrar a partir da segunda metade de século XVIII. O que se vê no verbete é um calvinista chocado com o grau de distorção

331. (BAYLE, 1820, Vol. VI, p. 179).

332. (BAYLE, 1820, Vol. VIII, p. 567).

333. (BAYLE, 1820, Vol. XII, p. 200).

334. (BAYLE, 1820, Vol. XIII).

e repúdio às verdades da fé que a obsessão racionalista pode levar, mas também admirado da profundidade e poder argumentativo do sistema de Espinosa.

Para o bem e para o mal, a caricatura pintada por Bayle teria grande influência em uma França que, após 1720, começa a flertar com o materialismo e o ateísmo.

Outros verbetes dignos de menção são Eva, Guise, diversos papas, Maomé, Xenócrates, Savonarola; que pela sua extensão ajudam a entender o pensamento e o programa de trabalho de Bayle.

De um pensamento muito mais linear e programático, mas ainda maior devoção e maior subordinação da razão à fé foi François de Salignac la Mothe-Fénelon (1651-1715), comumente referido pelo título de arcebispo de Cambrai.

Fénelon foi notado muito cedo como criança prodígio. Parecia ser um Pascal da oratória, ingressando na universidade aos 12 anos para estudar filosofia e sendo convidado a proferir sermões aos 15.

Humanista, Fénelon parte de uma vasta erudição sobre a Antiguidade, pagã e cristã, fundindo inteiramente estoicismo, socratismo e platonismo às Escrituras e aos Pais da Igreja. Em Saint-Sulpice, porém, acentua-se sobremaneira sua veia mística, isto é, a vida de oração e entrega total a Deus e a Cristo crucificado por amor à humanidade. Sua vida, então, passa a ser teocentrada.

Ordenado padre, Fénelon foi convidado a ingressar a Nouvelles-Catholiques como professor. A instituição se destinava a fazer o que um século e meio depois passaria a ser considerado uma monstruosidade: retirava meninas de lares protestantes para dar-lhes educação católica. Sensível, Fénelon não conseguia fazer um trabalho à altura de seu talento na conversão das meninas huguenotes, embora tenha lhes oferecido excelente educação. Pouco depois, passa a conviver com outros protestantes. Destacou-se como missionário, acreditando sinceramente que cada protestante convertido ao catolicismo teria a dádiva da oportunidade da salvação, mas era revolucionariamente tolerante, e advogava uma espécie de versão simplificada dos direitos humanos, afirmando que os protestantes não poderiam ser perseguidos com violência, e que o mal era o protestantismo, não o protestante.

Primariamente educador e orador, Fénelon passou a escrever obras edificantes ou polêmicas, as primeiras mais poéticas e enaltecendo as virtudes cristãs de maneira discreta, as últimas apontando os problemas de doutrinas maléficas, no seu entender, como a de Malebranche e a de Bossuet.

Por essa época, Malebranche era o grande filósofo francês e Bossuet o grande sermonista católico, e a controvérsia com eles não era um passo pequeno ou desejável a intelectual algum. Fénelon, contudo, enfronhara-se na nova tendência quietista do final do século, e isso o tornou um dos alvos principais de Bossuet.

Se a mística joanina do final do século XVII puder ser assim simplificada, Bossuet é o místico cristão ativo, Fénelon o místico cristão passivo[335]. A diferença é a mesma de sempre, de todas as dicotomias da história das experiências religiosas: um se sente inspirado por um sopro divino para transformar o mundo, o outro para transformar a si mesmo.

A influência de Bossuet superava em muito a de Fénelon, que já não era pouco reconhecido e respeitado. Considerado o novo Cícero, Bossuet aprendera à perfeição a conciliar a melhor retórica aos elementos que poderiam apelar à corte real. Entre esses elementos a simplificação do discurso, pois nenhum ser humano menos escolado suporta ouvir termos e ideias que desconhece, e que lhe façam parecer menos inteligente do que acreditava ser.

O quietismo tornara-se relativamente popular em 1670 e 1680, seguindo a ideia de Molinos de que a verdadeira santidade, a exemplo de Teresa D'Ávila e João da Cruz, estaria em retirar-se do mundo e viver a contemplação do Altíssimo. Os quietistas opunham-se à ideia de uma vida engajada e de uma militância cristã tanto quanto possível, preferindo João a Paulo e Tiago, e colocando a "sensação" do divino acima da própria prece. De um ponto de vista mais prático, acreditavam que se deveria entregar a vida à perfeitíssima Providência divina, e que lutar e se debater são sinais da falta de fé.

A permanência do estilo e dos temas gregos de cima a baixo em sua obra podem enganar o leitor mais ingênuo, mais apegado aos estereótipos do tipo "ou pagão ou cristão", mas, como no caso de muitos gênios, Fénelon não reconhece e provavelmente sequer enxerga barreiras e linhas divisórias. Para ele, Sócrates é um apóstolo e Jesus um filósofo, o profeta hebreu e o poeta grego são separados por estilo e cultura, nunca em referência à verdade, pois são missionários da mesma luz transcendente que os inspira[336].

Não sendo um gênio criativo em filosofia, do tipo que constrói seu próprio sistema, Fénelon era, contudo, um filósofo literato do porte de Bossuet, e "sabia falar a língua de Descartes ou de Malebranche, tanto quanto a de Francisco de Sales e Dioniso Aeropagita"[337].

Se enquanto filósofo foi lido como pouco mais que um tradutor de Descartes para a teologia, como escritor estava ao lado de Voltaire e Victor Hugo, de

---

335. (GORÉ, 1957, p. 24).

336. (GORÉ, 1957, p. 83-85).

337. (GORÉ, 1957, p. 134).

modo que o seu era um cartesianismo lírico, como se ele preservasse a estrutura de Descartes infundindo-a com o espírito de Agostinho[338]. O resultado final pode parecer um cartesianismo popular ou místico, mas a verdade é que o casamento de Descartes com a mística cristã não seria possível sem largas concessões por parte do primeiro, e Fénelon as fez tão sutilmente que o *Tratado da existência de Deus* pode compreensivelmente passar por mero cartesianismo poético.

Em uma fórmula bem alinhada com a geração de Leibniz e Espinosa, e com maior altivez poética, Fénelon diz no *Tratado* que Deus não é só uma causa última do meu pensamento (Descartes), Ele é também o único objeto do pensamento. "Tudo o que vemos é Deus"[339]. Segue-se a análise dos atributos de Deus, que é impossível de não associar à de Leibniz, apesar de este ter se oposto veementemente contra o quietismo.

Antes de chegar à teologia metafísica, Fénelon trilha um percurso mais claramente cartesiano: tudo fundamentado na certeza filosófica da independência da alma. "Se é verdade que os homens são livres, eles não podem ser tão somente a combinação de átomos"[340]; o pensamento é acima de tudo ação, e não pode se identificar com o nada. Ele é algo que faz, que nega, que propõe, que se coloca[341]; "Quem diz inteligência diz essencialmente o conhecimento de alguma verdade. O puro nada não é objeto da inteligência"[342].

Essa pode parecer, e até certo ponto é uma mera repetição, mas há um aprofundamento e refinamento da apercepção da subjetividade, que aproxima Fénelon de Rousseau e Kant.

Na recapitulação da primeira parte do *Tratado*, Fénelon conclui que pensar é ao mesmo tempo um ato e uma maneira de ser:

> Primeiro, que penso quando duvido. Segundo, que sou um ser pensante, o que quer dizer, cuja natureza é pensar; no entanto, não conheço ainda o que isso faz de mim. Terceiro, o que decorre dos dois precedentes, que algo não pode ao mesmo tempo existir e deixar de existir; pois, se eu pudesse juntar ser e não ser, poderia também pensar o não ser. Quarto, que minha razão consiste em que minhas ideias sejam claras, e que, assim, posso afirmar de uma coisa tudo o que possa ser relacionado claramente à ideia da coisa;

338. (GORÉ, 1957, p. 155-158).

339. (FÉNELON, 1854, p. 124).

340. (FÉNELON, 1854, p. 75).

341. (FÉNELON, 1854, p. 86).

342. (FÉNELON, 1854, p. 89).

doutro modo eu não poderia concluir que sou porque penso. [...] Pensar é um ato e uma maneira de ser[343].

No bem menos famoso *Manual de piedade*, lemos que "a oração excelente não é outra coisa que o amor a Deus"[344].

O livro segue como um ensaio de psicologia da prece, recomendando a autoanálise e o esforço para se emendar junto com o pedido de orientação, a oração sentimental ao invés das petições interesseiras, petições dignas ao invés das frívolas, e familiaridade com Deus ao invés de afetação, ritualismo e prolixidade. Quanto aos conselhos práticos, isto é, sobre o que pedir em prece, destaca a paciência diante das penas, submissão à vontade de Deus, a importância de abrir os ouvidos à voz de Deus, a convicção sobre as vantagens da prece. Quanto aos numerosos temas de meditação incluem-se a constante lembrança da imitação de Cristo como caminho da glorificação, a meditação sobre a morte, as expectativas quanto à vida futura, o remédio contra a tristeza e as expressões do amor a Deus e do amor de Deus para conosco.

Em *Máximas dos santos acerca da vida interior* (1697), Fénelon defende que o verdadeiro amor cristão não está ligado de modo algum a recompensas e punições, sendo um amor tão desinteressado que faz o crente desaparecer em enaltecimento de Deus. O livro soou, e talvez fosse uma defesa da aniquilação da personalidade, o que feria a teologia e a filosofia moral, ambas dependentes do mecanismo de punição e recompensa e da busca pela felicidade.

Bossuet e Malebranche desferiram-lhe um ataque tão forte que o livro foi banido pelo index em 1699. A moral de Fénelon já estava suficientemente abalada quando foi publicado *As aventuras de Telêmaco, filho de Ulisses*. Ao que parece, o livro não deveria ter saído, e Fénelon culpou um amigo a quem deu as provas. O texto era bastante agressivo contra a política da época, fazendo ataques à tirania que foram sentidos por Luís XIV como alusões a ele[345].

Independentemente do preço pago pela ofensa velada a Luís XIV, o *Telêmaco* foi o livro mais famoso e celebrado de Fénelon. Simbólico e dotado do traço fino de Fénelon, o livro foi bem recebido e inspirou direta ou indiretamente dúzias de outras produções literárias, incluindo o *Emílio* de Rousseau, *Robinson Crusoé*, e *A Flauta Mágica* de Mozart.

O romance conta a história do filho de Ulisses a procura do pai, sumido desde a guerra contra Troia. Telêmaco, príncipe de Ítaca, é educado em todos os

---

343. (FÉNELON, 1854, p. 95).

344. (FÉNELON, 1854, p. 404).

345. (FÉNELON, 1994, p. xv).

aspectos da vida por Mentor, cujo papel na história é evidente pelo seu nome. Telêmaco aprende que governar é servir, que o líder é o mais humilde e o mais capaz de autossacrifício, e que a guerra é uma tragédia evitada por todas as almas responsáveis.

No primeiro livro do Telêmaco, descobrimos que Mentor é, na verdade, a deusa Atena disfarçada. Mentor fala pouco, mas com precisão infalível, alertando o jovem afoito, mas de coração puro, a evitar os tropeços da vida. É uma história sobre a humildade de ouvir a voz da sabedoria, e a voz da intuição com que a Providência nos tenta alertar contra os descaminhos.

Por causa do *Telêmaco*, a esperança e a vitória do bem e da luz contra o mal ficaram como o testamento de Fénelon à humanidade.

John Locke e Isaac Newton: os heróis do Iluminismo

Na Grã-Bretanha, as décadas de 1640 a 1670 haviam sido de progresso da tolerância sob o governo do Protetorado e graças ao trabalho conjunto de intelectuais e de dissidentes insistentes como George Fox. No primeiro grupo, Charles Blount defendera o deísmo em *Consideração sumária da religião deísta a partir dos oráculos da razão*, dizendo que Deus é suficiente para todos os propósitos conceituais e metafísicos, não havendo necessidade de se inflacionar a família divina, em referência ao Messias e à ação divina metaforicamente nomeada como Espírito Santo. Em sintonia com Blount, o teólogo William Chillingworth (1632-1677) "argumentou em favor da tolerância religiosa porque nenhum ser humano é infalível e, portanto, discordância sincera de opinião deveria ser aceitável". Por essa declaração foi acusado de "enlouquecer pela razão"[346].

O evento mais impactante sobre o cotidiano inglês, contudo, foi a rápida proliferação do Catecismo Racoviano, trazido por refugiados de diversos países onde as perseguições eram mais implacáveis.

O Catecismo Racoviano era o extrato mais depurado da corrente sociniana desde pouco depois da morte de seu mestre, Fausto Socinus.

A essência do catecismo dos socinianos era: que a "religião cristã é o caminho para a vida eterna, apontada por Deus através de Jesus Cristo [...] Esta verdade é aprendida pelo Novo Testamento[347]"; que as Sagradas Escrituras são suficientes para oferecer os meios de salvação; que o Novo Testamento "está acima do velho, de modo que o velho deve ser submetido à sua luz"; que "substância divina" não pode de modo algum significar que Cristo é Deus, o que repugna tanto

346. (MOUT, 2007, p. 228).

347. (REES, 1997, p. 26).

à razão quanto às Sagradas Escrituras. Entretanto, seria aceitável dizer que Cristo e o Espírito Santo são "divinizados pela presença de Deus"[348].

Cerca de mil locais de adoração não conformista estavam registrados apenas na Inglaterra em 1688-1689[349].

Este era o ambiente em que cresceram e viveram dois dos mais célebres dissidentes do final do século XVII: John Locke (1632-1704) e Isaac Newton (1643-1727).

Locke nasceu de pais puritanos em Somerset, educou-se na *Christ Church*, um college de Oxford que coleciona nomes célebres, mas tem Locke como seu principal troféu. Sustentava-se confortavelmente como médico e se dedicava à filosofia por todo o tempo que tivesse disponível. Foi um pensador completo, revolucionando e inaugurando diversas tradições como o liberalismo, o contratualismo, o empirismo, a filosofia da mente e as ideias sobre tolerância religiosa.

Em seu período como graduando em Oxford, Locke absorvia avidamente a teologia de John Owen e Thomas Cole, que lhe inspiraram a pensar a missão divina de todo cristão como idêntica à missão civil de "proteção da vida, da liberdade individual e da propriedade"; e que "assim como a Igreja poderia sobreviver sem pastores, a existência da sociedade teria a primazia sobre sua escolha de um regente[350]. Política e religião estavam, portanto, inteiramente identificadas na mente do jovem estudante, conectados firmemente pelo conceito de liberdade.

Não muito tarde, Locke assumiu ideias religiosas heterodoxas, muito em face da exigência por tolerância à liberdade de interpretação das Escrituras e ao seu forte apego a elas como única fonte da revelação cristã.

Apenas como um exemplo:

> A histórica *Primeira carta sobre a tolerância* (1689) bebeu extensivamente da tradição espiritualista com a qual teve contato durante seu exílio na Holanda. Seu ceticismo religioso, sua atitude de colocar as Escrituras sob a tutela da razão, seu desprezo pelos externalismos, sua democão das igrejas a meras sociedades voluntárias, seu intenso individualismo religioso, sua negação do pecado original e sua ênfase em uma moralidade que execute a doutrina reproduziam o espiritualismo de Franck com surpreendente exatidão[351].

---

348. (REES, 1997, p. 32).

349. (BRADLEY, 2006, p. 358).

350. (WATTS, 1978, p. 260).

351. (McLAUGHLIN, 2007, p. 46).

Sabe-se que em sua viagem à Holanda Locke também tomou contato com as ideias de Espinosa, adquirindo gosto pela ideia de separação entre Igreja e Estado.

A metafísica e a teoria do conhecimento de Locke, expostas no *Ensaio acerca do entendimento humano*, que mereceu o antagonismo de Leibniz, eram baseadas no velho desgosto britânico com as essências. A solução apresentada aos essencialismos ingênuos era o empirismo, a assumpção de que somente pela experiência podemos estabelecer conhecimento, mas isso não impedia Locke de, ao final, sustentar um dualismo de substância não tão distinto do de Descartes.

> Ele (Locke) sustentava que Deus e os anjos eram substâncias imateriais, e que era bem provável que nossas mentes fossem também substâncias imateriais. No processo de argumentar em favor da existência de Deus, Locke considera e rejeita uma porção de cenários materiais, incluindo um em que um único átomo possa pensar, um segundo em que todos os átomos são pensantes, e um terceiro no qual um composto material seria capaz de pensar devido ao arranjo e movimento de suas partes[352].

Principium individuationis era o termo escolástico para explicar por que duas coisas com a mesma forma essencial diferem uma da outra. Geralmente, duas bananeiras diferem por conta da matéria de que são compostas e da localização espaçotemporal que ocupam, de modo que esses marcadores funcionam como parte do princípio de individuação. A ideia de Locke sobre o princípio é bastante material (átomos, posição quadridimensional), mas ele tem problemas maiores com o conceito de pessoa. Afinal, pessoas são também compósitos, diferindo pela forma e proporções de certas ideias e memórias, como se estas fossem átomos mentais, ou elas diferem também de um modo mais essencial entre si?

Uma pessoa, para Locke, seria "um ser racional capaz de conceber a si mesmo como um mesmo Eu persistindo através do tempo. Consciência é o que determina a extensão desse Eu em dado momento, e também a extensão de seu passado"[353]. Logo, pessoa é a substância e consciência é uma função regulativa específica das substâncias pessoais. Pessoas *têm* consciência, ou *produzem* consciência, e não *são* uma consciência. É uma definição boa, pois permite distinguir-se claramente de definições como a kantiana ou idealista. Em Hegel poderia perfeitamente ser o oposto, o processo da autoconsciência resulta em uma pessoa, pessoas são aquilo que os processos de autoconsciência realizam quando não impedidos.

---

352. (STUART, 2013, p. 245).

353. (STUART, 2013, p. 339).

Apesar da grande importância de cada um dos textos de Locke na formação da mentalidade iluminista, a *Razoabilidade do cristianismo* é a obra que mais interessa à formação de uma nova visão das Escrituras e da revelação em geral, sendo por isso uma obra de indiscutível relevância no processo de submissão da revelação a critérios epistemológicos gerais, e não peculiares ao seu *status* de revelação.

> *A razoabilidade do cristianismo*... é um dos mais importantes livros de teologia cristã produzidos durante o Iluminismo. Talvez seu único rival seja *Sobre a religião*, de Schleiermacher, publicado um século depois, que desencadeou uma nova era de sensibilidade religiosa, e que deve muito a Locke, apesar das diferenças. Ambas as obras tentavam, de modos distintos, estabelecer a revelação cristã como verdade universalmente avaliável. Ambas são basilares para a religião moderna e o cristianismo liberal[354].

Depois de Espinosa, mas com muito mais precisão e abrangência, Locke é o primeiro a propor a análise "puramente filosófica" das Escrituras. A geração de Descartes havia feito análises da teologia natural, e filosofar sobre as Escrituras era comum desde a Antiguidade; a geração de Erasmo havia criticado uma interpretação literal do texto bíblico, mas concluído pouco além disso. Agora, com Locke e Espinosa, os filósofos voltavam-se para a análise da consistência das Escrituras, tirando conclusões sobre como ela deveria ser interpretada, de uma forma prescritiva.

As duas teses centrais do livro são: I- deve-se analisar os conceitos e proposições por si próprios, e não segundo teologias estabelecidas, não importa quão autorizados sejam seus autores; II- somente as Escrituras, portanto, são fonte do cristianismo, e nenhuma ideia fora delas é cristã por excelência, senão apenas por conveniência. Daí se infere necessariamente que o objetivo do estudo filosófico da revelação/religião é extrair a essência ou o mínimo necessário para se viver a proposta salvífica nele contida.

Quanto à Trindade, por exemplo, não é possível inferi-la das Escrituras.

"Tu és o Filho de Deus" e "Tu és o Messias", afirma Locke, são sentenças usadas nos mesmos contextos e com o mesmo significado[355], a primeira nada acrescentando à segunda, e ambas resumindo-se à mensagem de que Cristo foi *enviado* por Deus.

---

354. (NUOVO, 1997, p. ix).

355. (LOCKE, 1823, p. 35).

Os judeus esperavam, observa Locke, um soberano temporal, e não podiam admiti-lo em um homem pobre, temporalmente desprovido de poder, e que insistia em assim permanecer. Os discípulos, por sua vez, presenciavam "milagres diários" e toda a sorte de sinais significativos da superioridade de Jesus, de modo que tinham grande subsídio para crer que fosse o Messias[356]. Também importa muito o fato de ele assim se apresentar, pois um charlatão sensato teria se apresentado como um profeta, não contrariando de maneira tão radical as expectativas e a capacidade da população de aceitar sua mensagem. Um forte contribuinte para a veracidade da identidade de Jesus (o Messias) é o fato de ele justamente não oferecer nada do que se esperava desta figura, ressignificando-a como puramente espiritual. Apenas por questão de princípio, a mensagem de Jesus já eleva e revela em acréscimo à revelação judaica de até então o caráter puramente espiritual da experiência religiosa.

Isso tudo é tão mais verdade, pensa Locke, pelo fato de que Jesus apenas não foi rei porque não quis. Bastar-lhe-ia acrescentar aos milagres um discurso político, talvez a mera declaração de que era o rei dos judeus, e o teriam içado a essa posição[357].

Está claro que Locke não considera a menor possibilidade de dúvida sobre os milagres, assim como Leibniz e ao contrário de Espinosa, quase ao mesmo tempo. "pois que os milagres que ele realizou foram de tal modo ordenados pelas divinas providência e sabedoria que jamais foram ou poderiam ser negados por qualquer opositor do cristianismo"[358].

Em uma linguagem nada secular, Locke se refere a Cristo quase exclusivamente como *o Salvador* e *nosso Salvador*. É inequívoca a adesão de Locke à fé cristã, embora ele se permita questionar elementos doutrinais tão tradicionais e sérios quanto a Trindade. Em outras palavras, Locke realiza o ideal protestante da *sola scriptura*, agora excluindo até mesmo elementos razoavelmente consensuais para a Igreja primitiva dos primeiros concílios.

Parte central da doutrina de Jesus, segundo Locke, e o que a torna uma boa-nova e uma doutrina de consolação, é a promessa de imortalidade. Jesus e Paulo afiançam a vida eterna e abundante, e a crença primária de que o homem foi feito à imagem e semelhança de Deus haveria de ser inteiramente falsa se nossa vida e nosso espírito fossem extintos com a morte[359].

---

356. (LOCKE, 1823, p. 83).

357. (LOCKE, 1823, p. 85).

358. (LOCKE, 1823, p. 135).

359. (LOCKE, 1823, p. 106-107).

No cômputo geral, no entanto, os princípios que deveriam ser evidentes para a razão não chegaram, por falta de esforço, às consciências, de modo que a revelação se fez necessária: "ainda que as obras da natureza em toda a parte evidenciem suficientemente uma divindade, o mundo fez tão pouco uso da razão que as pessoas falharam em vê-Lo mesmo onde Ele se faz notar"[360].

O livro cairia como uma bomba sobre a sociedade britânica. John Edwards o classificou como sociniano[361], obviamente tendo em mente a popularidade do Catecismo Racoviano nos subterrâneos da vida religiosa inglesa, enquanto outros simplesmente tinham o livro por herético e blasfemo. De acordo com o minimalismo racional de Locke, não seria relevante "se o unitarismo ou o trinitarismo eram verdadeiros, mas se o compromisso com um dos dois era necessário à fé cristã"[362]. Naturalmente, levantar a própria questão já o coloca fora da definição que a ortodoxia (trinitarista) considera a única aceitável.

Em debate com Stillingfleet[363], Locke insistia em que, havendo confusão e falta de provas claras quanto às doutrinas assumidas pelos concílios, a razão determina que só as escrituras representam a revelação divina, ao passo que a doutrina da Igreja primitiva expressa nos concílios e nos tratados de seus eminentes teólogos representa apenas a *interpretação* da revelação. Quanto às acusações de socianismo, Locke repudiou-as duramente, alegando que seus argumentos nada tinham a ver com uma filiação a uma seita, e sim com o exame racional da questão[364].

Reagindo ao texto de Edwards, *Alguns pensamentos sobre as várias causas e ocasiões para o ateísmo, especialmente na era presente*, Locke publica ainda em 1695 uma *Vindicação da Razoabilidade do cristianismo*. O filósofo não faz mais do que exigir passagens das escrituras que afirmem que Jesus é Deus, que Deus são três, e que este é um ponto doutrinal essencial à vida cristã.

Apesar das reações negativas, a obra de Locke como um todo levantou o vagalhão da inconformidade religiosa, estimulando tanto dissidentes antigos (socinianos, quakers, arianos, anabatistas) quanto novos dissidentes, fossem eles ou radicais evangélicos ou agnósticos e deístas.

Enquanto isso, Isaac Newton, nascido em 25 de dezembro de 1642, educado no Trinity College de Cambridge, associava-se à Royal Society de Londres em 1672, logo se tornando um de seus mais ilustres membros ao lado de Boyle.

360. (LOCKE, 1823, p. 135).

361. (NUOVO, 1997, p. x).

362. (NUOVO, 1997, p. xv).

363. (WILLES, 1996, p. 72-73).

364. (WILLES, 1996, p. 74).

Desde o período estudantil, em Cambridge, Newton repudiara o aristotelismo e – apesar de apreciar Descartes como cientista – a filosofia cartesiana ou racionalista. Admirava o empirismo de seus conterrâneos e Galileu, buscando realizar na astronomia e na mecânica o que Boyle propusera como a atitude científica moderna, e que era exemplificada pela Royal Society como um todo[365].

Ao lado da meteórica e muito mais famosa consolidação da carreira científica entre 1670 e 1690, Newton também cresceu em interesse pelos estudos bíblicos e desgosto pela teologia ortodoxa. A cátedra lucasiana, que ocupava nos anos de 1670, exigia a ordenação como sacerdote, e ele teve de pedir uma concessão especial para não cumprir essa demanda. Não suportava a ideia de repetir o credo de que Deus são três.

Místico, tinha Jakob Böhme como um herói da teologia e da teosofia, assim como Galileu e Boyle eram os seus heróis da ciência, e, segundo Wolfhart Pannenberg[366] e, principalmente, Karl Popp[367], teria incorporado princípios da teosofia de Böhme à sua ciência. É possível especular sobre ao menos três desses princípios metafísicos: 1) A noção de que a natureza é o corpo de Deus, inclusive formulando a ideia de espaço absoluto como órgão sensorial de Deus; 2) A noção de uma força incondicionada por qualquer elemento material, que atua imediatamente, que é uma emanação etérea e imaterial, capaz de usar o espaço como meio; 3) Equilíbrio e harmonia entre os opostos, na forma da perfeição do movimento celestial entre as pressões da força centrífuga e da força centrípeta.

A bem da verdade, a maioria das interpretações sobre a metafísica e sobre a religião de Newton exagera a importância das ideias filosófico-teológicas sobre o moroso trabalho de interpretar e corrigir a matemática de seus contemporâneos, mas, como observa Maurizio Mamiani[368], ao menos é seguro dizer que o próprio Newton "entende" sua cosmologia como intimamente ligada às suas visões sobre Deus e Sua relação com o mundo; uma relação que, no limite, é tão metafísica e teocentrada quanto as filosofias de Leibniz ou Berkeley proporiam.

Ele certamente entende a ação à distância da gravidade como um exemplo claro de uma força natural que contraria o entendimento mecanicista usual (de Descartes) da física, mas essa concessão à metafísica acaba por manter o sistema de Newton dentro do formalismo mais ou menos mecanicista imposto pelas ferramentas conceituais e matemáticas do século XVIII.

---

365. (HUTTON, 2015, p. 182).

366. (PANNENBERG, 2008, p. 142).

367. (POPP, 1935, p. 51-63).

368. (MAMIANI, 2004).

Newton tinha, por outro lado, interesses históricos próprios, que pouco ou nada tinham a ver com a filosofia natural, como é o caso da controvérsia entre Atanásio e Ário acerca da Trindade, a respeito da qual conclui em favor de Ário. Também estuda avidamente as ideias de Socinus e Servet. Manifesta crescente interesse por numerologia das datas bíblicas, pelo simbolismo do Apocalipse e do Livro de Daniel, e pela teologia da Igreja primitiva.

Para Newton era evidente que cristãos primitivos, antes da criação da doutrina trinitarista, só admitiam um único Deus, mas ao lado deste também admitiam o respeito a um Senhor[369]. Jesus, portanto, aparece nas escrituras sempre como um Senhor, nunca como Deus, mas o uso do termo pode ter dado margem à interpretação de que Ele era o Senhor do Velho Testamento.

Analisando o prólogo do Evangelho de João, Newton afirma que o próprio evangelho pode ter surgido da controvérsia entre "um partido que afirmava que Jesus era apenas um homem e um que afirmava que Jesus era o Deus supremo"[370]. Do dilema teria surgido um evangelho poético, místico e altamente simbólico, que tenta conciliar em um estilo semelhante ao de Jakob Böhme as hipóteses disponíveis suspendendo-as em unidade dialética mais complexa, ao invés de reduzi-las.

Newton reconhece, no entanto, que algumas passagens do Novo Testamento dão o nome *teos* (deus em grego) a Jesus. Os judeus, porém, estavam habituados a usar o nome deus ou divino para anjos e até reis, não sendo absurdo imaginar que nessa passagem o apóstolo e sua comunidade reconheciam o caráter divino de Jesus sem necessariamente identificá-lo com Deus[371].

Desse modo, Newton conclui:

> Jesus Cristo, verdadeiro homem nascido de uma mulher, foi crucificado[...] sendo revivido pelo mesmo poder pelo qual Deus lhe deu a vida a cada espécie de animal, apareceu aos discípulos, a quem explicou tudo sobre Moisés e os profetas, e que ele era o sol de retidão do qual falou Malaquias, o filho do homem e o messias do qual falou Daniel, o servo, cordeiro de Deus e redentor do qual falou Isaías [...] e partiu para o Céu para receber seu Reino e ali preparar um lugar para nós, e, como se diz misticamente, assentou à direita do Pai, isto quer dizer, era o segundo depois Dele em dignidade e deve ser adorado e glorificado como cordeiro de Deus[372].

369. (WILLES, 1996, p. 80).

370. (WILLES, 1996, p. 80).

371. (WILLES, 1996, p. 80-81).

372. (WILLES, 1996, p. 83).

A passagem é bastante marcante e chama atenção pelo uso cuidadoso dos termos, que dão um ar especulativo para a doutrina antitrinitarista, mas é sugestiva a escolha estratégica das expressões "é dito de maneira mística que ele sentaria ao lado direito de Deus" e que isso significa que Jesus "é o segundo depois Dele em dignidade". Isso já era herético o bastante para o século XVII.

O cuidado com o Velho Testamento, que é um cuidado que Locke e outros não tiveram, ajuda a reforçar a tese de Newton de que os profetas anunciaram o Cristo e o Messias, mas nunca anunciaram a encarnação de Deus.

Talvez mais importante do que a doutrina de Newton, que é bastante velada, já que ele tenta fazer uma análise imparcial das Escrituras, são seus comentários sobre o estado do cristianismo antes do início dos cismas. Nesse tocante ele afirma, por exemplo, que nos primeiros trezentos anos os cristãos viviam em relativa comunhão, não considerando heréticas as diferenças doutrinais[373] – embora, presumivelmente, considerando heréticas as tentativas de negação frontal das Escrituras.

Em *Sobre a Igreja*, Newton diferencia certos usos metafísicos (feito pelos trinitaristas) dos usos originais dos evangelhos, particularmente em referência às metáforas do poder e do que Newton chama de títulos "morais e monárquicos". Uma vez confundidos com títulos metafísicos, a aceitação da doutrina da Trindade é praticamente fatal, mas há muito pouca razão para crer que a intenção dos evangelistas fosse essa.

Como um Aristóteles dedicado às Escrituras, Newton observa os muitos usos possíveis da palavra "Senhor", isto é, podemos dizer "Senhor" de diversas maneiras, como quando dizemos "meu Senhor, nosso Senhor, vosso Senhor, o Senhor supremo, o Senhor da Terra"[374], e assim, semelhantemente, usamos o nome de Deus como um adjetivo ou um título, como "fulano é o Deus da matemática", o Deus supremo, o Deus deste mundo.

Novamente, entretanto, Newton não está tanto advogando em favor de Ário ou do antitrinitarismo quanto, na verdade, contra Atanásio e o trinitarismo compulsório. Ele entende que a visão majoritária dos cristãos era mais próxima da de Ário, que ao invés de ser um inovador é um representante do entendimento ordinário de até então, e que Atanásio seria o verdadeiro inovador, tendo imposto sua visão como a "original" dos cristãos primitivos. Newton entende, portanto, que a atitude persecutória de Atanásio depõe mais contra ele – e contra a ideia de que ele possa ter sido um bom cristão – do que a doutrina de Ário é capaz de

373. (WILLES, 1996, p. 84).

374. (WILLES, 1996, p. 89).

fazer em favor deste último[375]. De certa forma, tudo o que Newton parece desejar é a leitura livre das Escrituras e a rejeição de uma postura exclusivista por parte da doutrina estabelecida a partir dos séculos III e IV, exatamente como Locke.

Em resumo, portanto, Newton acreditava que Cristo diferiria dos humanos normais por preexistir à encarnação (o que é insinuado pelas Escrituras), mas também acreditava que isso não o tornava Deus, e que suas referências à sua autoridade divina eram referências ao seu posto e encargo ao lado de Deus[376], e nisso Newton estava, para a ortodoxia, no mesmo barco que os socinianos.

Newton não divergiria do cânone apenas quanto ao trinitarismo, senão também em relação à crença na imortalidade da alma. De acordo com as escrituras e não em razão do materialismo[377], do qual estava longe, o físico e teólogo acreditava que as almas não podem existir separadas de corpos, e que deveriam dormir à espera da ressurreição corpórea.

Seu apocalipsismo era tão misterioso quanto qualquer outro, marcando o início do fim para 2060, e prometendo que até esta data a descrença cresceria e as tentativas de evangelização seriam fúteis[378], pois esta é a geração da corrupção e do avanço da sombra.

Acreditava que a caridade mais bela era o investimento em educação, e por isso doava preferencialmente a escolas do que ao combate à pobreza, e tinha por hábito comprar bíblias e distribuir aos pobres.

Em carta de 30 de abril de 1703 a Peter King[379], Locke afirma que Newton deveria ser considerado o verdadeiro mestre no estudo das Escrituras, considerando-o muito acima de si mesmo. É possível, portanto, conjecturar que o programa teológico e de filosofia da religião dos dois era um e mesmo programa, embora não haja suficiente registro textual para provar tal hipótese.

A proposta, aliás, estava longe de ser nova. Milton já a tinha apresentado quase nos mesmos termos no *Paraíso Perdido*, embora mais habilmente encoberta pela licença poética e pela dificuldade e simbolismo do texto; e, como sabemos, outros tantos antitrinitaristas já tinham fincado o pé em favor de uma defesa purista da *sola scriptura*. Na virada do século XVIII havia tantos antitrinitaristas na Inglaterra que eles começam a se denominar unitaristas, e iniciariam um movimento que acabou por se tornar uma Igreja, a Igreja unitarista.

---

375. (WILLES, 1996, p. 92).

376. (SNOEBELEN, 2005, p. 377).

377. (SNOEBELEN, 1999, p. 387-388).

378. (SNOEBELEN, 1999, p. 392).

379. (WILLES, 1996, p. 78).

As ideias religiosas de Newton não ficaram confinadas a escritos "secundários", como às vezes se prega. Definiram diretrizes de sua ciência e eram o centro de sua controvérsia com Leibniz. A segunda edição dos *Principia mathematica* apresentava Deus como pantocrator, o regente de um cosmo ordenado sob Suas leis.

Embora isso surpreenda alguns,

> O grande cientista de sua era foi um místico que adorava copiar grandes passagens de Jakob Böhme, e que perguntou a Locke o significado do "cavalo branco" do Apocalipse. Ele encorajou seu amigo John Craig a escrever *Theologiae Christianae Principia Mathematica* (1699), que pretendia provar matematicamente a data do retorno de Cristo, e a proporção entre a maior felicidade possível na Terra e as recompensas do Paraíso. Em seu comentário ao Apocalipse, afirmou que o anticristo predito era o papa de Roma. A mente de Newton era uma mistura da mecânica de Galileu e das leis de Kepler com a teologia de Böhme[380].

Menos obviamente hereges que Espinosa, Locke e Newton tinham a seu favor uma reputação sólida demais para que suas obras pudessem ser banidas, censuradas ou apenas evitadas.

A rainha Anne sentiu que as heresias e as dissidências saíam do controle e se juntou à alta cúpula da Igreja Anglicana para reverter o ato de tolerância da Revolução Gloriosa, que abrigava socinianos, arianos, deístas e quakers, entre outros, alguns dos quais vinham se valendo de uma brecha nas leis que reconhecia como ortodoxos todos aqueles que recebessem a comunhão. Com base nessa brecha, inúmeros dissidentes e não conformistas recebiam a comunhão em uma Igreja tradicional e atravessavam a rua para um templo dissidente, mas do ponto de vista legal eram ortodoxos e podiam ocupar cargos públicos.

A prática dessa "conformidade ocasional"[381] com a Igreja da Inglaterra era vista como escandalosa pelas autoridades anglicanas, pois além de constituir abuso legal do expediente de seleção para cargos públicos representava também uma atitude indigna ou até blasfema diante da comunhão.

O problema era justamente que os dissidentes não se importavam mais com a comunhão a ponto de tomá-la apenas formal e mecanicamente, assim como não se importavam mais com a Igreja oficial a ponto de respeitar qualquer de suas ameaças.

---

380. (DURANT, 1961, Vol. VIII, p. 543).

381. (BRADLEY, 2006, p. 358).

Embora discreto, as heresias de Newton eram evidentes devido à maior franqueza com que dois de seus maiores colaboradores, divulgadores e mais próximos amigos as declaravam: Samuel Clarke e William Whiston. Quando Whiston, por exemplo, declarou que Newton era claramente antitrinitarista, este o desmentiu, rompeu a amizade e jamais lhe dirigiu a palavra novamente. Como Whiston dizia a verdade[382], pode-se concluir que Newton preferia ocultá-la.

Apesar da validez de uma acusação de covardia, Newton era reputado uma alma pia por parte dos que o conheceram. Quando Voltaire encontrou Samuel Clarke, em 1726, observou que este "mencionava o nome de Deus com a máxima reverência", ao que Clarke respondeu "ter adquirido esse hábito de Newton"[383].

Locke e Newton tornaram-se os heróis do Iluminismo francês, e exerceram forte influência nos demais países. O leitor contemporâneo, acostumado à desconstrução pós-moderna dos heróis, tem grande dificuldade em visualizar a adoração dos intelectuais por essa geração de gigantes do espírito e do conhecimento. Os franceses, contudo, recortariam dos dois iluminados ingleses uma caricatura muito específica e compatível com seus interesses de louvor à ciência e crítica da religião, criando o que hoje reconhecemos como as versões tradicionais de Locke e Newton, a dos homens de ciência, devotados ao conhecimento empírico da natureza, sem interesse ou mesmo contrários à religião.

Gottfried Wilhelm Leibniz, o filósofo que explicou como Deus cria espíritos

O mundo intelectual do século XVII estava mal-acostumado. Surgira o método científico, e a física avançou mais entre Galileu e Newton do que em qualquer outra época; Pascal e Locke eram tidos por gênios ímpares; Espinosa, Hobbes e Malebranche haviam lançado propostas filosóficas muito originais, e, ainda assim, a entrada em cena de alguém como Leibniz foi capaz de colocar todas as conquistas da inteligência em nova perspectiva.

O alemão Gottfried Wilhelm Leibniz (1646-1716) criou tantas ideias novas e se dedicou a tantas disciplinas quanto Aristóteles. Atuou competente e produtivamente o bastante para ser reconhecido como um nome de peso em história, direito, medicina, psicologia, física, música, linguística e diplomacia, mas dedicou a maior parte de seus esforços à matemática, à lógica, à filosofia e à teologia. Foi um dos primeiros sinologistas, e defendeu que os contatos com a China se

382. Ver tópico seguinte.

383. (SNOBELEN, 1999, p. 410).

pautassem pelo respeito à cultura nativa, e que o cristianismo na China deveria apresentar-se de uma forma palatável a este povo antigo, civilizado e orgulhoso de sua cultura, seus rituais e protocolos. Foi bibliotecário, engenheiro e inventor. Por menos tempo que dedicasse a cada uma dessas atividades, dominava-as e apresentava quase imediatamente conclusões e soluções para problemas que afligiam os especialistas. Falava latim e francês impecáveis, e era bom em outras línguas. De passagem por Londres, apresentou sua máquina de calcular em um encontro da Royal Society, pelo que foi feito membro externo.

Hoje, contudo, Leibniz é conhecido "apenas" pela criação do cálculo, pela teologia otimista que afirma ser o mundo criado por Deus o "melhor dos mundos possíveis", pela teoria das mônadas e pelos princípios da identidade dos indiscerníveis, da razão suficiente e da harmonia pré-estabelecida, dos quais trataremos em breve.

Se não são apenas enviesados os juízos elogiosos proferidos sobre Leibniz, cabe perguntar por que ele não adquiriu fama equivalente à de Descartes ou Kant, frequentemente reputados mais importantes para a história da filosofia. Além do fato de dividir forças entre um número muito maior de disciplinas do que as tratadas por seus ilustres concorrentes, no entanto, Leibniz pecou em não dar à sua filosofia uma forma sistemática, o que o coloca em desvantagem em relação a autores mais platônicos que, apresentando suas ideias com um fecho sistemático, tornam-se muito mais persuasivos e didáticos. Era da natureza do intelecto ao mesmo tempo universal e analítico de Leibniz enxergar cada problema separadamente, e propor soluções de acordo com as condições específicas do problema ao invés de submetê-lo à camisa de força de noções doutrinais de um sistema.

Immanuel Kant, reagindo aos *Novos ensaios sobre o entendimento humano*, disse algo muito elucidativo sobre a diferença entre ele e Leibniz: "Ele tem em vista Aristóteles, eu tenho Platão"[384]. Uma percepção que explica muita coisa, principalmente sobre Kant e sobre como este entendia sua própria relação com a filosofia de Leibniz, mas o próprio Leibniz se sentia platônico ao menos em relação à metafísica e à ética[385].

Embora não apresentasse um projeto sistemático para a filosofia como um todo, portanto, e tratasse os problemas com certa independência e analiticidade sugestivamente aristotélica, perseguia nas entrelinhas o ideal platônico da unidade e da harmonia totais. Filósofo moderno, racionalista e típico representante da era de Descartes e Espinosa neste ponto, Leibniz defendia também, contudo, uma

384. (SANTOZKI, 2006, p. 85).

385. (RUTHERFORD, 2002, p. 524).

visão muito mais tradicional de Deus, o Deus espírito pensante e livre, o Deus da religião revelada. O caminho que Leibniz escolheu para sustentar o contraste entre o Deus da revelação e o Deus dos filósofos seria oposto ao de Pascal; seria um caminho de conciliação e harmonização das diferenças em um quadro maior e mais difícil de compor que a visão monística de Espinosa.

Para Leibniz, o erro de Espinosa, dos antigos estoicos e de outros místicos pagãos e semimaterialistas estava em identificar Deus (fonte da qual brotam as coisas), coisas (produtos e criaturas) e mundo ou natureza (totalidade e somatório das coisas)[386]. Essa doutrina é rebatida por Leibniz no *De ipsa Natura* como um grande perigo de sua geração e causa da perversão do conceito de Deus em um conceito metafísico de natureza, isto é, um tipo mais qualificado de ateísmo. O ataque visa não só Espinosa e os estoicos (associados a Espinosa) como também cristãos como Malebranche, cuja filosofia apagava as características do Deus cristão, no entender de Leibniz. A este grupo já consistente de adversários Leibniz logo somaria Isaac Newton, devido à noção de espaço como um *sensorium* de Deus, que Leibniz viria a combater na troca de correspondência com Samuel Clarke[387].

Resumidamente, as preocupações de Leibniz eram: 1- preservar a individualidade da substância; 2- preservar a liberdade, particularmente a liberdade de Deus. Essas preocupações refletiam um incômodo com uma filosofia e uma teologia filosófica que se submetera ao mecanicismo, para o qual todas as razões de todas as coisas seriam eficientes, isto é, resumidas aos empurrões e puxões de outros corpos. O problema dessa visão não estava somente em sua negação de conceitos bíblicos de Deus, mas, principalmente, no fato de o novo conceito de Deus ser mais pobre, produzindo um mundo onde era impossível justificar o livre-arbítrio, de que temos uma intuição forte, e a liberdade de Deus, que ao ser excluída compromete também a inteligência e a sabedoria de Deus.

Com grande erudição sobre a história da filosofia e um acentuado gosto pelos procedimentos escolásticos, Leibniz observa que liberdade, inteligência e individualidade estão firmemente conectadas, decidindo pela reformulação da ideia aristotélica de individualidade da substância, isto é, que substância é o ser de *um* item[388]. Paralelamente, Leibniz observa que a exclusão ou relativização do livre-arbítrio ocasiona a diluição da responsabilidade moral, que, neste caso, não pode consequentemente ser cobrada de pessoa alguma. Por fim, uma das conse-

386. (KULSTAD, 2008, p. 88).

387. (KULSTAD, 2008, p. 92).

388. (JOLLEY, 2007, p. 108-109).

quências da relativização ou anulação da liberdade de Deus é que Ele não pode mais ser louvado, admirado e amado como agente moral e responsável pelo mundo que criou[389], devendo ser, ao invés disso, aceito como uma determinação que simplesmente "é o que é", exatamente como alguns estoicos e Espinosa corretamente concluem.

Para usar a metáfora moderna, Deus não é sequer um relojoeiro, é um relógio, um mecanismo admirável, mas carente das virtudes e qualidades que reconhecemos existir em nós mesmos, e que a filosofia de Espinosa não conseguiu eliminar tão bem quanto pretendia. Em suma, Leibniz sentia que o Deus "nas entrelinhas da natureza" proposto por Espinosa acabava por produzir um mundo em que nossos mais caros sentimentos, aspirações e valor são negados como ilusões, sem que haja uma razão forte o bastante para isso além da compulsão de tudo enquadrar sob o método geométrico.

Leibniz não negava a força da proposta racionalista, e que a ciência nascente sugeria um mundo ordenado por forças mecânicas, mas não queria em favor desse apelo ignorar ou convenientemente reduzir a nada o apelo igualmente poderoso da dimensão espiritual do homem, que demandava um conceito de Deus no mínimo suficiente para comportar e explicar essa dimensão ao invés de negá-la. Ao lado da imagem do Deus ordem, queria a explosão de vida vibrante, calorosa e entusiasmante do Deus de Jakob Böhme.

Um ser perfeitíssimo, que tem em grau infinito no mínimo todas as capacidades que reconhecemos em nós mesmos e na natureza, há de ser um espírito infinito, por nada constrangido, soberano e livre, capaz de criar e sustentar todas as coisas por Sua *vontade*, não confundido com as coisas, não restrito a ser a extensão do espaço e a lei invariável, mas morta, na natureza, porque desta mesma natureza fazem parte corações que batem, sofrem, vencem, sonham e se santificam. Leibniz pensava que Deus deveria ser ainda mais perfeito que a ideia que Dele fazemos, ainda que cada ser tenha Dele uma ideia suficientemente boa, pois o ser sumamente bom imprimiu Sua glória e Sua infinitude em tudo o que fez, como o artista mais grandioso que eleva tudo o que toca. Por essa razão, não conceberá nada criado por Deus como algo morto, e sim exclusivamente como espírito, no que também estava mais próximo de Böhme do que dos filósofos racionalistas.

Como nós temos a faculdade de fazermos as coisas, não apenas por compulsão, e sim segundo nosso melhor juízo, Deus tudo faz segundo uma *razão suficientemente boa e adequada* para movimentar Sua vontade. Em outras palavras, faz o que quer e porque quer, e nunca obrigado por regras ou leis. Este é um dos

389. (LEIBNIZ, 2004).

pontos mais difíceis de compreender, pois Leibniz quer negar que a liberdade de Deus seja apenas uma ausência de constrangimento, mas quer afirmar que Deus escolherá com gosto sempre as mesmas coisas, as melhores.

Se Deus só escolhe o melhor, não por compulsão, mas porque é inteligente e bom, e a perfeita inteligência e o perfeito bem não querem nunca escolher a insensatez, o mal e a imperfeição, então este mundo é o que de melhor poderia existir; é o *melhor dos mundos possíveis*. Essa conclusão produziu a célebre reação de escárnio de Voltaire em seu *Cândido*, que não apresenta nenhum argumento à altura da proposta leibniziana, limitando-se a afirmar trivialmente que o mundo é cheio de males. Leibniz, contudo, já o havia percebido. Não era um cientista e filósofo de torre de marfim, e sim homem público, diplomata e engajado nos grandes acontecimentos de seu século; um século pior, mais violento e mais obscurantista do que o de Voltaire. Tampouco era acomodado ou quietista, defendendo a vida ativa e o engajamento contra o mal como deveres. No *Discurso de Metafísica*, afirmou que o amor de Deus exige completa satisfação e aquiescência no tocante ao que ele faz, sem que por isso seja preciso ser quietista[390], pois a garantia de excelência e a indiferença não são de modo algum a mesma coisa.

Erram, portanto, diz Leibniz, aqueles que interpretam a necessidade racional de se supor em tudo a melhor disposição como indiferença, pois, "para que louvá-lo (a Deus) pelo que fez, se seria igualmente louvável se fizesse precisamente o contrário?"[391]. A escolha sábia e boa, portanto, não é uma determinação, mas uma conclusão do fato de que é imperfeito "agir com menos perfeição do que se teria podido"[392], e o ser que não age tão perfeitamente quanto pode não é perfeito.

O fato de Deus criar o melhor dos mundos possíveis, entretanto, não anula a constatação de que este ainda é um mundo de maldade e problemas. Como Agostinho já havia defendido, a obra de Deus é a melhor possível, mas está longe de ser perfeita, porque a melhor obra possível não é um relógio que funciona perfeitamente, mas um mundo de filhos livres, e filhos livres podem errar e escolher o mal.

Porque Deus é vivo e não um *lógos* matemático, porque ama e não só calcula, quer povoar o mundo de espíritos livres como Ele próprio. Ademais, se Ele quer o bem, quer um bem moral, isto é, feito livremente, por seres que poderiam ter escolhido algo distinto do bem[393]. É melhor o mundo em que os homens sejam

---

390. (LEIBNIZ, 2004, p. 8).

391. (LEIBNIZ, 2004, p. 4).

392. (LEIBNIZ, 2004, p. 6).

393. (LEIBNIZ, 1997, p. 183-186).

potentes e capazes de melhorá-lo, um mundo em que possam se educar pelas suas próprias forças e escolher o melhor.

Como observado por Agostinho, o mal moral reside no livre-arbítrio humano, e o mal natural é sempre uma ilusão criada por nossos interesses e entendimento particulares, pois a tempestade respeita uma lei, uma necessidade de movimento e renovação dos ares, assim como a morte e a doença, de que se queixam em vão os homens.

No reino animal, onde o determinismo já não é absoluto – e a prova de que não há determinismo é exatamente o fato de fazermos juízo moral de animais –, existe um meio termo entre a aceitação total e a revolta. O leão não é um assassino, no sentido em que o homem que mata por cálculo é um assassino, mas mata de forma inocente, pois não pensa e não julga o que faz. Ainda assim, punimos os animais, batemos em um cão ou matamos o leão, pois identificamos uma "semente" de culpa no animal. Aliás, outra prova de que animais não são determinados, como autômatos, é o fato de que podem ser educados por recompensa e punição.

Pode-se, contudo, até matar o leão, mas não se pode acreditar que foi feita *justiça* pelo seu "crime", pois ele não é deliberado. A vontade do leão não o condena como criminoso porque ela só tem em vista o seu próprio bem, mas o condena como um perigo, isto é, um mal, que merece ser eliminado ou contido de alguma forma[394].

Este é, segundo as leis naturais, o melhor dos mundos possíveis[395], e, segundo as leis morais, será o que fizermos dele.

Voltando ao *princípio de razão suficiente*, seu maior mérito está em explicar por que Deus age de tal ou qual modo, e não poderia agir mal ou ineficientemente, como também em resolver um dos maiores problemas filosóficos, insolúvel do ponto de vista mecanicista: por que há algo e não nada? Ora, do ponto de vista mecanicista as coisas só têm razão de ser em consequência automática de causas contingentes. Uma bola de bilhar se movimenta porque outra bateu nela. Mas causas contingentes dependem umas das outras ao infinito, sem que permitam explicar o porquê de existirem ou de serem como são, pois faria mais sentido não haver nada do que um universo de causas contingentes que veio do nada.

> É necessário, assim, que a razão suficiente, a qual não carece de qualquer outra razão, resida fora da série das coisas contingentes e se encontre numa substância que dela seja a causa, e que seja um Ser necessário, possuindo em si a razão da sua existência; de outro modo, não se teria ainda uma

394. (LEIBNIZ, 1997, p. 160).

395. (RUTHERFORD, 2006, p. 173).

> razão suficiente onde se pudesse parar. E esta razão derradeira das coisas chama-se *Deus*[396].

Espinosa revelara corretamente, segundo Leibniz, que Deus é a causa primária de tudo o que existe, mas a forma como o fez reduzira Deus a uma causa imanente (o que era a intenção de Espinosa) e morta (o que talvez não fosse a intenção de Espinosa). Morta porque, no entender de Leibniz, Deus não teria vontade, agindo como que por uma compulsão intelectual. Isto não apenas é problemático do ponto de vista moral como do próprio ponto de vista cosmológico, pois restam as perguntas ligadas à questão central de por que há algo e não nada: por que há coisas, por que são como são, e qual é a causa ativa da série de contingências? Leibniz entendia, portanto, que a causa primária de tudo teria de ser também necessariamente uma inteligência suprema, e ser inteligência suprema implica em ser espírito, com vontade, iniciador intencional da ordem e da série de eventos contingentes.

Essa é a revelação e a filosofia de Jesus Cristo, afirma Leibniz no prefácio da *Teodiceia*, que foi escrito principalmente para combater as doutrinas – para Leibniz deletérias – do materialismo de Espinosa e do ceticismo de Bayle. De acordo com a *Teodiceia*, Jesus foi o primeiro a entender e propor que o mundo e a vida individual fossem interpretados segundo o princípio de um plano de uma consciência absoluta e boa[397]. Para a filosofia de Jesus Cristo, todas as coisas, mesmo as absurdas e más para o nosso intelecto finito, possuem uma razão de ser sábia e boa, e o filósofo que entende essa doutrina não se limita a aceitar, como o estoico, como também ama e adora a determinação universal como aquilo que de melhor lhe poderia ocorrer, ainda quando esta lhe impõe um calvário.

Essa doutrina, acredita Leibniz, não é apresentada por Jesus Cristo como uma teoria ou sistema, e sim na forma de duas verdades práticas de consequências imediatas mesmo para o intelecto do homem mais simples: a unidade de Deus e a imortalidade da alma[398].

Ora, Deus é a razão da existência do mundo; uma razão sem a qual o mundo regido por uma série de causas contingentes não pode ser explicado. É também a razão de o mundo ser o melhor possível, mas resta definir como.

Leibniz percebera que o conceito de substância genérico e único de Espinosa não explicava corretamente a diferença entre os indivíduos, preferindo, portanto, um conceito mais próximo ao de Aristóteles, de que substância é o

---

396. (LEIBNIZ, 2020, p. 8).
397. (LEIBNIZ, 1997, p. 50-51).
398. (LEIBNIZ, 1997, p. 51).

que define o ser de cada coisa enquanto indivíduo que é. Tentando explicar o conceito de razão suficiente, acabou por desenvolver também a importante noção lógica da *identidade dos indiscerníveis*, isto é, que duas coisas que gozam de atributos idênticos não podem ser diferenciados; são a mesma coisa. Ora, a suprema inteligência poderia ter querido e quis fazer mais de uma coisa, pelo que as fez simples, mas cada uma exclusiva, um indivíduo, uma mônada, do grego *monas*[399].

A *doutrina das mônadas* é o termo médio entre a metafísica monista robusta de Espinosa e o princípio da individualidade, que é lógico e moral. Lógico porque a identidade das coisas as tornaria indiscerníveis, moral porque a individualidade é absolutamente fundamental para a liberdade, que sentimos na prática e sabemos ser necessária para fundar a responsabilidade moral[400]. A partícula fundamental da realidade, ademais, precisa gozar de autossuficiência, e esta fundamenta tanto a individualidade quanto a moralidade.

Características individuais, contudo, são justificáveis de um ponto de vista espiritual, mas não de um ponto de vista material (para o qual as coisas poderiam ser indiscerníveis). Ora, como há maior razão para que Deus crie indivíduos, há, portanto, maior razão para que crie espíritos e não matéria morta e indistinta[401], pelo que a razão aponta para a existência de uma multidão de partículas espirituais.

A teoria das mônadas pode parecer demasiado estranha para a mentalidade moderna, que se acostumou a enxergar os princípios de tudo justamente em partículas de matéria morta, mas Leibniz usa analogias psicológicas para mostrar que é possível termos consciência e vontade mesmo estando adormecidos, como em um sono sem sonhos. Ora, o que vale para nós, espíritos conscientes, vez ou outra, pode perfeitamente valer o tempo todo para uma partícula infinitesimal que compõe os corpos. Corpos, portanto, são agregados perecíveis, exatamente como o atomismo propõe, mas as partículas últimas que os formam não são grânulos de poeira, mas forças vivas e inteligentes. Se pudéssemos chegar ao nível atômico não descobriríamos uma pedrinha, e sim uma unidade de força, uma ideia ou unidade de regras e princípios que, apenas em agregados macroscópicos começa a parecer algo sólido, algo impessoal e morto.

Cada partícula monádica é um ser simples, porém completo, com sua própria presença e poder dentro do universo. É uma alma, uma vida, um minúsculo espírito inconsciente que empresta sua individualidade e sua capacidade

399. (COELHO, 2019).

400. (LEIBNIZ, 2004, p. 131-135).

401. (LEIBNIZ, 2004, p. 134-135).

de associação para formar os agregados materiais, sem jamais deixar de ser um espelho de Deus e do universo, não uma substância contrária e oposta ao espírito criador.

A ideia das partículas espirituais que dormem, ou estão inconscientes, ajuda a explicar por que o mundo pode se comportar como se as coisas fossem regidas de fora, por causas mecânicas, e, ao mesmo tempo, porque podem *despertar* em seres superiores como os viventes, animais e no homem.

O fato, contudo, é que a razão nos informa de que ambas as ordenações existem ao mesmo tempo: o universo é ordenado mecanicamente, e pode ser assim explicado, e também contém motivações e livre-arbítrio humanos. O tiro de canhão que vira o rumo da batalha ocorreu porque o acendedor atingiu a pólvora, que impulsionou a bala, mas ao mesmo tempo em que essa ordem mecânica é verdadeira, não admitimos que o braço do artilheiro desceu por acaso, ou que o canhão estava apontado para o lugar certo porque o artilheiro calhou de fazer a força exata para levantá-lo um grau. Sabemos, ao contrário, que o general ordenou por razões inteligentes o alvo, e que poderia ter escolhido outro, que o artilheiro calculou com precisão o ângulo necessário para atingir o alvo, e moveu a peça com total consciência, intenção e inteligência do ato, e que é só por isso que a guerra foi ganha.

Conciliar essas duas ordens de coisas, ou, em outras palavras, solucionar o enigma da relação entre mente e corpo, entre natureza e graça[402], é o papel do princípio da *harmonia pré-estabelecida*. Conforme este, Deus ordenou o universo para que as coisas acontecessem (mecanicamente) em conformidade com as decisões livres dos espíritos (moralmente). Deus é inteligente o bastante para harmonizar todos os movimentos de todas as partículas do universo para que cada pessoa nascesse, que cada grão de comida chegasse à sua boca no tempo certo, que cada fio de cabelo criasse a exata disposição da aparência, para que uma outra pessoa tivesse tal impressão, e para que cada movimento dos membros e dos órgãos levasse Júlio César a proferir as palavras que proferiu no dia da véspera de seu assassinato. O físico, portanto, pode ler na natureza a história da cinética, mas o filósofo moral e o historiador lerão a história das decisões responsáveis dos indivíduos.

Nas palavras de Leibniz a respeito da harmonia preestabelecida: "Os caminhos de Deus são os mais simples e uniformes: pois que Ele escolhe as leis que menos possam restringir as outras. São também as mais produtivas em proporção

402. (LEIBNIZ, 1997, p. 172).

à simplicidade dos meios e dos fins"[403]. E a prova de tais postulados é simplesmente a inteligência que nós mesmos possuímos, e que nos leva a buscar também a otimização e a harmonia entre nossos interesses e esforços. Deus há de ser mais prudente e mais previdente que um homem razoavelmente sensato.

Toda essa ênfase na individualidade, contudo, não permitiu a Leibniz produzir um libertarianismo ou um individualismo forte, como o de Kant mais tarde, e ele, segundo muitos intérpretes, terminou por derrapar de volta em um monismo não tão distinto do de Espinosa, e em um determinismo, inclusive, no qual o livre-arbítrio seria apenas subjetivo, mas todos os eventos determinados na mente de Deus.

As teses de que Leibniz teria ao final apenas um tipo de substância (monismo), a substância espiritual, foi associada à sua admiração por Giordano Bruno e, semelhantemente a este, é possível que sua revolta fosse contra a conotação materialista do monismo de Espinosa, e não ao monismo em si[404]. Essa preocupação em salvaguardar o espiritualismo se reflete também em outros ataques a Espinosa, como o ataque à ideia de que as almas não teriam memória após a morte, porque é óbvio, pensa Leibniz, que "sem memória não seriam almas"[405]. Há também, na *Teodiceia*, um constante ataque ao ceticismo de Bayle, para quem a razão e a fé não poderiam ser acomodadas e harmonizadas.

De sua filosofia, Leibniz extraiu conclusões muito críticas sobre a prática dos cristãos.

> Contrariando nosso mestre, a devoção se reduziu a cerimônias e a doutrina bloqueada pelas fórmulas [...] Alguns cristãos imaginaram poder ser devotos sem amarem o seu próximo, e pios sem amar a Deus; ou pensaram poder amar o próximo sem servi-lo e amar a Deus sem conhecê-Lo. [...] Tenho observado que essas opiniões, capazes de causar grande mal, assentam sobre noções confusas que se formaram sobre a liberdade, a necessidade e o destino[406].

Nota-se que ele vê uma relação direta entre impasses filosóficos e o fracasso prático da devoção cristã, de modo que a filosofia não tem, aí, um papel secundário e puramente teórico. Leibniz entendia, ao contrário, que uma importância capital da filosofia na orientação das almas para a felicidade e a liber-

---

403. (LEIBNIZ, 1997, p. 257).

404. (STEIN, 1890, p. 240).

405. (STEIN, 1890, p. 248).

406. (LEIBNIZ, 1997, p. 52).

tação das ilusões seria um gérmen discreto, mas consistente, que perpassava o melhor das múltiplas correntes, no que ele chamou de *filosofia perene*, usando o termo de Agostino Steuco. Nesse sentido, os grandes mestres espirituais da humanidade, Jesus Cristo acima de todos, seriam reveladores não de dogmas, mas de princípios filosóficos, às vezes claros, às vezes encobertos sob o manto do simbolismo, mas sempre meritórios quando alinhados com a proposta de engrandecer a ideia de Deus e harmonizar a ação e o entendimento humanos ao fluxo da ordem cósmica.

Se Leibniz era menos pluralista que os defensores contemporâneos da ideia de filosofia perene, imaginando algumas religiões como inteiramente falsas e Cristo e Moisés como incomparavelmente superiores a todos os demais reveladores, já estava à frente de seu tempo ao considerar a mera possibilidade de que houvesse sementes de verdade em meio a essas outras religiões.

Em 1715, meses antes de morrer, Leibniz fez uma crítica à física newtoniana em uma carta a Caroline de Ansbach, que para o grande ganho da humanidade compartilhou o conteúdo da carta com o colaborador mais próximo de Newton, Samuel Clarke, gerando um dos mais profundos confrontos epistolares de que se tem notícia.

Newton sem dúvida alguma estava a par de tudo o que Clarke discutia com Leibniz[407], mas seria frívolo julgar que um cientista e teólogo do porte de Clarke assumisse o papel de mero repetidor das palavras do amigo e mestre, de modo que o mais provável é que conversassem sobre o assunto, sem que Newton dissesse a Clarke como este deveria responder. Para avaliar a correspondência, portanto, é preciso entender que Newton participava dela, mas não há fonte histórica que confirme o grau dessa participação ou mesmo uma única intervenção específica ao longo da discussão, que para todos os efeitos deve ser julgada como sendo uma discussão entre Clarke e Leibniz.

Ambos os partidos desejavam essencialmente promover suas visões sobre o conceito de Deus e o sistema cósmico correspondente à grandeza do criador. Viam também seu próprio papel de protagonistas da ciência como uma vocação divina, e que sua missão era proteger a moralidade contra a ameaça do naturalismo (materialista). O ponto de discórdia dos dois lados, portanto, era relativamente pequeno diante do número de concordâncias que partilhavam enquanto paladinos de uma ciência compatível com a revelação, e sua divergência dizia respeito aos meios racionais de se combater a impiedade.

---

407. (VAILATI, 1997, p. 4).

Apesar de seus imensos méritos, tanto o partido de Clarke e Newton quanto o de Leibniz eram injustos um com o outro. Sua rivalidade atingira proporções grandes demais para que pudessem manter a cordialidade e até a imparcialidade.

Lembrando que Newton havia rejeitado a associação com o arianismo de Whiston, e que também Clarke havia publicado um texto defendendo que Jesus Cristo fora criado pelo Deus único, Leibniz tinha razão em inferir que fossem (Clarke e Newton) arianistas ou mesmo socianistas.

Quanto à alma imortal estavam mais de acordo. Ambos os grupos achavam que a crença na imortalidade da alma era apontada pelas Escrituras e pela razão como necessária à moralidade, mas Clarke achava ainda que "a alma seria extensa, enquanto Leibniz o negava"[408], já que havia encontrado uma solução melhor na divisão entre alma e corpo e na sua ligação através da harmonia preestabelecida.

A quarta carta de Leibniz desferiu um importante ataque ao conceito de Deus newtoniano, argumentando que a ideia de espaço absoluto contrariaria a boa noção metafísica de que só Deus pode ter atributos absolutos. Se o espaço fosse infinito e absoluto, portanto, "nem Deus poderia alterá-lo, pois ele seria imutável e eterno em cada parte"[409]. Em outras palavras, ao atribuir infinitude ao espaço, os newtonianos tiveram de associá-lo de uma forma ou de outra a Deus, ou como uma propriedade de Deus ou como um símile. Isso gerava uma série de problemas, o maior deles o de que poderia haver consequências estranhas para a teologia decorrentes de questões técnicas da física.

Se Clarke acusava Leibniz de separar radicalmente Deus do mundo, Leibniz entendia que Newton e Clarke muito provavelmente estavam juntos de Espinosa e outros (hereges), que confundiam Deus com a criação, em uma espécie de panteísmo ou antiga noção de alma do mundo.

Leibniz estava ainda particularmente preocupado com a noção de milagre, que poderia ou fazer com que os cristãos parecessem tolos à luz do saber moderno ou fazer com que a concepção de Deus fosse rebaixada para a de um arquiteto que precisa de constantes reparos no plano original, ou, o que é pior, que tudo no mundo acabasse por ser explicado como resultado não da lógica, mas de uma espécie de "intervenção permanente" ou misticismo, como lhe parecia ter feito Malebranche. Ao invés disso, Leibniz propunha que os milagres deveriam (racionalmente) ocupar o papel de complementos à glorificação de

408. (VAILATI, 1997, p. 53).

409. (VAILATI, 1997, p. 26).

Deus, como sinais significativos de Seu poder e Sua bondade. Não é difícil associar a ideia à passagem em que Jesus afirma que a cura do cego não se devia ao pecado do doente ou de seus pais, mas era oportunidade para que as testemunhas cressem.

A Clarke – e, presumivelmente, também a Newton – repugnava a acusação implícita de materialismo, pois Clarke

> estava convencido de que o newtonianismo poderia ser usado com propósito apologético (cristão), por mostrar que o mundo não é um vasto sistema mecânico de corpos movidos por outros corpos, já que forças atrativas não podem ser explicadas mecanicamente, e requerem constante intervenção divina[410].

A força atrativa, assim, seria uma espécie de expressão material da vontade e do amor de Deus, uma tendência das coisas criadas à comunhão, que contrabalancearia a natureza dispersiva e passiva dos choques mecânicos.

Para Newton, como para Clarke, as críticas de Leibniz eram absurdamente ofensivas, pois viam o Deus de seu sistema como o mesmo espírito criador da Bíblia. Esse Deus, segundo Newton, "governa todas as coisas, não como alma do mundo, e sim como o senhor de tudo"[411]. É uma inteligência ativa, amorosa e presente, que corrige as irregularidades típicas da imperfeição da matéria, de modo que ao lado de Suas perfeitíssimas leis está também o Seu amor, Sua presença e Sua influência concreta, manifestos pelo que chamamos de divina providência[412].

Apesar de entenderem os ataques como ofensivos, no entanto, Newton e Clarke, como o próprio Leibniz, estavam muito à frente do comprometimento passional com que quase qualquer pessoa de sua época ou épocas anteriores discutiam assuntos de fé e os conceitos filosóficos que os embasavam. Eram já homens de ciência entretidos em uma acirrada disputa, sem que nenhum deles imaginasse que as posições do outro deveriam ser silenciadas. Chegar a esse ponto foi a conquista de todos os autores que os precederam, e dos quais vimos algumas contribuições.

Estranho quanto possa parecer ao leitor contemporâneo, ambos os grupos envolvidos na controvérsia acreditavam estar defendendo o sistema cosmológico

---

410. (VAILATI, 1997, p. 42).

411. (GAY, 1969, p. 141).

412. Idem.

e metafísico correto, o único harmônico com as Sagradas Escrituras e diante do qual todo o leitor entendedor deveria ao final exclamar "aleluia e amém".

Primeiros passos do pensamento das Américas

Enquanto a Europa vivia os embates fratricidas das guerras de religião, as Américas de certa forma se beneficiavam da fuga de dissidentes exaustos das perseguições incessantes, que buscavam um ambiente de negócios, oportunidades ou simplesmente paz.

É possível falar das Américas, no plural, porque holandeses e judeus tentaram assentar-se no Brasil, e o Caribe se tornara terra de ninguém, formando um dos ambientes de maior diversidade cultural dos séculos XVII e XVIII. Além disso, mesmo em ambientes exclusivamente católicos, como era o caso da maior parte da América Latina de então, os nativos, os escravos africanos e o afastamento dos próprios ibéricos de sua metrópole permitiam novas formas de sincretismo ou simplesmente laxismo e regionalismos.

Temos de considerar, portanto, que as colônias inglesas respiravam os ares do puritanismo e das dissidências já consideravelmente secularizadas, ao passo que as colônias hispânicas e a portuguesa experimentavam os limites de um catolicismo ultramarino, com importantíssima liderança dos jesuítas.

Sóror Juana Inês de la Cruz é sem dúvida a maior intelectual do México, se não de toda a América Latina no século XVIII. O Brasil teve o padre Antônio Vieira no século XVII, mas ele não foi sucedido por nomes do mesmo porte em um período de cem anos ou mais. No século XVIII, no Brasil, ainda vigorava o escolasticismo jesuítico, com certo destaque para as ideias de Matias Aires. No campo da ação, contudo, a Inconfidência Mineira tem importância e precocidade suficiente para figurar entre os grandes eventos transformadores inspirados pelo ideário iluminista, apesar de seu desfecho infeliz.

No Brasil, Manoel da Nóbrega e José de Anchieta tornaram-se referências absolutas da cultura, fosse em matéria de zelo missionário ou em brilhantismo intelectual.

Anchieta fora conhecido como canário, porque provinha das ilhas Canárias e porque em Coimbra era tão fluente em latim que parecia cantar.

José Teixeira de Mello, que colheu relatos de pessoas que conviveram de perto com Anchieta, escreveu sobre ele:

> Nas viagens que fazia por mar, vigiava toda noute para que os outros dormissem descansados, e quasi todo este tempo gastava em contínua oração. Caminhando por terra sempre conservou o seu antigo costume de andar

> a pé descalço, com o bordão na mão. Tinha singular graça e modo para temperar discordes, consolar afligidos e desassombrar atentados; mas o que muito nelle se enxergava era uma continua paz e mansidão, enquanto se queriam della ajudar aquelles com quem tratava[413].

A um Brasil que conservava essa imagem heroica dos primeiros jesuítas, chega em 1614 uma das maiores mentes já nascidas em terras portuguesas. Saindo ainda da primeira infância, Antônio Vieira (1608-1697) nascera com alma portuguesa, mas cultivou seu vibrante intelecto e seu espírito indomável em terras brasileiras.

Apesar da qualidade dos colégios jesuíticos, é de impressionar que um sermonista do porte de Vieira pudesse ter surgido no Brasil Colônia do começo do século XVII, não sendo possível ignorar que seu talento deve ter superado em muito as oportunidades de se educar.

Pregador insuperável, mais orador do que escritor, Vieira era conhecido por uma memória eidética, que lembrava a de Santo Antônio, e uma irreverência quase voltairiana. Essa irreverência, contudo, não era devida à falta de respeito, mas ao seu imenso zelo de cristão, que a nenhum homem considerava acima dos outros, e apontava as falhas aos poderosos como aos escravos. Na verdade, apontava mais para as dos poderosos.

Sem ser autor ou adepto de sistemas e correntes filosóficas, é considerado por muitos o primeiro a filosofar em terras brasileiras, e é, certamente, o primeiro grande pensador, com interesses que iam da moral e da teologia à política e à antropologia.

Acima de tudo, aparentava ter sido picado pela dúvida e pelo incômodo existencial, e nutria ideias heterodoxas para um clérigo português, como se vê pelos seguintes textos de Pedro Calafate:

> Toda a sua obra, nas suas múltiplas vertentes de moralista, político e filósofo da história, coroada pela retórica, ou não fosse o retórico o homem que não sabendo tudo, sabe no entanto de tudo, aparece dominada por essa tensão entre o desconcertado do mundo da experiência, na qual se inscreve o tempo da vida breve, dominado pela fortuna, pelo acaso, pelo tempo e pela sorte, e o tempo da conversão interior da pessoa humana, que podemos referir ao tópico agostiniano da Roma temporal e da Roma eterna.
>
> De um lado o movimento labiríntico do mundo dos homens, impelido pela cobiça e efemeridade dos valores, do outro a imperturbável sabedoria dos

413. (DE MELLO, 1897, p. 8).

> estoicos, a que sugestivamente se referia como aos "cristãos daquele tempo", chamando-lhes, noutro passo, "a seita mais racional e cristã entre os gentios"[414].
>
> O tema do desconcerto do mundo assume particular relevância com o recuo do cosmo fechado e teocêntrico da Idade Média, com a afirmação da infinidade do universo[...]
>
> Alteração dos papéis que a cada um é dado representar, mutação rápida dos valores, no torno contínuo da vida, onde predominam os valores não do que dura e nos projecta para a eternidade, mas do que desdura e nos encerra nas fronteiras do tempo. [...]
>
> Um mundo em que triunfa o acaso, a fortuna, o tempo e a sorte é certamente um mundo ao contrário, uma casa de enganos, uma representação teatral momentânea, como se todos vivêssemos um sonho de que importa acordar. [...]
>
> Sendo o mundo um mundo de cegos que conduzem cegos:
>
> É assim possível ver sem ver pois, ver verdadeiramente é passar do visível ao invisível, do sensível ao inteligível, é passar do mundo da desarticulada e pura empiria, para o mundo da filosofia, no quadro da metafísica da luz. Simplesmente, o mundo em crise a que se refere Vieira não é o mundo dos filósofos, pois "os filósofos dizem que uma contraditória não cabe no mundo dos possíveis, eu digo que cabe no mundo dos olhos", pelo que o herói do mundo Barroco, devendo orientar-se pelo mundo dos princípios e dos valores do espírito, sabe, no entanto, mover-se no mundo dos "olhos", não sucumbindo à surpresa de suas contraditórias[415].

Vieira, portanto, deixa transparecer a exuberância do intelecto Barroco, labiríntico, dialético, assombrado pelos choques entre a luz e as trevas.

Isso não significa, porém, que não seja claro e incisivo, além de reconhecidamente polêmico e combativo. Entre suas pautas principais estavam as ideias de igualdade, de liberdade e de uma vivência cristã mais coerente. Afirmava, por exemplo, que a conduta acorde com o Evangelho era o caminho da salvação, e que sem isso a nobreza ou a riqueza, a encomenda de missas e as doações em leito de morte de nada adiantariam[416].

No *Sermão da sexagésima*, Vieira inclui também o clero em sua crítica sobre a hipocrisia e a falta de vivência cristã, alegando que a inocuidade e in-

---

414. (CALAFATE, 1998, p. 70).

415. (CALAFATE, 1998, p. 95; 96; 98).

416. (BOSI, 2011, p. 33-36).

fertilidade dos sermões diante da tarefa evangelizadora se deve à falta de estofo dos pregadores. De nada adianta, escreve, repetir as palavras que vieram de Deus, segundo a letra, e deixar de apresentar em espírito *a Palavra de Deus*, a qual não conhecem os que a repetem com a língua e jamais a trouxeram para o coração[417].

Não se tratava, portanto, de um erudito ou acadêmico, como tantos, alienado da realidade presente, e sim de um intelecto profundo, mas inteiramente voltado para as necessidades prementes de seu rebanho.

De índole semelhante, mas em contexto inteiramente diferente, é o pensamento da freira mexicana Juana Inés de la Cruz (1648-1695), considerada a primeira filósofa da América Hispânica.

Nascida nas proximidades da Cidade do México, ingressou adolescente para um convento, onde se destacou como intelectual e polímata.

Como Vieira, era fluente em latim, mas dominava melhor o idioma indígena Nahuatl do que Vieira dominava o Tupi. Uma das primeiras obras da freira foi justamente uma crítica a um dos sermões do padre Antônio Vieira.

Era primariamente poetisa, mas de poemas reflexivos, provocantes e não menos filosóficos do que os de qualquer filósofo-literato.

Sua obra prima, o poema *Primeiro Sonho*, trata resumidamente de quase todos os traços principais da vida e dos estudos de Inés de la Cruz. Quase iluminista, é centrado na busca pelo conhecimento; distintamente Barroco, é carregado de simbolismo, de uma teologia mística e de referências ao neoplatonismo. Daí se vê o quão importante é sua figura para o Iluminismo hispano-americano, tanto por sua ambiguidade e pela forma como traça o conflito entre fé e razão quanto por sua relação direta com os problemas do saber e dos meios de sua busca.

No poema se vê facilmente a harmonia físico-psíquica pregada pelo tomismo, com uma grande preocupação da parte de Juana Inés de la Cruz em explicar os diversos graus de refinamento do alimento recebido pelo corpo em sangue, isto é, o processo de espiritualização da matéria para que ela sirva ao propósito específico da nutrição do corpo humano. Da mesma forma, é através dos elementos mais sutis do corpo que os órgãos mais grosseiros são movimentados pela alma[418]. É necessário, portanto, que elementos intermediários mais sutis sirvam de meio para que as impressões e a vontade da alma sejam impostas aos órgãos mais grosseiros como os músculos[419].

---

417. (BOSI, 2011, p. 153-166).

418. (VALLÈS, 1996, p. 42).

419. (VALLÈS, 1996, p. 43).

A importância central do papel da "sombra" no poema tem a ver com sua própria obscuridade, isto é, não poder ser "esclarecida". Portanto, De la Cruz recorre ao expediente mitológico, escolhendo figuras transgressoras das leis divinas como representantes da sombra, que, então, adquire caráter de oposição e negação da ordem divina. Se pensarmos que ela escreve na mesma época em que Milton, teorias sobre o espírito de época emergem com mais força aos nossos olhos.

Alejandro Vallès acredita que a integração da sombra através das figuras mitológicas também está ligada à representação da Virgem Maria (elemento sagrado feminino) no poema: a lua. É em contraste com a pureza da luz lunar que a sombra é definida[420].

O poema explora as opções de alcance da verdade, entre a mística, a contemplação mais intelectiva e a ciência, de uma forma criativa e original. Juana Inés de la Cruz termina por dar a impressão de desistir da visão unitiva do todo, voltando-se para a ciência do ser, de Aristóteles. Tenta o caminho do saber por analogia, partindo das coisas sensíveis para as inteligíveis, mas alguns comentadores afirmam que essas decisões se basearam nas sucessivas proibições e perseguições por parte de seus superiores, que em vão tentavam dissuadi-la de sua carreira de escritora com sobrecarga de funções práticas e técnicas.

Sua alma iniciada na mística, contudo, não poderia esquecer o aroma de transcendência farejado através da combinação entre poesia e contemplação cristã, que continuou a marcar sua obra.

É muito curioso que as duas figuras maiores da literatura latino-americana do século XVII sejam religiosos provocadores e difíceis de domar, e que tenham sido reconhecidos e repudiados pelo clero em igual medida. Casos tão explícitos quanto esses nos permitem considerar se era sequer possível aos grandes intelectuais não se envolverem com a questão da liberdade.

Ao Norte, as colônias inglesas guardavam as mesmas diferenças entre si e as colônias ibéricas que se observavam na Europa: ao invés de jesuitismo, o puritanismo; ao invés de uma Igreja, várias.

A Inglaterra tentou o quanto pôde manter as colônias anglicanas, mas a própria natureza diversa do protestantismo britânico, e o fato de que era impossível não contar com os escoceses, além da considerável presença de dissidentes e não conformistas na Inglaterra e em Gales levava fatalmente ao aumento da diversidade religiosa nas colônias.

Por força do conflito entre católicos e protestantes, luteranos alemães e escandinavos se sentiam à vontade nas colônias inglesas, mas não nas colônias espa-

420. (VALLÈS, 1996, p. 57-63).

nholas e portuguesas, de modo que um fluxo não irrelevante de colonos alemães e escandinavos contribuiu para o povoamento do que viriam a ser os Estados Unidos. Tanto pietistas quanto luteranos ortodoxos estavam entre esses imigrantes que começam a chegar por volta da virada do século XVIII, complexificando a dinâmica cultural e religiosa das colônias inglesas já desde essa época, e ajudando a diferenciá-las tanto da cultura britânica quanto da Igreja da Inglaterra.

A mútua dificuldade dos católicos e protestantes em se tolerarem também era um problema para uma colonização menos isolada das Américas. A cultura inglesa tinha particular desprezo pelos jesuítas, e os ingleses chamavam de jesuitismo todo o tipo de discurso desonesto e prolixo, como também fuga ao tema com o propósito malicioso de confundir ou de fugir à questão. Os católicos viam os puritanos como fanáticos e loucos, e uns não desejavam se misturar com os outros.

A intensificação do puritanismo em terras americanas logo marcaria também uma diferença significativa entre as culturas norte-americana e inglesa. Os quakers, que vinham sendo perseguidos na Inglaterra como criadores de caso e fanáticos, teriam nas colônias do leste americano sua terra prometida.

Em 1660 o jovem William Penn chegara a Oxford, a cidade que, segundo decreto do Parlamento em 1659, deveria ser um celeiro de bênçãos para cultivo da piedade e do conhecimento. Com a restauração da monarquia, contudo, a impressão de William não foi bem essa; as coisas estavam em completo caos, mesmo considerando-se o fato de ele estar no terreno mais conservador do Christ Church College[421].

Naturalmente rebelde, Penn pode ter estado na zona de influência de veteranos contestadores como John Locke, ou pode ter se dedicado a estudos paralelos, mas certamente não era um estudante modelo, e em 1662 partiu para Paris, onde acabou em um colégio huguenote, no qual aprendeu bastante sobre o universalismo filosófico-religioso de Amyraut. Por fim, os anos de "andarilho" do jovem terminaram após um período como oficial da marinha, o que o levou a diversos combates no curto, mas agitado período.

Finalmente, de uma forma quase fortuita – que ele certamente interpretou como inteiramente providencial – Penn veio a saber que um de seus ídolos de juventude, o pregador Thomas Loe iria pregar em Cork, onde ele estava. Após o sermão, William Penn chorava copiosamente, e estava decidido a mudar o rumo de sua vida e a reconstruir sua imagem de si mesmo. Thomas Loe era um quaker, e inflamou o combustível acumulado na alma do jovem Penn.

---

421. (DOBRÉE, 1932, p. 11-12).

Como quaker, Penn passa a defender uma ideia exótica, típica dos não conformistas ingleses: a tolerância religiosa.

O guerreiro, o estudante e o devoto se somaram em um poderoso pregador, que atacava toda forma de perseguição, intolerância ou ritualismo. A princípio, essa atitude poderia parecer ela mesma acusatória e agressiva, mas o cerne de sua atividade missionária era destruir o pecado, não o pecador. É possível que essa boa intenção não tenha sido suficiente para que o seu discurso fosse bem recebido por católicos, aos quais condenava como dogmáticos e preguiçosos, apoiados em uma convenientemente cega subserviência ao papa e aos cardeais, ou por protestantes, aos quais condenava por terem matado o ímpeto reformador em troca dos mesmos ritos mortos, hierarquia, sacramentos e frugalidades exteriores que faziam da Igreja Romana um sepulcro caiado[422].

Nas décadas de 1660 e 1670, o quakerismo era severamente perseguido com multas, prisão e até deportação de seus membros. Penn, como Fox, foi preso mais de uma vez, o que só aumentou sua respeitabilidade para a comunidade quaker, que venerava a ideia do martírio e do dever individual de cada fiel de carregar sua cruz.

Após a morte do pai, Penn herda uma importante propriedade, a qual vende anos depois para emigrar para a América. Em Nova Jersey, Penn compra uma grande fazenda, e passa a intermediar a compra de terrenos por parte de diversos amigos quakers[423], ao ponto de que poucos anos depois uma grande porção do estado estava nas mãos dos novos fazendeiros quaker. Nova Jersey, no entanto, não correspondia às aspirações utópicas que William começara a nutrir. Ele desejava uma terra mais virgem, mais inexplorada, e onde pudesse executar uma espécie de governo de fiéis, o que era impossível em Nova Jersey. Passou, então, a solicitar ao rei um território não colonizado a oeste de lá, e anunciar a todos os quakers que sua terra prometida seria ali edificada.

O plano saiu melhor que a encomenda, e Penn recebeu a permissão para administrar uma enorme fatia de terras florestais, as quais desejava batizar de Nova Gales. O secretário de estado que intermediava o contrato, no entanto, desgostou do nome, e Penn sugeriu Sylvania, ao que o secretário acrescentou Pennsylvania: a terra florestal de Penn[424].

O primeiro e maior desafio de Penn nas novas terras era como lidar com os nativos. Como Jan Amos Comenius, no mesmo século, Penn idealizara um

422. (DOBRÉE, 1932, p. 52).

423. (DOBRÉE, 1932, p. 140-145).

424. (DOBRÉE, 1932, p. 148).

governo universal, tolerante a todas as religiões e pautado na cordialidade cristã, o que só poderia ser realizado em uma *democracia*. Ele decidiu que os índios não deveriam ser expulsos de modo algum, pois isso seria anticristão, além de injusto. Também não queria que as negociações com os índios tivessem o aspecto que geralmente tinham, de uma tropa de britânicos ou colonos fardados e fortemente armados impondo acordos através da intimidação. Tomou, então, uma decisão inusitada, e muito provavelmente imprudente, de ir sozinho e desarmado comunicar aos índios a visão que tinha para aquelas terras e o papel deles na nova sociedade.

Começou por enviar diversas cartas aos índios de diferentes tribos, enfatizando que o seu chamado não era um chamado do rei, mas de Deus, para criar um ambiente de felicidade indistinta para todos; que a verdade de Deus está inscrita no coração de cada ser e, portanto, que índios e cristãos eram irmãos antes de serem índios e cristãos, que toda a crença seria respeitada e nenhuma imposição seria feita para que adotassem o cristianismo; em suma, que ele e os demais colonos queriam os nativos como amigos e parceiros, não como exilados e servos. O discurso deve ter soado bem aos índios.

Quando chegou ao aguardado encontro, Penn disse:

> O Grande Espírito que fez a mim e a vós, Aquele que governa céu e terra, sabe que eu e meus amigos temos desejo sincero de viver em paz e amizade convosco, e servir-vos no limite de nossas forças. [...] E eu vos considero cristãos, do mesmo sangue e da mesma carne que o nosso, como se um corpo tivesse sido dividido em dois[425].

O discurso causou uma impressão muito positiva, já que os índios tinham a impressão de que Penn acreditava nessas ideias de todo coração. Com o passar dos anos, e como Penn fizesse esforço para não trair esse discurso, perseguindo duramente o tráfico de bebidas para os índios e em tudo tratando-os como tratava aos colonos, um ambiente de plena confiança mútua se estabeleceu. Os índios tinham toda a motivação necessária para acreditar que um profeta judeu ouvira do Grande Espírito uma mensagem de fraternidade universal, e que Penn e os seus estavam comprometidos a seguir essa mensagem.

Naturalmente, como utopias não são realizáveis neste mundo, Penn e seu regime começaram a pesar a mão no puritanismo, logo proibindo e aplicando pesadas penas à bebedeira, jogo, "frivolidades" e o teatro. Um governo e uma legislação puritanos podem ter funcionado até certo ponto em um ambiente com

425. (DOBRÉE, 1932, p. 179).

forte maioria de puritanos, mas, como se veria, os excessos do puritanismo também ajudaram a criar um ambiente moralista que, após dois séculos, estimularia exatamente o seu oposto na sociedade americana.

Os problemas chegariam em grandes quantidades nas duas décadas seguintes, mas os primeiros anos da Pennsylvania não deixam de ser uma das grandes realizações da fé moderna.

CAPÍTULO 5 | A geração de Voltaire

Christian Wolff e o sistema Leibniz-Wolff

A geração de Voltaire, o destruidor de igrejas, é também a da maior iniciativa filosófica em favor da religião cristã no século XVIII: a escola Leibniz-Wolff.

Em 1679, na cidade de Breslau, na Silésia, nasceu Christian Wolff, filósofo e matemático, um dos grandes precursores da psicologia moderna, e definidor do Iluminismo alemão dos anos de 1720 até a publicação da *Crítica da razão pura* (1781), de Immanuel Kant.

Após cuidadosa formação, Wolff estabeleceu-se na proeminente universidade de Halle, que se tornara a fonte do pietismo sob August Hermann Francke. Wolff viria a ter problemas com a direção pietista da universidade, mas estava longe de ser ímpio ou mesmo heterodoxo, pois era na verdade um seguidor de Leibniz. Era, no entanto, ímpio o bastante para a nova onda do espiritualismo radical dos pietistas.

Graças a Wolff, uma geração inteira de filósofos alemães ignoraria tanto a ortodoxia quanto o pietismo, recusando-se tanto a seguir os cânones teológicos quanto o espiritualismo radical hallense, preferindo um escolasticismo técnico, árido, e, por isso mesmo, que soava como a linguagem correta da Modernidade, mesmo em assuntos de fé. Essa geração vinha estudando o socianismo e o deísmo inglês (sobretudo de Locke e Newton), e, de acordo com o historiador do Iluminismo Peter Gay, encontrou em Wolff o correspondente conterrâneo às novas ideias científicas e religiosas.

> Em seu próprio tempo sua popularidade era imensa, e sua influência incalculável: ele era o Locke da Alemanha, em um nível mais modesto. Fácil popularizador, vulgarizou o complicado pensamento de Leibniz e evidenciou o total comprometimento entre a ciência moderna e a fé cristã para aqueles que acharam os escritos de Leibniz muito exigentes. Woff tinha um gênio para domar ideias difíceis e agrupá-las em rubricas claras e memoráveis[426].

426. (GAY, 1966, p. 329).

Apesar de sua carreira brilhante e destacada, que lhe garantia salas abarrotadas de alunos de diversos países, Wolff acabou se desentendendo com os pietistas, que não eram menos rigorosos quanto a seus princípios do que a ortodoxia luterana.

Em 1721, um discurso de Wolff tornou o incômodo intolerável quando ele declarou que sua filosofia era muito semelhante à de Confúcio. Wolff começa a sofrer acusações de ateísmo e determinismo, que culminam em acusações de espinosismo. Na época, depois dos ataques de Bayle e Leibniz, espinosismo era um xingamento, que equivalia a um intelectualismo arrogante e propositalmente difícil para ocultar ateísmo e materialismo.

Em 1722 publica um tratado sobre o entendimento, que não tratava principalmente de teologia, e sim de epistemologia, a qual dividiu em lógica e experiência. No geral, o texto reflete muito a influência de Leibniz e uma sombra de Locke. Logo no começo ele diz: "[§4] Porque a partir do nada, nada se permite pensar, assim tudo o que pode ser deve ter uma razão, a qual permite ver por que é mais possível do que impossível"[427]. Hoje pode parecer mais evidente que ele assumia o princípio de razão suficiente de Leibniz, mas mesmo uma passagem tão teológica ainda soava metafísica mecanicista para alguns pietistas.

Ele fica ainda mais explícito no parágrafo 11:

> Entre as coisas possíveis é necessário que haja uma autossuficiente, sem a qual seria possível que algo não tivesse razão alguma de ser [...] Ao ser autossuficiente chamamos Deus: todas as outras coisas que têm sua razão de ser no ser autossuficiente chamamos de criaturas. [...] A parte da sabedoria mundana (ciência) que trata de Deus e da origem das criaturas a partir Dele chamamos de teologia natural[428].

Com isso, a teologia arranja-se dentro do sistema, como parte da ciência geral que trata especificamente dos fundamentos últimos, dos princípios primeiros. É, sem dúvida alguma, a parte mais nobre, mas é também, enquanto parte, subordinada à filosofia, o que era um problema para alguns pietistas.

Wolff não era em nenhuma medida espinosista, ao menos não no sentido caricatural de defender ateísmo crasso, embora seu pensamento tivesse alguma influência de Espinosa. Acima de tudo, Wolff era um teísta como Leibniz, mas a rusga pessoal e o desgosto do grupo dominante em Halle fazia com que insis-

427. (WOLFF, 1722, p. 2).

428. (WOLFF, 1722, p. 6).

tissem nos ataques, vendo a suposta "subordinação da teologia à filosofia" como uma declaração de oposição.

Por fim, após ácidas discussões na Universidade de Halle e na corte prussiana, Wolff é "demitido em 8 de novembro de 1723, com ordem para abandonar Halle em 24 horas"[429]. Se levasse mais tempo para sair da cidade, Wolff poderia ter sido enforcado. Pode-se dizer, portanto, que espinosismo não era um erro tolerável.

Em Marburg, Wolff foi aceito com pompa e mimos por parte da nobreza. A controvérsia ajudara a lançar seu nome e ele começa a provar sua competência ímpar em diversas áreas.

Se as contribuições individuais de Leibniz são gigantescas, é também verdade que enfeixar todas as ciências sob um único cânone é também uma das grandes realizações intelectuais da nossa era, pois isso ajudou a criar a ideia de unidade da cosmovisão científico-moderna.

Apesar do sucesso de Wolff, muitos continuaram a considerá-lo por toda a vida ou um espinosista ou, no mínimo, um pálido discípulo de Leibniz[430]. Embora expressiva, contudo, essa minoria não conseguiu emplacar a ideia da desqualificação de Wolff como grande filósofo, pois estava claro que as críticas tinham forte viés e não tratavam dos conceitos e obras de Wolff.

Em 1740, tendo consolidado a reputação de maior filósofo alemão, Wolff é convidado pelo novo imperador da Prússia, Frederico o Grande, a lecionar novamente em Halle. O convite era irresistível; Wolff retornaria à mais prestigiada universidade alemã, mas não acrescentou muito à sua já grandiosa obra.

O livro mais importante, ao menos para um estudo de suas ideias sobre religião, é a *Teologia natural*, em cujo prefácio Wolff afirma que o objetivo desta é "mostrar de maneira clara em que medida todas as coisas existem em Deus, a partir de Deus e através de Deus"[431].

Wolff começa por definições tipicamente racionalistas como: "[§7] O ser perfeitíssimo é plenamente ilimitado. Uma vez que tudo aquilo que se encontra em um ser sumamente perfeito tem também o mais alto grau, e não pode ser pensado como maior do que é"[432]. Do que decorre, logicamente, que o ser perfeitíssimo é inalterável [§9] e infinito [§10], pois se não o fosse não seria também ilimitado, estando sujeito a uma restrição ou limite; e isso não apenas por sua

429. (ISRAEL, 2001, p. 545).

430. (SCHWEIGER, 2018, p. 42).

431. (WOLFF, 1743, xx3).

432. (WOLFF, 1743, p. 7).

própria natureza, mas, como vimos, porque o princípio de razão suficiente exige um alto fundamento absoluto de todas as coisas.

Ao contrário da maioria dos pensadores alemães do período, Wolff discute as teorias dos grandes filósofos do passado, apontando as posições de, por exemplo, Tomás de Aquino, Anselmo, Descartes e Leibniz quanto a este ou aquele ponto, o que permite lembrar que todos os demais filósofos alemães, que leram Wolff, têm em mente a história da filosofia, apesar de não a explicitarem em seus argumentos.

Seguem-se questões sobre a natureza puramente espiritual de Deus: que é eterno, não está em lugar, não conhece espaço, e que não tem tamanho. É afirmado que a alma conquista a vida eterna em um sentido distinto da eternidade de Deus, que é atemporal, ao passo que a vida da alma é ilimitada, mas não atemporal. Que Deus, por todas essas características, não pode estar presente em um lugar [§57], do que decorre que só está presente em espírito. Provavelmente contra Espinosa, "[§58] O mundo visível não é Deus"[433].

É também tamanha a insistência quanto à impossibilidade de Deus ter um corpo que é inevitável enxergar esses princípios como, mais que metafísica, uma crítica contra a doutrina da encarnação em Cristo. Isto fica mais explícito no parágrafo 62: "Deus não pode ser um homem"[434].

De volta a Espinosa "[§66] Deus não é a natureza das coisas"[435], posto que à natureza das coisas compete essencialmente o movimento e a extensão, e Deus nem tem qualquer extensão nem jamais se movimenta. A própria linha de raciocínio implica o conceito de Deus-natureza espinosano, que ao identificá-los é forçado a suprimir o movimento e a extensão como não pertencentes à substância infinita e única.

Sobre as almas, semelhantemente a Deus, caracterizam-se pela autoconsciência e pela ciência das coisas [§86]. Já que as almas são as coisas primárias, todas as demais coisas são secundárias (como na *Monadologia* de Leibniz) e dependentes da ação das almas. As almas são autoconscientes por enxergarem a própria ação, percebendo, conseguintemente, que as coisas secundárias delas derivam pela lei da contradição.

Deus conhece todas as coisas perfeitamente, pois todas as coisas decorrem de seus próprios atos, de modo que a ciência das coisas e a autoconsciência estão

433. (WOLFF, 1743, p. 35).

434. (WOLFF, 1743, p. 38).

435. (WOLFF, 1743, p. 42).

intimamente relacionadas no intelecto divino [§99-111]. Uma vez que Deus jamais se engana, jamais se confunde e jamais desconhece nada, nunca erra [§136]. "[§140] Para Deus as razões suficientes de todas as coisas são plenamente conhecidas" (WOLFF, 1743, p. 133); Ele não pode, portanto, ter opinião [§150]. Sabendo de tudo perfeitamente (por suas razões suficientes), entende como cada alma concebe ideias falsas, pois lhes perscruta as razões suficientes para crer e perceber de modo errôneo as coisas [§152]. Tal entendimento das almas será importante tanto para o julgamento quanto para o perdão perfeitos. O conhecimento perfeito de causa está em harmonia com o fato de Deus jamais querer senão o bem e o melhor que pode querer em relação a cada coisa [§184-185].

Porque Deus só quer o bem e despreza o mal, tudo é essencialmente ordenado para o bem, e é bom com vistas à eternidade, ainda que temporal e individualmente possa haver mal e sofrimento. Para Deus, só existe a eterna alegria e a eterna satisfação do bem [§205-224]. Vendo nas coisas a melhor parte (para a qual as concebeu e criou), em tudo enxerga o bem e, por isso, ama todas as coisas [§232-234], assim como jamais se entristece ou revolta com coisa alguma, o que seria um erro de compreensão. Porque Deus jamais espera aquilo que não pode acontecer [§256], é certo que não pode esperar nada além das forças, capacidade e compreensão das criaturas, de modo que jamais se decepciona. Ainda assim, Deus tem uma ira, a ira contra o pecado, que se manifesta na necessidade de condenação do pecador [§ 276]. Essa ira, contudo, não deve ser entendida senão como um mecanismo pelo qual Deus afirma seu desgosto com o mal, e nunca como um sentimento de rancor ou ofensa tomada.

Contrário à lei natural, o mal é sempre casual, nunca necessário [§290]. Deus governa o mundo que criou, dispondo todas as razões suficientes das coisas para que o mal e o caos não fossem mais do que episódicos, exceções. Todas as coisas retornam, após as crises ao estado de ordenação natural; a isto chamamos Providência [§402-404].

Percebe-se o acentuado racionalismo da doutrina de Wolff, mas ele chega a ser espinosista? Em parte sim, se tomarmos em conta a quantidade de pontos da doutrina cristã ortodoxa que ele fere ou condena como irracionais, incluindo, presumivelmente, a encarnação de Deus. Seu Deus também parece menos "vivo" e pessoal que o das Escrituras, mas isso pode ser igualmente dito do Deus de Leibniz. Em suma, Wolff não parece ser espinosista a não ser no fato de não aderir à teologia tradicional.

No segundo tomo da *Teologia natura*l, que tem caráter mais negativo que o primeiro, as dúvidas quanto à posição de Wolff diminuem, pois são apresentados os erros do ateísmo, do materialismo, do maniqueísmo e do antropomorfismo, entre os quais se incluem os erros do espinosismo; todos derivados de falhas na compreensão do conceito de Deus[436].

Ao passo que Wolff se defendeu o quanto pôde das acusações de materialismo e determinismo, tanto quanto poderia sem deixar de ser um racionalista, a falta de uma solução final para alguns problemas metafísicos manteve aberta a janela para essas críticas, ao menos até Kant, que recolocou[437] a disputa entre um libertarianismo pietista e o determinismo de Espinosa de uma forma em que pudesse ser resolvida e superada.

Com a popularidade e a falta de concorrência, a filosofia de Wolff logo se tornaria a intérprete oficial de Leibniz, fazendo com que ambas fossem vistas como uma mesma escola ou sistema, reconhecido como sistema Leinbiz-Wolff. Este cresceu e se consolidou graças à presença de discípulos ilustres do wolffianismo, como Alexander Gottlieb Baumgarten (1714-1762).

Estimulado a estudar em Halle devido à adesão de sua família ao pietismo, Baumgarten logo se destacou pela analiticidade de sua mente e defesa da filosofia wolffiana, que havia deixado de ser banida nos anos de 1730. Essa década, aliás, foi de grande importância para a definição dos contornos gerais do pensamento de Baumgarten, encerrando com a publicação de sua famosa *Methapysica* (1740).

Cinquenta anos depois de Locke, Baumgarten defendia o princípio de não exclusão entre saber revelado e saber racional. Ambos, para ele, apresentavam a mesma verdade através de métodos diferentes, mas que não deveriam contradizer um ao outro.

Diferentemente da definição de Aristóteles, que se voltava para o estudo do ser, a metafísica desenvolvida pelo sistema Leibniz-Wolff era distintamente pós-cartesiana, isto é, centrada no sujeito e suas possibilidades de conhecer os fundamentos das coisas, e no princípio de razão suficiente[438]. Por isso, o sistema Leibniz-Wolff deu lugar pioneiro ao papel da psicologia na teoria do conhecimento, prenunciando a guinada idealista para uma metafísica da subjetividade como consequência do subjetivismo de Kant.

Baumgarten foi uma figura chave no processo de "cura" do corte entre wolffianos e pietistas, uma vez que ele era um grande expoente dos dois grupos. Ele tanto refinou a parte conceitual da filosofia de Wolff quanto criou entre ela e a teologia cristã tradicional pontes mais claras.

---

436. (WOLFF, 1745).

437. (SCHWEIGER, 2018, p. 43).

438. (LOOK, 2018, p. 14-15).

Ora, o pietismo era uma reação ao aparente formalismo protestante e, portanto, libertário. O horror dos pietistas diante do sistema de Espinosa, e sua desconfiança de que talvez todo o racionalismo fosse determinista e espinosista, estava diretamente ligado à preocupação que tinham com a preservação de uma liberdade suficiente para a justificação das almas. Essa defesa da liberdade, bastante alinhada com o Iluminismo, era, no entanto, pouco compatível com o racionalismo de até então. Baumgarten entedia, portanto, que sua missão seria fazer brotar um conceito forte de liberdade do seio do sistema Leibniz-Wolff.

Wolff defendia em matéria ética a velha ideia socrática de que tudo o que fazemos objetiva algum bem, e tudo o que evitamos é entendido como um mal. Baumgarten, no entanto, não segue o mestre nessa formulação puramente volicional, lembrando que vezes demais tomamos o mal pelo bem e agimos contra nosso melhor interesse por causa de um erro do entendimento ou de julgamento sobre a questão[439]. Com isso, o voluntarismo de Wolff é transposto a um voluntarismo qualificado e moderado, muito dependente do conhecimento de causa que orienta a ação.

Quanto à espontaneidade, Baumgarten separa-a da liberdade, ao contrário de outros tantos filósofos anteriores que geralmente a identificam. O relógio é espontâneo, assim como o animal, e nenhum dos dois é livre. Portanto, liberdade necessariamente está ligada à capacidade de avaliar, julgar e decidir, à razão.

Liberdade e espontaneidade, assim, são faculdades dos espíritos.

Em relação à universal percepção de que "vejo o melhor, mas faço o pior" presente nas *Metamorfoses* de Ovídio e amplamente repetida ao longo da primeira Modernidade[440], Leibniz propusera que o entendimento do bem muitas vezes pode não ter assentado na alma. Se o bem não é claro no entendimento, argumentos em favor do bem podem existir apenas como simulacros de conhecimento do bem na mente da pessoa, que repete a fórmula moral ou uma declaração de valores porque aprendeu, como um papagaio, mas sua consciência não foi profundamente afetada por elas.

Em sua *Metafísica*, Baumgarten também deu grande importância à questão da liberdade, e parecia querer eliminar a associação entre o sistema Leibniz-Wolff e Espinosa. "[§382]: Destino é a necessidade de eventos em um mundo. Destino baseado em necessidade absoluta seria um destino espinosista, um não ser, que não pode ser posto nem neste nem em mundo algum"[441]. Na sequência, "[§383]:

---

439. (SCHWEIGER, 2018, p. 45).

440. (SCHWEIGER, 2018, p. 55-57).

441. (BAUMGARTEN, 2013, p. 171).

Um evento de causas desconhecidas em qualquer mundo é chamado de acaso. Um acaso para o qual não existam razões suficientes seria puro acaso, o que é impossível"[442].

Nada existe por acaso, e nada está preso a um destino absoluto, pois que tudo o que Deus cria é espiritual. Ele não teria qualquer razão para criar coisas antiespirituais, como matéria pura. Isso sabemos através da teologia natural, que é [§800] a ciência de Deus, na medida em que pode ser conhecida sem a fé.

Para Baumgarten, seguindo o sistema Leibniz-Wolff, almas humanas são mônadas espirituais, simples, inteligentes, livres e capazes de interconexão com outras substâncias similares. Uma vez que a substância simples não está sujeita à desagregação/destruição, só poderia estar sujeita a desaparecer por aniquilação. Entretanto, é injustificável que Deus quisesse aniquilar alguma substância, de modo que a alma é provavelmente imortal, e preserva no mínimo aquelas características que pertencem à substância (mônada espiritual) que a constitui: liberdade, simplicidade, inteligência, personalidade [§781; §782].

As modificações propostas por Wolff e Baumgarten à defesa da imortalidade da alma apresentada por Leibniz são sutis, mas ajudam a aclarar a posição.

Leibniz enfatizara apenas a importância (estritamente lógica) da simplicidade da alma para sua indestrutibilidade. Wolff, sem acrescentar muito, explorou elementos implícitos do sistema de Leibniz para dar ênfase ao estado de consciência da alma após a morte. Concluiu que faria mais sentido, conforme o argumento da indestrutibilidade, que a alma preexistisse e sobrevivesse à vida física, e que tivesse uma clareza de percepção progressivamente maior nessas fases, isto é: alma primitiva confusa, alma encarnada com percepções claras de si e do seu entorno, alma emancipada com percepção mais clara. Isso porque somada à clareza de percepção da alma amadurecida no corpo viria, na pós-vida, a percepção espiritual e independente do corpo[443].

Wolff dava por certo que a alma tinha de ser imortal dada a demonstração da incorruptibilidade por Leibniz, mas acrescentava que as Sagradas Escrituras falavam da vida após a morte em termos de manutenção da personalidade.

Wolff, contudo, recebeu críticas pela falta de clareza quanto ao julgamento das almas após a morte, que era uma questão central para os pietistas.

Em sua própria psicologia, Baumgarten corrigiu o argumento de Wolff através de um acréscimo quase imperceptível em termos técnicos, mas de grande repercussão prática. Basicamente, ele disse que, se a alma mantém todas as suas

---

442. (BAUMGARTEN, 2013, p. 171).

443. (DYCK, 2018, p. 90-92).

faculdades e ainda as intensifica, isso intensificará igualmente sua liberdade, já que a liberdade resulta do poder de julgamento e discernimento.

Assim, almas adaptadas a escolher o bem estariam ainda mais inclinadas a manifestar essa natureza, enquanto o mesmo deveria ocorrer às almas adaptadas a escolher o mal, resultando em um estado de bem-aventurança para as primeiras e danação para as segundas[444].

Em outras palavras, a vida carnal seria uma progressiva revelação e teste do caráter de uma alma. Quanto mais ela escolhe, mais constrói e revela sua natureza última de graça ou desgraça, de modo que o resultado inevitável é uma separação das almas após a morte em tipos de vidas muito diferentes.

Coroando o aspecto teológico da metafísica de Baumgarten, a teologia natural termina com a ideia de que o reconhecimento das almas em relação a este Deus que as criou para serem livres e, consequentemente, construir seu próprio destino, é um reconhecimento logicamente necessário.

Reconhecer um mérito é honrar aquele em quem o reconhecemos, e quando reconhecemos perfeições tais que não se poderia senão honrar superlativamente este ser, chamamos esta honra e reconhecimento superlativos de Glória [§942][445]. Daí decorre que glorificamos a Deus necessariamente, por compulsão racional, e sem que precisemos do apoio da fé.

A revelação é o meio empírico pelo qual Deus supre, quando empiricamente necessário, a falta de harmonia geral e equilíbrio na concepção das coisas divinas e morais, que estavam desde sempre disponíveis para a investigação no íntimo da consciência de cada espírito [§986].

Esta será exatamente a definição de Gotthold E. Lessing, que tornaria a ideia popular quatro décadas depois. Nos próximos parágrafos, contudo, Baumgarten se distanciará do futuro teólogo racional por afirmar enfaticamente que a revelação não erra, já que Deus não poderia dizer coisas insinceras. Nesse sentido, a ideia lessinguiana de que a revelação é dada a uma mente humana, que a interpreta com as luzes próprias e com as da época, e que, por isso, exige atualização e progresso, é um grande avanço crítico em relação à concepção de Baumgarten.

Apesar da extrema dificuldade da *Metafísica* de Baumgarten, que se alinha com as obras que ignoram as preferências dos leitores, Immanuel Kant destoaria dos demais professores justamente por adotá-la como roteiro central de suas aulas.

444. (DYCK, 2018, p. 92-93).

445. (BAUMGARTEN, 2013).

Ao final, Baumgarten alcançou uma forma filosófica elevada, suficiente para ofuscar seus mestres Leibniz e Wolff e se tornar o representante "atual" de seu sistema, sendo extremamente bem-sucedido em seu intento de acomodar esse sistema ao espiritualismo pietista, o que em si é uma realização invulgar.

O Iluminismo, contudo, não ficaria conhecido como o projeto hallense e Leibniz-wolffiano de provar a existência de Deus, a imortalidade da alma e uma liberdade espiritual. Ficaria conhecido, muito ao contrário, pelos ataques dos pensadores populares franceses e de Hume contra a religião, uma "versão da história" construída no século XX para reforçar a ideia de um choque entre ciência e religião[446], com os grandes intelectuais e cientistas iluministas advogando a causa da separação entre os dois campos.

Joseph Butler, os moralistas e George Berkeley nos primórdios do Iluminismo inglês

Os britânicos haviam atingido um ponto muito alto com John Locke e Isaac Newton. O pensamento não parou, mas pareceu parar por algum tempo na contemplação desses dois gigantes. Talvez porque a natureza não quisesse privilegiar os ingleses, talvez porque eles próprios precisassem de tempo para absorver as transformações já ocorridas.

Nada semelhante à cepa peculiar dos *philosophes* franceses ou ao novo escolasticismo Leibniz-Wolff poderia emergir nas ilhas, pois elas não estavam nem em guerra contra a Igreja, como os intelectuais franceses, nem tinham uma nova estrutura universitária voltada para a organização sistemática do conhecimento, como Halle.

O ambiente britânico permitia, contudo, o surgimento dos moralistas, uma lavra tão diferente a ponto de levar muitos filósofos e historiadores a rejeitarem a ideia de um "Iluminismo britânico"[447].

Francis Hutcheson, irlandês nascido no mesmo ano em que Voltaire (1694), foi o maior dos moralistas, com grande influência sobre os grandes pensadores escoceses David Hume e Adam Smith. Tentou naturalizar a moral do plano abstrato das regras e conceitos de virtude para o plano de uma psicologia sentimentalista. Lembrando a mecânica de Newton, nossos sentimentos de apetência e rejeição

446. (JOSEPHSON-STORM, 2017, p. 311).

447. (HIMMELFARB, 2004, p. 25).

pelas coisas estariam na base de nossas ações[448]. Para a nossa sorte, Hutcheson acreditava que esse sentimentalismo não era relativista, levando-nos a seguir qualquer desejo, e o seu não era, portanto, um naturalismo niilista, incapaz de diferenciar uma inclinação boa de uma ruim. Ao contrário, sabíamos que Deus garantiria que o nosso coração tivesse ínsito em si as inclinações boas a pautar uma "direção" geral para o bem, desde que soubéssemos ouvi-lo.

Merecendo o nome de moralista, Hutcheson dedicou-se quase exclusivamente a promover a causa da regeneração moral do ser humano, e defendia que o progresso da civilização estaria ligado à moralização da sociedade. Foi um dos inspiradores das ideias éticas e sociais utilitaristas, pregando que a moralidade era o desejo prático de garantir o máximo de bem-estar para o máximo de indivíduos.

Ao lado de Hutcheson, Anthony Ashley Cooper, terceiro conde de Shaftesbury, foi o grande pensador dos anos de 1720-1740 no Reino Unido, mesmo tendo falecido em 1713. Menos imediatamente popular que seu tutor, John Locke, Shaftesbury escreveu seus melhores textos ao final da vida, sendo mais reconhecido nas décadas seguintes.

Semelhantemente a Hutcheson, era um moralista que buscava explicar, na esteira do empirismo inglês, os movimentos da alma por trás dos fenômenos morais. Era também ferrenho advogado da tolerância religiosa, uma causa comprada de Locke. Foi um pensador muito original, pecando por falta de rigor técnico e sistematicidade, que tornaram sua recepção fragmentária demais.

Entre suas grandes ideias estão as de que: os homens possuem um senso moral natural, que dependeria muito pouco de teorias éticas; que a estética merece ser estudada como uma ciência, tendo dado trato filosófico ao conceito de sublimidade; uma teologia natural conectada à estética, alegando que o ideal clássico de beleza (perfeição da forma) coincide com a ideia de Deus; e acreditava, ainda, que o melhor termômetro da sociedade livre seria o ridículo. Quanto mais uma sociedade pudesse suportar a presença da ridicularização de ideias e atitudes mais saudável seria.

Shaftesbury, aliás, preparou o século XVIII para uma visão "bem-humorada da religião", que substituiria a pompa clerical e o pedantismo dos teólogos por uma "moral do cidadão honesto"[449].

Como um Voltaire precoce, chegou ao ponto de afirmar que todos os sábios possuem uma mesma religião, a natural. E "quando uma senhora lhe

---

448. (SCHNEEWIND, 2001).

449. (HIMMELFARB, 2004, p. 38).

perguntou qual seria essa religião" Shaftesbury respondeu "Madame, os sábios nunca contam"[450].

Pode-se deduzir da teologia natural de Shaftesbury, no entanto, que há um Deus único, para cujo conhecimento não se depende da revelação, e que o senso moral natural dos homens nos revela que Hobbes e Espinosa estão errados[451], pois o homem sente inclinações altruístas o tempo todo e não é determinado pelo egoísmo.

A recepção dos escritos de Shaftesbury foi tão ruim, em parte por causa da censura e em parte porque as ambiguidades do próprio texto permitiam inferir certo agnosticismo, que os seus muitos méritos foram quase ignorados pela história. Ainda assim, chegou a ser apreciado tanto por agnósticos e críticos da religião quanto por alguns religiosos que se dedicaram a garimpar as pepitas de uma massa um tanto confusa.

Ironicamente, hoje o nome de Shaftesbury foi resgatado e se tornou maior do que o de outro autor mais respeitado em sua própria época, Joseph Butler.

Nascido em maio de 1692, na pitoresca vila de Wantage, Joseph Butler sempre demonstrou brilhantismo e devoção ao longo de uma vida sem tumultos e reviravoltas, que tanto poderia servir de modelo quanto poderia parecer destoar da média das biografias dos filósofos. Ainda estudante, correspondeu-se com Samuel Clarke, que dele teve uma impressão muito positiva[452], e em 1714 ingressou no Oriel College, em Oxford. Pouco depois de formado, ascenderia rapidamente na Igreja Anglicana até o posto de bispo, em Bristol, tendo também sido transferido diversas vezes para outras paróquias de alta relevância.

Com sua carreira eclesiástica estendendo-se entre as décadas de 1720 e 1750, Butler viu a ebulição das dissidências e o nascimento do evangelicalismo, aos quais desprezava e tentava combater tanto como filósofo quanto como teólogo. Para ele, a pretensão de certeza e, pior, a pretensão de uma intimidade com o Espírito Santo era um duplo atentado: à razão e à humildade cristã. Ainda mais considerando-se que quem se apresentava nesta condição não tinha lá grandes ideias a comunicar.

Era, portanto, na total contramão do movimento de renovação espiritualista dos metodistas e quakers, um defensor da ortodoxia da Igreja.

Como os outros grandes moralistas, Butler é antes um exímio psicólogo, e aplica de modo muito concreto e visível o que uma série de outros autores havia

---

450. (HIMMELFARB, 2004, p. 39).

451. (ISRAEL, 2001, p. 67).

452. (PENELHUM, 1985, p. 1).

escrito sobre a natureza humana. Contrariamente à maioria, seu objetivo é inteiramente prático, não caindo em um intelectualismo que o desviasse para conclusões alheias à aplicação. Uma das técnicas usadas com imenso sucesso por Butler foi a de confrontar teorias que sugerem dificuldades tais no exercício moral que servissem como desestímulo aos ouvintes e leitores. Ao invés disso, o papel do moralista é o de "mostrar-lhes que a moralidade corresponde a sua natureza"[453]. Para isso, Butler desenvolve uma teoria da consciência moral total.

Ao invés de seguirmos uma máxima específica e arbitrária (Kant diria, heterônoma), ou obedecer a um ou outro impulso e inclinação, o indivíduo deve meditar sobre suas inclinações e encontrar um equilíbrio entre o todo. De uma forma orgânica, o equilíbrio de nossas disposições boas ou más é o que chamamos de consciência, a capacidade de pôr na balança o que somos, o que queremos ser e o somatório dos motivos e dos fins.

A consciência, Butler acreditava, é uma forma menos parcial de motivação da ação do que as inclinações particulares, e tende ao bom juízo e ao bem. Definir bem e mal passa a depender da obediência ou desobediência em relação à própria consciência. Quem trai a consciência age mal, e não tem como se enganar de que age mal, embora possa se enganar com a impressão de uma "justificação suficiente" para fazer o mal.

Em outras palavras, quem matou e enganou sabe que agiu mal, ainda que encontre "justificações suficientes" para seus atos. E essas justificações são apenas suficientes para fazerem com que o ato seja *tolerável* para a consciência, nunca farão com que ele seja bom ou neutro. Quando executamos um assassino perigoso, por exemplo, sabemos que não há mérito nessa ação; ela foi aceita apenas como mal menor disponível. A teoria evidentemente tem a ver com as ideias cristãs de culpa e de não relativização possível do pecado.

Em relação ao bem, da mesma forma, o indivíduo sabe sempre que agiu bem-intencionado, ainda quando os atos não tenham resultados satisfatórios, caso em que ele admite "essa não foi minha intenção", "foi sem querer".

A maior razão para negar a eficácia da consciência como regulador moral são as doutrinas intelectualistas, mais comumente as pessimistas. Butler observa, brilhantemente, que teorias do tipo "o homem é egoísta" são sempre proposições *a priori* sobre a realidade humana. Uma investigação empírica, no entanto, mostra que o ser humano é propenso à maldade e à benevolência, ao egoísmo e ao

453. (PENELHUM, 1985, p. 11).

altruísmo, um enorme número de vezes, tornando impossível colher evidência sobre uma disposição única[454].

Poder-se-ia replicar que, se aquele que age bem seguiu sua natureza e aquele que age mal a traiu, então Butler também está defendendo uma tese (otimista) sobre a natureza humana. Ele está, mas ela não recai no problema criticado por ele próprio por não ser uma tese *a priori*, ou uma indução forçada a partir de algumas observações específicas segundo um viés de seleção. Ao invés disso, Butler parte do fato de que existem os fenômenos do arrependimento e da satisfação, e de um rearranjo dos conceitos de bem e mal para acomodação a esses fenômenos.

Se o ser humano se sente culpado, arrepende-se e tenta remendar os seus erros, se sente gratidão por receber o bem e desgosto em receber o mal, então é possível concluir *empiricamente* que há certa disposição natural para preferir o bem ao mal.

Com respeito à revelação, Butler insiste que devemos fazer uma espécie de aposta pascalina, pondo na balança aquilo que a razão pode seguramente nos dizer sobre Deus. Não devemos, portanto, basear-nos em argumentos ou evidências que não estejam universalmente acessíveis, incluindo a revelação, que não é fonte de autoridade "sem mais nem menos", como querem os fundamentalistas, mas é ela mesma uma evidência a ser julgada como forte ou fraca segundo os critérios da razoabilidade.

Além de filósofo e teólogo, Butler era um líder da Igreja Anglicana, o que multiplicava a influência de seu pensamento na razão da necessidade que a Igreja via em se defender das dissidências e dos filósofos materialistas ou agnósticos naquele momento.

Outro grande pensador trabalhando na mesma linha foi o longevo bispo irlandês George Berkeley (1685-1753).

O jovem Berkeley educou-se no Trinity College de Dublin, e demonstrava extraordinária inteligência, dominando tanto os elementos da formação humanística quanto a matemática e a física de sua geração.

Escreveu muito jovem seu mais importante livro, o *Tratado sobre os princípios do conhecimento humano*, que, por seus ataques ao sistema de Newton, foi ridicularizado pelos apoiadores deste, Clarke e Whiston. O *Tratado* foi publicado em 1710, mesmo ano de publicação da *Teodiceia* de Leibniz, mas Berkeley tinha 25 anos e o filósofo alemão 64 anos. Seria, então, possível emparelhá-los como pertencentes ao mesmo período produtivo, mas isso não faria justiça ao resto da carreira de Berkeley.

---

454. (PENELHUM, 1985, p. 39-40; 50).

Um dos grandes acidentes da vida de Berkeley foi ter vivido por alguns anos nas Bermudas, onde tentou implantar um colégio modelo, mas retornou frustrado para as ilhas britânicas.

Berkeley teve uma vida de intelectual, cientista e clérigo, não mais agitada do que a sociabilidade mínima dessas atividades exigia. Viria a ser conhecido como o criador do idealismo, mas de um tipo significativamente diferente do que os seguidores de Kant chamaram de idealismo quase um século depois do *Tratado* de Berkeley.

Em teologia, como em filosofia, sua realização principal foi ter levado às últimas consequências a ideia de que Deus é a causa primária de tudo o que existe, de uma forma muito diferente das que Espinosa, Malebranche ou Leibniz a apresentaram.

Seguindo uma intuição básica do empirismo inglês, mas se opondo ao subjetivismo de Locke, Berkeley acreditava que Deus havia de ser a causa de todas as nossas percepções. Filosoficamente, por outro lado, tinha um motivo mais epistemológico para defender a mesma posição.

Conforme o argumento principal de Berkeley, que lembra um pouco o de Descartes, todas as nossas sensações e pensamentos nos são perceptíveis em nossas próprias mentes. O ser humano não está habilitado a discernir entre aquilo que percebe e um possível objeto destacado de sua percepção. Se percebemos uma cadeira de madeira e forro de palha, sabemos que a madeira é mais dura do que a palha, a cor dos materiais e o seu formato a partir de como esses dados estão em nossa percepção, em nossa mente. O conceito de matéria, portanto, é um contrassenso e uma ficção intelectualista, pois cria uma "coisa" ou "substância", que não percebemos, e que seria, em tese, responsável pelas características que estamos percebendo. Temos prova da sensação de tocar a madeira, mas não temos prova alguma de algo que exista para além dessa sensação.

Desafiador quanto possa parecer, o argumento é na verdade mais intuitivo e simples que o conceito de substância existente em si, dotada das características que atribuímos às coisas em nossa percepção.

Recorre, paralelamente, ao velho argumento cristão de que "Deus não pode ter querido nos enganar" e que, consequentemente, não pode ser da natureza dos nossos sentidos a culpa pelos enganos de que somos vítimas, e sim de nosso mau uso desses sentidos e da razão[455].

Se a natureza não engana, e se nossos erros são produzidos por nós mesmos, de que maneiras erramos? A resposta, propõe Berkeley, está no vício intelec-

455. (BERKELEY, 2008, p. 34).

tualista à abstração, que molda a linguagem para reproduzir quimeras e tratá-las seriamente, como se não apenas fossem reais como mais do que reais, essências da realidade. Seu idealismo imaterialista, portanto, *não* seria um fruto do intelectualismo, e sim a correção do mal. Visto de forma ingênua e direta, o mundo não é nada mais do que a totalidade daquilo que percebemos. Qualquer existência para além de minha percepção, ou da percepção de outro espírito, é pura especulação e merece ser tratada com a máxima suspeita[456]. Os filósofos e cientistas, contudo, tratam essas especulações como a mais palpável das percepções.

É bela e atraente a ideia de que só vemos ilusões, e somente aos sábios é dado enxergar a natureza verdadeira das coisas, invisível e inacessível aos olhos destreinados pela arte da argumentação e da metafísica, mas qual é o real sentido de se dizer, com absoluta convicção, que os "originais" ou essências das coisas não são de modo algum perceptíveis[457]? Se eles não são *de modo algum perceptíveis*, não seria o caso de, no fundo, não termos deles nenhuma evidência? De que sejam nada mais do que produtos de nossas elocubrações? Se assim for, tais essências e fundamentos metafísicos das coisas deveriam ter muito menos valor que as percepções (diretíssimas) que delas temos.

Novamente em analogia com Descartes, *cum grano salis*, o espírito só percebe coisas, sendo ele mesmo ativo. A natureza das coisas, então, é serem percebidas, enquanto a natureza do espírito é a faculdade ativa de perceber[458]. Daí o ser tão difícil conceituar o espírito, já que ele não é algo e não cabe na percepção, mas é o que apercebemos como sendo aquilo que tem percepções e vontades.

O homem comum, e até o filósofo, pode suportar a ideia de que não há essências por trás das coisas. O nominalismo já tinha assumido postura semelhante. Berkeley, contudo, vai mais longe do que qualquer pensador consistentemente tentou ir, acrescentando a matéria ao conjunto dos conceitos abstratos inventados pela especulação. Ele bem sabia que isso repugnaria todos os instintos adestrados por milhares de anos de amor ao pensamento abstrato, mas essa era uma consequência simplesmente inevitável do argumento anterior. Espanta, aliás, que outros anti-intelectualistas do passado não tenham chegado antes à raiz do equívoco.

Algumas coisas são certas, outras erradas, e a confusão entre elas é o trabalho do palavrório erudito. Entre as coisas que são certas está que o nosso Eu é fundamento de tudo o que experimentamos e sabemos, de modo que o elemen-

456. (BERKELEY, 2008, p. 60).

457. (BERKELEY, 2008, p. 62).

458. (BERKELEY, 2008, p. 74).

to espiritual é indiscutivelmente o elemento predominante do universo. Como o universo é ordenado para além de nossa capacidade de explicação, é necessário pressupor um espírito infinito e perfeito. Até aqui estamos em terreno razoavelmente consensual entre os filósofos.

> Se seguirmos a luz da razão, a partir do método constante e uniforme de nossas sensações, inferiremos a bondade e a sabedoria do *espírito* que as excitam em nossa mente. [...] Para mim, repito, é evidente que a existência de um espírito *infinitamente sábio, bom e poderoso* é mais do que suficiente para explicar todos os fenômenos da natureza. Mas, quanto à *matéria inerte e inanimada*, nada do que percebo tem a menor conexão com ela, ou me leva a pensar nela[459].

Com isso quer Berkeley dizer que a matéria garantidamente inexiste? Não. O que ele pensa ter provado é a impossibilidade de se saber algo de que não podemos ter percepção alguma, e que este algo nada acrescenta ao nosso entendimento de nenhuma percepção. Podemos dizer, por exemplo, que as propriedades da madeira a tornam pior condutora elétrica do que o ferro, que essas propriedades têm a ver com a constituição corpuscular da madeira e com a do ferro, e que podemos perceber essa constituição molecular ou corpuscular através de tais ou quais evidências, dadas por experimentos e inferências racionais. O que não podemos saber, absolutamente, é se existe algo que seja impossível de perceber, de que só temos o *conceito abstrato*, e que este algo *tenha de ser* a causa do que percebemos *de fato*.

Essas constatações consideravelmente aceitáveis redundam, conseguintemente, em um problema muito mais espinhoso: se não há substância autossuficiente sustentando as coisas percebidas, o seu ser está em serem percebidas, e é razoável supor que elas não existam ou desapareçam quando não estão sendo percebidas. Sabemos, por exemplo, que, quando apagamos a luz, abandonamos uma sala, passamos a perceber outro ambiente; e aquela sala não passa de uma memória, algo que foi, mas não é mais percebido.

Ora, essa é uma ideia esdrúxula demais até para um filósofo, pois a experiência mostra que as coisas são independentes de nós. Como poderiam, então, ser independentes, como mostra a experiência, sem terem um fundamento abstrato? O problema, aliás, é o que salva os filósofos do vexame de serem acusados de crerem em algo em favor do qual não há nenhuma boa razão. Entretanto, afirma Berkeley, é mais racional responder que o ser das coisas percebidas, para o

459. (BERKELEY, 2008, p. 104).

qual não temos nenhuma evidência existirem em um plano abstrato, mas das quais temos evidências de serem independentes, são, então, percebidas por outro espírito.

Disso, conclui Berkeley, resulta que todas as coisas têm o seu ser sustentado por uma força infinita e onipresente, de um espírito que está em toda parte e tudo percebe de forma clara e permanente. O ser das coisas, portanto, é serem percebidas, mas elas não dependem de nossa percepção para existir; dependem da perfeita percepção de Deus, a mente suprema que tudo criou.

Berkeley e os moralistas, assim, puxam vigorosamente a coberta filosófica em favor da religião. Locke e Newton haviam sido defensores excepcionais da religião cristã, ainda que em sua forma peculiar, deísta e antitrinitária, mas Butler e Berkeley fizeram a Igreja parecer novamente a protagonista do cenário intelectual, recuperando parte da sua autoestima.

Voltaire, pai dos *philosophes*

O Iluminismo francês criou uma nova forma de pensador, mais engajado, mais politizado, mais provocador e, para o horror do intelectual comum de praticamente qualquer época, exceto talvez parte da Roma imperial, debochado.

Esses *philosophes*, como o público os conhecia, diferiam em doutrina e audácia de seus pares mais preocupados com a busca da verdade e a paciência do conceito, e eram populares de um novo modo, nunca antes visto. Com exceção talvez apenas de Rousseau, não se preocupavam em conhecer a fundo a tradição filosófica, nem com os detalhes lógicos – para eles enfadonhos – dos intrincados sistemas filosóficos. Constituíam antes um movimento diletante que se apropriava livremente, às vezes irresponsavelmente, de ideias soltas conforme a conveniência, e por esta razão não é rigorosamente exato chamar alguns deles de filósofos, motivo pelo qual a expressão *philosophes* passou a ser empregada como um movimento mais cultural do que científico.

Os *philosophes* eram, em algum sentido não positivo, agitadores populares. Em termos mais generosos, contudo, poderiam ser descritos como encarnações do espírito do tempo, que exigia a demolição e/ou a subversão da sociedade.

Eram receptores entusiasmados das ideias de Espinosa, Locke e Newton, embora editassem desses aquilo que soasse mais afrontoso à mentalidade da época e ignorassem aquilo em que esses autores soassem enfadonhos (leia-se técnicos) ou conservadores (leia-se religiosos). Na contramão da frieza acadêmica dos iluministas alemães, em sua paciente e metódica investigação dos argumentos, os *philosophes* eram partidários e militantes do progresso. Menos claros quanto aos conceitos, nem sempre tinham, contudo, ideias claras do que exatamente seria esse progresso.

Os franceses entraram atrasados no Iluminismo, mas entraram para mudá-lo e defini-lo com suas próprias cores. Enquanto a Holanda teve Espinosa, a Alemanha Leibniz e a Inglaterra Locke, os franceses tiveram apenas Bayle, um escritor de dicionário quase desprovido de ideias próprias, e grandes defensores da religião institucional, como Pascal, Fénelon, Bossuet.

Pendendo para a religião, a cultura parecia exigir um movimento contrário, e exigi-lo com mais força do que em outros países.

A onda dos franceses contestadores, os *philosophes*, estava quase toda no berço. "Rousseau nasceu em 1712, Diderot em 1713, Condillac em 1714, Helvétius em 1715, e d'Alembert em 1717"[460].

Característica central entre os *philosophes* era o ecletismo, ou, a ideia de que os sistemas, doutrinas e escolas representam mais a vaidade e pretensão dos intelectuais, ávidos por criarem clubes para a adoração de si mesmos. A atitude do verdadeiro sábio, a exemplo dos antigos, estaria em tudo ironizar e em dar perspectiva ao saber. A perspectiva correta seria esta: que o homem nada sabe, que milhares de anos de doutrinas valeram menos do que cem anos de ciência, e que diante do não saber de que somos vítimas devemos estar abertos para qualquer novidade. O ecletismo, assim, reunia de forma assistemática qualquer novidade da ciência, da exploração naval e geográfica ou curiosidades sobre culturas e religiões do mundo – uma moda do século XVIII.

Não seria totalmente errado dizer que os criadores do método científico, Descartes e Bacon, contribuíram para essa mentalidade de desprezo à tradição – de um intelectualismo, algo estéril – e confiança no próprio juízo. E muito embora Christian Thomasius tenha sido o primeiro a trazer à luz o conceito de uma *philosophia eclectica*, conceituando-a como "intermediação entre a filosofia e a vida"[461], quem melhor representou esse partido foram os *philosophes* franceses.

Colada à noção de ecletismo está a figura de Sócrates, modelo universal de filósofo aberto à novidade, crítico e livre de qualquer amarra de sistema. Sobretudo, no entanto, Sócrates é o modelo do pensador livre de pedantismo e de pretensões, e os mais variados iluministas, de Kant a Diderot e de Lessing a Hume, tinham nele uma referência de sobriedade contra os delírios do intelectualismo vicioso. É claro, pode-se questionar até que ponto cada pensador realmente fez jus a esse ideal de humildade socrática. Muitos *philosophes*, por exemplo, eram

---

460. (GAY, 1966, p. 17).

461. (KRAUSE; MÜLLER, 1979, Vol. IV, p. 578).

exemplos de presunção intelectual, a ponto de se tornarem pessoas muito difíceis de se conviver.

De infância indigna de nota, um menino da baixa nobreza preparava-se na segunda década do século para se tornar o modelo do ecletismo, o líder e a glória dos *philosophes*. Seu nome era Françoise Marie Arouet (1694-1778), mas ficaria conhecido por seu pseudônimo, Voltaire, e por fazer tremer as igrejas.

Voltaire é daqueles intelectuais cuja educação recebida em quase nada ajuda a entender a altura alcançada por seu intelecto, mais sugerindo ser um fenômeno anômalo da natureza do que fruto do meio.

Dividir por tempo ou geograficamente a vida de Voltaire é um dos recursos mais utilizados para explicar didaticamente a evolução de seu pensamento, e não seria assim sem suficiente razão, mas um movimento que inclui certos riscos, pois pode pôr a perder o sentido não tão físico de suas transições e metamorfoses intelectuais no meio do percurso. A maior delas, sem dúvida, é a transição de poeta a filósofo[462].

O "filósofo humorado" teria atribuído à escola jesuíta que frequentou parte de "seu gosto elegante e seguro, sua sólida cultura clássica e seu bem fundamentado conhecimento das obras-primas gregas e latinas"[463]. Como poeta, adorava Horácio, Virgílio e Racine. Embora não tenha dito nada tão específico sobre Cícero, é possível sentir nele uma grandeza e uma segurança de si só presentes no mais culto dos romanos.

Na adolescência, conhecia mais teologia do que filosofia ou ciência, e sua religião era marcada pela geração em que Pascal era considerado o mais profundo pensador cristão, talvez de todos os tempos. Como esperado, Pascal não escaparia dos ataques de um dos autores mais rápidos em reconhecer defeitos, mas Voltaire soube valorizá-lo a seu modo. Entre o desprezo a um Deus aparentemente ruim, evidenciado tanto pelos males do mundo quanto pela baixeza de Seus ministros na Terra, e a constatação de que um gigante do espírito, prodígio da inteligência, concebia para si um Deus tão belo, a alma de Voltaire dividia-se. Com todas as críticas que tivesse a Pascal, Voltaire não lhe podia dar as costas facilmente[464]; ele era uma prova de que Deus tinha defensores excessivamente grandes para ser apenas uma invenção.

462. (WADE, 1969, p. xiv).

463. (WADE, 1969, p. 14).

464. (POMEAU, 1966, p. 98-101).

Como Platão, Voltaire fez o caminho da poesia à filosofia, mas, diferente do grande mestre grego, não chegou jamais a abandonar o método poético em favor de um mais científico.

Quando abrimos o *Tratado de metafísica* de Voltaire, ainda mais considerando que pouco antes haviam sido escritos os monumentais livros de Espinosa e de Leibniz, é inevitável a sensação de que o gênio francês não possui o tino para a alta especulação, ainda que nos entregue sempre páginas de bom senso.

Aos dezoito anos era poeta formado e influente. Suas páginas exalavam maturidade, argúcia, espírito indomável e grande, e também uma espécie de raiva incontida, disfarçada de superioridade. Sabia que o mundo era ruim, sentia-se punido por viver nele, gargalhava da pretensão dos homens de serem animais racionais, quando só davam prova de serem a primeira coisa. Entre seus primeiros poemas, consequentemente, estava um que lhe garantiu a prisão na Bastilha (1717).

Após quase um ano de prisão, Voltaire adquiriu grande fama entre os intelectuais e entre aqueles muitos mais que invejavam sua capacidade de dizer aquilo que queria. Aos vinte e poucos anos já era visto como herói. Estudava de tudo, refletindo o espírito eclético que começava a despontar, e era um convicto inimigo do espírito de sistema, que nos próximos cento e tantos anos seria abominado na França, muito graças aos *philosophes*.

Na Inglaterra, pronunciou uma frase que seria tomada como elogio por uns e ofensa por outros, tanto entre franceses quanto entre ingleses: "Na França sou visto como alguém que tem pouca religião; na Inglaterra como alguém que tem religião demais". A essa constatação se somaria à de Montesquieu, em 1731, que disse com certo assombro "Não há religião na Inglaterra"[465].

A viagem foi das mais proveitosas, imprimindo uma guinada da poesia para a ciência; Voltaire mergulhou na física newtoniana. O mundo intelectual inglês estava eufórico com a Royal Society, e aquele era um momento em que discutir sobre física era, pela primeira vez, mais comum entre os intelectuais do que discutir teologia.

Por gosto e por influência do meio, Voltaire adquiriu amplo conhecimento sobre a nova física, inclusive no campo experimental[466]. Começou também a perceber que a transformação do mundo deveria incluir uma generosa educação científica. Se a humanidade conhecesse a natureza tão bem quanto conhece as lendas e superstições, o progresso seria inevitável.

---

465. (DURANT, IX, 1965, p. 116).

466. (ALDRIDGE, 1975).

Teve tempo de examinar a literatura e a poesia inglesas. Encantou-se com Swift e seu *As viagens de Gulliver*, que evidentemente influenciou sua obra de ficção científica, o *Micrômegas*.

De volta à França, um de seus livros, que enaltecia a superioridade da monarquia constitucionalista inglesa, foi queimado em praça pública e ele teve de fugir de Paris.

Encontrou refúgio com uma amante, a marquesa de Châtelet, e logo começaram a construir uma imensa biblioteca no castelo desta. O período com Madame Châtelet foi o mais produtivo da vida de Voltaire. Realizou experimentos científicos, leu sobre tudo o que se passava no mundo intelectual da Europa, e escreveu seus tratados mais metafísicos nesse período. O marido de Châtelet era muito amistoso para com Voltaire, e pródigo o bastante para, ao que tudo indica, achar gosto em financiar aquele que os franceses consideravam a maior mente do mundo.

Foi também um momento chave a partir do qual Voltaire começou a atacar frontalmente a intolerância religiosa como um traço de barbarismo residual de sociedades com autoridade centralizada. Por fim, a essas invulgares realizações, escreveu a quatro mãos com Madame Châtelet o *Elementos da filosofia de Newton*, a obra que mais contribuiu para a popularização da física antes do surgimento da *Enciclopédia*.

Embora próspera intelectualmente, a vida de Voltaire foi toda ela acidentada pela ansiedade que a recepção de seus escritos pelas autoridades políticas e eclesiásticas da França lhe geravam.

Esses desgostos tiveram um fim quando Madame Châtelet morreu no parto (1749), e Voltaire sabia que ainda não era bem-vindo em Paris. Pouco depois, com a permissão de Luís XV da França, ele se mudaria para a Prússia, onde outro rei, Frederico o Grande, pretendia abrilhantar sua corte e mostrar ao mundo que era mais tolerante que outros monarcas.

Na Prússia, onde a princípio fora exibido como troféu pelo culto rei, Voltaire se isolaria em um ambiente quase rural e desprovido das novidades que tanto o estimularam em Paris e Londres. Em sua estada em Londres "Voltaire expandira seu horizonte; na Prússia ele se lhe estreitou". "Berlin não passa" disse "de uma pequena Paris"[467].

Após brigar com Pierre de Maupertuis, outro intelectual convidado pelo rei Frederico, Voltaire retorna a Paris tendo acumulado certa fortuna. Porque ainda era *persona non grata* em Paris, teve de se refugiar em Genebra, e depois em

467. (MAILHOS, 1985, p. 76).

uma casa senhorial em Ferney, na fronteira com a Suíça. Viveria ali pelo resto da vida, retornando a Paris apenas muito velho para a estreia de uma de suas peças. Aí foram escritas algumas de suas obras mais importantes e completas, como *O Cândido* e o *Dicionário Filosófico*.

A filosofia de Voltaire era uma colagem eclética, mas algumas influências despontavam aqui e ali. Não tinha um pensamento originalíssimo, refletindo e epitomando antes o ecletismo e a luta por tolerância. Seu ambiente, no entanto, era o dos *philosophes*, que pautavam uma linguagem e um conjunto de conceitos mais sensualista e quase sempre materialista.

Antes de Espinosa, materialismo e ateísmo eram associados a autores sem vocação ou interesse real em metafísica, como Thomas Hobbes, e havia uma percepção geral de que o materialismo era um assunto das camadas mais baixas da sociedade dos intelectuais. Com a insinuação de materialismo no sistema de Espinosa, este alcançara sua forma verdadeiramente científica, permitindo a todos os seus simpatizantes defenderem-no mais aberta e mais orgulhosamente.

Ainda que essa não fosse uma preferência de Voltaire, ela contaminou quase todos os demais *philosophes* a partir das décadas de 1730 e de 1740, criando um ambiente em que era obrigatório ao menos lidar com o materialismo e considerá-lo uma opção razoável.

John Locke, por sua vez, concentrou a teoria do conhecimento nas sensações e reflexões sobre as sensações, fazendo da consciência uma propriedade da alma no corpo, ao invés de uma propriedade da alma livre. Muitos interpretaram sua teoria como materialista, especialmente os *philosophes*, que desejavam mais suporte para sua própria perspectiva[468].

Will Durant pensa estar elogiando os *philosophes* quando afirma que eles "não se preocupavam com metafísica e achavam os sistemas filosóficos pretensões vãs". E continua dizendo que "não escrevem longos tratados, laboriosamente desdobrando o mundo de uma ideia, e sim ensaios relativamente curtos, diálogos divertidos, novelas às vezes apimentadas com obscenidades..."[469]. Enfim, em sua tentativa de louvor, Durant parece ressaltar justamente o fato de *não* serem filósofos, e sim divulgadores da filosofia e da ciência para um público não especializado.

Roger Scruton chama atenção para o fato de que todo o rebuliço dos *philosophes* "não acrescenta nem subtrai nada das doutrinas metafísicas que o seu

---

468. (HUTTON, 2015, p. 195-196).

469. (DURANT, 1965, Vol. IX, p. 606).

ceticismo cortês tornou mais fáceis de ridicularizar do que de compreender"[470]. Um evidente exagero, mas não desprovido de verdade.

É também possível dizer sem medo de acusações de parcialidade que Voltaire, o maior dos *philosophes*, está bastante aquém de pensadores profundos como Leibniz, Espinosa e Kant, e que mesmo Hume, que também não apresenta um sistema rigorosamente consistente, é tecnicamente mais preciso do que Voltaire.

Mas o que significa uma crítica como esta? Será rebaixamento dizer que alguém não está no patamar das maiores inteligências de toda a história; abaixo daqueles que chegaram mais perto de decifrar o enigma do mundo? Isso torna Voltaire menor do que o homem comum, ou que o intelectual comum? Torna-o menor do que outros filósofos-literatos como Cícero, Erasmo ou Nietzsche, que também não se dedicaram à alta metafísica? Certamente que não. Se considerarmos em perspectiva uma escala de competência e brilhantismo, mesmo partindo de uma posição oposta e crítica a Voltaire, ele ainda está à frente de sua geração, e em alguns casos da nossa.

Um juízo mais justo, portanto, deveria incluir a consciência de que os *philosophes* sabiam perfeitamente em que nicho estavam trabalhando, e que decidiram justamente operar a transformação da sociedade, e não tentar rasgar o véu que encobre a realidade última. Nisso foram incomparavelmente triunfantes, mostrando invulgar sagacidade para a escolha dos meios apropriados à popularização das ideias e do conhecimento que queriam ver generalizados.

Se admitirmos que a sua era uma proposta de propaganda e educação das massas, não há sentido em cobrar dos *philosophes* excelência conceitual, e as contradições que lhes eram comuns não eram anormais para nenhuma outra geração de propagandistas e educadores que, abraçando a mudança prática e concreta da sociedade, perdem sempre um bom tanto de qualidade técnica na compreensão das ciências que tentam divulgar.

Voltaire, pelo menos, conhecia bem a filosofia de seu tempo. Não errava em suas descrições dos pensadores de sua época, ainda que essas fossem menos técnicas e mais satíricas, não dando muito espaço para uma boa análise de sua recepção. No *Micrômegas*, por exemplo, um romance dedicado a mostrar a inferioridade da raça humana diante das possíveis civilizações das estrelas, o sábio visitante do sistema de Sírius, de uma inteligência extra-humana, considera ridículas as doutrinas dos terráqueos, mas julga a de Locke a menos tola.

No *Cândido*, que ridiculariza a prova oferecida por Leibniz de que este é "o melhor de todos os mundos possíveis", e no *Dicionário Filosófico*, vemos um

---

470. (SCRUTON, 1982, p. 54).

Voltaire leitor de filosofia, o qual parece mais erudito do que profundo, mas nunca superficial.

Apesar do ataque ao otimismo superlativo de Leibniz, Voltaire preferiria "trabalhar por um mundo melhor do que se entregar ao fatalismo"[471]. O que ele considerava desprezível era o fato de que alguém, em nome da perfeição artificial do sistema filosófico, apontasse este mundo de quase pura dor, quase puro sofrimento e quase pura decepção como o melhor possível. Por isso Voltaire abomina a teoria pura e o intelectualismo viciados como fontes de quimeras, e quer uma filosofia inteiramente voltada para o bem-estar concreto de homens concretos[472]. Talvez, se ao invés de louvar este mundo de sombra nos dedicássemos a combater seus erros, pensa Voltaire, ele pudesse progredir mais rápido.

Com respeito à religião, Voltaire era um espécime incompreensível para o cristão ortodoxo; e nada diferente disso para o materialista. Era resolutamente convicto na necessidade de uma inteligência ordenadora do cosmos, e que a auto-organização da matéria era um contrassenso e prova de limitação intelectual grave. Considerava francamente irracionais os ateus e materialistas.

Visitado por um possível pupilo, em 1757, que se apresentou como "jovem ateísta pronto a servir-te", Voltaire respondeu: "Pois eu sou um empregador deísta; mas, apesar de termos profissões opostas, te darei ceia hoje e trabalho amanhã; posso fazer uso dos teus braços, embora não da tua cabeça"[473].

Por outro lado, não apenas desprezava a Igreja institucionalizada como também a própria Bíblia e toda a teologia. Eram-lhe inadmissíveis as mortes de Huss e Servet[474], e inadmissível que se as considerassem acidentes dentro de uma estrutura toda montada para produzir esses resultados. Não, a perseguição inclemente dos dissidentes não era uma exceção estranha ao corpo das igrejas, católica ou protestante, era uma consequência direta da própria doutrina[475], que, no entender de Voltaire, era toda baseada na obediência cega a uma pretensa autoridade espiritual, na realidade imerecida e ilegítima.

Não que Servet tenha escapado ele mesmo. Para Voltaire, a perseguição e execução absurda não fazem dele um herói, pois seria tão fanático e intolerante quanto seus algozes[476]. Essas posições não nos ajudam muito a situar as prefe-

471. (RIHS, 1966, p. 66).

472. (RIHS, 1966, p. 67).

473. (DURANT, 1965, Vol. IX, p. 716).

474. (MAILHOS, 1985, p. 10).

475. (PELISSIER, 1908, p. 134).

476. (PELISSIER, 1908, p. 157).

rências de Voltaire, já que ele via essencialmente todo o cristianismo como uma celebração da intolerância e da repressão, com exceção de Jesus e talvez alguns poucos outros.

Ao lado das doutrinas e práticas autoritárias e obscurantistas, via na superstição o maior subproduto das instituições religiosas. A superstição nasce com a ignorância, mas é cultivada por uma cultura de medo da liberdade de pensar. Foi tão poderosa a crítica iluminista ao elemento mitológico e mágico das religiões que, um século depois, todas as teologias incorporavam essas mesmas críticas à sua autocompreensão. No século XX, pensadores leigos ou antirreligiosos sustentariam essa bandeira, assim como religiosos e espiritualistas como Mircea Eliade e Carl G. Jung, ou até teólogos como Paul Tillich e Urs von Balthasar.

Voltaire excedia-se, no entanto, na acidez de seus ataques, que suplantavam os dos próprios ateus. Para ele não merecia respeito alguém que concebesse seriamente "uma gravidez produzida por uma pomba, ou a bondade e justiça de alguém que expulsa demônios de um homem para uma vara de porcos, e os deixa afogar no Tiberíades"[477]. O Velho Testamento, então, e a capacidade intelectual de quem acredita nos seus relatos, não mereceria sequer comentário.

Foi, assim, o maior inspirador de todos os que situam a religião como objeto da história, da cultura[478], ao invés de revelação direta, pronta ou infalível. E, ao mesmo tempo, era tão adepto do princípio da *religião natural* quanto qualquer pensador cristão daquele período. Em seu *Tratado de metafísica*, disse que a ciência mesma começou a mostrar que tudo no universo é ordenado inteligentemente; tudo o que existe obedece a leis de precisão matemática, que só podem refletir uma sabedoria infinita[479].

Era, pode-se dizer, um Cícero ou um Erasmo amargurado, mas ainda era um Cícero ou um Erasmo, e não um ímpio. Não podia nem suportar uma religião que via como corrompida ao último grau nem se entreter nos umbrais da impiedade. Os crimes e a ignorância dos representantes das religiões eram excessivos e indiscriminados demais para que a sua consciência pudesse guardar qualquer apreço pelas igrejas. Restou-lhe, porém, um tanto de apreço pelos santos, pela figura do Cristo, mas este mesmo apreço moral justificava sua postura decidida de oposição e desprezo pela doutrina e pelos rituais, que nada mais eram a seus olhos do que máscaras e justificativas para coisas piores.

---

477. (PAGDEN, 2013, p. 84; 86).

478. (MAILHOS, 1985, p. 31).

479. (VOLTAIRE, 1877, p. 14).

Se de alguma forma Voltaire pudesse ser considerado parcialmente cristão, o seu cristianismo pessoal era laico e mais dúbio do que convicto. E se algo deveria restar da mensagem de Cristo era isso: que o moderno farisaísmo deveria ser humilhado e posto ao chão, que a verdadeira religião deveria estar na consciência, e não poderia ser imposta.

O homem cria e cultiva a religião que quer, enquanto indivíduo. Reúne-se para cultuar como quer, enquanto ser social. As religiões, as instituições e os templos são nada mais do que obras sociais em torno desse fenômeno da consciência. A expressão cultural não julga a religião natural, é a religião natural, calcada na consciência, que julga a qualidade das supostas revelações de acordo com os benefícios práticos que possam trazer ao melhoramento da humanidade.

Revoltar-se por toda uma vida, sem esmorecer, denota certa carência de um aspecto da sabedoria. Sua revolta contra as instituições, contudo, era quase sempre uma revolta útil, corajosa. Voltaire não é o pensador iconoclasta ou subversivo que vemos demolindo coisas boas, valorizando, inclusive, partes da estrutura eclesiástica; e, embora se o pudesse criticar por destruir mais do que construir, soube parar diante do que era bom e nobre. Era amigo de muitos clérigos, e os tinham na mais alta conta, como se não houvesse associação entre esses bons filhos da Igreja e aquilo que ele atacava. Sobretudo, comprava as brigas difíceis como as fáceis, e as que lhe traziam grande prejuízo como as que trouxessem renome e respeito. Tinha um senso de missão, e não esmorecia em seu próprio projeto de reestruturação do mundo. Apenas tinha consciência de que nascera para ser a pólvora que demoliria as coisas velhas, não uma ferramenta para edificar pacientemente as coisas novas.

Esse caráter destrutivo muito provavelmente tinha a ver com o fato de ser um filósofo-literato e historiador, e não um metafísico. A tendência de todos os que partem de posições semelhantes é a pura crítica.

Ainda que Voltaire fosse um conhecedor da tradição filosófica, tanto antiga quanto a recente, detestar a metafísica constituía um obstáculo suficientemente grande para afastá-lo da resolução de qualquer problema propriamente filosófico. Ele poderia usar filosofia, especialmente a cínica, em sua obra demolidora, mas não poderia produzir nada com ela.

Não era apenas desgostoso, ou desinteressado pela metafísica. Opunha-se a ela com tão obsessivo vigor que, ao final, era obrigado a não ter consistência entre suas ideias e posições. Até certo ponto, como bom cínico, ele lidava bem com isso. Preferia que cada ideia e posição "fosse transparente, mesmo que com isso elas não se encaixassem bem umas com as outras"[480].

---

480. (HAZARD, 1954, p. 406).

Poder-se-ia dizer que o famoso ensaio de Kant *Resposta à pergunta 'o que é o esclarecimento'* vem a ser um tipo de descrição conceitual da vida e da obra de Voltaire. Era pura coragem e ousadia de saber. Contudo, é de se perguntar se conseguia adquirir muito conhecimento apenas com a coragem, e sem um programa sistemático.

Era idealista e sentimental o suficiente para defender que toda a guerra é injusta, e que se o ser humano fosse realmente melhor do que o animal a guerra não existiria. Não teria se sentido honrado se tivesse presenciado as monstruosidades do período de terror da Revolução Francesa, a mesma para a qual ele era considerado um profeta.

Em seu *Evangelho da razão*, Voltaire defende que o homem venere a coerência, o bom-senso e a tolerância, e que isso o salvará mais rápido de um mundo de autoritarismo, barbárie e ignorância do que qualquer mensagem de qualquer clérigo ou profeta.

No *Testamento do Sr. Jean Meslier*, Voltaire afirma que uma religião não pode ser verdadeira nem divina se à sua doutrina adere um erro. E que podemos considerar um erro? Podemos sem sombra de dúvida, pensa Voltaire, e para além de interpretações e partidarismos, concluir que qualquer coisa que gere "funestos transtornos e divisões"[481] é um erro. Ao contrário, a doutrina que ele mesmo recomenda e a mais capaz de fomentar a santidade, isto é, o cultivo das virtudes, é pura, e reflete "a bondade e a sabedoria infinitas de Deus"[482]. Esta é a doutrina de Cristo, entendido como mestre moral ao invés de divindade antropomorfizada.

Quando se passa à pretensão de credibilidade, no entanto, é preciso cuidado, pois as razões para a alegada superioridade do cristianismo sobre as demais religiões, a saber, que faz melhores homens, que é anunciada por profecias e garantida por milagres, entre outras, são também razões alegadas pelos muçulmanos, indianos e pagãos para sua própria pretensão de autoridade e superioridade[483].

Poderíamos concluir, contudo, que se os argumentos valem como pretendem valer, isto é, racionalmente, é forçoso admitir que todos os milagres, profecias e sinais de santidade e retidão por parte de qualquer religioso são evidências em favor de sua fé, o que torna o mercado delas extremamente competitivo. Se, ao contrário – e o que é também muito típico –, o cristão reage dizendo que "Não! Todas essas evidências das demais religiões são produzidas por demônios", essa será também uma alegação idêntica à que cada outra religião oferece em relação

481. (VOLTAIRE, 1765, p. 3).

482. (VOLTAIRE, 1765, p. 5).

483. (VOLTAIRE, 1765, p. 7-8).

a todas as demais. Ou, portanto, a evidência vale de uma forma epistemicamente equânime (vale enquanto evidência) ou ela nada vale, pois não passa de dogma e não representa evidência empírica alguma.

O tom engrossa um pouco quando chega o momento de lidar com os "erros teológicos" do cristianismo. O primeiro deles, diz Voltaire, é pregar, contraditoriamente, que só há um Deus e ao mesmo tempo três. Tal crença é "manifestamente absurda", pois se há três pessoas "que são verdadeiramente Deus, então verdadeiramente há três deuses"[484]. E a coisa piora, pois, incapazes de justificar a contradição lógica, os Pais da Igreja afirmaram que o "Pai engendra o Filho, e ambos o Espírito Santo, sem que uma dessas pessoas seja mais velha do que a outra"[485]. Uma ideia pode dar lugar a outra, derivada, mas uma coisa não pode dar lugar a outra coisa sem que essa geração se dê no tempo, e não desde a eternidade. Pode-se questionar aqui a rudeza relativamente material da terminologia de Voltaire, mas a formulação original da teoria da Trindade dificilmente é mais refinada.

No *Catecismo do homem honesto*, outro título que propositalmente usa um termo religioso em favor do laicismo, Voltaire novamente ataca os milagres na qualidade de provas presuntivas da superioridade dos judeus, afirmando serem excessivamente abundantes entre os povos antigos; abundantes demais para que se pretenda serem evidências especiais em favor do cristianismo e de seu profeta. Da parte do sectarismo típico da religião cristã (que herda esse sectarismo do judaísmo) é irrazoável pretender que uma minúscula nação, aparentemente desprovida de superioridade moral ou intelectual, seja a predileta sobre todas as demais, e única a receber aquilo que deveriam por direito receber todas as almas de todas as outras terras[486]. Não. "A religião apropriada a todos os homens é aquela de todos os patriarcas e todos os sábios da Antiguidade: a adoração de Deus, a justiça, o amor ao próximo, a indulgência de todos os erros e a beneficência em todas as ocasiões da vida. Tal é a religião digna de Deus, e a que Deus gravou em todos os corações"[487].

Em um levantamento de palavras-chave dos textos de Voltaire, Georges Mailhos chegou às seguintes palavras-chave por tema: sobre a justiça, perspectivas mais objetivas (parlamentos, inquisição, mal, horror); sobre a religião, a percepção geral de seu tempo (mandamentos, superstição, fanatismo, monges, padres, teologia, Roma, intolerância, impostura); sobre filosofia, certa desilusão

484. (VOLTAIRE, 1765, p. 46).

485. (VOLTAIRE, 1765, p. 46).

486. (VOLTAIRE, 1765, p. 76).

487. (VOLTAIRE, 1765, p. 77).

(pedantes, canalhas, parvos, estupidez, erros, torpezas, preconceitos)[488]. Pode-se concluir que não concordava com nada nem ninguém, vendo em toda a parte o demérito e a inferioridade.

Mailhos propositalmente separou a parte mais positiva da visão de Voltaire, geralmente ligada ao próprio movimento das Luzes: "luzes, razão, bem, humanidade, civilização, moral, pensamento, tolerância, esclarecimento, despertamento, ciência, gente honesta."[489]; o que nos permite concluir que havia ainda algum otimismo e uma razoavelmente forte noção de propósito em sua luta. Como no caso anterior, contudo, também se pode concluir que as luzes estavam unicamente com o seu partido, o que tampouco corresponde a bom conceito de tolerância.

Demasiadamente humano, Voltaire cedeu à misoginia das grandes inteligências. Era impaciente na promoção de seu ideal de progresso, como intransigente na defesa de muitas ideias. Os *philosophes* em geral pecaram por não estarem à altura das ideias que propunham, advogando tolerância e se mantendo inclementes para com o clero e a fé cristã. Voltaire, em particular, frequentemente não soube ou não pôde conciliar aos seus belos ideias de concordância, pacifismo e tolerância as atitudes cordiais e acolhedoras que lhes deveriam corresponder.

O último Voltaire, dos últimos quinze anos de uma longa vida, era mais dedicado à salvação do que à destruição da religião. Ao menos da religião natural, poder-se-ia acrescentar com alguma justiça, mas até mesmo a Igreja e o cristianismo recebiam um tratamento bem mais gentil, em parte porque Voltaire entendia ser destrutivo e arrogante o ateísmo dos *philosophes* da nova geração.

Era tarde. Apenas Rousseau defendia Deus e o cristianismo no alto escalão intelectual francês. O ódio à religião, à Igreja, estava bem enraizado entre as classes médias e altas em meados da década de 1770, e abasteceria as perseguições aos religiosos durante a Revolução.

No todo do percurso se percebe que Voltaire é um daqueles raros pensadores que pensa sobre o que vive e tenta vivenciar o que pensa[490]. Poucos intelectuais na história estiveram tão presentes aos acontecimentos de seu tempo sem com isso perderem em altitude reflexiva.

Poucos, ou talvez nenhum grande teórico teria a influência que Voltaire teve sobre a religião no espírito das massas. Com a chegada do mundo moderno, antes que os intelectuais pudessem perceber o que se passava, ganhar

488. (MAILHOS, 1989, p. 51).

489. Idem.

490. (MAILHOS, 1985, p. 608).

a mente do homem comum tornara-se mais importante do que ganhar as dos professores de teologia.

David Hume e a Igreja da Escócia

A identidade da Escócia após a Idade Média subsistia, em grande medida, em suas diferenças com a Inglaterra. Escoceses tentaram por séculos manter cada traço possível que os distinguisse da cultura inglesa, e a religião foi evidentemente um desses traços. De nascimento extemporâneo, se comparada à Reforma Alemã e Suíça, a Reforma das ilhas britânicas foi um processo dos anos de 1540-1560, e só adquiriu corpo teológico depois disso.

Historiadores da Igreja da Escócia (presbiteriana) estão corretos em dizer que "Até a revolução de 1688 a Igreja da Escócia fora inclusiva, se não totalmente unida. Apesar das amarguras internas, ela não aceitava sectarismo"[491].

Os escoceses, contudo, não viviam em uma bolha alheia aos acontecimentos da Europa, e conheciam tanto o deísmo inglês quanto as dissidências calvinistas e luteranas. Estavam, portanto, perfeitamente cientes da existência de radicalismos evangélicos, espiritualismos e puritanismo – que, até certo ponto, são quase sinônimos.

Hutcheson lecionava em Glasgow a partir de 1729. Locke e Shaftesbury eram bem conhecidos entre a elite intelectual escocesa.

O ambiente estimulado por Hutcheson, ecoando também o que se ouvia do mundo letrado francês, principalmente, fomentou propostas incisivas de harmonização entre a fé e a razão, chegando-se ao ponto da dissidência, uma vez que, contrariamente à doutrina oficial presbiteriana, os filósofos passaram a pregar que qualquer elemento da fé só se sustenta enquanto conforme à razão[492].

Enquanto isso, pequenos grupos puritanos escoceses, como os Amish, transferiam-se para a América do Norte, onde acabavam mais bem-sucedidos que na terra natal.

A dissidência da Igreja Escocesa, então, era até certo ponto resolvida pela emigração, não aumentando a pressão interna, mas a consciência coletiva amadureceu ao longo das décadas com a constatação de sua presença.

As artes, como em qualquer época, eram tão relevantes para a transformação da consciência coletiva quanto a religião, a ciência ou a política.

---

491. (DRUMMOND; BULLOCH, 1983, p. 25).

492. (DRUMMOND; BULLOCH, 1983, p. 47).

Alexander Pope (1688-1744) era para a poesia o que Milton fora uma geração atrás, e era tão bem recebido na Escócia e na Alemanha quanto na própria Inglaterra. Mais que qualquer escritor mais filosófico, pode ser considerado o grande expoente de um novo Humanismo, para o qual o pecado original não era tema, o homem era essencialmente bom e cheio de potencial a ser explorado pela educação. Iluminista, sua poesia profética anunciava um modelo de humanidade mais individualista e autônoma, ao ponto de dispensar as Escrituras, pois todo o essencial já estaria contido no íntimo de cada um.

Acreditava que a religião era a natural, puramente moral, como expressa pelos moralistas Hutcheson e Shaftesbury, e por Voltaire. Considerava válidas todas as formas de culto e louvor ao Ser Supremo, "de modo que toda forma de intolerância e exclusivismo deveria ser abandonada pelas mentes instruídas"[493].

O movimento dos tempos saíra da torre de marfim da especulação filosófica para a poesia e o teatro, e a sociedade se tornava perigosamente secular e rebelde às instituições religiosas, particularmente nas ilhas britânicas.

Espremida pelos moderados, que na verdade adotavam um modelo mal disfarçado de deísmo para o qual pontos doutrinais e a própria teologia eram menos relevantes do que a conduta, a Igreja da Escócia reagiu com uma guinada para a ortodoxia evangélica, isto é, retorno consistente e inegociável às Escrituras[494]. Os moderados, de fato, logo se mostraram mais e mais secularizados. Flertavam com o socinianismo, pregavam abertamente que Jesus era modelo e mestre, mas não uma figura de intermediação entre o homem e Deus, e alguns chegaram ao ateísmo. Isso fez com que esses moderados rapidamente parecessem degenerados aos olhos da ortodoxia, que foi "empurrada" de volta para um terreno com pouco ou nenhum diálogo com a razão e a ciência natural.

Apesar de muito específico, o caso escocês é um excelente modelo do que essencialmente ocorreu em todo o Ocidente, na medida em que a dialética do Iluminismo não podia mais ser freada para um estado de conciliação, acelerando cada vez mais a divisão entre o mundo da fé dogmática nas Escrituras e o mundo da ciência, no qual alguém só podia ser religioso em um sentido muito filosófico.

Adam Smith (1723-1790), mais um jovem com dons invulgares, ingressou na Universidade de Glasgow aos 14 anos, onde pôde conhecer o melhor das lições de Hutcheson[495]. Nunca o deixou de considerar um verdadeiro mestre. Moveu-se para o Balliol College de Oxford em 1740. Não falou muito bem de Oxford, enfa-

493. (DRUMMOND; BULLOCH, 1983, p. 88).

494. (DRUMMOND; BULLOCH, 1983, p. 106).

495. (DRUMMOND; BULLOCH, 1983, p. 121).

tizando que foi severamente punido por ser pego lendo Hume, de quem logo se tornaria amigo.

Em matéria de religião, Smith estava próximo de Hume, acreditando em um Deus "diretor da natureza, na lei moral e em uma imortalidade na qual a virtude seria recompensada, mas sem nenhum interesse especial nas doutrinas cristãs da Trindade, da encarnação, da reconciliação e do Espírito Santo"[496]. Sua biblioteca era deliberadamente "agnóstica" para os padrões da época, contemplando virtualmente todas as disciplinas, com exceção de religião e teologia. O único livro efetivamente religioso era sobre São Francisco[497], mas a presença de um rebelde que defendia justamente que o sentimento e a atitude morais cristãs importam mais do que qualquer doutrina é perfeitamente compreensível.

Por essa época (1750-1770) ganhava força a ideia de que boa parte da história da Igreja fora inventada ou distorcida em favor da instituição. Uma ideia que se provaria fantasiosa em meados do século XX, mas que causou e ainda causa grande dano à imagem da Igreja de Roma e ao cristianismo em geral, levando muitos à secularização e alguns ao ateísmo.

O papel de Hume em todo o processo não pode ser subestimado. Ele é o ponto médio entre um Voltaire e um Diderot britânico, tão influente em sua terra quanto esses dois na França.

David Hume (1711-1776) foi um pensador precoce que, como George Berkeley, escreveu um de seus principais livros, o *Tratado da natureza humana*, pouco depois de se formar. A fama e a reputação, contudo, só vieram com sua obra-prima de epistemologia, *Investigações sobre o entendimento humano* (1748). E foi só depois disso que Hume começou a escrever especificamente sobre religião.

Desde o começo, porém, sabia-se que Hume primava pela iconoclastia, nisso estando mais próximo que qualquer outro britânico dos *philosophes.*

Quando ele se candidatou à cadeira de pneumática e filosofia moral da Universidade de Edimburgo, em 1744, parte do corpo acadêmico reagiu à candidatura alegando que Hume não era qualificado para um cargo sensível devido a seu ceticismo em relação à fé cristã[498].

Hume, contudo, dedicou boa parte de suas forças a combater a pecha de ateísta, tanto instantânea quanto paulatinamente, dando a entender que suas posições nada tinham de afrontosas à fé cristã.

---

496. (DRUMMOND; BULLOCH, 1983, p. 122).

497. (DRUMMOND; BULLOCH, 1983, p. 122).

498. (HUME, 2007, p. xvi-xvii).

A filosofia de Hume, como ele próprio admitiu mais de uma vez, não era o tipo de projeto inserido no jogo da competição razoável, e sim uma destruição dos caminhos que levam a ela, não sendo possível rebatê-la ou discuti-la[499]. Um resultado tão altamente indesejável (em vários sentidos) só não pôde ser rebatido porque os seus adversários futuros erroneamente apontaram suas armas para os elementos criticados por Hume, ao invés de apontá-las para a fragilidade lógica do projeto enquanto tal, que recai em um tipo de dogmatismo negativo – um dogmatismo que proíbe sem muita discussão e sem argumentos muito consistentes a possibilidade de fundamentação do saber.

Opunha-se radicalmente ao racionalismo, entendendo que este encontrava fundamentação e justificação para o conhecimento com base em apostas e puras pretensões de certeza. Não acreditava, porém, na total suspensão de juízo dos antigos céticos. Para Hume, o ser humano estaria condenado a escolher com base em suas crenças, mesmo que ultimamente injustificadas[500]. O que podemos fazer é encontrar razoabilidade pragmática, com base nos resultados.

Hume reúne características socráticas que, exceto quando apresentadas por Sócrates, são consideradas contraditórias com a postura filosófica. O desleixo geral de Hume com as preocupações capitais da verdade e de uma justiça ou um bem natural pode significar mais do que uma vivência prática do cinismo, chegando ao ponto do aparente desinteresse ou descaso por questões que são usualmente vistas como graves e relevantes para a grande maioria dos filósofos. Essa é certamente uma característica que operou em detrimento da qualidade de sua meditação, exceto quando a favoreceu.

Em mais de uma ocasião, Hume deu sinais de que seu cinismo não era celebrado como uma conquista, mas amargado como uma descoberta deprimente sobre a fragilidade da condição humana em suas pretensões intelectuais. Tampouco era o tipo de cinismo mais dogmático da Antiguidade, que via no ser humano uma criatura desprezível e incapaz do bem – os melhores representantes desse cinismo dogmático são, na verdade, modernos, como Thomas Hobbes e Marquês de Sade. Hume tem uma visão (talvez apenas acidentalmente) muito próxima do cinismo cristão, que se compadece da pobreza humana e lhe recomenda uma dose apenas moderada, não fatal, de realismo quanto a ela. Espécie de macaco de circo metafísico, o homem pode aprender a encenar o conhecimento do que está por trás do véu dos fenômenos da vida, mas apenas para seu mais medíocre conforto psicológico, não retirando qualquer vantagem concreta de semelhante teatro.

499. (DRUMMOND; BULLOCH, 1983, p. 94).

500. (PENELHUM, 2000, p. viii).

Assim são os filósofos, pensa ele, negacionistas radicais de tudo o que é natural, tudo o que é saudável, e isso em prol de uma altura e uma pureza de contos de fada. Entre a autoilusão rebuscada do asceta intelectual e o povo que crê em qualquer coisa que lhe afaste do sofrimento, Hume, ao lado dos cínicos antigos e de Nietzsche, parece preferir o segundo grupo.

Esses pensamentos não deixaram de ter o seu custo para a saúde mental e bem-estar existencial do filósofo, e Hume viveu uma forte crise que o levou às raias da loucura, e que ele mesmo considerou puramente filosófica.

Ele descreveu essa crise como uma profunda melancolia motivada pela sua filosofia, um profundo desespero, que só a vida simples e irrefletida conseguia mitigar:

> Afortunadamente acontece que, uma vez que a razão é incapaz de dispersar essas nuvens, a natureza é suficiente para este propósito, e ela me cura dessa melancolia filosófica, desse delírio, ou relaxando a tensão mental ou por um convite e impressão viva sobre meus sentidos, os quais obliteram todas as quimeras. Eu janto, jogo gamão, converso e fico alegre com meus amigos; e quando depois de três ou quatro horas de diversão retorno às especulações elas me parecem tão frias, e carregadas, e ridículas, que eu não consigo encontrar em meu coração a disposição para seguir com elas[501].

Em uma época em que não havia pareceristas e prazos de entrega, podemos acreditar que esses desgostos eram mesmo puramente intelectuais.

Ainda que essa bem típica doença filosófica seja conhecida de todos os meditadores em alguma medida, é também quase intolerável para a alma humana não a compensar com o remédio do idealismo e do otimismo intelectuais, na falta dos quais a vida do filósofo pode se revelar um verdadeiro inferno mal disfarçado pela falta de grandes acontecimentos exteriores e do anestésico do eventual reconhecimento.

O projeto filosófico de Hume, acompanhando seu ceticismo e cinismo, é um projeto "deflacionário" da filosofia[502]. Ele quer fomentar uma visão científica da mente, sem os termos abstratos, historicamente carregados (de religião, principalmente) e axiomas. Um projeto que teria sido muito mais bem recebido por seus pares mais de meio século depois, mas que soava (e era) excessivamente materialista para sua geração, trazendo-lhe uma série de problemas.

501. (PENELHUM, 2000, p. 3).

502. (PENELHUM, 2000, p. 7).

Em *Uma dissertação sobre as paixões*, por exemplo, defenderia que bem e mal são definições derivadas de sensações agradáveis e desagradáveis. Não muito diferentemente de Aristóteles ou Tomás de Aquino, Hume crê que o bem nos provoca alegria e o mal provoca em nós o sofrimento. Psicologicamente, contudo, podemos potencializar ou diminuir a alegria e o sofrimento através da expectativa de ambos. Quando esperamos o mal sentimos medo, e quando esperamos o bem sentimos esperança. A vontade é a inclinação interior, de nossa alma, para aquilo que possa gerar bem e contra aquilo que possa gerar mal, mais como um instinto evolutivo do que como uma faculdade racional deliberativa, como em Tomás de Aquino[503]. Nisso se pode perceber que Hume levou ao extremo o projeto naturalista de Espinosa e dos moralistas britânicos, terminando com uma ética quase apenas fisiológica nas mãos.

Semelhantemente a outros naturalistas, contudo, Hume não está tão próximo do materialismo que se desenvolveu em meados do século XIX, e acredita que uma determinação natural forte não significa que o mundo não tenha sido criado por Deus. Ao contrário disso, na *História natural da religião* ele afirma:

> Toda a estrutura da natureza fala de um autor inteligente; e nenhum investigador racional pode, após reflexão séria, suspender por um momento sua crença nos princípios primários do genuíno teísmo e da religião. Mas a outra questão, que concerne à origem da religião na natureza humana, está exposta a alguma dificuldade. [...] Não há duas nações, e raramente dois homens, que concordem precisamente nos mesmos sentimentos[504].

As pessoas e povos não concordam sobre a matéria da disputa, a realidade metafísica última, porque não é possível saber praticamente nada sobre ela. A filosofia da religião, então, deita-se sobre dois princípios: só devemos aceitar crenças básicas ou para as quais tenhamos suficiente evidência, e a religião não é uma crença básica. Se a religião não é uma crença básica, fundamental para a vida, então ninguém deveria ser cobrado por não ter tais ou quais crenças religiosas, a não ser que houvesse evidência sólida em favor de alguma crença específica[505]. Com isso não se afirma que a religião seja falsa, e sim que não há racionalidade na escolha entre uma e outra religião, um ou outro conjunto de crenças.

A causa de seu aparentemente ateísmo está na forma franca como Hume aplica a suspensão cética dos juízos, o que leva à terrível confusão interpretati-

503. (HUME, 2007, p. 3; 24).

504. (HUME, 2007, p. 33).

505. (YANDELL, 1990, p. 3).

va acerca de sua posição final sobre a religião. Muito provavelmente, esta deve ser entendida apenas como *nenhuma*, e não como uma profissão de ateísmo. A consequência racional da suspensão cética do juízo, aliada ao fato de que o entendimento não pode receber ajuda das crenças religiosas, deixa-nos apenas uma alternativa: a de que todas as propostas disponíveis, sejam ateístas ou teístas, são válidas até certo ponto, mas não comprováveis[506]. O que temos, no final das contas, é o direito de interpretar o mundo como contendo ou não contendo elementos que atribuímos a uma mente humana (intencionalidade, ordem, moralidade, senso de beleza), e é muito difícil que um partido (ateísmo e teísmo) consiga desmoralizar completamente o outro sem recorrer a argumentos de conveniência, baseados em convicções, interpretações e preferências.

A religião é "explicada" por Hume como crença de segunda ordem, isto é, provocada por uma série de fatores circunstanciais que "acionam" a propensão da mente humana para encontrar propósito, intencionalidade, justiça e criatividade no mundo, correspondendo a um instinto antropologizante. Hume é prudente o bastante para evitar os reducionismos tão comuns ao século XIX, especialmente os de tipo sociológico e psicológico, e não elege uma causa absoluta para o despertar do instinto antropologizante que concretiza a inclinação religiosa, considerando uma série de fatores. Contudo, ele não considera que um dos muitos fatores da vida capazes de reforçar a propensão religiosa possa ser um fenômeno religioso legítimo[507]. Ao menos nesse sentido, ele é um reducionista.

A partir de uma observação empírica, acrescenta Hume, pode-se chegar às conclusões de que a religião produz muitos males, ou de que produz muitos bens. Nenhuma das duas constatações, no entanto, contribui em absolutamente nada para a questão da verdade substancial da religião[508], e apenas um intelectualismo muito inflado pode ter associado efeitos perceptíveis a causas compatíveis com expectativas e crenças prévias, sem considerar que os efeitos podem ter outras tantas causas não compatíveis com essas expectativas e crenças prévias.

Em outras palavras, vale a crítica que ele também fez à ciência e ao conceito de causalidade: parece, mas pode não ser verdade que A causa B, porque sempre existe a possibilidade de que C, D, ... Z tenha sido o real responsável por B, e só enxergamos a causa em A porque a vimos próxima de B.

Assim como o pragmatismo que se desenvolveu depois – e diferentemente do utilitarismo, que serviu de *medium* entre as duas tradições –, a proposta de

506. (YANDELL, 1990, p. 26-44).

507. (YANDELL, 1990, p. 114-118).

508. (YANDELL, 1990, p. 341).

Hume vai na direção da desvinculação entre a verdade dos fatos e o esforço (obsessivo-compulsivo) de encontrar teorias para essas verdades, acomodando-se à realidade de que o que nos é oferecido são os fatos. É, no entanto, possível e desejável retirar as conclusões que os fatos oferecem, sejam elas "a religião obviamente torna os seres humanos piores", "a religião obviamente torna os seres humanos melhores" ou "é difícil concluir se a religião torna os seres humanos piores ou melhores, de modo que devemos suspender nosso juízo sobre um desfecho racional para a questão".

Bem, ao menos isso é o que vale para a maioria das crenças religiosas. Para a crença em milagres, no entanto, Hume acredita que, pela prerrogativa de ab-rogar a ordem natural, devemos negar terminantemente os milagres mesmo diante deles, isto é, diante de melhores evidências em seu favor do que contra. Nesse momento, contudo, Hume deixa de respeitar a essência da própria proposta filosófica e recai em um tipo de negação *a priori* da experiência possível.

Hume encerra os *Diálogos sobre a religião natural* com a conclusão de que, se a velha imagem de Deus não é razoável, é preciso, por outro lado, admitir que a causa do universo há de ser um pensamento ou mente universal.

> Parece certo que, de acordo com o progresso natural do pensamento humano, a multidão ignorante primeiro entreteve noções selvagens e familiares de poderes superiores, antes de chegar à concepção de um ser perfeito, que dispensa ordem sobre toda a estrutura da natureza. Podemos com a mesma razoabilidade imaginar que homens habitaram palácios antes das tendas e barracos, ou que estudaram geometria antes da agricultura; quanto podemos alegar que a divindade apareceu a eles como espírito puro, onisciente, onipotente e onipresente, antes que fosse apreendida como poderosa, apesar de limitada e dotada de paixões humanas, apetites, membros e órgãos. A mente emerge gradualmente do inferior para o superior[509].

Elimina-se, assim, o ídolo empiricamente construído, mas não se chega a negar, como comumente se atribui a Hume, que ele tenha atacado a noção metafísica de Deus. Ao menos ele não apresenta argumentos contra ela e conclui em favor dela. Pesa, ainda assim, a típica acusação que, vez ou outra, também se lança contra Descartes ou Voltaire, de ter escondido sua real convicção (ateísta) de uma sociedade que não a toleraria. Essa é, contudo, uma carta na manga, incompatível demais com o jogo hermenêutico e histórico para ser levada a sério, pois sempre

509. (HUME, 2007, p. 34).

houve a opção de não tomar posição sobre assuntos religiosos, amplamente utilizada desde, no mínimo, o século XV.

Mesmo desprezando completamente as igrejas e a religião revelada, Hume nunca se sentiu realmente confortável em professar o ateísmo dos pensadores franceses, que para ele soavam como um igualmente arrogante dogmatismo; uma compulsão de perseguição, espécie de "guerra santa da causa ateísta", e suas vidas acabavam por ser dedicadas a odiar, perseguir e destruir aquilo a que supostamente não deveriam dar valor ou que deveriam ver com a superioridade e curiosidade do sábio[510].

Contribuiu ele, portanto, para a criação de condições para a crítica saudável da religião; para que as religiões primitivas não fossem nem hipocritamente preservadas como intrinsecamente boas nem rechaçadas como puro mito, sem razão de ser. Mais que isso, Hume, ao lado de Voltaire, está entre os que mais contribuíram em favor da noção iluminista de progresso. O progresso da religião, inclusive, pressupõe que o caminho natural da religião é começar pela crença cega em forças incompreensíveis e humanizadas, para só com a filosofia e a ciência progredir para as noções metafísicas que merecem passar por universalmente válidas, e que estão conscientes de serem teorias humanas, ao invés de uma verdade caída do Céu.

Percebeu também que esse progresso da religião e das mentalidades estava longe de alcançar seu termo, e que deveríamos nos considerar não muito adiante dos primórdios da civilização.

> Mesmo nos dias de hoje, e na Europa, pergunte-se a cada vulgar por que ele crê em um criador onipotente do mundo; ele nunca mencionará causas finais, sobre as quais é totalmente ignorante: ele nunca olhará para sua mão e contemplará a perfeição e variedade das juntas de seus dedos, sua dobra em uma direção específica, a contraposição que recebem do polegar, a maciez das partes carnosas internas, e todas as demais circunstâncias que fazem a mão apropriada para seu propósito, para o que foi destinada. [...] Ele falará da morte súbita de um conhecido; da queda e ferimento de outro; da seca excessiva de uma estação; do calor e da chuva de outra. Todas essas coisas este homem vulgar atribui às operações imediatas da Providência. E esses eventos, que para o sujeito sensato são os grandes empecilhos para se admitir a suprema inteligência, para ele são os únicos argumentos em favor dela[511].

---

510. (PENELHUM, 2000, p. 18-19).

511. (HUME, 2007, p. 52).

Sobre perseguição e tolerância, Hume afirma que, historicamente, a perseguição é consequência do monoteísmo, da visão de um Deus único e de um único caminho de salvação, ao passo que a tolerância é o estado natural das culturas politeístas, para as quais o reconhecimento de inúmeras deidades e inúmeros ritos e meios de salvação e purificação obriga a aceitação de divindades estrangeiras ou novas como ao menos possivelmente verdadeiras.

É assim que se deve entender a facilidade com que a antiga Roma e a Índia (onde o monoteísmo é quase restrito aos filósofos) recebem e respeitam uma multidão de outras crenças.

No entender de Hume, então, o zelo religioso só encontra razão de ser em uma visão unicista da realidade e da salvação[512]. Os romanos pareceriam laicos aos modernos, pois não lhes importava que os judeus preservassem sua religião desde que se submetessem politicamente.

Por outro lado, conquanto os politeístas possam praticar barbaridades em nome da religião (como os antigos mexicanos e cartagineses), esses atos bárbaros raramente ou nunca estão ligados à ideia de punição por desvio da crença[513].

A ideia de uma presença real de Deus, finaliza Hume, é quase sempre traço de materialismo. Era o caso dos ícones e ídolos, e é o caso da Eucaristia. Chegará o momento em que nenhum ser racional será capaz de crer que Deus está presente na comunhão, e, para Hume, este será um grande momento, pois será extirpado do cristianismo mais um traço pagão[514].

Essas afirmações claras em favor de uma teologia natural e metafísica, somadas ao contraste com seu asco por toda a religião instituída (social ou doutrinalmente) o colocam em harmonia com o movimento geral dos tempos. Hume pode parecer muito diferente de Leibniz ou Locke, mas não está tão distante de Voltaire, Shaftesbury ou mesmo Kant, que já não conseguem olhar com condescendência para as igrejas e para a doutrina cristã tradicional.

Seja porque foi erroneamente interpretado como ateu, seja por suas próprias posições, foi um dos pensadores que mais ajudou a empurrar a sociedade britânica em direção à secularização e, na medida em que ambos estão ligados, à ideia de liberdade de crença.

512. (HUME, 2007, p. 61).

513. (HUME, 2007, p. 61-62).

514. (HUME, 2007, p. 67-69).

A mudança geral de mentalidades

Nem só de tratados filosóficos e teológicos foi feita a liberdade moderna. Uma grande quantidade de movimentos intestinos, menos claros e menos fáceis de catalogar, permitiu ou sucedeu os altos voos do pensamento. Se foram os intelectuais que romperam a casca dos paradigmas de autoridade e obediência em matéria de religião, foi a população geral, como sempre, que fez crescer a rama frágil das liberdades civis.

O gosto humano pelas romantizações muitas vezes nos leva a fantasiar sobre as revoluções e decretos dos grandes líderes como causas das transformações, mas muitas vezes essas também não são mais do que a consolidação de uma disputa invisível de crenças, hábitos e opiniões que a partir de certo ponto cria o sentimento de urgência, do qual as decisões, reformas e revoluções são meras manifestações finais e pontuais.

Os grandes movimentos históricos são reduzidos, com propósitos didáticos, a uma lista sempre insuficiente de nomes significativos. Quando não há forte viés na seleção dos grandes nomes, e consegue-se em uma extensão monumental reunir apenas esses expoentes, resta ainda a injustiça do olvido dos colaboradores. O Iluminismo não é talvez tanto um produto de Christian Crusius e Julien La Mettrie quanto o é de Hume e Rousseau, mas ele sem dúvida alguma seria diminuído ou dificultado pela ausência de algumas dessas figuras menores, porém estratégicas.

Uma boa pesquisa histórica sobre o desenvolvimento intelectual dos grandes pensadores nunca pode dispensar a companhia às vezes decisiva de colaboradores menos famosos. Estes, por sua vez, muitas vezes impactam o ambiente local e o momento de modo a possibilitarem a recepção das ideias mais radicais e substanciais, de modo que uma historiografia mais ampla, atualmente, vem tentando trazer à luz o pensamento peculiar de Markus Herz, de Charles Bonnet, de Christian Thomasius, de Mary Wollestonecraft, de Condorcet, de Cesare Beccaria, e tantos outros. E esses são já nomes muito grandes, com contribuições muito sólidas para que a história os esqueça. Se passarmos ao próximo time, do exército dos contribuintes quase anônimos sem os quais as pesquisas, as aulas, as transformações jurídicas, políticas, sociais, técnicas e artísticas não poderiam se processar em uma massa crítica que fosse terra fértil para a semente dos gênios, é perfeitamente possível que ela não surgiria ou, se lançada, não vingaria.

Quantos grandes livros não terão desaparecido por não chegarem a uma segunda edição? E como não relacionar esse malogro ao estado de coisas, ao ambiente mental tanto quanto à conjuntura técnica e econômica que impediram a reprodução desses livros?

Ao lado da constelação visível dos mais célebres pensadores, líderes religiosos e políticos, milhares de estrelas discretas são corresponsáveis pelo brilho total de um processo ou de uma época. São jornalistas, sermonistas, nobres de uma erudição diletante, mecenas, agitadores populares, panfletistas, dramaturgos, músicos, professores das universidades, liceus e ginásios, tutores privados, diplomatas, oficiais, magistrados; todos de algum modo engajados e atuantes no tabuleiro gigantesco da consciência coletiva. Não é sem razão que uma parte da historiografia contemporânea, refletindo essa percepção sociológica de fins do século XIX, se devotou a "desconstruir" as histórias dos grandes nomes e heróis em favor de uma história mais orgânica, das populações, do homem comum e da vida privada. Com os perdoáveis exageros, essa perspectiva pode somar-se às realizações dos grandes gênios e líderes carismáticos para compor um quadro mais real do todo.

É claro, não se pode ignorar que os governos de Luís XIV e Luís XV, por exemplo, contribuíssem para cimentar uma percepção de abuso ilimitado da nobreza, especialmente abuso econômico. A fome de milhões contrastava com os infinitos e proibitivamente afetados banquetes da corte; uns vestiam-se de seda e ouro, outros de trapos. Os intelectuais e escritores não conseguiam ter pelos reis absolutistas o respeito que os escritores medievais tinham por seus reis, e isso não pode ser explicado apenas por uma suposta subserviência desses últimos. O Estado crescera, concentrara-se, e com isso cresceram ainda mais os abusos e a distância entre o povo e o trono.

Mesmo com os conflitos de religião deixados para trás, alguns lugares ainda viam, esporadicamente, perseguições de grandes proporções.

Em um gesto de arbitrariedade que lembrava a geração da guerra dos trinta anos, o arcebispo de Salzburg expulsa milhares de protestantes da província, em novembro de 1731, gerando uma crise de grandes proporções. A Prússia, apenas, recebe 20.000 refugiados, e gasta meio milhão de táleres com a acomodação deles[515]. Uma quantidade significativa de refugiados foi recebida em Oxford, que chegou a converter salas de estudo em abrigos.

As nações sem grande destaque no século XVIII, como a Rússia, a Espanha, a Polônia e as nações italianas, conquanto não tivessem o poder de concentrar e catalisar as forças transformadoras, contribuíram com cotas não dispensáveis de

515. (WARD, 2006, p. 337).

impulsos próprios, fosse transmitindo as realizações das potências em seus próprios territórios, fosse enviando a elas um ou outro estímulo específico.

Dois exemplos dignos de nota são o governo de Catarina a Grande, na Rússia, e a campanha jansenista contra os jesuítas, nos países latinos.

Sem gozar de tamanho e de uma estrutura planetária como a Companhia de Jesus, sua rival, o movimento jansenista levou a cabo uma guerra de propaganda tão massiva, com tal movimentação de recursos financeiros e políticos, que a batalha entre Davi e Golias foi vencida pelo lado no qual ninguém teria apostado. O ataque coordenado dos jansenistas contra os jesuítas foi um dos maiores movimentos culturais do século XVIII[516]. Em Portugal, por exemplo, onde a presença jansenista era irrelevante, pressões externas do movimento, principalmente vindas da França, exerceram grande pressão sobre o jesuitismo.

A insistência e o foco fizeram com que um movimento menor, fadado a desaparecer, desempenhasse o papel principal na desmoralização da ordem jesuíta quando esta poderia ter estendido para os séculos XVIII e XIX o esplendor que vivera nos dois séculos passados.

Em Portugal, apesar do papel decisivo do Marquês de Pombal, a propaganda jansenista contra os jesuítas chegava da França e da Itália[517], exercendo sua influência sobre parte do clero décadas antes das medidas autoritárias de Pombal.

Em meio à guerra ideológica entre Pombal e os jesuítas, o terremoto de Lisboa (1755) deu ensejo à radicalização. O padre jesuíta Gabriel Malagrida exortou moralmente a população a se reformar, insinuando que o terremoto seria uma punição de Deus contra os desvios do povo. A acusação era muito genérica, e podia dar a entender que o governo tinha parte da responsabilidade pela degeneração moral. Pouco depois do episódio, foi duramente perseguido pelas autoridades portuguesas, que o acusavam de atribuir a culpa pela catástrofe ao governo.

Enquanto a fama de homem santo crescia, Malagrida foi adicionalmente acusado de conspirar contra a vida do rei, sendo finalmente levado à fogueira por heresia após processo do Santo Ofício, em 1761[518]. O processo foi claramente influenciado pelo Marquês de Pombal.

Enquanto isso, a Rússia alcançou a civilização um pouco antes da América Latina, mas bem mais tarde do que o resto da Europa, muito graças aos reinados de duas excepcionais imperatrizes, Elizabete Petrovna e Catarina a Grande.

516. (VAN KLEY, 2006).

517. (VOGEL, 2017).

518. (MURY, 1875).

Como Portugal, a Rússia não lutou para se desfazer do ambiente medieval, não conheceu a Reforma e não tomou conhecimento da revolução científica do século XVII. No entanto, agora, o aumento do comércio e o progresso técnico aproximavam os países um pouco mais, tornando o isolamento cultural e político quase impossível.

As heresias medievais e as fracas influências reformistas se traduziam em dissidências exóticas e locais. Os Raskolniks (cismáticos – e, sim, a etimologia da palavra tem a ver com o protagonista de *Crime e Castigo*) eram um grupo maior dentro desse nicho. Consideravam-se ortodoxos, mas tanto mais racionalistas e liberais do que a Igreja Russa. Com o tempo, separaram-se em uma ala radical e outra moderada. A ala moderada aceitava o ordenamento da Igreja Ortodoxa, mas os raskolniks radicais rejeitavam-na integralmente (como os puritanos mais radicais).

Avvakum, bispo de Kazam em meados dos anos de 1650, foi um proeminente líder raskolnik, e fundou o grupo dos "sem sacerdote". Novamente, um traço compartilhado com os puritanos mais radicais.

Duramente perseguidos nos anos de 1680 a 1700, tornaram-se cada vez mais apocalispsistas, e, para evitar conversões forçadas (sob tortura), começaram a praticar a autoimolação. "Cerca de vinte mil deles atearam fogo em seus próprios corpos, instigados por sermões apocalípticos"[519].

Andrei Denisov criou um monastério heterodoxo em Vyg, que logo atingiu tanta popularidade que ficou impossível manter a castidade entre as centenas de membros[520]. Os fiéis que desejavam se casar foram encaminhados para assentamentos ao redor do monastério, vilas. A imensa estrutura se espalhou por vilas ao redor, constituindo uma comunidade alternativa quase tão grande e populosa quanto os assentamentos puritanos e quaker no Novo Mundo. Só tinham como sacramento o batismo e o arrependimento.

O livro de Denisov, *O livro das respostas dos habitantes das costas* (1723), continha este credo liberal e mínimo:

> Todas as atividades e serviços são estabelecidos para purificar o homem de seus pecados para que Deus possa habitar nele. A alma que contém Deus não se liga a igrejas visíveis e sacrifícios, a congregações numerosas ou festejos humanos. Não adora a Deus na montanha ou em Jerusalém. A alma tem Deus em si mesma, espírito puro, altar interior da consciência pura,

519. (BOLSHAKOFF, 1950, p. 69).

520. (BOLSHAKOFF, 1950, p. 69).

> lágrimas imateriais purificadoras, Jerusalém interior, alegria do espírito. A alma, sendo espiritual, guarda os sacrifícios espirituais[521].

Nada mais do que um puritanismo russo.

Fosse porque os dissidentes russos se tornaram relativamente mais moderados no século XVIII, fosse porque as imperatrizes Petrovna e Catarina quisessem manter o seu compromisso de diminuir as perseguições, houve menos atrito na geração delas do que sob os governos do século anterior.

Os mais de vinte anos de reinado de Elizabete da Rússia (Petrovna) foram o primeiro grande período da história russa em que o Estado não promoveu execuções de dissidentes. A arquitetura floresceu, embora centralizada na capital, como era típico na Rússia, e foi fundada a Universidade de Moscou.

Catarina a Grande, por sua vez, estava em total sintonia com a filosofia iluminista, fato que não pode ser desprezado. Ela entendia que o problema da Rússia era migrar de um império ainda híbrido entre a obscuridade bizantina e o barbarismo nômade para uma sociedade semelhante à europeia, e tinha a força suficiente para começar a mudança. Desnecessário acrescentar, o obscurantismo religioso e o fanatismo eram preocupações de qualquer governante com intentos modernizadores, e precisavam ser combatidos através de reformas e campanhas educacionais ou culturais de apresentação das novas ideias.

Um terceiro movimento digno de menção, e muito diferente das iniciativas organizadas de modernização da Rússia e de combate ao jesuitismo, foi a recepção de Espinosa na França e na Alemanha, importante pelo grau de exotismo e pela estranheza que consequentemente causava.

A obra de Espinosa não teve a recepção explosiva da de Voltaire, nem a recepção fraca da obra de Fénelon ou tão fragmentária quanto a de Leibniz. Espinosa adquiriu notoriedade e reconhecimento em vida, mas não se pode dizer que era um autor popular antes do final do século XVIII, quando foi reciclado na Alemanha. Era, contudo, suficientemente influente para que os intelectuais falassem dele entre 1680 e 1730 com razoável frequência, ainda que para negar suas ideias principais – ou os estereótipos de suas ideias principais.

Na França, por exemplo, um espinosismo esotérico era discutido entre os maçons, um cabalístico era apresentado por outros, um espinosismo caricatural era combatido pelos pensadores religiosos, e um espinosismo naturalista e histórico-crítico era acomodado aos interesses dos *philosophes*[522].

---

521. (BOLSHAKOFF, 1950, p. 73).

522. (VERNIÈRE, 1954, p. 328-345).

Mais popular, talvez, era a identificação bruta entre espinosismo e panteísmo, o que podia tanto gerar comparações com renascentistas, como Bruno, quanto contrastes com o cristianismo, como mais tarde feito por Jacobi.

Espinosa conseguia inspirar tanto o ateísmo quanto o misticismo devido às mesmas características. O seu sistema era baseado na ideia de que a natureza é Deus; tudo estaria determinado por causas eficientes, implicando em determinismo; a única liberdade possível seria a do não constrangimento externo, para que cada indivíduo seguisse suas próprias disposições. O resultado existencial dessa filosofia era extremamente tranquilizante, em um sentido semelhante ao da *ataraxia* helênica e de partes da mística cristã e judaica. Enquanto, no passado, místicos creram que deveriam entregar suas vidas nas mãos de Deus, agora, espinosistas pregavam que aos homens cabe aceitar o fluxo da ordem natural.

Ateus liam esses pontos assim: Deus é uma metáfora para a grandiosidade e infinitude da natureza; mecanicismo que gera determinismo; garantias à liberdade político-civil; aceitação. Religiosos, contudo, também liam os mesmos pontos muitas vezes como favoráveis à sua própria visão de mundo: Deus é e está em tudo, como Paulo disse "Nele vivemos e nos movemos"; eleição e desvalor das obras em favor da fé e disposição interior; garantias à liberdade político-civil; gratidão e louvor intelectual pela forma como tudo é ordenado.

Em ambos os casos, as doutrinas dos filósofos provavam estar muito longe de um plano etéreo da abstração inacessível aos reles mortais. Eram tão estudadas nas faculdades e nas cortes que, mesmo que mal interpretadas, não podiam deixar de exercer sua pressão sobre os rumos da coletividade.

Se considerarmos que os *philosophes* eram, em grande medida, divulgadores, intérpretes e/ou propagandistas – de Locke, Espinosa e Newton, principalmente – é compreensível que, na época, fosse comum ouvir que "Diderot era o orador de um sistema do qual Espinosa é o redator e geômetra"[523].

A ordem de coisas conforme sua proposta, então, não era de dissociação entre ciência e panfletagem política. Entendiam que, ao entender a ciência, os intelectuais convenciam-se de que o mundo não era regido por forças sobrenaturais, o que desmoralizava as óbvias tentativas supersticiosas das igrejas de explicar exatamente assim o mundo; logo, era preciso defender os pensadores modernos da inevitável perseguição de professar ou deísmo ou materialismo.

A *Enciclopédia* teve um efeito sobre a educação, ainda que não imediato e não tão explosivo quanto sobre a religião e a política. Os programas baseados em

523. (VERNIÈRE, 1954, p. 609).

latim e retórica já não serviam mais a alunos e pais, que demandavam o aprendizado de ciências[524].

No plano da filosofia popular, Bernard de Fontenelle (1657-1757) publicou o influente *História dos oráculos* (1687), que tenta desfazer a crença preconceituosa, baseada em Eusébio, de que todos os oráculos da Antiguidade, bem como todos os centros de cura, eram presididos pelo diabo e assolados por demônios[525]. Fontenelle afirmava que uma explicação muito melhor do que a da tese supersticiosa de Eusébio é a de que parte do sucesso dos oráculos se devia à própria superstição dos antigos, bem como à habilidade médica de alguns dos sacerdotes, não sendo necessário recorrer a hipóteses fantásticas. Grande parte dos autores iluministas assumiu a postura de Fontenelle como a explicação cabal sobre todos os fenômenos mágicos e miraculosos do passado[526], e essa crença básica perdura até hoje, quando ainda se associa uma "visão de mundo científica" à tese de que todos os fenômenos religiosos são baseados em mentiras ou noções primitivas.

Uma proposta muitíssimo distinta, mas que também atingia crenças centrais da religiosidade cristã, foi a de Gottfried Arnold em seu *História apartidária da Igreja e de suas heresias* (1700). Foi a primeira grande tentativa de contar a história do cristianismo sem assumir o partido da ortodoxia ou – o que até certo ponto já havia sido tentado – o partido das heresias.

Arnold era um hábil teólogo e teve grande influência sobre um sem-número de cristãos rebeldes e heterodoxos, entre os quais Goethe e Tolstoi. Era adepto da tese valdense, segundo a qual a Igreja corrompeu-se irremediavelmente a partir do pontificado do papa Silvestre. O cristianismo, entretanto, teria sobrevivido através de transmissão pessoal por pessoas piedosas, geralmente marginais na instituição clerical[527]. Mais do que qualquer reformista, Arnold acreditava que a pureza do cristianismo residia na vida e doutrina dos primeiros cristãos, de modo que todos os concílios, dogmas e Pais da Igreja estão sob suspeita de desvirtuamento da simplicidade original da mensagem.

Embora simpatize com diversos hereges, como Ário, Pelágio e com os movimentos do Donatismo e do Anabatismo, ele está longe de ser, como seus muitos críticos o acusam, um entusiasta das heresias. Sua proposta era avaliar cada uma delas segundo seus prós e contras, de modo que ele não concluía nem automaticamente pela ortodoxia, como quase todos os teólogos invariavelmente fazem, nem

524. (MORNET, 1933, p. 172).

525. (ISRAEL, 2001, p. 359-360).

526. (ISRAEL, 2001, p. 360).

527. (ROBERTS, 1973, p. 107).

rebeldemente pela heresia, como lhe parecem fazer os críticos da Igreja. Com isto, tornou-se o grande mediador intelectual entre a ortodoxia e as heresias, inspirando inúmeros iluministas a fazer análises imparciais das questões de fé[528].

Tanto religiosos quanto críticos da religião, portanto, caminhavam na direção de uma progressiva liberalização teológica e doutrinal, que permitisse o estudo científico da história e da teologia cristãs, uma permissão que ao longo do século XVIII se tornaria a regra.

Em 1708, Hendrik Smeeksand publicou em Amsterdã o seu *Descrição do poderoso reino de Krinke Kesmes*, livro muito popular entre os jovens, e que inspirou Lessing a escrever seu *Natã, o sábio*.

No romance, o reino fictício de Krinke Kesmes reunia uma população muito plural, com todas as religiões do mundo representadas. O rei construiu

> uma imensa catedral com púlpitos para acomodar simultaneamente a pregação de todas as teologias da Europa e da Ásia. Esperava-se que, ao se encorajar todas as confissões a expor livremente seus princípios e disputar com as restantes, logo emergiria, através do processo de seleção por debate, a melhor e mais persuasiva seita. Para o horror dos habitantes, ao invés de uma progressiva edificação, não aconteceu nada além de gritaria e abuso, com todos os clérigos afirmando cada um que apenas ele recebera a revelação das leis de Deus e denunciando todos os demais como heréticos destinados à danação eterna. Para pôr fim a isso, o rei decidiu permitir liberdade religiosa a todos, mas ameaçou de morte qualquer um que participasse de disputas religiosas de qualquer tipo. Consequentemente, a população de Kinke Kesmes, incluindo até as mulheres, perderam todo o interesse em teologia e se voltaram com crescente entusiasmo para a filosofia[529].

Críticas desse tipo expunham o amor demasiadamente humano aos sectarismos e partidarismos, sem o que até mesmo uma atividade tão importante para a alma quanto a religião perderia a maior parte da graça.

Menos fascinante, mas mais consistente que Jonathan Swift (de *Viagens de Gulliver*), Daniel Defoe também fez muito pela transformação das mentalidades do homem médio, com uma vasta obra de cerca de 300 livros sobre diversos assuntos, com destaque para sua trilogia *Robinson Crusoé*, suas análises geográficas e históricas, e seus estudos do sobrenatural, como *Um ensaio sobre a história e a realidade das aparições* e *Sistema da magia*.

---

528. (ROBERTS, 1973, p. 174-180).

529. (ISRAEL, 2001, p. 321).

Adepto da ideia de uma religião natural, como a maioria dos grandes intelectuais ingleses da época, Defoe imbuiu seus livros sobre Robinson Crusoé com um forte senso de busca espiritual do homem civilizado, que, literalmente, precisa despir-se de tudo o que aprendeu para começar a ouvir o apelo da natureza. O processo de autodescobrimento de Crusoé é um modelo para todos os seres humanos que, rebeldes contra o deus dos sacerdotes, precisa reencontrar o Deus arquiteto e criador do universo no próprio coração, nas paisagens naturais e no contato com os mais simples de seus semelhantes.

O Metodismo: evangelismo revolucionário

A história é pendular, e quando uma geração apresenta excesso de alguma espécie pode projetar um movimento oposto nas décadas seguintes.

Os franceses que chegavam à Inglaterra nas décadas de 1720 a 1740 consideravam-na uma terra ímpia e desprovida de religião. Entre os puritanos e dissidentes, os quakers haviam sido os mais exaltados, mas, além de pouco numerosos, logo uma grande porção deles se transferiu para o Novo Mundo.

Na Alemanha e na Holanda o pietismo operava uma intensa transformação da sociedade, com muitas obras filantrópicas e forte associação com a vida universitária. Era um movimento de renovação religiosa, não restrita aos círculos mais zelosos, espalhando-se por toda a sociedade, insuflando-lhe um ímpeto espiritualista.

O equivalente do pietismo nas ilhas britânicas foi o metodismo. "Um grupo em que as mulheres eram muito ativas"[530], de uma maneira que nunca haviam sido em outros movimentos religiosos. Um movimento que começou puramente acadêmico, como um grupo de estudo de reverendos e estudantes de teologia de Oxford, e que logo contaminaria todo o mundo evangélico com um furor e uma urgência de transformação do mundo.

O que os britânicos chamam de "renascimento evangélico" começou com George Whitefield, que "passou por uma experiência de conversão enquanto residia no Pembroke College, em 1735"[531]. Tocado pela Palavra de Deus, Whitefield se revestiu de uma empolgação que seus colegas teólogos desconheciam, o que parece ter apressado ou influenciado decisivamente a transformação de Charles e John Wesley, três anos depois.

530. (JULIA, 2006, p. 172).

531. (REYNOLDS, 1975, p. 5).

Em 1732, um grupo pequeno de *leitura metódica* do Novo Testamento em grego, formado pelos irmãos Wesley e mais dois amigos, fora abalado quando um desses últimos morreu durante um jejum severo. O grupo foi acusado de fanatismo e de estimular o comportamento exageradamente ascético do falecido Sr. Morgan.

Quando Whitefield juntou-se ao grupo, por pouco tempo, em 1735, os membros eram bastante tímidos, e sobre eles pesava a acusação de terem induzido um colega a um fanatismo letal. Whitefield, entretanto, beneficiou-se muito do metodismo exegético do grupo de leituras, e os membros deste se beneficiaram do ânimo de Whitefield. Um ano e meio depois de ausente, em 1737, Whitefield retornou ao grupo, que crescera um pouco em número, mas que não se fazia notar[532]. Apesar de um começo empolgante, o grupo se manteve em certa inércia após a saída de seus membros mais famosos. John Wesley peregrinou pela Inglaterra e pela Geórgia (Estados Unidos), adquirindo experiência e renome como orador, mas não deixou de viver revezes que impediram a propagação de suas ideias.

Foi só entre 1756 e 1757 que um membro do grupo, Thomas Haweis, estabeleceu-se na igreja de Maria Madalena, proferindo sermões sobre o Cristo crucificado, que inflamavam os paroquianos. Contrariando os protocolos de leitura e formalismo, os sermões dos novos evangélicos eram intimistas, emotivos e incisivos, denunciando imoralidades presentes (como Antônio Vieira) e exigindo do povo a transformação moral e a ação evangelizadora (como os petistas). Aterrorizados com a nova (e obviamente inapropriada) forma de pregar, pessoas atiravam pedras nas vidraças da igreja durante os sermões[533].

O movimento teve a contribuição de muitos, e conquistava adeptos naturalmente em um ambiente de erudição teológica e sede de vivência espiritual.

Diferente do espiritualismo radical de George Fox e seus quakers, o metodismo seria biblicista, e seu espiritualismo fortemente mediado e ligado à Palavra do Senhor.

John Wesley (1703-1791) não daria sinais imediatos de que se tornaria o líder e referência principal desse renascimento evangélico. Como estudante e como professor do Lincoln College, não dava a impressão de ser excepcional, embora muito comprometido.

Devido ao insucesso do grupo de estudo metódico da Bíblia, Wesley partiu para a pequena Savannah, na Geórgia. Como Zizendorf, George Berkeley e

532. (REYNOLDS, 1975, p. 9-10).

533. (REYNOLDS, 1975, p. 27).

William Penn, além de outros menos célebres, John e Charles Wesley sonhavam em criar uma comunidade mais inteiramente cristã a partir do nada, sem os vícios da Igreja Anglicana, da urbanidade das grandes cidades e da estrutura altamente hierarquizada da sociedade europeia.

Ao invés de tudo ensinar aos nativos, como pretendia, Wesley acabou aprendendo com a comunidade dos morávios, como se chamavam os herrnhutter de Zizendorf nas Américas[534]. Wesley teria ficado impressionado com os pietistas herrnhutter já na viagem, quando, diante da tempestade, cantavam serenamente seus hinos, em contraste com o desespero dos ingleses.

Não se sentindo bem-sucedido em sua missão evangelizadora nas Américas, atormentado pelo típico senso cristão de insuficiência, Wesley retornaria deprimido à Inglaterra, mas continuou a frequentar grupos morávios em Londres. Em um determinado sermão foi feita a leitura do texto de Lutero sobre a epístola aos romanos. Sem que causas discerníveis o tivessem preparado previamente, sofreu uma conversão completa (1738). O motivo? Segundo Wesley, em determinado momento do sermão ele começou a acreditar nas palavras que ouvia, e ele, como Paulo, tinha plena confiança nas promessas de Cristo.

A exemplo de George Fox e William Penn, a conversão puritana de Wesley fora muito intensa e exigia manifestação prática. A mística puritana, afinal, não era minimamente contemplativa, e exigia a transformação do coração dos ímpios e do mundo de sofrimento no Reino de Deus.

Wesley foi à Alemanha tentar aprender com os morávios – lá chamados de pietistas – e se impressionou fundamente com a diferença entre as comunidades pietistas e a população geral. Ficou também muito positivamente impressionado com o que August Hermann Franke fizera em Halle[535], vendo ali a união entre devoção, rigor e caridade de modo exemplar e transformador.

Wesley voltou convencido de que o cristão tem de ser um agente da melhoria das condições de vida de todas as pessoas, sem exceção. E agente de uma melhoria radical. Uma sociedade cristã não poderia admitir ou conhecer a presença de órfãos, de viúvas que morram à fome, de homens presos por suas ideias ou escravizados por sua aparência. Sob a inspiração das instituições pietistas, Wesley exigiria de seus seguidores que convertessem todo o entusiasmo evangélico em obras sociais[536].

---

534. (RACK, 1989, p. 114).

535. (RACK, 1989, p. 147).

536. (HIMMELFARB, 2004, p. 191).

Uma das razões pelas quais os britânicos viam com desgosto a Revolução Francesa era o fato de terem visto reformas sociais e obras de caridade em tão grande número que, à época, não viam razão na total subversão da ordem social e política. Décadas de metodismo tiveram considerável responsabilidade por empurrar a sociedade britânica em direção a um maior bem-estar social. Este fato precisa, contudo, ser temperado pela ciência de que, como veremos mais adiante, a França de 1787/1788 estava completamente falida, e a miséria generalizada não podia ser contida.

Após certa relutância, Wesley tinha retomado o contato com Whitefield, que se inclinara para o calvinismo. Apesar de isso gerar suspeita em Wesley, ele se afeiçoou ao método de pregações a céu aberto de Whitefield. O que antes lhe parecera obsceno logo foi incorporado ao repertório de Wesley, com grande sucesso.

Pouco depois, quando Wesley insistiu para que duas mulheres começassem a pregar, o metodismo passou a ser amplamente ridicularizado pela presença de mulheres pregadoras. Muitos ataques enfatizavam a natureza sentimentalista (pejorativamente falando) do metodismo, por causa dessa chocante inovação.

Com a morte de John Wesley, em 1791, as mulheres metodistas foram paulatinamente proibidas de pregar[537].

Os anos de 1740 viram outro movimento evangélico radical que permitia o protagonismo feminino, os *shakers* (tremedores).

O nome oficial do grupo, a quem ninguém dava atenção, era *Sociedade unida dos crentes na segunda aparição*, e ele surgiu em Manchester. Evidentemente, acreditavam no retorno de Jesus Cristo para aquela data. Anos depois, uma tal Ann Lee (1736-1784) uniu-se ao grupo e em pouquíssimo tempo se tornou sua líder. "Lee era uma visionária e uma mística, a qual os seguidores consideravam a segunda vinda de Cristo. Deus, a seus olhos, era tanto feminino quanto masculino, de modo que a segunda vinda deveria ser em corpo feminino"[538]. Francamente radicais, os *shakers* confiaram plenamente em Ann Lee como sua Messias, e ela lhes deu uma doutrina dura, baseada na abominação da sexualidade.

Como seria de se esperar, os *shakers* foram severamente perseguidos. Alguns, incluindo Ann Lee, fugiram para os Estados Unidos, onde as perseguições não diminuíram. Ela morreu por espancamento[539].

Os metodistas também foram muito progressistas quanto ao abolicionismo.

537. (JULIA, 2006, p. 172).

538. (JULIA, 2006, p. 173).

539. (JULIA, 2006, p. 173).

Não foram os primeiros, pois quakers já haviam condenado ferrenhamente a escravidão desde 1727, mas sua proporção na sociedade era quase irrelevante. Menos estranhos e parecidos com a ortodoxia, os metodistas conseguiram arrebanhar números expressivos em meados de 1760, vendo suas fileiras crescerem exponencialmente até a virada do século. Na América, onde os quakers prosperaram mais do que na terra natal, "Anthony Benezet começou a publicar livros que desferiam o primeiro tiro da campanha antiescravagista"[540].

Foi o metodismo, no entanto, muito graças à tremenda força de personalidade do Wesley convertido, que fez crescer tão explosivamente a demanda pública em favor das ideias iluministas. Foi em grande parte graças ao metodismo que os pensamentos dos filósofos foram aplicados na prática, na Grã-Bretanha, e estimularam a luta por independência na América.

Wesley pode muito bem não ter sido um exemplo de racionalista, mas sua ideia de um cristianismo engajado foi, no final das contas, um dos maiores responsáveis pelo cuidado com os pobres, os órfãos, os idosos e a luta contra a escravidão[541].

---

540. (WATTS, 1978, p. 479).

541. (HIMMELFARB, 2004, p. 121-127).

CAPÍTULO 6 | A Era das Luzes

Diderot e a Enciclopédia

O gênio isolado e inimitável de Voltaire era a fonte do modo francês de se rebelar contra a Igreja e o Estado. Os continuadores desse modelo após a década de 1740, contudo, são muito numerosos, incluindo jovens como Denis Diderot, Jacques Rousseau, Jean D'Alambert, o barão de Holbach, e veteranos da geração de Voltaire, como Montesquieu.

Denis Diderot nasceu em Langres (1713) e, como quase todos os demais, estudou em um colégio jesuíta. Sua irmã foi freira, e a perda dela foi um dos estopins para sua permanente e insaciável revolta contra a religião.

A ele foi atribuída a frase "só seremos livres quando o último rei for enforcado com as tripas do último padre". A frase teria sido formulada algumas décadas antes por Jean Meslier, mas Diderot concordava com a ideia geral.

Era um pensador de outra cepa que a de Voltaire, e quase oposto à de Rousseau, que respectivamente defendiam a religião natural e até a institucional. Diderot não era radicalmente inimigo da religião natural, mas a considerava uma espécie de vício atávico dos filósofos, incapazes de assumir as consequências da nova ciência para a cosmovisão e a metafísica, que deveriam ser materialistas. Aliás, como Voltaire, entendia (erroneamente) que é possível sustentar posições racionais sem uma metafísica, qualquer que seja. Pensava que o materialismo era uma espécie de filosofia natural, dissociada da especulação estéril que ele e outros *philosophes* associavam – não sem razão – às provas da existência de Deus e da imortalidade.

A geração dos materialistas e ateus franceses reciclou de maneira muito descompromissada com as fortes ideias de Bayle, Espinosa, Locke e da física de Galileu, Descartes e Newton. Recortavam de verbetes de Bayle, por exemplo, partes de verbetes de autores atomistas e materialistas sem o contraponto às suas filosofias.

Pessoalmente, Diderot desconsiderou o dualismo raso entre determinismo e liberdade, vendo nesse contraponto máscaras para o que era, de fato, um conflito entre visões materialista e espiritualista. Capacitado, como Voltaire e poucos outros, a sintetizar ciência, arte, filosofia e história em uma única grande e harmônica visão da complexidade da vida, consciente de que os reducionismos são atitudes dos especialistas sobre aqueles campos em que não se podem senão considerar ignorantes e que, portanto, desejam desesperadamente ver aniquilados e rebaixados, Diderot se propõe representar intelectualmente o quadro completo do saber. Se ele o conseguiu, ou se suas limitações o impediram de formular um holismo tão abrangente da cultura de seu tempo, é outra questão. Ele indubitavelmente não se rendeu tão facilmente, contudo, ao vício da maioria dos intelectuais de todos os tempos – e talvez mais particularmente dos de hoje; não sendo levado pela preguiça e pela arrogância intelectuais de tudo acomodar, tudo submeter à disciplina de sua preferência[542].

Cabe observar que, se Diderot em alguns momentos parece defender a física mecanicista e um equivalente da época do fisiologismo médico – com efeitos sobre a psicologia – ele também inúmeras vezes ressalta a importância da criatividade e da imaginação para o espírito humano, e não somente o artístico, mas para o espírito humano em geral[543].

Artista e esteta, sabia que não se pode privar o homem da "vivacidade intelectual" sem privá-lo inteiramente de racionalidade. O mecanicismo ou fisiologismo puro que parece explicar nossa natureza animal, desse modo, parece insuficiente para explicar nossa natureza propriamente humana, e parte da confusão que leva à redução da última à primeira se deve ao fato de alguns intérpretes não terem compreendido que há duas.

Embora derrapadas para o reducionismo mecanicista sejam frequentes, o que é uma consequência de não se ter um modelo metafísico regulador, é também importante observar que Diderot não pretende com esse dualismo validar uma visão espiritual do ser humano, para a qual uma alma pura e independente do corpo pudesse criar, sem relação com os sentidos físicos, ideias e imagens a partir de uma espontaneidade transcendente. O que se dá é precisamente que a propriedade da imaginação está fortemente vinculada aos sentidos, sendo deles um desdobramento ou "combinação criativa de dados da experiência" (muito semelhante a concepções lockeanas).

---

542. (STENGER, 1994, Vol. X).

543. (STENGER, 1994, p. 30-47; 60-64).

Um ponto de inflexão discreto, mas muito útil à concepção diderotiana, é talvez a influência da ideia epicurista de liberdade enquanto o direito de autodeterminação do indivíduo. A partir deste, mesmo que a liberdade derive das disposições do organismo, continua a valer, no mínimo, a prerrogativa da liberdade política enquanto direito de não ser determinado por outro indivíduo, o qual não tem as mesmas disposições do que eu. Embora essa fórmula revele certa pobreza metafísica - não é possível e não há sentido em sustentar liberdade política após a negação da liberdade enquanto princípio natural/metafísico, pois sem a segunda não há condições de possibilidade para se lutar pela primeira –, o que está em jogo é o reconhecimento de que o determinismo metafísico não deseja sustentar um comodismo quanto a estruturas políticas[544].

É difícil dizer muito mais sobre Diderot sem incluir seu maior projeto, a *Enciclopédia*. Diderot é o grande responsável por ela, embora D'Alambert sempre apareça com um peso igual nas descrições mais sumárias. Foi Diderot quem tomou a iniciativa, em 1751, e, embora a coedição e inserções de D'Alambert tenham sido muito significativas, ele só começou a contribuir anos depois.

Publicada em dezessete volumes entre 1751 e 1772, a *Enciclopédia* chacoalhou com mais força as estruturas da cultura ocidental do que as obras individuais poderiam fazer. Os esforços que vinham sendo realizados individualmente encontraram como que uma síntese neste megaprojeto que reunia artigos de muitos grandes nomes, demais para ser ignorada ou relativizada.

Além de criar a noção que temos do termo enciclopédia, como de enciclopédico, reunindo virtualmente a súmula do saber acumulado até meados do século XVIII, da astronomia à história, da culinária à filosofia, o projeto também era distintamente filosófico. Ele representava o caráter eclético, a curiosidade e a abertura, bem como o olhar analítico e atido à experiência e aos fatos.

A bem da verdade, a *Enciclopédia* se beneficiou muito da fama e popularidade de seus articulistas, pois iniciativas parecidas (embora ainda não tão exuberantes) surgiram em Oxford e Halle pouco antes. O *Dicionário Oxford* era completo a ponto de ensinar elementos de ciência e a história dos termos, parecendo-se já muito com uma enciclopédia. E, entre 1732 e 1750, J. H. Zedler publicou em Halle o *Grosses vollständiges Universal-Lexicon aller Wissenschaften und Küste*, um léxico universal de ciências e artes de nada menos de 64 volumes[545].

Essas iniciativas, no entanto, além de não contarem com um Voltaire ou um Rousseau como articulistas, pecavam pela especificidade, não apresentando

544. (STENGER, 1994, p. 296-314).

545. (LOUGH, 1971, p. 5).

temas como política e teologia, que estavam no cerne das preocupações práticas de todos.

A abrangência e a universalidade de temas eram acompanhadas por uma respectiva competência especializada, pois os articulistas eram escolhidos entre os intelectuais de destaque da teologia, da medicina, da militaria, da matemática, da indústria, da química, evitando-se que qualquer tópico fosse apresentado segundo uma visão estereotipada ou contivesse erros flagrantes. Com isso, a *Enciclopédia* servia bem aos propósitos dos leitores especializados que dela quisessem extrair noções seguras e específicas, ao passo que também era suficientemente acessível para que o não especialista tirasse proveito de folheá-la a gosto.

Subcontratar uma grande quantidade de pessoas, no entanto, trazia o revés de subordinar certos verbetes aos gostos e perspectivas muito díspares dos articulistas, a ponto de o próprio Diderot ficar incomodado com o fato de que alguns artigos muito irrelevantes tinham ficado grandes, e outros muito importantes tinham ficado curtos demais.

Ainda assim, a maioria dos artigos mais importantes surtiu o efeito desejado, e ajudaram a redesenhar a mentalidade da época.

Artigos como "Elementos de Ciências" eram reproduzidos e levaram a classe ilustrada à compreensão de noções científicas antes escritas exclusivamente de forma técnica ou, quando os textos tentavam ser populares, truncada[546]. Entre as reações opostas conta o artigo "Epicurismo", cujo tom ateísta militante despertou suspeitas de que o articulista (Diderot) era mais ateu (ou mais epicurista) do que Epicuro; algo que muitos encontravam nas entrelinhas de outros artigos[547].

Bacon, Descartes e Newton despontavam como heróis centrais na narrativa construída pela *Enciclopédia*, deixando claro que entre os filósofos dever-se-ia valorizar, sobretudo, os pais do método científico, mas estavam agora "purificados" de suas fortes inclinações e vivências religiosas, apresentados como agnósticos ou exclusivamente sob recortes de suas ideias "puramente científicas".

Em relação à religião, o fio condutor que enfeixava quase todos os artigos, embora discrepantes, era "a exigência de mais tolerância". Artigos que eram muito reproduzidos incluíam esse mote, como "Consciência" (Liberdade de). "Intolerância" (escrito por Diderot) e "Tolerância"[548].

Embora ateu, Diderot não deixa de usar um argumento que deveria apelar fortemente à lógica do cidadão (cristão) comum: a intolerância só se apresenta

546. (LOUGH, 1971, p. 85).

547. (LOUGH, 1971, p. 148).

548. (LOUGH, 1971, p. 196).

em um péssimo cristão[549]. Em termos mais práticos, a *Enciclopédia* era audaz o bastante para condenar explicitamente as perseguições aos huguenotes na França.

Também não se escondiam de professar agnosticismo e irreligiosidade, embora, mais por prudência do que por convicção, tenham evitado o ateísmo. Alguns historiadores viram no deísmo uma forma de atacar o cristianismo sem cair em um caso mais grave de ateísmo, que poderia gerar perseguições[550].

A *Enciclopédia* separa a história em duas grandes categorias: eclesiástica e civil[551].

Naturalmente, uma das grandes questões envolvidas na divisão – como em suas múltiplas subpartições – é o da relação direta que algumas partes possuem com outras. É de se esperar que a história dos santos cruze com a história da literatura, seja porque escreveram seja porque alguém escreveu sobre eles; com a história da guerra, na medida em que suas vidas estiveram envolvidas por ela; com a política, porque influenciaram ou exerceram cargos políticos; e assim ao infinito.

Não basta, contudo, coletar e separar fatos. Os iluministas foram os primeiros a perceber e verbalizar de maneira inequívoca que a história é sempre contada a partir de um pano de fundo estrutural de conceitos, métodos e princípios, ao qual Voltaire batizou "filosofia da história", em 1765[552], e em termos mais vulgares entende-se hoje por uma "interpretação" que assume certos vieses e pressuposições.

Como é sabido, a filosofia da história dos iluministas baseava-se nos princípios do mérito individual dos heróis, santos, gênios e líderes, e de um progresso claramente discernível da civilização em todos os setores (leis, técnica, organização política, religião, arte). O segundo princípio não ignorava, como em algumas caricaturas se pinta, os revezes da história, os momentos de caos e decadência de civilizações locais. Esses bolsões de atraso ou recaídas individuais não afetam a visão maior de um progresso universal, uma vez que nunca se registrou a decadência de todas as civilizações, ao mesmo tempo.

Outra característica bastante ressaltada que se associa intimamente à ideia de progresso é a ideia de universalidade, isto é, que o progresso não estaria reservado a um povo, embora fosse perfeitamente possível que um povo em um dado momento histórico tenha reunido maior número de avanços e condições favoráveis (Egito, Babilônia, Grécia, Roma, China, Índia, e agora a Europa moderna).

---

549. (LOUGH, 1971, p. 199).

550. (LOUGH, 1971, p. 215-216).

551. (SCHARGO, 1947, p. 53-54).

552. (SCHARGO, 1947, p. 176).

Mais uma vez, essa noção de progresso universal incluía a negação da religião, isto é, do cristianismo, particularmente da Igreja Católica de Roma.

Esse programa era visível em bandeiras que intensificavam críticas pretéritas à Igreja, à Idade Média e ao cristianismo, como a contraposição entre uma sociedade civilizada, justa e racional, na Antiguidade, e uma sociedade bárbara, ignorante, obscurantista e inteiramente despótica ou caótica, na Idade Média. Naturalmente, essa narrativa ignorava completamente que os povos antigos invariavelmente tinham escravos (o que só foi proibido por governantes cristãos), uma religião não menos supersticiosa e onde o infanticídio era incomparavelmente mais comum ou até institucionalizado.

Ligada a esta estava também crença em um "Iluminismo grego", que vende com grande sucesso o programa de "desmitologização" da Grécia, usualmente sob a sombra de chavões como "do mito ao logos", "da mitologia à filosofia". Essa linha narrativa tentava opor artificialmente uma noção de religiosidade (para não falar de mitologia) completamente depreciativa e caricatural ao pensamento supostamente iluminista dos pré-socráticos e autores clássicos de Atenas. O mesmo pode ser dito de um "Iluminismo romano"[553] (augustano), habilmente popularizado por Edward Gibbon em contraposição ao barbarismo cristão em seu *A História do Declino e da Queda do Império Romano*.

Com tantas frentes de batalha abertas, somadas às estratégias algumas vezes desonestas de suas revisões históricas, era mais do que previsível que os *philosophes* fossem colecionar inimigos. Estes proliferavam em diversidade e quantidade, conforme o incômodo ora mais político ora mais religioso provocado pelos artigos da *Enciclopédia*. Aos mais óbvios, como autoridades, o governo de Luis XV e a Igreja se somavam filósofos cristãos e espiritualistas, como os numerosos discípulos de Fénelon, até cristãos bastante heterodoxos, como Rousseau, que mesmo sendo um articulista e não propriamente um adversário manifestou acentuado desgosto quanto a vários dos artigos mais agressivos contra a religião.[554]

Johan George Hamann, Moses Mendelssohn e Hermann S. Reimarus; pensadores deslocados

A fragmentação dos estados germânicos parecia refletir-se em igual fragmentação do pensamento alemão, o qual, aliás, só muito forçadamente pode ser entendido como algo coeso antes da última década do século XVIII. É também

553. (GAY, 1966, p. 464-476).

554. (MASSEAU, p. 2000).

preciso lembrar que a germanidade incluía a Boêmia, os países bálticos, metade da Polônia e a elite de países satélites da Áustria, como Hungria e Croácia, além de incluir em si uma grande parte dos judeus europeus. A germanidade cobria, assim, a maior parte da Europa Central e influenciava fortemente os países imediatamente a leste.

A diversidade dos governos, culturas e sistemas educacionais produziram pensadores mais díspares do que os franceses, com seus *philosophes*, e os britânicos, com seus moralistas e empiristas. Alguns desses pensadores exóticos tiveram muita projeção, como Moses Mendelssohn, enquanto outros foram mais obscuros, sendo redescobertos pela próxima geração, como é o caso de Johann Georg Hamann.

Não fosse o baixo impacto de sua obra, Johann Hamann seria reconhecido como um dos filósofos mais contrários ao movimento geral do Iluminismo antes que os românticos apresentassem sua crítica radical a este. Ele fez com a filosofia o que Wesley e Fox fizeram no campo espiritual mais prático.

Nascido em Königsberg, mesma cidade de Kant, em 1730, Hamann começou como mais um filósofo iluminista, responsável pela tradução de Hume, que teria contribuído para que Immanuel Kant "despertasse de seu sono dogmático". Também se dedicou muito à filosofia da linguagem, que acreditava ser a raiz de muitas questões erroneamente tidas por epistemológicas, psicológicas e metafísicas, mas sua contribuição maior veio após uma experiência mística, ocorrida em 1758.

Como o místico sueco Emanuel Swedenborg, Hamann teve seu despertamento místico em viagem a Londres, e como consequência de uma crise existencial. A recepção e comentários a Hamann acusam as mais diferentes interpretações possíveis sobre sua nova posição intelectual, indo do fundamentalismo a formas quase românticas de mística. O que mais chama atenção, contudo, é que sua mística era articulada filosoficamente em uma teologia ou metafísica.

Dizia, por exemplo, que o Espírito Santo não surgiu com Cristo, mas que está imanente em toda a natureza e em toda a história humana. Para o leitor esclarecido (filosófico) da Bíblia, os termos nada importam, e o *daímon* de Sócrates é a mesma intuição divina que fala aos profetas e que aparece como Espírito Santo no Novo Testamento[555]. Seguindo a mesma lógica, a ignorância socrática é a humildade cristã, e Sócrates era de uma humildade tão pia quanto qualquer "servo de Deus" apresentado pelas Escrituras.

555. (HAMANN, 1959, p. 13).

A razão e o coração encontram a verdade por trás das metáforas e dos símbolos, e essa verdade é que Deus é o Deus de todos os povos, que fala e falou a todos os povos, e que Seus preferidos são os corações puros, não os membros de uma Igreja específica.

Sócrates era o herói e o sábio dos pagãos, mas ele também pode ser visto com toda a justiça como um profeta de Cristo, e um precursor das ideias cristãs[556].

Ideias como essas impactaram grandemente o público restrito, mas influente, de leitores de Hamann. Goethe, Herder e os idealistas foram levados a pensar tanto o cristianismo quanto o paganismo como culturas não tão distintas e que se harmonizaram sob a égide do pensamento, do primado do espírito sobre a sensualidade.

Não por acaso, conclui Hamann, Platão acreditava que Sócrates era um enviado dos deuses. A vida e a morte do mestre testificam uma índole de missionário e de mártir[557].

Na contramão dessa filosofia religiosa universalista, deitada sobre uma mística pouco explicitada, estava o criticismo histórico da Bíblia, de Hermann Samuel Reimarus.

O hamburguês Reimarus (1694-1768), que lecionou teologia na Universidade de Wittenberg, foi o maior expositor da teoria do Jesus histórico em seu século, que dizia que o primeiro passo para a análise científica das Escrituras era negar qualquer origem sobrenatural de Jesus de Nazaré.

Seu *Tratado sobre as mais nobres verdades da religião natural* é um livro que, entre os livros de autores não ateus, só se equipara aos de Hume em termos de secularidade. Reimarus foi, portanto, um Voltaire ou um Hume alemão, com a diferença de estar fincado em terreno menos cosmopolita e secular.

Filosoficamente, estava sob a influência de Wolff, a quem admirava, mas, não tendo se dedicado à filosofia, acabou desempenhando um papel muito mais próximo do dos críticos da religião revelada.

O propósito de seu *Tratado* era atualizar a teologia através do saber científico de meados do século XVIII. Isso consistia em lembrar aos teólogos que humanos e animais são muitíssimo semelhantes; que não parecem ter sido criados juntos, mas uns bem antes de outros; que a terra primitiva deve ter sido desabitada; que é um planeta em meio a um turbilhão de estrelas que podem ter seus próprios mundos; e que o mundo inanimado é incapaz de criar seres vivos sem ajuda de uma força externa a ele.

---

556. (HAMANN, 1959, p. 112-114).

557. (HAMANN, 1959, p. 185-187).

De acordo com a boa teologia natural, haveria duas formas de conhecer a Deus: uso do poder dedutivo da razão e observação de sua vasta obra[558]. As Escrituras não são sequer citadas.

É de impressionar, considera Reimarus, que, apesar de tantas transformações em suas partes, a criatura humana permaneça com a mesma individualidade entre a infância e a velhice. Reconhecemos o indivíduo, embora todas as suas partes componentes tenham mudado radicalmente, mas não reconhecemos um objeto como o mesmo se ele passa por semelhante alteração[559]. Há, portanto, uma tese leibniziana subjacente sobre a alma como portadora dessa individualidade.

Pela mesma razão, considera absurdo o materialismo de Buffon, que chegava com força à Alemanha após uma recepção também entusiástica entre os franceses.

Ataca, porém, Rousseau por fazer da natureza humana algo muito próximo da animal, criando um "bicho-humano"[560]. E o acusa de fazer um juízo grosseiro dos índios americanos, retratando-os como animais, e ignorando que são seres com códigos sociais, linguagem, técnica, aspirações e credos que denotam capacidade de reflexão, imaginação e juízo[561].

A grande evidência da existência de Deus, contudo, seria a providência, isto é, o encadeamento dos acontecimentos conforme seu impacto sobre nossa vida moral e nossa educação[562]. É assim que vemos a maestria do plano em ação nas entrelinhas da natureza harmonizada à história humana.

Em sua *Apologia ou escrito em defesa do louvor racional a Deus*, que Reimarus sabiamente não publicou em vida, assumia teses menos palatáveis para uma época que aceitava o antitrinitarismo, mas não o rebaixamento de Jesus do posto de profeta maior de Deus. Entre elas, que Jesus era um profeta e místico judeu não tão incomum, que evidentemente não pode ter feito milagres, que são uma afronta à razão científica, e que o cristianismo é uma invenção poética e mítica dos apóstolos.

Em suma, Reimarus acreditava que a Bíblia e seus personagens pouco contribuíram para o entendimento da religião natural – presumivelmente, portanto, revelada pelos pensadores gregos.

558. (REIMARUS, 1782, p. 286).

559. (REIMARUS, 1782, p. 414-416).

560. (REIMARUS, 1782, p. 583-584).

561. (REIMARUS, 1782, p. 610-614).

562. (REIMARUS, 1782, p. 761-775).

Ainda mais que Hamann e Reimarus, Moses Mendelssohn (1729-1786) era um tipo desviante e exótico de iluminista alemão. Era judeu.

Na época, seu "histórico familiar" lhe impedia de assumir uma cadeira em uma universidade, mas os judeus tinham suficientes negócios para administrar, e a família era abastada. Uma característica típica dos judeus do século XVIII era a maior distinção entre sua formação intelectual, então marcada fortemente pela recepção da tradição hebraica, antiga, medieval e moderna. Ainda assim, Mendelssohn era um alemão do século XVIII, o que significava que, com todas as idiossincrasias intelectuais que pudesse ter, era muito influenciado pelo sistema Leibniz-Wolff.

Mendelssohn fez muito pela filosofia judaica, inspirando outros escritores das próximas gerações, que já não precisavam se isolar em um "ambiente intelectual judeu", nem, como Espinosa, abandonar a fé para se integrarem a uma filosofia naturalista que beirava o materialismo.

Advogado da recente crença de que a filosofia poderia se popularizar, Mendelssohn enfatizava que os textos deveriam ser claros e simples, o que era perfeitamente possível de se executar para quem, justamente, escrevia filosofia popular.

Começando pelo final de seu projeto filosófico, o propósito de Mendelssohn era desmoralizar o panteísmo de Espinosa e outros deístas que, a título de teologia natural, convertiam o conceito de Deus em algo indiscernível do materialismo ou, na melhor hipótese, do paganismo.

A projeção de seu nome veio após 1762, quando ficou em primeiro lugar em um concurso ímpar promovido pela Academia de Berlin. Mendelssohn ganhou com seu *Tratado sobre a evidência nas ciências metafísicas*. Immanuel Kant ficou em segundo lugar.

Em suas *Preleções sobre o ser de Deus*, então, argumentou que o monismo ou panteísmo crassos seriam uma espécie de falência da razão, um tal abstracionismo que podia levar as pessoas a negar as mais patentes verdades. Que tudo seja um e que o um seja tudo é um princípio tão absurdo que, no entender de Mendelssohn, conseguiu unificar os mais extremos tipos de loucos: "os ateístas e os místicos fanáticos"[563]. A causa dessa aproximação entre tendências tão opostas, argumenta Mendelssohn, está no fato de que ambos veem a realidade reduzida a um único princípio e, na verdade, uma única coisa (substância). Destarte, o ateu se alegra ao ver apenas a matéria onde antes podia haver mente, alma e Deus, e o místico se alegra ao ver apenas Deus onde poderia haver matéria e individualidades discordantes. O panteísmo, assim, é um perfeito apaziguador das diferenças

563. (MENDELSSOHN, 1974, Vol. III, p. 104).

e contradições da vida em uma bela e plácida, ainda que artificial e monótona, equação, para a qual as diferentes visões estão apenas de um lado ou de outro, mas significam essencialmente a mesma coisa.

Em *Pope, um metafísico!*, livro dedicado a enaltecer a teologia natural e a defesa da liberdade implícitas na poesia de Alexander Pope, Mendelssohn havia defendido uma metafísica muito próxima à do sistema Leibniz-Wolff, com inclinação para Leibniz[564].

É preciso tomar vários cuidados para chamar de metafísico um poeta. Em primeiro lugar, os metafísicos trabalham com sistemas, nos quais alguns princípios são claramente superiores a outros, e todos claros e concatenados de uma forma lógica e esquemática. O poeta não precisa de nada disso e, na verdade, não deve seguir tais regras. Suas figuras devem ter todas igual capacidade de apelar à alma, o seu discurso é sensível, não sistemático.

Mendelssohn, então, dá-se ao trabalho de transformar os versos em princípios, criando um sistema filosófico explícito a partir do implícito nas figuras poéticas. Ao final, o texto apresenta a típica defesa de Mendelssohn de uma metafísica das individualidades livres, e uma teologia natural que lhe corresponda.

Em seu mais famoso *Tratado sobre a evidência nas ciências metafísicas*, defendeu que a realidade do "eu penso" é a mais evidente das realidades metafísicas, e não depende de ou se relaciona com nenhum fenômeno ou apreensão empírica[565]. Igualmente, "se o ser necessário é possível, então o ser necessário é real" Trata-se de (mais uma) aplicação do método matemático a conceitos puros.

As três ideias mais defensáveis em ética metafísica seriam: 1) dirige-te para o ponto em que as inclinações dos homens coincidem; 2) reconhece-te como ser livre; 3) reconhece-te como propriedade de Deus"[566]. São inteiramente evidentes, pois não há sentido em uma regra do comportamento que põe em choque as inclinações, ou que valoriza aquelas que causariam desarmonia entre os homens. Isto porque, sem serem livres, não são responsáveis, e não haveria mais sentido na meditação ética, e, terceiro, porque sendo propriedade de Deus o homem se coloca em perspectiva, ao passo que estando desvinculado não o consegue.

A consequência lógica desses três princípios, para Mendelssohn, é que a regra moral absoluta comanda: "agir para a perfeição de si e dos outros"[567].

---

564. (MENDELSSOHN, 1955, p. 61).

565. (MENDELSSOHN, 1955, p. 294).

566. (MENDELSSOHN, 1955, p. 321).

567. Idem.

O texto mais influente de Mendelssohn seria *Fédon: ou sobre a imortalidade da alma em três diálogos*, de 1767. Nele Mendelssohn atualiza os argumentos do *Fédon* de Platão à luz do sistema Leibniz-Wolff, com uma porção de abordagens originais do problema. O objetivo do livro é nada menos do que repetir o feito do livro original de Platão: "salvar a sociedade de seu tempo da sofística dos materialistas"[568].

Um dos argumentos principais do livro era o da vocação, que era quase idêntico ao argumento de Christian Crusius, e claramente queria expandir moralmente argumentos mais ligados à substância da alma, os principais do sistema Leibniz-Wolff. Na época, o sistema Leibniz-Wolff tinha na imortalidade da alma uma de suas grandes questões. Crusius defendera um ano antes (1766) um formato satisfatório do argumento, mas Mendelssohn lhe deu uma exposição mais clara, mais bela e, consequentemente, mais influente.

Segundo o argumento da vocação, ter-se-ia de admitir que Deus teria iludido os seres humanos dando-lhes vocações e talentos dos quais só se pode ter um gosto parcial na Terra. Sendo o florescimento humano uma das mais belas realizações da natureza, mas demandando o curso das décadas para apenas começar a acontecer, seria injusto e cruel da parte de Deus dar-nos um gosto tão nobre por algo que sequer podemos realizar adequadamente[569]. É possível concluir, portanto, que Deus jamais deixaria de garantir a fruição de um estado de espírito tão nobre, e que depende do tempo para se desdobrar, pelo que podemos dar por certa a vida futura.

Sem serem tão influentes quanto os wolffianos ou grupo de filósofos que mais tarde gravitaria ao redor de Kant, esses três autores demonstram exemplarmente como filósofos e teólogos não perfeitamente alinhados eram, não obstante, influenciados pela supremacia do sistema Leibniz-Wolff na Alemanha e, ao mesmo tempo, independentes o bastante para apresentarem contribuições originais ao entendimento da religião.

Emanuel Swedenborg, o visionário iluminista

A história da religião é repositória infinita de variedades e curiosidades. No limite, as melhores teorias e a melhor historiografia das igrejas e das religiões explica os movimentos coletivos, e ajuda a explicar os desvios individuais. Na história da cultura em geral, contudo, e ainda mais na história da religião, há um

568. (LAURO, 2010, p. 24-25).

569. (LAURO, 2010, p. 34).

ponto a partir do qual as tentativas de explicação fracassam e se tem de admitir que a criatividade e a riqueza do patrimônio mental e da experiência humanas escapam às generalizações.

Vimos que, longe de caminhar invariavelmente para a secularização e a desintegração da religião institucional, a Modernidade caracterizou-se pelo dinamismo e grande complexidade de movimentos de fluxo e refluxo, sístole e diástole da consciência religiosa. É verdade que o progressivo aumento da consciência e da demanda por liberdade desponta como uma das características principais na história da religião moderna, mas esse vetor não se permite de maneira alguma confundir com secularização em um sentido antirreligioso do termo.

O intelectual e místico sueco Emanuel Swedenborg (1688/69-1772) é um desses acidentes constrangedores para as teorias sociais e históricas que tentam explicar os movimentos do pensamento apenas a partir do contexto sociocultural. Místicos e profetas exaltados sempre existiram, mas eles muito raramente são intelectuais. Eles convertem pelo coração, usando uma linguagem intuitiva e sentimental que apela ao homem comum, e à parte do homem culto que quer um consolo do coração. A Modernidade, entretanto, tinha também visto outro e muito mais raro tipo de místico na figura de Jakob Böhme, que já tinha dado o exemplo da conciliação entre o intelectual e o profeta com uma nova revelação.

Em pleno Iluminismo, soaria incrível para muitos que alguém pudesse cruzar a linha traçada pela mística visionária de Böhme. O sapateiro convertido em autor por uma visão, apesar de escrever em tom bíblico, quase apocalíptico, era ainda um intérprete do que a teologia a filosofia e a ciência haviam alcançado. Aquilo nele que parecia ultrapassar o escopo do conhecimento da época estava tão oculto pela máscara do símbolo que não havia como racionalmente discernir o que foi prometido do que foi cumprido por sua visão mais profunda da natureza. Tratava-se, certamente, de um jeito novo e profundo de ver e de entender o mundo, e a ligação entre natureza e espírito.

Swedenborg, por sua vez, conseguia fazer a mística revolucionária de Böhme parecer tímida. Falava de saídas do corpo, verdadeiras viagens a mundos, uns terríveis, outros celestiais. Descrevia seus habitantes, edificações, e a vida que neles se levava.

Também recebia visitas de espíritos diversos, desde almas dos falecidos até seres angelicais. Era, portanto, um embaixador entre este mundo e o além, e suas narrativas e relatos não eram os do místico comum, filtradas pelo mistério e por pesado simbolismo, mas descrições tão vívidas quanto as de Dante.

Swedenborg era considerado um cientista brilhante por seus contemporâneos, mesmo depois de começarem as visões[570]. De 1713 ao começo dos anos de 1740, Swedenborg foi considerado primariamente um matemático, químico e mecânico, com competência em astronomia, metalurgia, poesia, fisiologia e filosofia. Além desses interesses diversificados, tinha uma inclinação para as invenções, entre as quais concebeu um projeto de máquina voadora.

Foi-lhe oferecida uma cadeira de matemática na Universidade de Uppsala, mas ele recusou afirmando que não sabia falar em público. Foi um dos primeiros a conceber a ideia de neurônio e a relacionar a psicologia a pequenas vibrações dos nervos e dos órgãos. A fama internacional, contudo, só veio em meados de 1730 com a publicação de um longo tratado sobre mineralogia. A partir de então, sua carreira passou a ser associada a essa disciplina, e, muitas vezes, erroneamente reduzida a ela.

Sua vida mística começou efetivamente em 1744, quando, em viagem pela Holanda, começou a ter sonhos estranhos e significativos. Os sonhos não paravam, e meses depois, já em Londres, culminaram em uma crise de reformulação da personalidade e propósito de vida de Swedenborg. Evidentemente, sentia-se chamado para algo maior. Em determinado dia, jantando em uma taverna londrina, viu um sujeito que lhe recomendou não comer em excesso. À noite, sonhou com o mesmo homem da aparição, e este lhe disse que sua missão seria revelar o sentido espiritual das Escrituras. Toda a cena lembra muito a forma como a carreira mística de Böhme começou. Segundo o grande profeta luterano, Swedenborg também fora chamado inesperadamente, para uma tarefa para a qual não se preparara muito previamente, e que consistia em revelar um sentido esquecido das Escrituras, o que pressupunha que os cristãos haviam esquecido a mensagem original em favor de uma mensagem mundana.

Detalhe curioso sobre os grandes místicos é que ou nada escrevem ou escrevem compulsivamente, como se tudo quisessem explicar a partir de sua visão. Os do primeiro grupo preservam-se de escrever muitas esquisitices.

Na época, como hoje, a maior parte das apreciações acadêmicas sobre essas incursões místicas é de escárnio, como a de Reinhardt Brandt:

> Swedenborg é um cientista natural moderno que não entendeu bem os sinais dos novos tempos, e que explora os mistérios dos céus com sua alma, e que, sozinho, tem visões em sua poltrona. Como Don Quixote deixou com os romances obsoletos de cavalaria, Swedenborg se deixou levar por cânticos angelicais e sabedoria de vida. Ele é um amante do fantástico como

570. (TAFEL, 1890, p. 42-49).

Quixote, que via gigantes em moinhos de vento. Swedenborg via espíritos, comunicava-se e batia papo com eles[571].

Muito embora a ridicularização pura não seja um argumento respeitável, Swedenborg fez por merecer parte dos ataques desse tipo. Ele não era apenas um místico, ou um visionário, ou alguém que fazia afirmações calculadas e ponderadas sobre o mundo espiritual; ele banalizara o contato com o invisível como algo corriqueiro, como se o além-túmulo fosse o mercado ou o teatro, e emprestara às suas narrativas um colorido suspeitamente poético e literário.

Em favor de Swedenborg, por outro lado, depõe o grande número de casos de predições, que um número enorme de testemunhas confirmou. Segundo essas, Swedenborg era capaz de revelar dados secretos sobre as vidas das pessoas, objetos escondidos, e às vezes era capaz de ver ou ouvir coisas que se passavam a muitos quilômetros de distância[572].

Com obra imensa e difícil, apesar da atratividade dos temas, a credibilidade de Swedenborg dependia muito dessa reputação adquirida a partir de relatos pessoais.

A revelação dada a Swedenborg era ao mesmo tempo progressista e datada. Os espíritos alegadamente sábios que se comunicavam com ele na época do *Arcana coelestia* frequentemente faziam interpretações literais da Bíblia - provando serem menos sábios que os filósofos vivos - e, concomitantemente, louvavam o avanço da ciência e as mudanças sociais. Há perceptíveis influências neoplatônicas, mas quase toda a discussão gira em torno da Bíblia, e é inevitável concluir, como ele mesmo diz, que a grande fonte de sua inspiração é predominantemente hebraica. Afirmava conversar com os profetas e patriarcas do Velho Testamento. Não obstante, oferece algumas interpretações audazes de certas passagens como puramente simbólicas, especialmente com relação ao Jardim do Éden. A história de Abraão é toda reinterpretada como simbólica, dando a entender que muitas de suas cenas não poderiam corresponder à moralidade nem de Deus nem de um patriarca e homem santo.

Alguns pontos da nova revelação são pouco surpreendentes. O espírito humano tem duas faculdades, o entendimento e a vontade[573]; o entendimento é macho e a vontade é fêmea[574] (linguagem neoplatônica); que a natureza de Deus é o amor, e que ninguém compreende a Deus senão amando, nem agrada a

571. (BRANDT, 2008, p. 19).

572. (TAFEL, 1890).

573. (SWEDENBORG, 2009, Vol. I, p. 27-42).

574. (SWEDENBORG, 2009, Vol. I, p. 42).

Deus senão através do amor[575]; que o inferno é dantesco, com as mais esquisitas e específicas punições para cada tipo de crime;

Além desses, também é tipicamente evangélico, especialmente em um momento dominado pelo extremo zelo do pietismo, que a revelação dependa e esteja ligada a uma leitura minuciosa da Bíblia.

Entre os pontos controversos, e que por sua excessiva ênfase ou por estarem ligados a um caráter de autoridade da revelação especial de Swedenborg geraram polêmica, estão: a fé é insuficiente, sem caridade a salvação é impossível[576]; todo ser humano está apto a conversar com espíritos, pois nada mais somos que espíritos vestidos de corpos[577]; que um espírito pode desconhecer que tenha morrido, especialmente quando ignorante das coisas espirituais[578]; que a vida no paraíso não é de descanso, e sim de trabalho, e que a alegria dos bons e dos anjos é fazer muito bem[579]; descrições exatas do mundo celestial, incluindo sua flora e arquitetura, e que os espíritos deploram as ideias vagas que os homens fazem de sua morada[580]; que anjos são também espíritos dos que viveram sobre a Terra[581].

Swedenborg teria conversado com muitos espíritos de Júpiter, que aparentemente é um mundo de espíritos muito melhores do que a média dos da Terra, mas coube a Swedenborg cientificar-lhes de que o Senhor do cosmo nasceu e viveu na Terra[582], onde foi ignominiosamente crucificado.

A essas excentricidades teóricas somavam-se também algumas excentricidades comportamentais, que ajudavam a compor a imagem do esotérico afetado.

Apesar de sua doutrina, considerava-se luterano sem ressalvas, e se referia à Confissão de Augsburg como se a seguisse normalmente[583]. Seu ponto, portanto, não era criar outra teologia, mas mostrar como toda a teologia falhou em não ouvir corretamente o espírito nas entrelinhas da letra.

É também surpreendente que a sociedade tenha aceitado uma reinterpretação tão radical do cristianismo (praticado e doutrinal), o que prova uma flexi-

---

575. Este é um princípio repetido à exaustão, mas um bom exemplo é (SWEDENBORG, 2009, Vol. I, p. 187).

576. (SWEDENBORG, 2009, I, 490-491). (SWEDENBORG, 2009, Vol. X, 5.493).

577. (SWEDENBORG, 2009, Vol. I, p. 49).

578. (SWEDENBORG, 2009, Vol. I, p. 154; 220).

579. (SWEDENBORG, 2009, Vol. I, p. 154; 223).

580. (SWEDENBORG, 2009, Vol. II, p. 154; 928-930).

581. (SWEDENBORG, 2009, Vol. II, p. 154; 1.097).

582. (SWEDENBORG, 2009, Vol. X, 5.663-5.664).

583. (TAFEL, 1890, p. 128).

bilidade adquirida para, mais que negar, continuar a vivência religiosa em novos e desafiadores formatos.

John Wesley tentou fazer contato com Swedenborg, e fez pronunciamentos sobre ele diversas vezes. Em dada ocasião teria dito que os livros de teologia não tinham mais razão de ser, pois "Deus nos enviou do Céu um professor"[584], para ensinar a doutrina dos anjos, em um sentido ainda mais literal do que dizeres semelhantes sobre Tomás de Aquino. Pouco depois, Wesley repudiaria sua própria simpatia e faria coro ao lado dos críticos.

O grande número de simpatizantes que se afastaram em um segundo momento dá a supor que as almas mais religiosas estavam sedentas de uma grande mensagem vinda dos Céus, mas, posteriormente, achavam problemas no detalhe dessa revelação.

Entre os simpatizantes que não se arrependeram, por outro lado, estão Kaspar Lavater, que escreveu a Swedenborg como jovem pastor para declarar que estava animado em receber notícias do plano mais alto, e Friedrich Oetinger, que fez muito pela popularização da mística luterana. De acordo com Oetinger, "não pode ser encontrado exemplo mais brilhante da influência divina do que em Swedenborg"[585].

Nos primeiros anos do século XX, o prêmio Nobel de Química Svante Arrhenius propôs à Academia de Ciências de Estocolmo que publicasse a obra científica de Swedenborg[586], o que foi executado. Conforme Arrhenius e outros tantos, Swedenborg havia sido estereotipado como místico, ignorando-se a sua ampla e, para a época, avançada obra científica.

Para o desgosto de muitos, Swedenborg é o mais famoso escritor do Iluminismo sueco, e é possível que seja também um dos escritores de maior e mais original obra científica e teológica na Suécia do século XVIII.

Além desse valor concreto da obra não mística e da parte teológica da obra mística, outra constatação que deve ligar nossos alarmes para a narrativa de um Iluminismo secularizante, tendente ao materialismo, é a de que a popularidade de Swedenborg cresceu até meados do século XIX. Mesmo depois dessa época, só foi substituída, e não suprimida, pois muitos de seus fiéis se converteram ao espiritualismo moderno, ao espiritismo ou à teosofia; alternativas com linguagem mais bem acomodada às novas ciências biológicas e psicológicas.

---

584. (TAFEL, 1890, p. 107-108).

585. (TAFEL, 1890, p. 151).

586. (JONNSON, 2008, p. 6).

O swedenborguismo foi popular no século XIX, e se tornou igreja em alguns lugares, notadamente nos Estados Unidos a partir do começo do século XIX. Esteve estreitamente relacionado, especialmente na mente dos intelectuais, ao mesmerismo, à maçonaria e ao romantismo. Qualquer que seja nossa posição sobre ela, a obra de Swedenborg está entre as realizações intelectuais mais peculiares do período.

A segunda onda do sistema Leibniz-Wolff: a imortalidade da alma no centro da investigação filosófica

Conforme os alemães recebiam as notícias – para eles escandalosas – dos *philosophes* e de Hume, Estado, Igreja e os grandes intelectuais trabalhavam conjuntamente para defender a religião, o vértice da identidade alemã. O relativo purismo escolástico começou a dar lugar a uma filosofia mais engajada que antagonizasse as propostas materialistas, embora os wolffianos não conseguissem nem de longe se converter em intelectuais tão engajados, assistemáticos e populares. Halle e o sistema Leibniz-Wolff estavam no centro da disputa, apesar de ambos, universidade e o próprio sistema, começarem a mostrar sinais de desgaste.

O filósofo suíço Johann G. Sulzer, que traduziu o *Investigações sobre o princípio da moral*, de David Hume, era um dos intelectuais mais engajados no combate ao materialismo nos anos de 1750-1760. Foi também um cientista importante no desenvolvimento do estudo da eletricidade, tendo, inclusive, feito uma descoberta acidental quando, por algum motivo, encostou a língua em uma peça de metal eletricamente carregada.

Sulzer acreditava não apenas que a razão fatalmente chegaria a uma compreensão mais exata da existência de Deus e da imortalidade da alma como que o materialismo era uma crença apenas possível às mentes mais rasas, não treinadas para a filosofia. Atualmente, contudo, seus argumentos ajudam a evidenciar uma concepção bastante pobre de matéria por parte do materialismo da época. Semelhante compreensão, bastante distante da desenvolvida na primeira metade do século XX, por exemplo, era muito responsável pela forte impressão de que defensores do materialismo eram vítimas de carência de ferramentas filosóficas[587].

Como o Iluminismo começava a caminhar (1750/60), ao menos fora da Alemanha, na direção do materialismo, a ideia da imortalidade da alma era uma perda colateral inevitável. Muitos wolffianos, contudo, reagiram a esse problema

587. (WUNDERLICH, 2011, p. 39).

da forma exatamente oposta: produzindo defesas filosóficas e atualizadas ao conhecimento científico da época sobre a imortalidade da alma.

Sulzer segue o padrão de prova da imortalidade do sistema Leibniz-Wolff, afirmando a incorruptibilidade da partícula psíquica, mas faz a percepção e o entendimento dependerem dos órgãos físicos. Indestrutível por natureza, mas condenada à ociosidade pela privação dos órgãos dos sentidos, a mônada deveria reencarnar para que sua vida continuasse ativa. Essa posição parece, inclusive, ter sido explicitamente referida a Charles Bonnet[588], que na época popularizara a ideia de palingenesia em formato modernizado.

Na época de Wolff e Baumgarten, um jovem Georg Friedrich Meier (1718-1777) havia produzido uma magistral defesa da impossibilidade de se alcançar uma prova matematicamente certa da incorruptibilidade da alma, deixando como única alternativa para sua defesa racional a necessidade de fundamentação da moral em seu *Pensamentos sobre a condição da alma depois da morte*, de 1746[589].

Sucessor de Baumgarten na Universidade de Halle, Meier publicou um livro sobre aparições de fantasmas em 1747: *Pensamentos sobre fantasmas*. No livro, Meier tentava enquadrar em argumentos racionais aquilo "de que muita gente fala", mas sobre o que pouca ciência é feita. Meier dá a entender que recusa os relatos por serem costumeiramente feitos por pessoas ignorantes ou, no mínimo, sem o suficiente refinamento para separar a fantasia das percepções. Contudo, deixa a questão relativamente em aberto.

Como consequência de ataques de Johann G. Sucro a seu livro, Meier publicou no ano seguinte uma *Defesa dos pensamentos sobre fantasmas*. Sucro afirmava que o ataque de Meier à crença na aparição de fantasmas era dogmático e generalizante, mas essa não é uma apreciação justa do primeiro livro. Basicamente, segundo Sucro, Meier havia dito no primeiro livro que, em aparições de fantasmas, é comum que várias pessoas estejam no local, e apenas uma alegue ter visto o fantasma. Sucro rebate essa crítica afirmando ser perfeitamente possível uma discrepância entre percepções e sensações, sem que isso acarrete relativismo. O argumento de Sucro, portanto, se resume a afirmar que não se pode excluir totalmente a possibilidade de as aparições serem reais apenas com base no pressuposto da igualdade absoluta da capacidade humana de perceber.

Na *Defesa dos pensamentos sobre fantasmas*, então, Meier apresentou os argumentos de Sucro e os seus próprios com prós e contras, de uma forma mais

588. (STIENING, 2011, p. 77).

589. (DYCK, 2018).

rigorosa. Sustentou basicamente dois argumentos no livro: que não há escassas pessoas instruídas e racionais que acreditam terem visto fantasmas, e que a esmagadora maioria dos relatos têm como causa a ilusão e o engodo[590]. Também, segundo Meier, mesmo que muitos casos tenham como causa o delírio ou o engodo, "um único caso é uma *ratio pro*"[591] (uma razão a favor). Entretanto, esse único caso *forte* parece não existir.

Apesar da dureza das críticas, Meier não dá por impossíveis as aparições de fantasmas, inclusive aventando processos e fenômenos desconhecidos que poderiam ser suas causas.

Ao passo que defendiam unanimemente uma existência puramente espiritual, os wolffianos em geral negavam com grande receio as tentativas de encontrar evidências empíricas para a mesma. Sua convicção filosófica na imortalidade da alma andava ao lado de um temor iluminista da reentrada da superstição em sua teologia natural. Com os britânicos dava-se praticamente o oposto, já que desde Robert Boyle grandes autores escrevem sobre fenômenos espirituais.

Como Mendelssohn, um ano depois, Christian August Crusius (1715-1775) defendeu um argumento em favor da imortalidade da alma com base em sua perfectibilidade, no *Ensaio sobre as verdades de razão necessárias* (1766). Entre outras, a razão mais forte para a preservação da integridade da personalidade estaria em sua constituição perfectível, que não poderia ter sido posta em nós por Deus sem uma razão suficiente, a qual é atestada por um instinto que nos afirma a necessidade de crescimento indefinido[592].

Este último argumento seria insistentemente defendido por J. W. von Goethe[593], por exemplo, já em uma época em que a filosofia crítica de Kant se tornara hegemônica, proibindo argumentos metafísicos desse tipo.

É interessante notar que Crusius não trata da imortalidade da alma no capítulo dedicado à teologia natural e teorética, e sim em uma parte específica dedicada à pneumatologia, onde começa por alegar que "os espíritos são o propósito do mundo"[594]. Contrariamente à matéria, que tem na ausência de espontaneidade a causa de sua perfectibilidade e desagregação, a alma é fundamentalmente uma substância caracterizada pela vontade, o que lhe permite ser livre, mas também a preserva da suscetibilidade à desagregação a que estão sujeitos os corpos mate-

590. (MEIER, 1748).

591. (MEIER, 1748, p. 18).

592. (CRUSIUS, 1766).

593. (SCHOLZ, 1934).

594. (CRUSIUS, 1766, p. 851).

riais[595]. Tanto quanto deseja a ordenação da matéria, sem vida e sem espontaneidade, Deus deseja com muito mais força o progresso e ordenação dos espíritos, isto é, seu progresso intelectual e, principalmente, moral.

Em se tratando de seres livres, porém, Deus não pode querer que eles atinjam esse estado de excelência, virtude e bem-aventurança sem merecimento, de modo que necessariamente deve considerar a felicidade e a realização em plena harmonia com o mérito, pelo que, conversivamente, não pode também deixar de punir o mal[596]. Disto resulta que a perfeição de Deus, que, enquanto criador, ordenou cada coisa para o bom cumprimento de seu propósito, implica diretamente na imortalidade dos espíritos racionais[597].

Como observado pelo trabalho historiográfico de Dieter Henrich[598], a crítica posterior exagerou a distância entre essa posição e o argumento puramente moral de Kant. O argumento posterior, de Kant, difere dos de Crusius por "purificar" o conceito de perfeição de aspectos cognitivos e ontológicos (uma perfectibilidade da substância), concentrando-se exclusivamente sobre a noção de uma perfectibilidade moral. Conquanto melhor, desse ponto de vista, o argumento de Kant não é tão diferente quanto parte de sua entusiasmada recepção fez parecer, e estava mais na linha de continuidade evolutiva da filosofia Leibniz-Wolff do que contra ela.

Ainda que dotada da consistência superior de seu modelo crítico, a teoria kantiana sobre a natureza e continuidade da alma não chega a ser extremamente original diante das contribuições de Meier e Crusius, as quais ela unifica e depura de seus (presumivelmente leves) traços dogmáticos.

Não sendo errado acrescentar o jovem Immanuel Kant (1724-1804) à segunda geração dos wolffianos, é relevante observar que em meados dos anos de 1760 ele se dedica ao ataque a eles, com base em uma percepção de que Hume desmoralizara as pretensões excessivas da metafísica Leibniz-Wolffiana. Boa parte do trabalho do "jovem"[599] Kant, assim, voltar-se-ia para a crítica do "vício especulativo" que redundava em dogmatismo. Sempre original e independente, Kant era, mesmo em sua fase pré-crítica (antes da publicação da *Crítica da razão pura*),

595. (CRUSIUS, 1766, p. 929-938).

596. (CRUSIUS, 1766, p. 984-986).

597. (CRUSIUS, 1766, p. 988; 991).

598. (HENRICH, 1963, p. 414).

599. O longevo filósofo, na casa dos quarenta, estava ainda antes de sua muito mais célebre fase, a da filosofia crítica e transcendental. Também publicou apenas um livreto pouco importante antes dos trinta anos. Por essas razões, é comum falar de um jovem Kant, um Kant pré-crítico, sendo também possível falar, em alemão, em um Kant júnior, até aproximadamente os seus cinquenta anos.

difícil de enquadrar em escolas e tendências, embora tivesse forte influência da lógica e das teorias morais do sistema Leibniz-Wolff, e um gosto por Rousseau e Hume, que faziam o contraponto àquele sistema.

No começo de sua carreira, Kant dedicou-se majoritariamente ao sistema físico newtoniano. Em *História natural universal e teoria do céu* (1755), em que o filósofo lança a teoria da formação estelar pela rotação de massas de gases, as nebulosas, termina apresentando uma escala de espíritos. Kant tinha entre as suas maiores preocupações a conciliação entre o sistema da natureza, feito por Newton, e um ainda faltante sistema moral ou espiritual, que expusesse as leis que regem o comportamento dos espíritos. Esse projeto culminaria na sua filosofia moral madura, com a *Crítica da razão prática*, mas, na época, Kant pensou ter oferecido uma boa solução em seu *História natural universal e teoria do céu.*

De acordo com o livro, os mundos teriam configurações atmosféricas cada vez mais sutis em uma escala moral e espiritual. A essa estrutura dos planetas corresponderiam os corpos de seus habitantes, uns mais grosseiros e aptos aos cenários ásperos e pedregosos, outros mais diáfanos e aptos aos cenários gasosos. Assim, espíritos animalizados, como os nossos, habitariam moradas rochosas e arenosas, e espíritos enobrecidos e racionais passariam, depois de morrerem na Terra, para planetas mais adiantados[600].

Em vista disso, Kant anseia pela libertação da matéria e pelo reencontro com os seres eternos que vivem em perpétua glorificação de Deus no reino da razão. Quando a alma meditativa contempla este nosso planeta, não deixa de se perguntar: "Quão triste é este globo, para que possa educar tão sofríveis criaturas?"[601]. Neste tocante cita Von Haller: "As estrelas são talvez a morada de espíritos mais esclarecidos,/ Assim como aqui rege o fardo, lá a virtude é a mestra"[602].

E de próprio punho:

> Acaso deve a alma imortal em toda a eternidade de sua futura duração, a qual o túmulo não interrompe, senão somente modifica, permanecer atrelada a este ponto do espaço, para sempre em nossa Terra? Não deve ela jamais participar de uma visão mais próxima das outras maravilhas da Criação? [...] Talvez haja uma esfera em nosso sistema planetário que, após

600. (KANT, 1789, p. 130).

601. (KANT, 1789, p. 142).

602. (KANT, 1789, p. 142).

o transcurso de nossa permanência aqui, prepare-nos nova morada sob outros céus[603].

Esse lugar especial, especula Kant, poderia ser um planeta mais glorioso como Júpiter, onde viveríamos já uma vida mais espiritual após o estágio na Terra. Uma doutrina muito parecida com a de Swedenborg.

Para o espanto de muitos de seus conhecidos, o técnico e sóbrio Kant publica em 1766 o *Sonhos de um visionário, elucidados pelos sonhos da metafísica*, um livro jocoso e com estilo mais literário do que os demais textos dele. Aí, Kant atacará o vidente sueco Emanuel Swedenborg, atribuindo a sua boa recepção em tempos de luzes aos vícios do sistema Leibniz-Wolff, como mostra o título.

Nos anos anteriores, Kant havia recebido com indisfarçado fascínio as notícias sobre os dons psíquicos de Swedenborg, vendo a reação da culta rainha da Suécia como uma evidência de fidedignidade dos relatos[604]. Também comprou os oito volumes da obra principal de Swedenborg, o *Arcana coelestia*. Em algum ponto de 1765, contudo, Kant tornou-se muito lacônico quanto à questão, e no futuro não voltou ao assunto.

No livro, Kant levanta uma série de argumentos contra a possibilidade de fenômenos como os descritos por Swedenborg. Não desmerece a questão, como os pensadores materialistas o faziam, lembrando que é um preconceito irracional que leva o homem notificado de alguma nova revelação a não acreditar em nada do que é dito ou em tudo o que é dito[605]. Pelo princípio do ceticismo e do exame de todas as declarações, portanto, o filósofo tem a obrigação de receber desapaixonadamente todo tipo de relato, para que possa, no entender de Kant, desviar de uma negação sistemática e remover do caminho as crenças ingênuas.

É nesse espírito que Kant escreve:

> Qual Filósofo não esteve uma vez entre, o juramento de uma pessoa sensata e convicta testemunha ocular, e a resistência interior de uma dúvida inolvidável...? Deve ele negar completamente a veracidade de todos os fenômenos espirituais? Que razões devem conduzi-lo a duvidar deles? Deve ele considerar apenas um único desses relatos como provável?[606].

O autor responde às próprias (e pertinentes) perguntas traçando a linha epistemológica de validação do que seriam boas evidências no assunto – o que

603. Idem.

604. (TAFEL, 1890, p. 99-102).

605. (KANT, 2002, p. 6).

606. (KANT, 2002).

permitira formar uma "ciência do espírito" –, não sem antes tecer inúmeros comentários jocosos à crendice e à superstição. De acordo com sua conclusão, o critério objetivo de relatos sobre o mundo dos espíritos é a sua falta de verificabilidade pública, isto é, sua total dependência da crença em relatos de experiências pessoais, que não podem ser garantidamente distintas de alucinações e sonhos.

Do que se pode inferir do livro, embora ele não seja perfeitamente claro em muitos pontos, Kant considera ridículas ao menos parte das afirmações de Swedenborg sobre suas viagens espirituais e visões ou conversações com espíritos, mas estaria interessado em discutir as previsões verificadas, que poderiam conter mérito epistemológico. Contrariamente aos relatos dependentes da credibilidade do vidente, que funcionariam como testemunhos, evidências publicamente verificáveis deslocariam a questão das alegadas experiências espirituais para o plano da investigação empírica.

Por isso, Kant conclui que Swedenborg apresenta essencialmente literatura fantástica, e que cabe a cada um julgar se deve crer ou não com base na fidedignidade do autor, mas não é possível aceitar esses relatos como conhecimento sobre espíritos ou seu mundo.

O verdadeiro culpado para a aceitação de tais relatos entre intelectuais seria, insinua Kant, o voo descontrolado da metafísica especulativa, que afastou a sã razão do chão firme da sólida verificação experimental.

Muito embora Johann G. Herder fosse um opositor de Kant pouco depois, é bem possível que sua impressão sobre as aulas de Kant na década de 1760 ainda refletissem bem o pensamento do mestre.

Herder assistiu as aulas de Kant sobre metafísica no período de 1762-1764, pouco antes da redação de *Sonhos de um visionário*, e anotou em reação aos comentários do mestre a Swedenborg o seguinte: "Swedenborg fala de forma afoita e incontida do *statu post mortem*, mas se pode, talvez, preservar o resto; não há por que descartar tudo [...] Quem eliminar tudo terá também de negar a alma e a vida após a morte"[607].

Indiscutivelmente, a imortalidade da alma e os assuntos a ela ligados não era um tema particular da filosofia Leibniz-Wolff; ela era um dos seus grandes pontos fulcrais. Era talvez a primeira vez, desde a Antiguidade, em que o tema era discutido de maneira tão puramente filosófica, como um tema da teologia natural e filosófica. Ainda que quase todos os debatedores fossem inteiramente favoráveis a ela e cristãos, ou ao menos dissidentes cristãos, referências às Escrituras eram virtualmente inexistentes, e uma postulação da imortalidade da alma, por exem-

607. (STENGEL, 2008, p. 50).

plo, não significava que seu autor advogasse também a validade de fenômenos sobrenaturais. Para o bem ou para o mal, essa era uma atitude tipicamente iluminista, e condicionada a tudo o que se desenrolou desde Dante, Ockham, Francisco e Wycliffe até aquele momento.

Benjamin Franklin e a Revolução Americana

A Nova Inglaterra surgiu de uma decisão política, como qualquer projeto colonizador, mas quem a povoou foram os peregrinos, dissidentes puritanos que não suportavam as pretensões de autoridade da Igreja Anglicana. Era época de Bacon, Böhme e Galileu. As colônias ibéricas já prosperavam e eram economicamente lucrativas, e as colônias ao Sul da Nova Inglaterra não experimentaram o mesmo crescimento populacional.

Depois dos peregrinos vieram os quakers, e depois dos quakers vieram os pietistas alemães, os metodistas, os unitaristas (do país de Gales ou da Inglaterra), os hughenotes, os judeus, além, é claro, de irlandeses católicos e escoceses presbiterianos.

As treze colônias eram uma opção para britânicos e norte-europeus inconformados com a ortodoxia de suas igrejas nacionais, e isso poderia ter sido um catalizador para a formação de uma nação laica e secularizada. Ocorre, no entanto, que os dissidentes nunca foram menos crentes que os ortodoxos, e muitas vezes o eram bem mais, e a reunião de vários grupos fez do Novo Mundo um encontro peculiar entre liberdade e zelo puritano, tolerância e ascetismo.

Esse histórico também ajuda a explicar os resultados diametralmente opostos da evolução das ideias religiosas e do Iluminismo na Europa e nos Estados Unidos. De um lado vemos crescer o ressentimento contra a religião, do outro o avivamento da mesma[608]. Na Europa, cicatrizes culturais, por todo lado, lembravam aos europeus ocidentais que a religião não deve ser imposta, e levavam muitos à conclusão de que ela deve ser questão de opinião e preferência. Além disso, o monopólio tornou as igrejas nacionais morosas, enfadonhas e politizadas. Na América, bem ao contrário, os imigrantes chegavam com a certeza de que suas mais diferentes posições seriam ignoradas – dizer que seriam toleradas e aceitas seria uma romantização anacrônica. Uma saudável competição prática e de base entre as denominações promovia outra forma de vivência e organização religiosa.

Perdidos nos campos e nas matas, os colonos criavam microcomunidades em suas próprias fazendas ou vilarejos. Bolsões de denominações menores eram

608. (MacCULLOCH, 2016, p. 7).

comuns, até que William Penn recebeu da coroa inglesa o direito de explorar um território inteiro, e para lá levar os seus inconvenientes irmãos quakers.

A baixíssima densidade populacional e a falta de urbanização impediram o desenvolvimento do Iluminismo como era conhecido nas grandes nações da Europa. É preciso lembrar, contudo, que nações menores ou do leste europeu começariam a sentir os efeitos do Iluminismo meio século depois da França, da Inglaterra, da Holanda e da Prússia. Alguns países só reagiram à mudança geral quando diante dos efeitos práticos da Revolução Francesa.

Não obstante, a América começava a desenvolver um pensamento próprio a partir de 1730/1740. Um século atrás da América Latina, é verdade, mas de uma forma descentralizada e civil, o que se mostraria uma poderosa vantagem nas décadas seguintes.

Filadélfia, a cidade modelo dos quakers, parecia destinada a capitanear o modo americano de pensar.

Zizendorf chegou à cidade em 1741, vendo na cidade plural e puritana uma promessa de porto-seguro para seus pietistas morávios[609].

Nesse mesmo contexto, por conta das muitas dificuldades e progressiva sensação de perda de controle, anglo-americanos começavam a cogitar a necessidade de bispos anglicanos nas colônias, para consolidar e oficializar a autoridade da Igreja da Inglaterra[610]. As primeiras universidades americanas, como Harvard, surgem da necessidade de se formar pastores autóctones, já que a Inglaterra não era capaz de fornecê-los em número suficiente.

De origem extremamente pobre, tendo de instruir-se por esforço próprio, trabalhando desde o início da adolescência, como era comum aos jovens da época, e saindo ainda muito jovem pelo mundo em busca de oportunidades de estudo e carreira, Benjamin Franklin (1706-1790) expressava sem ressalvas os sinais do gênio universal que haveria de se tornar.

O rapaz de Boston chegou à Filadélfia aos 17 anos em busca de um novo começo onde não tivessem ideias prévias sobre ele, e prosperou rapidamente como impressor e tipógrafo, de onde saltou para jornalista. Todas as atividades sob o sol lhe eram fáceis, e tornou-se cientista, político, filósofo, diplomata, inventor e empresário de sucesso. Escritor de panfletos, artigos jornalísticos e satíricos; pioneiro nas pesquisas sobre a eletricidade, figura de liderança em qualquer associação que gozou da graça de sua presença, patrono da insurreição contra a Grã-Bretanha em favor da independência, organizador e inspirador mor da cons-

609. (WARD, 2006, p. 339).

610. (WARD, 2006, p. 340).

tituição, filantropo destacado, moralista e delegado científico e diplomático dos Estados Unidos na Europa, o pai da pátria americana parece ter exercido não apenas todos os encargos de prestígio social e intelectual, como os fez sempre com uma força incomparável, o que garantiu os resultados duradouros de todas as suas diversas iniciativas.

A sociedade de ciências médicas de Paris teria pronunciado sobre ele: "Se um americano, um filósofo de terras selvagens, solucionou alguns dos maiores desafios da ciência europeia, a razão há de ser mesmo algo universal"[611].

Em 1727, com pouco mais de vinte anos, Franklin reuniu amigos e fundou o grupo Junto, com a finalidade de promover o engrandecimento moral de seus membros e, em consequência, da sociedade. O Junto partia do pressuposto de que os homens bons são tímidos e interessados em seus negócios privados, e que para regenerar o mundo era necessário que se comprometessem mais firmemente com o combate aos vícios, seus e da sociedade. Não era mais que um clube de leitura e discussão, mas que teve um efeito considerável sobre uma cidade pequena.

Para além das evidentes contribuições políticas e das célebres pesquisas sobre a eletricidade, a época de Franklin reconheceu nele um homem de negócios e filantropo. Foi o responsável principal pela criação da provável primeira biblioteca pública das Américas. Na presença de órfãos e viúvas, diz-se que ele "esvaziava os bolsos"[612].

A organização da biblioteca da Filadélfia, por volta dos anos de 1730, foi um evento simbólico para o desenvolvimento da cultura americana, e uma prova do vigor dos ideais puritanos e iluministas no Novo Mundo. Sem a iniciativa de Franklin e outros amigos por ele selecionados, que organizaram e doaram de seu acervo pessoal a maioria dos livros, a iniciativa jamais teria se concretizado. A sociedade distintamente puritana das colônias dava aí uma mostra da iniciativa e da capacidade de associação comunitária que logo lhe garantiria o sucesso econômico e político que conhecemos.

A obra *Dois Tratados sobre o Governo*, de John Locke, era desconhecida da maioria dos americanos, devendo à biblioteca da Filadélfia boa parte de sua popularização. Mais tarde, nove dos delegados responsáveis pela assinatura da Declaração de Independência afirmaram só ter lido a versão doada por Franklin[613].

Esse fato é mais que suficiente para alertar-nos para as dificuldades gigantescas de se obter livros nas Américas do século XVIII. Os desafios enfrentados pelos latino-americanos devem ter sido bem mais graves.

---

611. (KELLETER, 2008, p. 79).

612. (ANDERSON, 2008, p. 26).

613. (HAYES, 2008, p. 13).

A biblioteca da Filadélfia acabou tornando-se mais do que um repositório de livros. Franklin observou que parte do atraso científico da América se devia aos altíssimos preços da aparelhagem científica, cujos itens eram sem exceção importados. Para que o pesquisador americano não permanecesse impedido de prosseguir com seus estudos, a sociedade de amigos fundadores da biblioteca dispôs também uma linha de fundos para a compra desse tipo de equipamento.

Mais interessante do que seus inúmeros trabalhos caritativos, empresariais, científicos e comunitários são suas meditações éticas e religiosas.

O cronograma diário de Franklin incluía invariavelmente oito horas de trabalho "obrigatórias", onde naturalmente a obrigação era voluntária, autoimposta, pois ele era dono do próprio negócio. Dedicava duas horas de intervalo para almoço, que incluía a leitura de jornais; um momento após o trabalho para a "questão do entardecer", ocasião em que ele se perguntava sempre a mesma coisa: "Que bem fiz eu no dia de hoje?"[614]. Em sua busca por uma disciplina de vida quase monástica ele estabeleceu também os horários inalteráveis para o sono, as refeições, a música e eventuais conversações.

Por volta dessa mesma época, Franklin criou para si uma tábua de virtudes; mandamentos que ele se comprometia a seguir no melhor de suas forças, juízo e possibilidades. Começando pelas que ele considerava mais fáceis de cumprir (difícil dizer se para si ou para todo o gênero humano) e terminando nas virtudes heroicas da castidade e da humildade, que ele considerava só serem apresentadas pelos santos. Esta última teria uma única regra: "imitar as vidas de Jesus e Sócrates"[615]; regra que ele considerava virtualmente impossível de se cumprir à risca. A moralidade estaria em ao menos tentar.

Entre as virtudes primárias ele elenca o comedimento, ou moderação, e o silêncio, ambas essencialmente formas de autocontrole e disciplina. Através dessas simples virtudes o homem pode não apenas educar-se para outras maiores como evitar inúmeros males para si e para os que lhe estão próximos.

A humildade, portanto, seria a virtude máxima do homem público. Verdadeiro servidor, o líder comunitário deveria exemplificar o devotamento e abnegação totais em favor de obras que ultrapassam seus interesses particulares. Aqueles que buscam ganho pessoal jamais podem inspirar multidões e desviar de si próprios as tentações do poder.

Os grandes feitos só são possíveis quando escorados pela autoridade moral que a todas as almas cativa, em todas as épocas. Somente estes podem realmente

---

614. (ANDERSON, 2008, p. 27).

615. (ANDERSON, 2008, p. 35).

alimentar a chama do ideal e do sacrifício coletivo com que se estabelece o progresso. Sem isto, todos os líderes são meros agitadores.

Em suas orações, Franklin solicitava exatamente isso: a sabedoria para discernir a vontade de Deus, a força para seguir a vontade Dele, e que Deus lhe "aceitasse seu labor em favor de Seus demais filhos como sinal de gratidão pelos contínuos favores recebidos"[616].

Puritano, sim, mas não ingênuo, Franklin aprendeu a abusar da pecha de rústico provinciano, especialmente em uma Paris que abominava os sistemas e o intelectualismo artificial. Franklin, então, habilmente manobrava os *philosophes* e os franceses ilustres simulando assombro com as maravilhas da civilização[617], e valorizando justamente sua crueza de raciocínio e carência de retórica e obscuridades escolásticas.

Em suas peregrinações pela Europa, Franklin chamou atenção internacional para os feitos da Filadélfia, ajudando a criar parcerias com os intelectuais europeus.

Em Férney, levou seu sobrinho de dezessete anos para "receber a bênção de Voltaire". Voltaire teria erguido as mãos sobre a cabeça do rapaz como em uma bênção, dizendo em inglês "Meu menino, Deus e liberdade; lembre-se dessas duas palavras"[618].

Na Inglaterra, o antitrinitarismo ganhara força suficiente para contar com amplo apoio de membros do parlamento nas décadas de 1760 e 1770. Theophilus Lindsey abriu uma igreja arianista radical em Londres no começo da década de 1770, e a maioria dos seus frequentadores eram das classes mais altas[619]. Benjamin Franklin não perdeu a oportunidade de visitar essa igreja quando de sua passagem por Londres.

David Hume reconheceu Franklin como o primeiro filósofo das Américas[620].

Depois dessa passagem brilhante pela França e pela Inglaterra, Franklin voltaria à América com uma reputação incomparável.

Benjamim Franklin foi uma luz e inspiração para todos os intelectuais americanos, mas a estrutura social não permitia o surgimento do intelectual "puro", que na Europa era sustentado pelas cortes ou trabalhava em uma grande estrutura como a Igreja Católica ou uma universidade. Sem nada disso, os americanos não

616. (ANDERSON, 2008, p. 24).

617. (MEYER, 1976, p. 173).

618. (DURANT, 1967, Vol. X, p. 875).

619. (ALSTON, 2002, p. 105).

620. (GAY, 1969, p. 556).

podiam gestar um Antônio Vieira ou uma Juana Inés de la Cruz, e seus maiores intelectuais eram empresários, profissionais liberais ou donos de terras. Não havia como driblar essa condição.

Mas as treze colônias tinham também uma poderosa vantagem sobre a América Latina e a Europa. Sendo uma terra de puritanos, seus índices de alfabetização eram incomparavelmente maiores que os de culturas católicas, e um pouco maiores que as culturas protestantes ortodoxas, nas quais a leitura da Bíblia era recomendada, mas não zelosamente exigida. Essa sociedade com índices de alfabetização que beiravam os 80% permitiram a proliferação de jornais, que por sua vez estimulavam pessoas comuns a participarem da vida comunitária e a elaborar posições e pensamento próprio sobre diversas questões. Os livros disponíveis, embora poucos, eram mais avidamente lidos do que em muitos países europeus, e o conhecimento se espalhava com mais rapidez[621].

Nos anos de 1750 e 1760, a Filadélfia viu surgirem o jardim botânico, a sociedade filosófica e, como consequência deles, a universidade da Pensilvânia. Longe de ser a cidade mais importante das colônias, era a mais culta e a mais amistosa à ciência e à filosofia.

O simplismo da filosofia Iluminista contribuiu muito para o seu desenvolvimento entre os americanos. O sistema Leibniz-Wolff só podia existir entre as paredes das melhores universidades, mas a filosofia panfletária dos *philosophes*, resumida a chavões, e os princípios práticos e a moral direta dos moralistas britânicos apelavam ao homem comum e o convidavam à mudança.

Diferentes dos europeus, que sempre esmagados pelo peso de uma história milenar, de cujas cristalizações institucionais não podiam escapar, os americanos nada deviam a ninguém, nem a si próprios. A coroa inglesa era uma metrópole distante, que, como toda metrópole, impunha muito e oferecia pouco, recolhia impostos e enviava poucos benefícios em retorno. A Igreja da Inglaterra quase nenhuma força possuía no Novo Mundo, dada a própria natureza dissidente da maioria dos colonos. Uma vez que os ingleses recebiam peles, tabaco, algodão, tinham pouca preocupação com a frequentação dos americanos à igreja.

O ambiente dava aos americanos a sensação de estarem construindo uma sociedade do zero, sem instituições prévias. Podiam, portanto, exercitar sua liberdade conforme apenas as fronteiras estabelecidas pela imaginação e por uma moralidade natural. Lugar algum estava mais preparado para transformar em realidade as propostas dos pensadores iluministas. Lugar algum teria de fazer menos força para tanto.

---

621. (MEYER, 1976, p. 179).

As causas materiais da Revolução Americana, como de qualquer outra, encadeiam-se como uma coleção de tentativas de manutenção da autoridade e de obter algum lucro, na perspectiva da metrópole, e de atos arbitrários abusivos e tirânicos, na perspectiva dos colonos. Entre os fatos mais marcantes está a tentativa do parlamento inglês de impor uma série de taxas aos americanos; o massacre de Boston, quando a guarda abriu fogo contra civis, matando três deles; e a Festa do Chá, em dezembro de 1773.

Contrariar a tentativa da metrópole de monopolizar o chá, atacar e saquear todo o carregamento de um navio da Companhia das Índias (a Festa do Chá) levou o Parlamento a baixar, em 1774, leis duríssimas contra o que nomeavam como Atos intoleráveis. Os americanos considerariam que essas leis sim eram intoleráveis, e em questão de meses uma revolta generalizada tornou-se consensual.

Em 1775, um também brilhante polímata, Thomas Jefferson (1743-1826), coordenaria a redação da Declaração de Independência, da qual participaram também outros grandes intelectuais americanos, como Samuel Adams e Benjamin Franklin. Até então a coroa britânica e os próprios insurgentes (os *patriotas*) entendiam o movimento como uma rebelião ou revolta, e não como uma guerra de independência. Essas noções, aliás, só começaram a ficar claras por volta do final da revolução.

Na Declaração de Independência lia-se "todos os homens são criados iguais, pois que investidos pelo Criador dos mesmos direitos inalienáveis, entre os quais estão o direito à vida, à liberdade e à busca da felicidade". Uma mensagem simples, mas que calou fundo em muitos europeus e outros colonos das Américas.

Nove estados haviam elaborado suas próprias constituições em 1776, apenas um ano após o começo da guerra. A declaração unificada de independência foi aprovada pelas colônias em 4 de julho de 1776. No mesmo mês, contudo, uma grande força britânica chegaria a Nova Iorque, vencendo as forças de Washington na batalha do Brooklyn, e criando uma condição que prolongaria a guerra. As forças inglesas eram muito superiores, mas o território era vasto demais e as forças rebeldes eram descentralizadas demais para que um termo pudesse ser posto através de apenas um *front*.

Ainda no começo de 1776, Thomas Paine publicara o *Bom-senso*, que ataca a monarquia por depositar todo o poder sobre um indivíduo que, pelo mesmo princípio da monarquia, precisa ser alienado da vida e dos assuntos da população[622]. Ademais, as Sagradas Escrituras atestam que os governos monárquicos e seus soberanos tendem a abusar dos excessivos poderes que lhes são concedidos,

622. (PAINE, 1776, p. 73).

e que, insinua Paine, enquanto os judeus erroneamente esperam até hoje um rei temporal, Deus mostrou ao mundo um governante da consciência, nem mais rico nem com mais poderes temporais que o mais comum dos homens[623]. Por fim, é também evidente que o Todo Poderoso orientou a história para fazer coincidir a Reforma e o descobrimento das Américas, para que todos aqueles que haveriam de ser perseguidos tivessem um novo lar, no "momento em que o lar original não pudesse mais lhes oferecer nem amizade nem segurança"[624].

Os britânicos lutavam pelo rei, pelo interesse e pelos brios do reino, os americanos somavam aos interesses mundanos uma demanda mais alta por liberdade e a convicção de que deveriam trabalhar em favor do destino a eles reservado pelo Altíssimo.

Enquanto isso, na Grã-Bretanha, a coroa enfrentava resistência interna por parte de alguns intelectuais, que viam a Revolução Americana como legítima.

Edmund Burke (1729-1797) foi a grande mente por trás da exposição das causas religiosas da revolução americana.

Em seu memorável discurso sobre o começo da Revolução Americana, o *Discurso sobre a conciliação* (1775), enfatizou que ideias abstratas e teorias não poderiam produzir efeito benéfico sobre a administração do conflito. Dever-se-ia, ao contrário, "consultar a natureza das pessoas e as circunstâncias presentes"[625]. E continuou: "Essas pessoas são protestantes, e de um tipo que é sumamente adverso a toda submissão de mente e de opinião". Ao passo que a Reforma Protestante é em si mesma uma espécie de revolução, e uma revolução religiosa contra a autoridade externa, o ódio às autoridades distantes está impresso em todas as almas protestantes. Todo protestante é um rebelde, afirma Burke, mas esses protestantes americanos representam "o refinamento do princípio da resistência; eles são a dissidência da dissidência, e o protestantismo da religião protestante"[626]. Para Burke, isso era um grande elogio, pois no seu entender a liberdade dos modernos era um subproduto político e legal da vocação protestante para a libertação de toda a autoridade.

O ano de 1776 era tão agitado para os britânicos quanto para os intelectuais americanos, entretidos em justificar sua independência e criar as condições concretas de existência de sua sociedade. Nele foram publicadas *A riqueza das nações*, de Adam Smith, e *A história do declínio e da queda do Império Romano*, de Edward Gibbon.

623. (PAINE, 1776, p. 75-79).

624. (PAINE, 1776, p. 89).

625. (HIMMELFARB, 2004, p. 80).

626. (HIMMELFARB, 2004, p. 82).

Os dois últimos capítulos do livro de Gibbon eram perigosamente críticos ao cristianismo, sugerindo ser ele um dos responsáveis pelo declínio da saúde do império, devido ao seu caráter supersticioso e anticientífico.

Americanos devem ter ficado muito chocados com os rumos do Iluminismo britânico e francês, e tentavam se inspirar nos autores mais religiosos, como Locke e Rousseau.

A longa e difícil guerra foi vencida pelos americanos e seus aliados (principalmente a França), e, em 1788, veio à luz a Constituição dos Estados Unidos da América, um dos documentos políticos mais revolucionários de todos os tempos.

Inspirada nos princípios filosóficos e morais da Declaração de Independência e em textos que foram emergindo entre a declaração e o fim da guerra, como *Os Federalistas* (1788) de Alexander Hamilton, John Jay e James Madison.

> O que é incrível é que *Os Federalistas*, escrito por três homens que frequentemente discordavam uns dos outros, composto às pressas em resposta às demandas presentes ou reciclado de cartas e discursos, pudesse atrair a atenção e o respeito que acabou atraindo – e, ainda mais incrível, continua a atrair. Contra os poderosos argumentos dos antifederalistas, os federalistas defendiam o princípio essencial de uma constituição: um governo central forte com o devido respeito pelos direitos e liberdades de indivíduos e estados. [...] Em todos os assuntos, tentou conciliar o que acreditavam ser irreconciliável, a soberania do Estado e a liberdade do indivíduo[627].

Como não poderia deixar de ser, a Constituição era um produto da hibridação cultural tipicamente americana entre puritanismo, dissidência e Iluminismo. Era uma ode à virtude, assim como à religião, que só não aparecem explicitamente no texto porque "são as raízes presumíveis da natureza humana e, enquanto tais, refletidas nos *moeurs* do povo e nas tradições e instituições informais da sociedade"[628]. Exatamente como observaria Alexis de Tocqueville meio século depois em seu *Democracia na América*.

Para a surpresa de muitos, "Franklin, o menos religioso dos pais fundadores, foi quem pediu para que fosse feita menção a Deus na constituição, e foi quem propôs que as convenções começassem com uma prece"[629].

George Washington, o líder inconteste da revolução, deveria ter sido aclamado o governante da nova nação, mas o negou veementemente, dizendo que só

---

627. (HIMMELFARB, 2004, p. 194).

628. (HIMMELFARB, 2004, p. 204).

629. (HIMMELFARB, 2004, p. 205).

aceitaria um cargo que refletisse o voto dos seus pares. Foi convencido, então, a se candidatar, e eleito.

Jefferson foi eleito o segundo presidente dos Estados Unidos. Quando instituiu um culto na casa dos representativos (o congresso), um intelectual escreveu que a presidência de Jefferson "transformara o Estado em uma igreja"[630].

É muito possível, no entanto, que Jefferson fosse um unitarista (antitrinitário) influenciado por Priestley, ou que tivesse outras convicções iluministas distantes da ortodoxia cristã, mas quando confrontado por um transeunte que lhe perguntou sarcasticamente por que ele ia à igreja, respondeu: "Meu senhor, jamais uma nação existiu ou foi governada sem religião. Nem jamais será. A religião cristã é a melhor já dada ao homem, e eu, como chefe magistrado desta nação, estou comprometido a dar-lhe a sanção do meu exemplo"[631].

Descartada a hipótese de maquiavelismo, essa é uma posição exemplarmente iluminista.

Um problema dos mais intrigantes na interpretação da Revolução Americana é o exposto no título do livro de Brad Gregory, *Como uma revolução religiosa secularizou a sociedade?* Poderíamos criar questões parecidas, como "por que a abolição da escravidão, que teve razões essencialmente religiosas, é hoje associada à secularização?"[632]. A resposta parece estar muito ligada à falta de uma adequada historiografia da religião, e/ou da deliberada supressão dela na história geral escrita a partir do século XIX.

Navegar pela história da liberdade religiosa, na medida em que ela é necessariamente uma história da religião, é um exercício de administração do espanto diante da complexidade e dos meandros do seu desdobramento histórico. É intelectualmente desafiador equacionar o jogo entre uma ânsia religiosa por independência, que gera uma perseguição por parte de grupos igualmente zelosos, e como o choque das diferentes concepções de fé levou a sociedade a um relativo afastamento da religião. Ou, nas palavras de Gregory, "A liberdade *de* religião acabou protegendo a sociedade *da* religião, secularizando a sociedade *e* a religião"[633].

Prova direta dessa secularização da religião é o fato de que hoje os choques entre religiosos já não se dão tanto por questões doutrinais, ou mesmo práticas e litúrgicas, mas, comumente, por questões externas à religião, como a política. Que grupos religiosos ou membros da mesma denominação entrem em conflito por esta-

---

630. (HIMMELFARB, 2004, p. 208).

631. Idem.

632. (RICHARDSON, 2007).

633. (GREGORY, 2012, p. 174).

rem mais à direita ou mais à esquerda do espectro político, ao invés de estarem nessas posições por causa da religião, é um dos mais claros indícios de que a secularização avançou muito. É também um indício de que o entendimento que muitos iluministas, especialmente os americanos, tinham da realização de seus ideais foi invertido.

Gotthold Ephraim Lessing e a teologia racional

A história do Iluminismo pareceria uma separação um tanto esquemática e estereotipada demais se não fossem os pensadores desencaixados. Dizer que a França tinha os *philosophes*, a Grã-Bretanha os moralistas e a Alemanha a escola Leibniz-Wolff ignora perigosamente as idiossincrasias que tornam David Hume, Jacques Rousseau, G. E. Lessing e Immanuel Kant tão especiais, e que deram ao século o colorido precioso dos deslocados menos célebres.

Gotthold Ephraim Lessing (1729-1781) nasceu no vilarejo de Kamenz, arredores de Dresden. A poucos quilômetros a leste ficavam as cidades de Görlitz (de Böhme) e Hernnhut (dos pietistas morávios ou herrnhutter de Zizendorf). Era alguns anos mais jovem que Kant, mas sua estrela brilhou mais cedo.

Filho e neto de pastores, em uma sociedade em que a palavra "pietista" era mais repetida nos altos círculos do que a palavra "luterano", Lessing foi desde cedo educado para continuar o legado religioso de sua família.

Polímata, Lessing dedicou a vida aos mais estranhos labores. Foi o primeiro dramaturgista do mundo, tendo cunhado a palavra conforme uma oferta peculiar para trabalhar como crítico e analista do teatro de Berlin. Traduziu ou revisou muitas obras francesas e inglesas, entre as quais o monumental *Missão divina de Moisés*, de William Warburton, que seria talvez o texto mais influente sobre o seu A *Educação do Gênero Humano*. Também foi bibliotecário destacado, ajudando a enaltecer essa profissão como a de um intelectual que planeja, organiza e desvenda o "espírito de uma biblioteca". Ficou mais famoso, contudo, por suas muitas peças para teatro, romances e pelo *Educação do gênero humano*, que marcou época na filosofia, na pedagogia e na teologia.

Embora eclético e sarcástico, seguindo a tendência típica do Iluminismo britânico e francês, Lessing não é um antimetafísico ou um filósofo inconsistente, como Voltaire, os *philosophes* e mesmo Rousseau e Hume eram a seu modo. Ele estava muito mais próximo do lado contrário em matéria de fundamentação metafísica, isto é, do lado de Espinosa e do sistema Leibniz-Wolff, que era o que havia de mais sólido e rigorosamente consistente nos anos de 1760-1780[634]. Assumia,

634. (OBERDORFER, 2009).

portanto, o que havia aprendido desses metafísicos como fundamento, ainda que trabalhasse segundo o método eclético dos assistemáticos ou antissistemáticos.

Ele não é de modo algum cartesiano, sua razão não emerge do cálculo, mas está tramada na estrutura dialética e histórica da realidade[635]. Nesse sentido, mais próximo de Hegel do que de seus contemporâneos, Lessing acrescenta à visão filosófico-teológica a noção de processo e desenvolvimento da verdade no tempo.

Iluminista e visionário, Lessing quis resumir o Iluminismo e acrescentar-lhe um propósito, algo que acreditava estar implícito ou fragmentado no conceito iluminista de progresso. Essa falta de alma de um racionalismo e um ceticismo cínicos e presunçosos poderia ser suprimida, pensava Lessing, por uma redescoberta da dimensão espiritual da vida. Isso deveria ser feito em moldes mais finos que os dos místicos e espiritualistas mais radicais, como os metodistas e pietistas. Interessava-lhe estar mais próximo da fé que Voltaire, mas mais próximo da razão do que Wesley ou a ortodoxia.

Para entender Lessing é preciso compreender que a sua noção de revelação é, ao mesmo tempo, mais secular e mais espiritual que as noções antigas, medievais e renascentistas. É mais secular sem ser menos religiosa, pois elimina de si a fraqueza do dogmatismo: a necessidade de se afirmar absoluta e imune à análise racional. É mais espiritual porque aprofunda significativamente a ideia de uma revelação da consciência e da própria razão, e isto na medida em que coloca a revelação no tempo e na proporção da compreensão coletiva de cada época. O processo da revelação, portanto, é o processo do entendimento, do aprendizado, e, como tal, sumamente humano, sumamente espiritual.

Em uma controvérsia com o pastor Goeze sobre a Trindade, Lessing deu sinais mais evidentes de sua negação da mesma. Em geral, calava-se quando suas ideias eram muito afrontosas à ortodoxia[636], preferindo exprimir em seus livros a superioridade de uma ideia mais liberal e natural/racional de religião. A similaridade do procedimento e das ideias com os de Hegel é impressionante.

Em outra ocasião, mais "solto", teria negado ser um antitrinitário ao estilo de Ário, pois "o arianismo é ainda mais ridículo que a ortodoxia"[637]. Isso permite constatar que a ortodoxia era ridícula aos seus olhos.

Lessing esteve em Hamburgo durante o período auge da produção de H. S. Reimarus, e teve acesso a ao menos um de seus manuscritos em 1770. Reimarus era um pensador iluminista atormentado pela então assumida contradição entre

---

635. (THIELICKE, 1957, p. 13).

636. (MARTINSON, 2000, p. 192-193).

637. (NISBET, 2008, p. 581).

razão e fé. Um problema insuperável, no entender de Reimarus, era que Deus não poderia ter feito as Sagradas Escrituras "tão excessivamente obscuras se realmente quisesse que fossem seguidas"; e, "se Deus era um e três, porque ele (Reimarus), não conseguia entender a Trindade de nenhuma forma coerente?"[638].

Entre outras coisas, Reimarus insinua que o "por que me abandonastes" foi o momento mais humano de Jesus, e, não o suportando, os apóstolos inventaram a ressurreição.

Ao mesmo tempo, a guinada francesa para o materialismo e a guinada inglesa para o ceticismo abriam espaço para o resgate de outros pensamentos controversos. Na Alemanha, o mais forte desses resgates foi o de Espinosa, que reconhecidamente transformou o panorama das décadas de 1770 a 1800.

Quando Espinosa, finalmente, é entusiasticamente recebido na Alemanha, isto é um sinal de que o Iluminismo já tinha feito boa parte de seu trabalho, e as pessoas já eram livres o bastante para manifestar uma simpatia tão heterodoxa. O Espinosa alemão, por sua vez, não era o Espinosa do século XVII, nem o Espinosa materialista dos *philosophes*, mas um Espinosa inteiramente conciliado com o cristianismo e com todas as demais propostas de uma religião natural que pipocavam por todo o século XVIII.

Lessing estava entre os espinosanos de espírito, não entre os espinosanos da letra[639], e não deixa de ser cristão a seu modo – certamente inconformista, particular e em harmonia com uma teologia natural, mas ainda assim um tipo de cristão.

Em seus textos defendeu, por exemplo, que os evangelhos não seriam verdadeiros porque os apóstolos os escreveram (o que seria dogmatismo), mas que os apóstolos os escreveram porque eram verdadeiros. De forma brilhante, Lessing lembrava com isso que nenhum texto é verdadeiro em si, nem deve ser crido como uma verdade em si, pois qualquer texto é um produto humano. Um texto pode, contudo, ser um reflexo de uma verdade de fato, e nesse sentido tem o valor da verdade que ele media.

O que Lessing queria era um caminho racional e ombreado com a era da ciência e da tolerância que o preservasse a visão mística pietista que ele aprendeu de seus pais. Mas a isso só chegaria após o acidentado percurso da década de 1770.

Chocado com a quantidade de vaidade acumulada em uma biblioteca, publicou em 1770 *Berengarius Turonensis*, um livro para debochar dos livros. Berengar de Tours foi um professor da escola de Chartres no século XI. Era um

---

638. (GAY, 1966, p. 61).

639. (SCHWARZ, 1954, p. 80-82).

modelo de intelectual escolástico, mas atacado como herege por sua crítica à transubstanciação. Lessing simula comicamente um estudo acadêmico da obra de Berengarius e seus comentadores. O livreto na verdade servia para atacar o alto intelectualismo afetado da academia e, ao mesmo tempo, a ortodoxia religiosa.

Sobre as acusações de heresia, Lessing diz "Chamam-no de herege? Isso que se chama de herege tem um lado muito bom. Trata-se, *no mínimo*, de um homem que *quer* ver com os próprios olhos"[640]. Atribuir a alguém o título de herege, nos dias de hoje, afirma Lessing, equivale a dar-lhe um título honorífico como "mago ou feiticeiro".

O texto apresenta finíssima e intrincada paródia de um estudo teológico, com inúmeras referências prolixas e completamente inférteis a comentadores, aprovação ou reação de arcebispos e do próprio papa. Seu propósito principal, além do sarcasmo generalizado ao tom afetado e alienado dos intelectuais (provavelmente católicos, em especial), é ridicularizar a transubstanciação. Nisso, provavelmente, ansiava por imitar Voltaire.

Emilia Galotti[641], uma das maiores peças de Lessing, foi publicada em 1772. A peça mostra um curto fragmento da vida de Emilia Galotti, que tem seu noivo, Appiani, assassinado pelo príncipe de Guastalla, obcecado por Emilia. Além de ressaltar os perigos e vícios que decorrem do excesso de poder e falta de regramento das autoridades, a tragédia também destaca a inabilidade dos seres humanos em lidar com o inesperado, o constrangimento e o mal. Após mandar matar Appiani, o príncipe arma uma situação para que Emilia acabe detida em sua residência. No final, Emilia, humilhada e sentindo-se desonrada pelo príncipe, pede ao pai que a mate a punhaladas, e o pai, entendendo que realmente não havia saída para a dignidade de Emilia, executa o crime.

Assim como *Os sofrimentos do jovem Werther*, *Emilia Galotti* não incentivava o desfecho infeliz, mas pretendia expor uma tragédia resultante dos valores e da ordem social da época. Ainda assim, parte da recepção do livro foi bastante negativa, vendo no desfecho infanticida um paroxismo da imoralidade e falta de sentido.

Talvez Lessing não tenha calculado tão bem o realismo da composição, mas ele foi bem-sucedido em chamar atenção para a pompa e o autoritarismo da sociedade da época, o que torna a peça um típico exemplo da arte iluminista.

---

640. (LESSING, 2000, Vol. VII, p. 15).

641. (LESSING, 2000, Vol. VII).

Em 1779, amadurecido, Lessing publicaria *Nathan, o sábio*[642]; uma obra-prima do drama de ideias. Os dramas de ideias ganhavam fôlego no período, figurando um embate entre ideias e ajudando a constituir o que logo mais seriam os *Bildungsromane*, os romances de formação do caráter.

Com o *Nathan* o Iluminismo encontrou a expressão artística imortal para seus mais altos ideais: a tolerância religiosa, o eixo liberdade-responsabilidade, a religião natural universal e a racionalidade que supera os gostos e inclinações em favor da decisão mais justa.

O estilo da peça é ambíguo, unindo tragédia e comédia, o que é uma característica da alta literatura cristã, que não admite a tragédia completa.

A história conta um trecho da vida do sábio judeu Nathan, que vivia na Jerusalem ocupada pelo sultão Saladino após a terceira Cruzada. Após sugerir que judeus, muçulmanos e cristãos nobres conviviam em harmonia e respeito, a par dos conflitos, Nathan, que se revela um típico iluminista, foi inspirado em Moses Mendelssohn, de quem Lessing foi amigo por muitos anos. Ele duvidava da intervenção de Deus na Terra e tentava encontrar razões para os eventos, ao invés de reputá-los todos ao arbítrio de Deus.

Em dado momento, Nathan é chamado por Saladino e a dizer qual seria a religião verdadeira. Por uma questão de justiça, e também por medo da reação do sultão, Nathan não quer escolher uma delas. Escolher o judaísmo não era uma opção sensata naquela situação, e escolher o Islã poderia não funcionar melhor, pois a próxima pergunta fatalmente seria porque ele continuava sendo judeu acreditando ser o Islã a religião verdadeira. Diante do impasse, Nathan opta pela religião natural, deixando evidente que as religiões institucionais são expressões humanas de uma verdade maior.

Nathan o faz através de uma parábola medieval sobre um rei que precisava escolher o herdeiro de seu trono. O rei, contudo, amava igualmente a seus três filhos, apesar de serem diferentes uns dos outros. Ele também teria um anel que passava de pai para filho, e que cada rei deveria entregar ao filho mais amado. Em sua sensibilidade, o rei viu-se incapaz de escolher um dos filhos, e não aceitou apontar apenas um como seu herdeiro e bem-amado. Criou, então, um artifício para que os filhos não brigassem entre si, mandando fazer duas réplicas perfeitas do anel mágico que selava a aliança entre os homens e Deus. Tudo na história evidentemente faz referência às três religiões abraâmicas: judaísmo, cristianismo e Islã.

De acordo com a história, o rei em seu leito de morte deu os três anéis a seus filhos. Mais tarde um juiz teve de orientar os príncipes sobre como proceder.

642. (LESSING, 2000, Vol. IX).

O juiz era muito sábio, e afirmou ser impossível discernir o anel verdadeiro dos falsos, e que nem mesmo seria possível dizer se os três não eram réplicas de um anel verdadeiro há muito perdido. Na analogia com as religiões, isso significava que seria impossível determinar qual religião tem o "selo divino".

Cada príncipe, conclui o sábio juiz, deveria então agir *como se estivesse* de posse do anel que garante o amor de Deus e do povo. Se nenhum filho se tornasse amado e digno aos olhos de Deus, isso significava que os três anéis eram falsos, mas se um excedesse em virtude e perfeição a ponto de ser por todos reconhecido como eleito de Deus, dever-se-ia presumir que ele estaria de posse do anel.

O texto e as apresentações da peça cumpriram o papel de impactar a sociedade, inspirando o ideal da tolerância e de uma religiosidade mais cavalheiresca, racional e não sectária, mas ainda não era essa a mensagem que Lessing buscava. Nathan era um personagem demasiadamente cético, demasiadamente parecido com Mendelssohn, Voltaire ou um filósofo wolffiano, e não era exatamente isso que Lessing era. Não era exatamente essa a religião de Lessing.

Lessing chega à expressão final de seu pensamento, um pensamento talvez não inteiramente claro para ele próprio antes desses últimos anos, em seu *A Educação do Gênero Humano* (1780).

É de suspeitar que "ao menos os primeiros parágrafos do livro sejam na verdade uma resposta a Reimarus"[643]. Apesar deste propósito polêmico, talvez secundário, o começo do texto não desvia de seu propósito sistemático mais essencial: o de expor a história da revelação hebraica, isto é, do Velho Testamento, como um capítulo inicial do processo de revelação das leis e da vontade divinas.

Esse propósito também está muito ligado ao livro de William Warburton, *Missão divina de Moisés*, que teve grande influência sobre as ideias de Lessing sobre a relação entre teologia natural e revelação, e é uma referência clara ao longo de todo o texto.

Por mais que se ame a razão, é preciso reconhecer que o ser humano pode falhar miseravelmente em tomar posse de seu patrimônio racional, produzindo demasiado mal. Deus oferta, portanto, um recurso pedagógico adicional para a evolução humana,[644] a fim de evitar que ela insista demasiadamente em certos erros. Tal recurso é o que as religiões reconhecem como suas revelações. A revelação, assim, seria a sucessão dos anúncios de Deus a respeito de Suas leis.

Como o livro mostra, a razão, para Lessing, foi temporalizada e elevada da condição de mero órgão do entendimento ao status de órgão da verdade, ainda

---

643. (THIELICKE, 1957, p. 60).

644. (KORFF, I, 1954, p. 17).

que da verdade em seu progressivo desdobramento histórico e mediante esforços que a fazem ascender ainda em etapas relativas quanto à verdade absoluta[645]. Prenunciando Hegel e Herder, Lessing dá um passo decisivo em direção à ideia de um desdobramento da história em uma direção coerente, identificando esse desdobramento com o plano de Deus para o mundo. A revelação, portanto, é o gradual aviso de Deus aos homens a respeito das etapas evolutivas que lhes cumpre concluir.

O processo se complexifica muito quando ao paciente trabalho de acúmulo e crítica do saber racional se acrescenta o saber revelado, o qual, embora não esteja em desarmonia com a razão, pode soar para ela um salto que não oferece condições explicativas suficientes[646].

Por isso, razão e revelação precisam observar-se e fiscalizar-se mutuamente, para que nem pretensas revelações contraditórias com a razão possam se estabelecer na cultura, nem a razão perca o estímulo transcendente que, muitas vezes, lhe permite sair de círculos viciosos e vislumbrar soluções mais amplas.

A ideia lessinguiana de uma marcha ascensional da humanidade, para a qual razão e revelação contribuem harmonicamente, é um dos retratos mais precisos da ideia iluminista geral da solução da grande crise – iluminista e pré-iluminista – entre razão e fé. As gerações de Locke e Voltaire viram, entenderam a gravidade, mas não resolveram o problema. Apostaram, ora em um abono quase submisso da revelação, ora em seu desprezo em favor da pura religião natural, ou de nenhuma religião, não chegando a conceber um modelo em que ambos, razão e fé, tivessem papéis bem definidos sem se submeterem um ao outro.

Resta ainda perguntar em que consiste exatamente esse ensino progressivo revelado. Lessing sustenta que o ensino revelado prioriza o avanço ético e espiritual da humanidade, não sendo seu papel primário o seu desenvolvimento técnico ou intelectual. Dizemos primário porque na concepção lessinguiana a revelação é ainda instrutiva, e dá a pensar, não sendo, portanto, inútil ou estéril do ponto de vista puramente teórico, especulativo ou intelectual. De maneira alguma o estudo da revelação parece-lhe despropositado, embora, como se vê em outros textos, ele participe da crítica geral do século XVIII a um escolasticismo compulsivo em matéria religiosa, que produz mais confusão do que entendimento e orientação.

Isso é tão mais persuasivo quando se pensa que o conceito de Deus deve muito às etapas da revelação, e que esse mesmo conceito é a força motriz da meditação metafísica e, consequentemente, de grande parte da visão geral de mundo

645. (THIELICKE, 1957, p. 70-71).

646. (THIELICKE, 1957, p. 71).

de cada geração. Em outras palavras, o conceito de Deus evoluiu muito das sociedades primitivas para os primeiros grupamentos civilizados; evoluiu mais quando esses grupamentos estavam prontos para receber a intuição de um ordenamento do cosmo por vontade de um espírito inteligente (Moisés); e evoluiu ainda mais quando "veio ao mundo um professor" [§58-60][647], para nos ensinar na teoria e na prática a doutrina da imortalidade (Jesus).

Por mais que razão seja identificada com o esforço de pesquisa e reflexão e a revelação seja identificada com uma visão, audição ou intuição mais "passiva" da verdade, é muito importante apontar para o fato de que Lessing, ao lado de Reimarus e tantos outros iluministas, só concebem a revelação mediada, isto é: toda a revelação é feita a um ser humano, e essa pessoa a tem de entender e transmitir em seus termos (humanos) a outras pessoas (humanas)[648]. Portanto, não se podem sustentar fantasias quanto a um purismo da revelação. Estando fadada à transmissão e apresentação em termos humanos, toda a revelação é também objeto de crítica, e deve ser confrontada com critérios de *razoabilidade*[649].

Um bom exemplo disso é a ideia de imortalidade, que pode não encontrar prova por parte da razão, mas ainda precisa contar com a razoabilidade. Em outras palavras – e muito próximo de Kant – é possível que jamais haja uma prova empírica ou uma dedução racional da existência de uma vida após a morte do corpo, mas é possível e razoável esperar que haja uma vida após a morte, pois a ideia de penas e gozos futuros, à qual a moralidade está inevitavelmente ligada, exige ao menos a postulação das condições de sua realização: uma vida após a morte.

Segundo a forma como Lessing apresenta o caso específico de Cristo, ele não é um professor, apenas, mas também alguém que exemplificou, ou seja, materializou empírica e historicamente as leis de Deus. E não apenas a lei moral; a lei de amor; o perdão e a fé, como também materializou historicamente a lei da imortalidade[650].

Outro fator para o qual é preciso atentar é a diferença de passo entre indivíduo e sociedade. Como em um relógio, algumas engrenagens diminutas podem girar mais velozmente que a grande engrenagem que marca, muito mais vagarosamente, o progresso do todo. Entre o indivíduo e a sociedade, grupos menores podem funcionar como engrenagens de tamanho mediano. A figura poética permite, portanto, entender como se acomodam no mesmo ambiente os gênios,

---

647. (LESSING, 2019).

648. (THIELICKE, 1957, p. 114-115).

649. (THIELICKE, 1957, p. 115).

650. (THIELICKE, 1957, p. 123).

santos e profetas, suas comunidades imediatas, mais ou menos estimuladas por esses indivíduos mais adiantados e, portanto, também em passo mais acelerado, e a comunidade maior, que absorve as mudanças de forma mais lenta, já que composta por muitas peças indiferentes ou indispostas ao progresso[651].

Adicionalmente, Lessing recorre ao conceito de palingenesia para explicar a discrepância entre os graus de consciência, capacidade e moralidade dos indivíduos. Para Lessing, esse seria o problema mais sério de toda a teologia natural, uma vez que um Deus injusto é um conceito insustentável, e um Deus que na prática cria pessoas com diferentes capacidades para cumprir Suas leis é um Deus injusto.

A ideia da palingenesia é sugerida por Warburton, sendo também entretida por alguns outros pensadores do período, com destaque para o físico ateu Georg Lichtenberg (1742-1799) e J. W. von Goethe.

As simpatias e as predisposições, especulou Lichtenberg, podem ser memórias inconscientes de vidas passadas. A vida e a morte podem ser modulações de um mesmo processo, dois "tipos" de vida. Segundo este conceito de transição da vida para a morte, e da morte para outra vida, podemos também reinterpretar de forma moderna a ideia cristã da ressurreição[652], de forma que ela pareça mais razoável.

Lichtenberg era ateu e achava que a reencarnação era uma forma de explicar naturalmente o problema do dualismo corpo-alma. Lessing, por outro lado, seria um representante da ideia religiosa de reencarnação, como um processo capaz de explicar (adicionalmente) a justiça de Deus, isto é, porque Deus permite que haja miseráveis e poderosos, gênios e tolos, santos e viciosos.

Também se pode inferir da filosofia de Lessing que os tipos de verdade correspondem a perfis, disposições e necessidades dos receptores/cultores. A verdade racional, demandando esforço, não está acessível a todos, e sim limitada às almas mais fortes e dispostas aos duros labores da análise, crítica e construção intelectual. A verdade revelada, por sua vez, tem a grande vantagem de oferecer os fundamentos suficientes para a moralização às almas desabituadas às mesmas penas ou desprovidas de condições que lhes permitam investir tempo e esforço nos labores da investigação da verdade.

Como em Hegel, mais tarde, a verdade racional tem a vantagem de ser merecida e, portanto, verdade propriamente dita. Não que a verdade revelada não seja a verdade para o profeta, que a viu, mas ela é um tanto menos verdade para

651. (THIELICKE, 1957, p. 78-80).

652. (KLEISNER, 1998, p. 147-148).

aqueles que, não a vendo nem a alcançando pelo seu labor, têm de aceitar a posição de dependência em relação ao profeta.

Lutero permanece, não como sombra, mas como poste de luz sobre a praça que Lessing quer explorar. Mas, justamente pela força dessa influência, Lessing tem de ser um pensador do confronto[653], e estar preparado para reformar o luteranismo naquilo em que ele se manteve tradicionalista e medieval: o apego à letra. Não que Lutero não entendesse a diferença entre letra e espírito, mas ele não estava preparado para compreender que a "letra", a mediação humana da luz revelada, inclui os limites culturais, sociais, históricos e psicológicos dos autores dos livros bíblicos, e que esses limites precisam ser superados.

Entre os extremos da negação e conservação da religião dogmática, o Iluminismo, na verdade, ofereceu grande número de soluções intermediárias. Não foram poucas as propostas de uma "religião racional" ou uma religiosidade esclarecida e crítica. Um excelente, se não o melhor exemplo, é a posição de Lessing. Longe de eliminar, ele ressignifica os pontos básicos da doutrina cristã de acordo com noções racionalmente aceitáveis e acordes com o conhecimento da época[654]. Entendia serem necessários, portanto, "o desenvolvimento de uma espiritualidade que tivesse relações positivas com o mundo, com o lado de cá, que reconhecesse a força espiritual e a dignidade das religiões não-cristãs (monoteístas), e não como à retaguarda do cristianismo..."[655].

Hoje temos certeza de que quase todas as ideais científicas, todas as ideias sobre a origem do mundo, sobre a saúde e as doenças, sobre as ocorrências celestes, enfim, praticamente todo o conhecimento natural apresentado pelos pais da Igreja está errado. Colegiais do século XXI estão informados de um sem-número de realidades concretas que não passavam pelos sonhos dos mais geniais profetas, teólogos e filósofos do passado. Há, portanto, um progresso indiscutível da civilização e do saber.

Sem incorrer no pecado de cobrar, anacronicamente, o que ninguém poderia ter oferecido antes da evolução do conhecimento, é inevitável admitir que todos os escritores da Antiguidade erraram em uma enorme quantidade de observações sobre o mundo.

Por que não aceitar que ao menos algumas das noções teológicas e metafísicas (matérias tão mais incertas que o conhecimento da natureza) dos pais da Igreja também não possam estar parcial ou inteiramente erradas? Sabiam os pais

---

653. (THIELICKE, 1957, p. 144).

654. (HOFMANN, 2010, p. 103).

655. Idem.

da Igreja, por que não perguntar, sabiam Paulo ou os evangelistas o suficiente sobre matérias tão abstratas para não errar? Nunca? Não é razoável supor que sim.

Se em matéria de conhecimento natural esses autores erraram numerosas vezes é razão para crer que não eram infalíveis, e se não eram infalíveis é possível, melhor, é presumível que erraram ao menos algumas vezes em assuntos filosóficos e teológicos.

Aqueles que creem que esses indivíduos, conquanto imperfeitos, não erraram por terem seus trabalhos presididos pelo Espírito Santo precisam também explicar por qual razão o Espírito Santo tão frequentemente esteve ausente quando erravam em matéria de conhecimento natural. Quereria o Espírito Santo que eles acertassem todas as vezes no que se refere à natureza íntima de Deus e errassem quase todas no que se refere ao muito mais simples mundo dos fenômenos? Não será mais razoável supor que, como todos os antigos, os evangelistas, Paulo de Tarso e os pais da Igreja raciocinavam no melhor das suas forças sobre esses assuntos complicados, chegando a conclusões respeitáveis, porém nunca infalíveis? E, se alguma parte desses escritos foi realmente inspirada por Deus, não seria razoável supor, mesmo neste caso, que essa inspiração tivesse mais a ver com o espírito da mensagem do que com a sua letra?

Toda atitude fundamentalista, no entanto, só o pode ser quanto à letra. É muito difícil para alguém ser dogmático sem ser também fundamentalista, nesse sentido básico de apego infantil às interpretações literais – seja da Bíblia, do Corão, ou de um político, filósofo ou cientista da moda.

Lessing foi tão importante porque trouxe a questão para dentro do mais imparcial espírito crítico, sem nada negar ou afirmar *a priori*, sem jamais considerar uma questão como decidida. Por isso Mendelssohn disse sobre ele: "A Alemanha não conhece nenhum sábio universal que tenha apresentado e ensinado a religião da razão em toda a sua altivez, tão sem erro, mescla ou prejuízos, quanto o fez o Fragmentista (Lessing)"[656].

Jean Jacques Rousseau e a Revolução Francesa: da liberdade ao terror

O momento vivido pelos franceses da geração de Rousseau era de ebulição. A França foi a principal aliada dos Estados Unidos na guerra de independência, e a Enciclopédia e o trabalho dos *philosophes* não permitiam que o ambiente em casa fosse mais tranquilo que o da América revolucionária. Os tempos não eram

656. (MENDELSSOHN, 1974, Vol. III, p. 125).

favoráveis à religião. Ateísmo, dissidências, agnosticismo e o choque cultural ocasionado pela expansão do imaginário europeu no novo mundo globalizado afetava profundamente as instituições[657], a convicção dos próprios religiosos e a adesão do povo. Quando autores "rebeldes" defendiam um cristianismo privado, alternativo e/ou natural isso não parecia apoio aos olhos da Igreja, mas parte dos movimentos de dissidência e secularização. As elites cultas podiam ver no discurso da teologia natural ou na mística panteísta alemã um tipo de exaltação da fé, mas as igrejas não identificavam isso como exaltação da *sua* fé, nem podiam perdoar a omissão da Bíblia como um acessório dispensável. E era exatamente isso que a maioria dos filósofos *favoráveis* à religião vinham propondo.

Para os "religiosos institucionais" que o viviam, o século XVIII deve ter parecido um prenúncio do apocalipse, com a evaporação de padrões psicossociais e culturais que resistiram à Reforma e ao surgimento do método científico.

O século XVIII começara como o anterior, com a peculiaridade de um quase absoluto comparecimento da população à missa dominical, o que não era comum nem na Idade Média nem na primeira metade do Renascimento. A cada década, porém, esse percentual voltaria a ser reduzido[658].

No intuito de combater o paroquialismo da historiografia cristã, quase sempre abertamente militante, os *philosophes* "criaram seu próprio paroquialismo": o relativismo. Assim como os historiadores cristãos, os *philosophes* tornaram a história uma ferramenta na guerra ideológica, uma guerra das narrativas sobre heróis e vilões do progresso[659].

Os resultados práticos dessa desintegração da fé, entretanto, advogavam em favor do que "pregadores, moralistas e rousseaunianos esperavam: o vício floresceu nessas aglomerações divorciadas dos propósitos naturais e relações honestas com a vida campestre"[660].

Reagindo à tirania e à injustiça, as propostas filosóficas a respeito dos limites da legitimidade dos governos ganham mais força.

Montesquieu defende a proporcionalidade da pena e uma "ciência" do direito penal capaz de estabelecer um código equânime e de acordo com a razão. Desta forma, cada indivíduo saberia o que esperar (razoavelmente) de cada pena

657. (HAZARD, 1961).

658. (McMANNERS, 1998, p. 96).

659. (GAY, 1969, p. 392).

660. (McMANNERS, 1998, p. 96).

conforme a ofensa, promovendo-se assim a liberdade e um senso de justiça difundido por toda a população[661].

No livro XXIV do *Espírito das leis*, a religião é vista como um elemento da civilização passível de progresso. Não se trata apenas de retransmitir, mas de purificar a religião para que ela cada vez mais expresse as ideias elevadas e uma moralidade pura, ausente de preconceitos e superstições.

Tanto quanto era um ambiente de vícios e miséria, a sociedade da segunda metade do século XVIII era também uma sociedade onde o esforço filantrópico atingiu proporções nunca antes vistas. O caldo cultural formado por Contrarreforma, pietismo, evangelicalismo e crítica iluminista da religião gerou uma explosão de filantropia. A caridade e a vivência cristã popularizaram-se, deixando de ser realizadas exclusivamente por entidades religiosas. Entendendo que aquilo que se fazia aos pequeninos era feito a Jesus; que da árvore sem fruto não se aproveita; que mesmo sem ouro ou prata o cristão dá o que tem; que o abandono do mundo e a construção do reino de Deus é decisão premente; que o Deus (da razão) estava em tudo e todos e não fazia distinção entre sacerdotes e leigos, o povo passou a organizar iniciativas que concretizassem essas ideias[662].

Associações para o amparo de moradores de rua, órfãos, viúvas e doentes proliferaram e se fortaleceram ao longo de todo o século. Como Benjamin Constant de Rebeque explicara em seus *Princípios de política aplicados a todas as formas de governo*, a competição entre as denominações fortaleceu todas ao mesmo tempo. Cada fiel, como um dos príncipes do *Nathan* de Lessing, se perguntava "o que faz de mim um melhor cristão que o jansenista, o luterano, o anglicano, o calvinista, o católico, o jesuíta?". Os pontos da doutrina soavam menos poderosos aos ouvidos de quem olhava para os lados e via o tremendo sucesso do trabalho missionário de outros grupos, e em um sentido muito prático e concreto cada grupo tinha de justificar para si porque os grupos "concorrentes" não eram os eleitos.

Ao mesmo tempo em que impulsionou as ações missionárias e filantrópicas, essa mesma competição acirrava, em um terreno já não tão físico, a guerra das narrativas, com cada lado tendo de explorar ao máximo as falhas dos demais. A guerra de propaganda resultante expôs competentemente interpretações caricatas e às vezes totalmente distorcidas das instituições, ajudando os *philosophes* a criarem a percepção pública de que havia algo de muito errado com a igreja (qualquer delas), e de que ela era ultimamente uma instituição puramente humana e até demasiadamente humana.

---

661. (BEYER, 1982, p. 130-132).

662. (ALSTON, 2002, p. 65).

Com a intelectualidade francesa quase integralmente dedicada à demolição das instituições e crenças religiosas, as nações protestantes mais poderosas emplacaram com incomparável sucesso a narrativa da malignidade católica e da completa perversão de suas instituições, ideia que vinha bombardeando a imagem da igreja de Roma desde antes da Reforma.

Esse processo só estaria completo no começo do século XX, quando, então, também a imagem da religião em geral e do cristianismo em especial estaria fortemente manchada pelos ataques de pensadores ligados às novas ciências humanas, revolucionários, positivistas e alguns cientistas naturais.

No século XVIII, contudo, o processo era diferente e em grande parte benéfico para a religiosidade em geral. O pietismo estabeleceu em Halle o coração intelectual do norte da Europa, demonstrando rigor analítico e refinamento intelectual sem paralelo até então. O metodismo, o deísmo e dissidências menores mantinham escolas renomadas na Inglaterra e em Gales, levando muitos anglicanos a transferirem seus filhos para essas escolas. O jesuitismo levara educação literalmente ao mundo todo.

O ambiente geral recebia ou gestava bem as propostas mais exóticas. A maçonaria contava com 50 mil membros na França de 1789. Em 1776 os Illuminati haviam surgido na Bavária e, ainda que irrelevantes se comparados à influência geral da maçonaria, acrescentaram um toque de radicalismo ao anticlericalismo maçônico[663]. Espécie de igreja anticlerical, a maçonaria e outras confrarias ofereciam justamente um sentimento de pertencimento e comunhão espiritual, mas que não soasse contraditório com o mundo moderno da ciência e da filosofia iluminista.

A França era o berço absoluto de catolicismo, já que a Itália não era um país, mas um aglomerado deles, e Portugal e Espanha tinham suas melhores forças intelectuais e espirituais envolvidas em missões além-mar.

Nos anos de 1760, o anticlericalismo dos iluministas franceses se acentuou ainda mais, tornando-se, sobretudo, uma propaganda anticatólica.

O *Dicionário Filosófico* de Voltaire, que nominalmente atacava a superstição, claramente enquadrava dogmas centrais do cristianismo como superstições. No espectro de dureza dos ataques ele estava a meio caminho entre Erasmo e Nietzsche. Se considerarmos que Erasmo já era crítico o suficiente para que o seu catolicismo fosse questionável, Voltaire era já um inimigo.

663. (ALSTON, 2002, p. 77-78).

Enquanto os *philosophes* mais panfletários campeavam, e Voltaire estava vivo, produtivo, e tão apimentado quanto nunca, um jovem suíço acrescentava um elemento inesperado e muito intenso ao caldeirão cultural.

Jean Jacques Rousseau nasceu em Genebra, 1712, vindo a falecer no mesmo ano em que Voltaire, 1778, e apenas dois anos depois de David Hume, que foi seu amigo e inimigo.

Rousseau foi uma criança relativamente feliz, cuja imaginação e cultura foram inspiradas pelo pai. Quando este contraiu segundas núpcias, contudo, Rousseau teve de viver com um tio, sob cuja tutela aproximou-se de um futuro como pastor calvinista. Sua formação consistiu em muita literatura e clássicos gregos e romanos. Seu gosto o inclinava mais e mais ao helenismo, que tinha o aspecto mais prático e psicológico preferido pelos *philosophes* franceses e diferia bastante da alta especulação metafísica e científica de Platão e Aristóteles. A religião, por sua vez, atraía-o com seus encantos. Ele se comovia com os sermões e cogitou tornar-se pastor.

No final da adolescência, Rousseau conheceu madame De Warrens, que era uma de muitas pessoas financiadas pelo príncipe de Piemonte para converter calvinistas ao catolicismo. Rousseau, assim como a própria De Warrens, sentia-se em conflito com a doutrina do pecado radical, e o catolicismo acenava como uma opção mais conciliável com a era da razão e a nova cultura que surgia, favorável ao prazer e ao perdão dos pecados. Rousseau viveu por alguns anos com De Warrens, ou vagando a pé como um andarilho entre a França e Itália e a Suíça. Desses anos, pelo que se depreende de seu *Confissões*[664], adquiriu grande resistência física, amor à natureza e consciência prática de quais eram suas verdadeiras necessidades. Esses anos certamente tiveram grande influência sobre sua posterior doutrina de que a sociedade corrompe o homem, que sem ela seria naturalmente bom.

De 1742 ao final da década, Rousseau visitou e depois viveu em Paris, onde conheceu Diderot, aclimatou-se ao ambiente mais intenso e estimulante da grande cidade e tornou-se amante de Thérèse Lavasseur, com quem teria alguns filhos, prontamente doados ao orfanato.

O jovem que fora um "verdadeiro cristão", apaixonado pela natureza e dotado de uma piedade lírica, transforma-se significativamente na Paris dos *philosophes*. O choque com a vida urbana, os negócios, os dissabores dos conflitos religiosos, rapidamente o fazem migrar para uma concepção mais iluminista – francesa, isto é, fortemente secular. Seu lirismo evangélico é substituído por um

664. (ROUSSEAU, 2008).

louvor à integridade do homem, e uma separação entre o credo desta verdadeira religião natural e a religião revelada[665].

Envolveu-se com velhos projetos (música e literatura) e novos (biologia e outras ciências), e contribuiu com alguns verbetes sobre música e política para a *Enciclopédia*. Já era, portanto, reconhecido e respeitado por alguns intelectuais quando venceu o prêmio da Academia de Dijon com seu texto *Discurso sobre as artes e as ciências*.

O texto desse primeiro discurso insinuava que os refinamentos da civilização seriam a causa da corrupção humana, e que o homem primitivo deveria ser naturalmente bom e inocente.

Embalado por Diderot, Voltaire e d'Holbach, um Rousseau sequioso de aprovação nos altos círculos intelectuais havia migrado para uma visão secularizada e altamente crítica à religião. Sua hostilidade contra os dogmas, os rituais e a hipocrisia geral da vida religiosa, contudo, não se traduziam em ateísmo ou, aparentemente, sequer em um questionamento mais sério do aspecto metafísico associado à fé. Em um episódio marcante durante um jantar oferecido por Mademoiselle Quinault, "chocado pela empáfia do tom irreligioso da conversação, Rousseau ameaçou abandonar a festa se mais algum insulto fosse dirigido a seu "amigo" Deus"[666]. As dúvidas quanto ao ateísmo de Rousseau são postas em xeque por episódios significativos em que ele punha em risco sua posição na alta sociedade contra o que considerava baixeza por parte dos críticos da religião.

Talvez enojado por esta atitude de presunçosa superioridade contra a fé, Rousseau passa, aos poucos, a valorizar o moralismo simples do protestantismo genebrino, retornando à igreja de seus conterrâneos em 1754, e dedicando o *Discurso sobre a origem e os fundamentos da desigualdade entre os homens* à República de Genebra. Isso não significa, no entanto, que Rousseau tivesse deixado de ser um filósofo, ou de ser um filósofo racionalista. Ao contrário, seu retorno à fé era condicional; a Bíblia poderia ser seguida, mas nunca poderia se impor sobre a razão, esta sim tribunal supremo da consciência humana.

No memorável discurso sobre a desigualdade[667], Rousseau advoga em favor de uma revisão radical e profunda das condições sociais e políticas. Sua proposta é humanista e ética, pressupondo a impossibilidade de uma solução "externa", isto é, puramente instrumental (legal, política, econômica) para o problema da pobreza e das desigualdades. Contrariamente ao que se pensa, Rousseau não

665. (GRIMSLEY, 1968, p. 13).

666. (GRIMSLEY, 1968, p. 14).

667. (ROUSSEAU, 1989).

sugere que a civilização seja um mau em si, pois ela consiste essencialmente em avanços técnicos, institucionais e conceituais, mas ela gera ensejo para que o homem se corrompa, criando tentações antinaturais, com o abuso do poder e as tentações do dinheiro e dos excessos.

Até 1762 Rousseau redigiria e publicaria outras duas obras centrais de seu pensamento: *O Emílio* e *Do Contrato Social*. Combinados com o *Discurso sobre a desigualdade*, esses livros tornariam Rousseau um proscrito na França e em Genebra, e *persona non grata* em quase todos os lugares. Uma ordem de prisão é emitida em Paris, impedindo-o de pisar solo francês. Uma vida de peregrinação e fuga o aguardava; ele tinha ofendido ao mesmo tempo os reis e as igrejas.

Diderot havia brigado com ele pouco antes. Hume, espantado com a indiscrição de Rousseau, declara que o filósofo deve encobrir melhor suas ideias com o véu da sutileza (Hume!). Voltaire, sensibilizado com a ordem de prisão contra Rousseau, afirma que o gênio sempre terá abrigo em sua residência, e que o tem por um irmão.

O tom individualista da filosofia de fundo tornava *O Emílio* uma peça complexa demais para ser encaixada em qualquer quadro político do século XVIII, exceto, talvez, o da nascente república americana. Rousseau teve de gastar a maior parte do resto de seus dias como um andarilho e asilado, mas isso pode ter tido um efeito benéfico para sua espiritualidade acentuadamente mística, conquanto talvez nem tanto para sua saúde mental e vida prática. De forma quase inevitável, Rousseau passou a ver a religiosidade como alternativa a um mundo que se lhe revelava muito amargo, muito conflituoso e muito contraditório, sem alternativas razoáveis ou partidos dignos de suporte, fosse em termos filosóficos, políticos ou propriamente religiosos. Nesse contexto, passou a entender o cristianismo e a sabedoria espiritual do Velho Testamento como modos de refúgio interior contra o caos da vida mundana, o que lhe fez acentuar ainda mais o aspecto místico-contemplativo de sua visão de Deus e da vida cristã.

Ironicamente, as perseguições se deviam exatamente a um "tom irreligioso" e potencialmente anárquico do *Emílio*, mais que dos outros livros.

Sendo um herói inspirador para todos os românticos, Rousseau inaugura um estilo literário e sentimentalista de filosofar. A filosofia já conhecia, particularmente em língua francesa, o alto valor da poesia e da literatura como veículos das ideias. A análise e o argumento persuadem, mas a metáfora e o lirismo encantam, e muitas ideias só podem medrar se apresentadas de forma encantadora.

Esse estilo, contudo, tem o seu revés; é excessivamente prolixo e pode levar à vagueza, falhando em transmitir com eficácia justamente o cerne da mensagem que pretendia enaltecer. Isso acontece em alguns textos rousseaunianos, nos quais o leitor é obrigado a parar após algumas dezenas de páginas e considerar qual exatamente era o tema daquela seção e o que essas páginas realmente diziam. É quase impossível fazer resumos justos, pois eles quase obrigatoriamente precisam enfatizar o *percurso* do pensamento, que não pode ser resumido em um parágrafo. Tão logo se habitue a degustar esse percurso e desdobramento do pensamento, no entanto, o leitor extrairá incomparável deleite dos textos românticos.

Um cidadão escreveu a Rousseau em 1764: "a leitura de vossas obras, sobre as quais tenho ponderado incessantemente, me inspiraram a coragem de consultar tão somente ao meu coração"[668].

Eclético, Rousseau ombreia com Voltaire em desprezo pelo intelectualismo. É, contudo, de um ecletismo mais místico que cínico, mais pró-pragmático do que anti-intelectualista:

> Consultei os filósofos, folheei seus livros, examinei suas diversas opiniões; achei-os todos orgulhosos, afirmativos, dogmáticos, mesmo em seu pretenso ceticismo, nada ignorando, nada provando, zombando uns dos outros; e este ponto comum a todos se me afigurou o único em que todos têm razão. Triunfantes quando atacam, carecem de vigor quando se defendem... Pequena parte de um grande todo cujos limites nos escapam, e que seu autor entrega a nossas loucas disputas, somos bastante vãos para querermos decidir o que seja esse todo em si mesmo e o que somos em relação a ele[669].

Para bem poucos filósofos (se algum) a remoção da religiosidade impacta mais negativamente sobre o restante da obra do que para Rousseau. Seu pensamento jaz fatalmente truncado, confuso e excessivamente fragmentário, o que é demasiado frequente nas interpretações que leem e recortam exclusivamente sua filosofia política ou sua pedagogia. E isto porque, ao contrário de materialistas ou religiosos, seu pensamento não reflete tão obviamente suas convicções metafísicas. Elas, contudo, existem e são tão decisórias sobre todos os outros pensamentos quanto no caso de qualquer outro pensador. Apenas não são suficientemente visíveis para que o intérprete veja as linhas que partem da instância última para todas as demais, criando uma confusão resultante da ambiguidade em que restam os demais conceitos.

É suficiente dizer, porém, que os demais iluministas franceses ficavam chocados com seu "excesso" de religiosidade.

---

668. (ALSTON, 2002, p. 62).

669. (ROUSSEAU, 1979, p. 302).

Em carta a uma amiga, em 1757, Rousseau afirma que a felicidade não poderia ser alcançada sem vivência religiosa[670].

Diferentemente da maioria dos iluministas, Rousseau entende filosofia e religião como uma e mesma coisa. A religião não pode ser supersticiosa, dogmática, sectária e imposta; a filosofia não pode sobreviver sem o alimento constante da fé e de um contato direto com a fonte da vida[671]. O organismo humano precisa de coração e cérebro, sentimento e razão, mística e filosofia. Separá-los é quase tão ruim quanto amputar um deles, e Rousseau foi o primeiro a perceber que era isso o que vinha acontecendo.

Por isso ele "começa o discurso de seu vigário savoiano através do conhecimento e existência de seu próprio eu, à maneira de Descartes [...] Assim também Fénelon"[672]. Deus quer crianças. Ele não é um relojoeiro, mas um jardineiro, um pai e um carinhoso professor. A Deus interessa cultivar espíritos, e cultivar espíritos é vê-los crescer por suas próprias forças, à sua própria maneira, não como autômatos.

> Se o homem é ativo e livre, ele age por si mesmo; tudo o que faz livremente não entra no sistema ordenado da Providência e a esta não pode ser imputado. Ela não quer o mal que o homem faz; mas ela não o impede de fazê-lo... porque não o pôde impedir sem perturbar a liberdade dele e fazer um mal maior degradando-lhe a natureza. Ela o quis livre, a fim de que fizesse, não o mal, mas o bem *de vontade própria*[673].

A agenda mística de Rousseau se revela pelo próprio fundamento de sua filosofia, que para ele coincide com autoconhecimento: "1- Sentir as verdadeiras relações do homem. 2- Ordenar todas as afeições da alma segundo essas relações"[674]. Subjetivista, mas não sensualista, pois essas relações claramente incluem uma série de movimentos sensíveis e ideativos que ultrapassam o escopo dos sentidos físicos. Não sendo materialista, nem um tipo de religioso que divorcia a razão e a ciência de sua religião (mais vivida do que apenas "aceita"), Rousseau é também um dos primeiros pensadores na história a usar as palavras sensibilidade e sentimento para se referir a percepção subjetivas objetivas, isto é, que não são públicas, mas que não obstante seguem uma lei invariável.

---

670. (GRIMSLEY, 1968, p. 21).

671. (GRIMSLEY, 1968, p. xii).

672. (HAZARD, 1954, p. 286).

673. (ROUSSEAU, 1979, p. 318).

674. (ROUSSEAU, 1979, p. 241).

É, pois, pelo *intelecto*, diriam os Antigos, que Rousseau sente Deus e a natureza, mas um intelecto sensibilizado, cristianizado, isto é, cheio de amor e doçura, porque em tudo enxerga amor e doçura.

Também tipicamente cristão é o otimismo rousseauniano. Ao saber-se animálculo semiconsciente nas mãos do Altíssimo, Rousseau conclui não ser racional qualquer forma de ansiedade e apreensão. Onde o homem deseducado enxerga a perversidade, o filósofo deve enxergar um filho de Deus em aperfeiçoamento constante.

Nosso ódio aos criminosos e pervertidos vem do reflexo de sua maldade em nosso próprio coração. Quem não a tem em si, não a enxerga facilmente no outro.

> São nossas paixões que nos irritam contra as dos outros; é nosso interesse que nos faz odiar os maus; se não nos fizessem nenhum mal, teríamos por eles mais piedade que ódio. O mal que nos fazem os maus leva-nos a esquecermos o que fazem a si mesmos. Perdoaríamos mais facilmente seus vícios, se pudéssemos conhecer quanto seu coração os pune. Sentimos a ofensa e não vemos o castigo; as vantagens são aparentes, o tormento interior... As paixões que partilhamos nos seduzem; as que chocam nossos interesses nos revoltam, e, por uma inconsequência que nos vem delas, censuramos nos outros o que desejaríamos imitar[675].

Como pode alguém ser tão idealisticamente otimista e tão conturbado? Como alguém que vê o bem em toda a parte, e todo homem como filho de Deus, vê também uma corrupção generalizada na sociedade?

Toda a contextualização anterior ajuda, mas não resolve o mistério de uma alma complexa. A verdade é que entender as grandes mentes de grandes figuras, especialmente quando elas se encontram em entroncamentos históricos e colecionam características peculiares e já por si só complexas, é uma tarefa inglória e necessariamente reducionista. Não resistindo à tentação de rotular e passar adiante, historiadores e comentadores frequentemente preferem uma palavra conclusiva e final que traga consigo a impressão de que uma explicação suficiente foi oferecida, e assim temos um Rousseau romântico, um radical e agitador, um iconoclasta, um socialista ingênuo, um hipócrita e contraditório, um racionalista ou iluminista não tão exótico, um místico, e assim por diante. Em todos os cenários, porém, cônscio de seus tormentos e cismas internos, e esperançoso de que a Providência

675. (ROUSSEAU, 1979, p. 272).

e a bênção de seu Deus pudessem lhe garantir uma rota de fuga para os conflitos que ele admitia não ser capaz de superar sozinho.

Não surpreende, também, que a

> esperança na imortalidade se tornara preocupação constante nos últimos anos de Rousseau, não mais aceita como mera doutrina, e sim formando uma profunda convicção pessoal, a qual podia dar significado à sua situação imediata. Sua hostilidade contra os *philosophes* agora se baseava quase exclusivamente sobre a assumpção de que, como "missionários do ateísmo", continuariam a persegui-lo por sua crença em Deus; em sua determinação por gozar os prazeres da vida neste mundo eles se ressentiam contra qualquer um que ousasse lembrar-lhes da vida no próximo. Por outro lado, Rousseau acreditava que somente na vida após a morte um homem como ele poderia se libertar dos tropeços de sua existência terrena, tornando-se uma versão perfeita de si[676].

A fé em Deus e a descrença nos filósofos, como homens da sociedade educada e afastados da sã razão natural, estão explícitas no cinismo com que a profissão de fé do vigário savoiano apresenta os pensadores como sectários, vaidosos, prolixos, presunçosos e ultimamente desvinculados de qualquer realidade prática e concreta em favor de ideologias, tecnicismos e dogmas mais refinados, mas não substancialmente distintos dos das igrejas.

Foi, então, um retorno triunfal do filho pródigo ao seio da fé? Também não. Rousseau continuava tão iluminista quanto nunca. Acreditava que a Bíblia era uma mensagem divina distorcida e filtrada pela ignorância humana; confusa e obscura até quanto aquilo que nela é central.

Por que, afinal, a Bíblia não é clara e definitiva quanto à imortalidade da alma, quanto ao estado futuro desta alma após a morte do corpo, quanto ao modo de julgamento (naturalmente moral) dos méritos e dos crimes que marcam essa alma? Estas respostas não são dadas pela Bíblia, pois a Bíblia jamais foi escrita para esgotar todas as respostas para perguntas futuras[677]; ela apenas ofereceu a educação compatível com aquele tempo, com aquelas necessidades.

Menos em oposição aos demais iluministas franceses neste ponto, Rousseau acreditava que as religiões eram perversões e traições do ensino original dos pensadores livres, sensíveis e inspirados que as originaram. O resultado era, no caso do cristianismo, um simulacro desprezível do que Jesus tentou en-

---

676. (GRIMSLEY, 1968, p. 33).

677. (HAZARD, 1954, p. 430-431).

sinar. E isso não valeria apenas para a instituição e os clérigos atuais. Também os primeiros discípulos e os pais da Igreja estariam incluídos, por avidamente adicionarem uma infinita verborragia supersticiosa a título de doutrina oficial, desviando os fiéis da leveza e verdade do ensino dos evangélicos para os labirintos de uma metafísica que a ninguém edifica. Esta é – na medida em que Rousseau se recusa a deixar de seguir Jesus enquanto mestre e exemplo – uma visão bastante sociniana do cristianismo, mas ainda bem mais radical que ela.

Os manuais escolares quase unanimemente apresentam Voltaire como bem-sucedido desmoralizador do otimismo leibniziano, mas raramente é mencionado que a crítica erra em grande parte o alvo real (caricaturando a teoria do melhor dos mundos), nem o fato de que houve reações contra o pessimismo que Voltaire oferecia como alternativa.

Rousseau é um dos que lança uma carta sobre a Providência, onde convoca a consideração de que o pessimismo travestido de realismo apresenta uma visão materialista da vida. Para a fração de vida que nos cabe na Terra, e dados os vários dissabores a que ela está sujeita, é perfeitamente aceitável a conclusão de que esta que nos cabe é uma existência inglória, mas em vista da verdadeira vida, espiritual, para a qual esta passagem na Terra é um instante fugidio e as chances de felicidade do reino da verdade são infinitamente maiores, os males terrenos parecem muito banais.

E, novamente quanto ao caráter místico de sua religião, convém destacar a insuficiência do intelecto para representar aquilo que o sentimento tão bem identifica: "Percebo Deus por toda parte em suas obras; sinto-o em mim, vejo-o ao redor de mim; mas logo que quero contemplá-lo, logo que quero procurar onde se acha, o que é, qual sua substância, ele me escapa e meu espírito perturbado não percebe mais nada."[678]

É pela autoconsciência do espírito como potência livre em conjunto com a intuição da verdade que se revela a sua origem. E que responder aos materialistas e sensualistas franceses?

> Posso sentir o que é ordem, beleza, virtude, posso contemplar o universo, elevar-me a mão que o governa, posso amar o bem e fazê-lo, e me compararia aos bichos? Alma abjeta, é tua triste filosofia que te torna semelhante a eles: ou antes, tu queres em vão aviltar-te, teu gênio depõe contra teus princípios, teu coração bondoso desmente tua doutrina e o próprio abuso de tuas faculdades prova sua excelência a despeito de ti[679].

678. (ROUSSEAU, 1979, p. 313).

679. (ROUSSEAU, 1979, p. 314).

O filósofo do bom selvagem deixa perceber que considera o materialismo um problema de autoestima.

E na sequência:

> Nenhum ser material é ativo por si mesmo, *e eu o sou*... minha vontade é *independente* de meus sentidos; consinto ou resisto, sucumbo ou sou vencedor e sinto perfeitamente em mim mesmo quando faço o que quis fazer ou quando não faço senão ceder a minhas paixões. Tenho sempre o poder de querer, não a força de executar... o sentimento da minha liberdade só se apaga em mim quando me depravo e impeço enfim a voz da alma de erguer-se contra a lei do corpo... Quando me perguntam qual é a causa que determina minha vontade, eu me pergunto qual é a causa que determina meu julgamento: porque é claro que essas duas causas não são senão uma; e se se compreende bem que o homem é ativo em seus julgamentos, que seu entendimento não é senão o poder de comparar e julgar, vê-se que seu orgulho é apenas um poder semelhante ou derivado daquele; escolhe o bom como julgou o verdadeiro, se julga errado, escolhe o mal. Qual é a causa que determina a vontade? Sua faculdade inteligente, seu poder de julgar; a causa determinante está em si mesmo.[680]

Este é um evangelho por demais idêntico aos de Lessing e Kant, e não extremamente distinto dos de Voltaire e dos moralistas britânicos.

Por mais que se achasse religioso, contudo, foi acusado de blasfêmia, apostasia e de nada menos que ser o anticristo. Sua vida tornara-se um inferno por conta do *Emílio*. O texto era tão simples que todas as pessoas podiam compreender sua mensagem, o que na maioria das vezes é ruim para o filósofo. As perseguições começaram morais em 1763 (boataria e acusações de pastores) e tornaram-se físicas em 1765, com o apedrejamento das vidraças de sua casa. Chegou a propor ao governo que o encarcerassem, desde que com alguns livros que ele selecionasse, mas como recusaram esse privilégio continuava mudando de esconderijo. A situação chegou a público, e David Hume o convidou a morar com ele.

As coisas na Inglaterra começaram bem. Hume era um grande admirador, e se desdobrava para agradar Rousseau com mimos que beiravam a tietagem.

Ocorreu, contudo, que os anos de perseguição e as coisas que Rousseau vinha fazendo para escapar dela o tornaram extremamente paranoico. Quando detalhes de sua vida íntima e conversas que (segundo ele) apenas Hume teriam ouvido chegaram à imprensa, Rousseau acreditou estar sendo vítima de uma cam-

680. (ROUSSEAU, 1979, p. 317-318).

panha difamatória. Paralelamente, Voltaire publica um texto que continha declarações aviltantes de Rousseau contra os britânicos, o que repercute muito mal na Inglaterra.

Após um surto, Rousseau acusou Hume de estar conspirando com Voltaire contra ele[681]. Hume reage com um texto público, mas Voltaire, apesar de concordar com Hume no geral, acha que foi de muito mal tom levar o debate a público. De acordo com Voltaire, uma coisa é atacar ideias e posicionamentos de Rousseau, outra coisa é explorar sua vida privada. Em outras ocasiões Voltaire não seria tão comedido e generoso.

Rousseau decide retornar à França, e as agruras pesaram-lhe tanto que de sua pena não saem mais grandes obras. Ele continua enfatizando, contra a convicção materialista, que a liberdade e a beleza são evidências espirituais. Porque o homem pode amar uma ideia, que contempla sem ver realizada, ele sabe que sua alma reconhece naturalmente coisas que não são deste mundo. Ao levantar a cabeça do lodo e olhar para o horizonte, o homem pode arrancar-se de seu estado de servidão ao corpo, este sim aviltante, e se lembrar da grandeza do arquiteto que concebeu um plano mais harmonioso que os seus.

Este o "evangelho da natureza"[682] que chegou aos alemães do *Sturm und Drang*, a Pestalozzi e, logo mais tarde, aos românticos. Esta visão da religião natural, contudo, não dispensava completamente as Escrituras, ainda que as criticasse e limitasse severamente, em sintonia com a leitura histórico-crítica da época.

> A condenação de Rousseau contra a autoridade livresca em matéria de religião não inclui os evangelhos, os quais, ele afirma, têm o mérito peculiar de expressar as qualidades principais da religião natural; eles contêm uma 'simplicidade' que conquista a aprovação imediata da razão e uma 'sublimidade' que apela diretamente ao coração. Nada pode se equiparar à 'majestade' e 'santidade' de um livro cujos dogmas são tão simples e a moralidade tão sublime[683].

Como qualquer *philosophe*, Rousseau era um filósofo peculiar, falhando em manter uma linha de ideias coerentes ao longo de sua obra. É defensável a afirmação de que sua religiosidade seja o traço mais marcante e permanente de seu pensamento, mas ele ficou conhecido por seus pensamentos políticos, que, sendo

681. (ALDRIDGE, 1975).

682. (TIMM, 1974).

683. (GRIMSLEY, 1968, p. 71).

bastante ingênuos em alguns aspectos, deram azo a propostas autoritárias, ainda que essas não fossem perfeitamente acordes com o todo da visão de Rousseau.

Após ser atropelado por uma carruagem, sofrendo grave concussão na cabeça, o estado mental de Rousseau degenerou muito, incluindo frequentes ataques epiléticos. Dois anos depois, em 1778, faleceu.

As mortes de Rousseau e Voltaire coincidiram com o esforço francês na guerra de independência das treze colônias americanas. O momento era de ebulição. Em 1780 Lessing publica *A Educação do Gênero Humano*, em 1781 Immanuel Kant publica a *Crítica da razão pura*. Mas essas obras-primas do pensamento iluminista levariam uma década para começar a influenciar decisivamente a cultura alemã, e duas ou três para influenciar o resto da cultura ocidental.

A França saiu endividada da guerra contra a Grã-Bretanha, quando apoiou a independência americana, e após uma sucessão de governos inchados, onerosos e alienados dos interesses dos burgueses e dos mais pobres a situação financeira era calamitosa. Para tentar mitigar a crise, Luís XVI convocou a Assembleia dos Notáveis em 1787, um expediente que permitia ao rei consultar magistrados, nobres, arcebispos e intelectuais em caso de problemas de difícil solução. A situação não melhorou nem um pouco, e em 1788/89, com a França atingida por intempéries que levaram milhões à fome, a situação exigiu a convocação de uma Assembleia dos Estados Gerais.

É bem verdade que os *philosophes* e a empolgação gerada pela Revolução Americana inspiraram uma fatia considerável da sociedade à mudança, mas a história da cultura às vezes superestima o papel dos pensadores e das ideias; e subestima o papel da economia, das decisões políticas e da conjuntura.

Somados os fatores, a explosão era previsível e relativamente natural.

A Assembleia dos Estados Gerais se dividia em nobreza, clero e povo, mas os dois primeiros se uniam sistematicamente contra o terceiro, ambiente em que a nova imprensa panfletária inspirada em ideias iluministas fomentou um incêndio. Entendendo que o Antigo Regime se manteria por força desse ardil, membros do povo articularam uma revolução, começando pela tomada da Bastilha.

Os acontecimentos político-sociais que se sucederam foram numerosos, drásticos e memoráveis, transformando de forma inusitada a ordem política e dando início a um período conflituoso de relativa anarquia e incerteza até o final do século.

A religião era diretamente associada ao Antigo Regime, e foi um dos alvos preferenciais das perseguições, depredações e da guilhotina. Em poucos anos de revolução inspirada pelas ideias radicalmente antirreligiosas dos *philosophes*, muito mais pessoas foram mortas do que em 300 anos de Inquisição espanhola. As luzes da tolerância pareciam ter alguns pontos cegos.

Antes de mais nada é preciso atentar para o fato de que a França era a luz mais intensa do catolicismo no mundo. A Áustria tinha suas cisões internas, com ortodoxos e protestantes em seu território, mas, principalmente, problemas políticos demais administrando a diversidade política e cultural de seu território. A Espanha, poderosíssima até o final do século XVII, começava a dar sinais de exaustão nas primeiras décadas do século XVIII. Como era o caso de Portugal, o investimento humano para gerir um vastíssimo império intercontinental consumia as melhores forças espanholas. A França era, portanto, a grande potência católica, com o contingente humano e o patrimônio intelectual disponíveis para as grandes tarefas culturais do século das luzes.

O século XVIII começa embalado pelos movimentos religiosos intensos do jansenismo e do jesuitismo, em guerra um com o outro, e os grandes pensadores franceses estão entre os homens mais dedicados à defesa da fé que já viveram: Pascal, Fénelon, Arnauld, Malebranche, Bossuet e outros. A mentalidade popular dava por certo que Deus criara o mundo, que a alma é imortal e radicalmente oposta à carne e às coisas do mundo, que a vida do cristão deve ser de fé e devoção. "Os fundamentos da ordem social e moral eram a autoridade, a hierarquia, a disciplina e a obediência"[684].

Em consequência, as igrejas eram parte fundamental daquilo que os revolucionários entendiam como *Ancien régime*. Na França, a Igreja Católica era um elemento do Estado, também porque era um elemento indissociável da estrutura social[685]; detinha cerca de 10% das terras da nação e uma espécie de dízimo era embutido nos impostos. Um dos objetivos principais da revolução era eliminar a participação dos religiosos da vida pública e acabar com privilégios mantidos pela força do Estado.

A revolução representou repressão e perseguição a católicos, mas foi boa para protestantes e judeus[686], que agora estavam amparados pela *Declaração universal de direitos do homem*, em agosto de 1789. Mas a situação não melhorou tanto assim, pois os judeus e protestantes, rápidos em colher os benefícios da nova igualdade legal, chamaram atenção dos católicos mais pobres, que os acusaram de serem os grandes beneficiários da revolução, iniciando uma nova frente de hostilidades.

Em 1793, com a guinada republicana e a ascensão do constituinte Maximiliene Robespierre, foi instaurado o Reino do Terror, com a decapitação de grande número de nobres e clérigos.

---

684. (MORNET, 1933, p. 10).

685. (ALSTON, 2002, p. 175).

686. (ALSTON, 2002, p. 194).

Freiras e monges enclausurados eram vítimas preferenciais do Terror, mostrando que não apenas altas autoridades da Igreja incitavam a fúria e o desejo de vingança dos revolucionários. Algumas comunidades inteiras foram guilhotinadas, e ao menos dez mil pessoas foram presas sem qualquer justificativa além do fato de serem religiosas.

> A cultura e a prática republicadas na França durante a ascensão jacobina em 1793-1794 incluiu tentativas deliberadas de "descristianizar" o Estado. Um bom republicano, na definição jacobina, não poderia ser um bom cristão; a bem da verdade, não poderia ser cristão de modo algum. [...] Essas não eram declarações vazias. Desde a Guerra dos Trinta Anos e as guerras de religião francesas a Europa não via tamanha destruição de prédios religiosos e assassinatos de clérigos[687].

Em um gesto que irônica e tragicamente lembrava cenas bíblicas, um grupo destruiu as imagens da catedral de Estrasburgo, e colocou uma estátua da "deusa razão" no altar.

A Revolução Francesa degenerou, através do período do Terror, em algo que já não lembrava os ideais iluministas, mas também não se pode dizer que mesmo esse momento de degeneração não estivesse de certo modo ligado ao ódio de alguns *philosophes* contra a Igreja e o cristianismo. Se se diziam pacifistas, em sua maioria, é também verdade que a caricatura que fizeram da religião a demonizava, e criou as condições para que um grupo menos refinado levasse esse maniqueísmo às últimas consequências.

Tipicamente humano, o esforço revolucionário foi marcado pelas superlativas contradições do amor à liberdade e da completa arbitrariedade, do ideal de progresso e da mais desumana barbárie, e do deslocamento de alvo das perseguições e da opressão, em nome do fim das perseguições e opressões.

---

687. (ALSTON, 2002, p. 211).

Epílogo

A evolução da ideia e da concretude da liberdade de consciência religiosa continuou a evoluir dramaticamente após a década de 1780, sendo difícil dizer se não se transformou ainda mais no século XIX que nos anteriores. O próprio Iluminismo não havia terminado com a Revolução Francesa, e uma plêiade de autores fundamentais para a conclusão do movimento trabalhava nessas últimas décadas do século XVIII.

Tendo de parar em algum ponto, contudo, pensamos ter apresentado uma quantidade suficiente de ideias religiosas, fossem elas práticas, doutrinais, teológicas ou filosóficas, e como essas ideias geraram fortes atritos sociais ou se somaram a outros fatores de tensão política, motivando perseguições, cismas e dissidências. Com o risco de termos abarcado uma porção excessivamente grande da história, apontamos para a importância da pluralidade e diversidade de protagonismos na impressionante epopeia da evolução da consciência ocidental.

Tão ambígua, intensa e profunda é essa consciência que os seus valores e princípios se fizeram pesar sobre o molde da cultura moderna global, levando o Extremo Oriente e a Índia, a África, a Turquia e as Américas, em diferentes proporções, à trilha da construção de estruturas sociopolíticas onde as perseguições religiosas tendem a desaparecer, com exceções espetaculares o bastante para chamarem sobre si uma atenção que talvez não fizesse sentido duzentos anos antes.

Complexíssima, a evolução das ideias religiosas também nos ajuda a mensurar mais adequadamente o quanto fatores às vezes intelectuais, às vezes circunstanciais e às vezes experienciais da fé não podem ser encaixotados em prateleiras específicas de teologia, filosofia da religião ou história das igrejas, misturando-se de forma muito orgânica e mutuamente pervasiva em uma dinâmica de amadurecimento do espírito, que no entender de Hegel, por exemplo, força-nos a considerar a soma total e a unidade desse grande número de elementos.

Em sentido mais prático, a história é exímia professora das armadilhas a serem evitadas, como a da defesa interesseira da tolerância para o meu grupo e a indiferença diante da perseguição aos outros, que redunda em uma busca pela liberdade de exercício de algumas religiões ou identificação de algumas religiões e denominações como opressoras e merecedoras de ser combatidas.

Impressiona, portanto, não apenas o embate entre materialistas e religiosos como igualmente os grandes embates entre católicos e protestantes, protestantes ortodoxos e dissidentes, jansenistas e jesuítas, e como esses embates evidenciam a preferência humana por enfatizar as menores diferenças ao invés das grandes concordâncias, o que também é perfeitamente transparente nos grandes incômodos políticos e sociais da atualidade.

Raymond Aron entende a história em um sentido próximo ao iniciado por Madame de Staël e Alexis Tocqueville e que encontra seu paralelo germânico prenunciado em G. W. F. Hegel, mas só perfeitamente realizado (ou domesticado) a partir de Wilhelm Dilthey. No entender de Aron, o estudo da história tem que ser objetivo, mas isso não é motivo para que não seja também um mergulho da consciência em si mesma. Na verdade, talvez só seja possível alcançar alguma objetividade no estudo histórico na medida em que estamos perfeitamente cientes de que ela é *nossa* história, de que ela é a expansão da nossa consciência ao desenvolvimento de significados que nos trouxeram até aqui.

É verdadeiro, no mínimo, o diagnóstico da natureza histórica do homem como conflito não apenas coletivo, mas individual-coletivo, no sentido em que "a existência humana é dialética, quer dizer, dramática, pois que se agita em um mundo incoerente, [...] pesquisa uma verdade que se foi, sem outra garantia que a de uma ciência fragmentária e uma reflexão formal"[688].

Ainda vemos, entretanto, a história como algo destacado de nós, não apenas destacado de nossa história individual, como se o passado não nos tivesse trazido aqui, mas também destacado de nossa natureza, como se as crises e conflitos que vislumbramos ali não correspondessem aos dramas do nosso íntimo. Onde, se não em nós mesmos, o zelo ortodoxo em manter o que valorizamos, em reprimir a divergência, a discordância? Onde, se não em nós mesmos, a rebeldia diante de imposições alheias e externas, o grito por liberdade que pode degenerar em gesto de violência iconoclasta como parricídio edipiano? De extremismos e radicalismos ou comodismos coniventes e interesseiros são feitos os atos humanos, assim como podem também ser feitos de ideais nobres, amor às tradições herdadas e entusiasmo pelo progresso. Tudo estando no vasto campo das possibilidades de ação humana, cabe-nos equilibrar e administrar prudentemente a diversidade dos interesses frente aos atos que promovam concórdia com cres-

688. (ARON, 1948, p. 350).

cimento, transformação com reconhecimento de nossas raízes, pertencimento com intimidade e individualidade.

Porque as reações ao Iluminismo partiam quase exclusivamente das ortodoxias, uma reação contrailuminista mais generalizada – digna de crédito, aos olhos dos leigos – só se consolidou após os horrores da Revolução Francesa. Então, filósofos – uns mais, outros menos religiosos – rapidamente mudaram sua percepção sobre as promessas de progresso daquele movimento que, para o bem e para o mal, se materializou na agitação revolucionária.

Madame de Staël, talvez a maior escritora da transição entre Iluminismo e Romantismo, não esqueceria a decapitação do pai, a quem venerava. Benjamin Constant, E. Burke e W. von Humboldt não deixavam de pasmar com o fato de que ideias tão boas poderiam ter estimulado tamanhas atrocidades. Condorcet, que despontava intelectualmente e ascendia para a posição de um filósofo de primeira grandeza, foi guilhotinado ele mesmo.

Naturalmente, a maioria dos grandes pensadores envolvidos na reavaliação da revolução entendia que Rousseau e Voltaire não poderiam ser responsabilizados pela sua degeneração, mas era preciso que seus erros e exageros teóricos fossem devidamente evidenciados para que eventos semelhantes não se repetissem. Os anos finais do Iluminismo viram crescer a noção de responsabilidade, que as primeiras gerações não foram capazes de calcular adequadamente em sua ânsia por atiçar os ânimos contra os mecanismos opressores.

Entre os muitos atores de valor dessa revisão, soma-se o amplo e consistente pensamento de Immanuel Kant como centro de gravidade de uma nova ordem. Ainda iluminista, Kant imprimiu sentido mais profundo a todas as demandas por verdade, autonomia, transparência moral e desconfiança cética. Os grandes filósofos são aqueles capazes de operar as grandes sínteses em meio a ambientes culturalmente dispersos, fraturados, onde o cinismo e a desesperança intelectual começam a se instalar, e precisamente esta grande síntese Kant ofereceu ao mundo iluminista.

Kant nunca foi um repetidor, mesmo em sua fase alinhada com o sistema Leibniz-Wolff, e a bem da verdade seu projeto se opõe à metafísica (para ele "dogmática") exemplificada exatamente por Baumgarten. Nesse sentido, como também em relação a outros autores e disciplinas, Kant é um modelo exemplar e peculiar de iluminista: ele louva e admira as construções mais rebuscadas do intelectualismo, sobretudo Leibniz-wolffiano, mas se dedica a demoli-lo. A mente e o trabalho de Kant não se apresentam, então, como arma de destruição em massa, como se vê em Voltaire, ou como um recomeço quase total, que tenta ignorar o quanto possível o que fora feito antes, o que se vê em Diderot ou Hume, e muito menos como um projeto de defesa da fé através de sua harmonização com a razão, como em grande parte o próprio sistema Leibniz-Wolff ou Locke haviam apresentado. Ele almeja fazer e até certo ponto faz essas três coisas ao mesmo tempo, e com uma competência e equilíbrio que, com toda justiça, eclipsou as tentativas anteriores de definição dos rumos da Modernidade.

Não esteve isento de erros, preferências, partidarismos sutis, mas foi uma figura ímpar por minimizar de modo incomparável os próprios vieses – na medida em que os percebia –, muito consciente que estava dos fracassos de outros muitos em exemplificar a autocrítica, a humildade intelectual, a tolerância e a razoabilidade que pregavam.

Ter percorrido parte da história da Modernidade, com vistas à especificidade de seu amadurecimento religioso, ressalta aos nossos olhos o quanto se avançou do começou ao final da carreira, e ajuda a compreender como os movimentos de ideias posteriores se justificam e se permitem explicar, quando teriam sido impossíveis séculos ou poucas décadas antes do tempo próprio.

Como toda a história, portanto, a história da religião na Modernidade nos ensina a importância de entendermos as limitações e problemas da realidade vivida, e que todas as soluções apresentadas parecerão, mais adiante, parciais e insuficientes. Não obstante, as soluções possíveis, parciais ou não, são a missão que cabe a cada tempo presente diante das falhas, injustiças e vícios que o assolam.

Referências bibliográficas

ALDRIDGE, A. Owen. *Voltaire and the Century of Light*. Princeton: Princeton University Press, 1975.

ANDERSON, Douglas. The Art of Virtue. In: MULFORD, Carla (Ed.). *Cambridge Companion to Benjamin Franklin*. Cambridge: Cambridge University Press, 2008.

ALSTON, Nigel. *Christianity and Revolutionary Europe c. 1750-1830*. Cambridge: Cambridge University Press, 2002.

ARMSTRONG, Brian G. Calvin. In: JONES, Lindsay (Ed.) *Encyclopedia of Religion*. Vol. III. Detroit: Thomson Gale, 2005.

ARON, Raymond. *Introduction a la philosophie de l'histoire; Essai sur les limites de l'objectivité historique*. Paris : Librairie Gallimard, 1948.

ASTELL. Ann W. The Virgin Mary and the "Voices" of Joan of Arc. In: ASTELL, Ann W.; WHEELER, Bonnie (Ed.). *Joan of Arc and Spirituality*. Hampshire: Palgrave, 2003.

BACON. Francis. *The Works of Francis Bacon*. Vol. I. London: A. Millar, 1765.

BACON. Francis. *The Works of Francis Bacon*. Vol. III. London: Millar & Tonson, 1765.

BAILLET, Adrien. *La vie de monsieur Descartes*. Paris: Daniel Horthemels, 1691.

BÄUMER, Remigius. *Martin Luther und der Papst*. Münster: Aschendorf, 1970.

BAUMGARTEN, Alexander. *Metaphysics*. A Critical Translation with Kant's Elucidations, Selected Notes, and Related Materials. London: Bloomsbury, 2013.

BAYLE, Pierre. *Dictionnaire historique et critique*. Paris: Desoer, 1820.

BELLOC, Hilaire. *Characters of the Reformation*. London: Sheed & Ward, 1936.

BENEDICT, Philip. The second wave of Protestant expansion. In: PO-CHIA HSIA, R. *The Cambridge History of Christianity*: Reform and Expansion 1500-1660. Vol. 6, Cambridge: Cambridge University Press, 2007.

BERDIAEFF, Nikolas. *Jakob Boehme Mysterium Magnum*: Études sur Jakob Böhme. Paris: Aubier, 1945.

BERKELEY, George. *Obras filosóficas*. São Paulo: Editora Unesp, 2008.

BIRELEY, Robert. Redefining Catholicism: Trent and Beyond. In: PO-CHIA HSIA, R. *The Cambridge History of Christianity*: Reform and Expansion 1500-1660. Vol. 6, Cambridge: Cambridge University Press, 2007.

BEYER, Charles Jacques. *Nature et valeur dans la philosophie de Montesquieu*: Analise méthodique de la notion de rapport dans l'Esprit des Lois. Paris : Klincksieck, 1982.

BLAIR, Ann. Science and Religion. In: PO-CHIA HSIA, R. *The Cambridge History of Christianity*: Reform and Expansion 1500-1660. Vol. 6, Cambridge: Cambridge University Press, 2007.

BOHLIN, Torgny. *Die Theologie des Pelagius und ihre Genesis*. Uppsala: Boktryckeri Aktiebolag, 1957.

BÖHME, Jakob. *Schriften Jakob Böhmes*. Organizador, Hans Kanser. Leipzig: Im Insel, 1923.

BOLSHAKOFF, Serge. *Russian Nonconformity*: The Story of "Unofficial" Religion in Russia. Philadelphia: The Westminster Press, 1950.

BONNER, Ali. *The Myth of Pelagianism*. Oxford: Oxford University Press/ The British Academy, 2018.

BOSI, Alfredo. *Essencial Padre Antônio Vieira*. São Paulo: Penguin Classics-Companhia das Letras, 2011.

BOUTROUX, Émile. *Pascal*. Coleção: Les Grands Écrivains Français. Paris: Machete, 1900.

BOYLE, Robert. *The Works of Robert Boyle*. Michael Hunter & Edward B. Davis (Ed.) London: Pickering & Chatto, 1999.

BRADLEY, James E. *Toleration and movements of Christian reunion*, 1660-1789. In: Stewart J. BROWN; TACKETT, Timothy (Ed.). *The Cambridge History of Christianity*: Enlightenment, Reawakening and Revolution 1660-1815. Vol. 7, Cambridge: Cambridge University Press, 2006.

BRANDT, Reinhardt. Überlegungen zur Umbruchsituation 1765-1766 in Kants philosophiacher Biographie. In: STENGEL, Friedrich (Hrsg). *Kant und Swedenborg*: Zugänge zu einem umstrittenen Verhältnisse. Tübingen: Max Niemeyer Verlag, 2008.

BRUNO, Giordano. *Cause, Principle and Unity; and Essays on Magic*. Cambridge: Cambridge University Press, 1998.

BRUNO, Giordano. *Sobre o Infinito, o Universo e os Mundos*. São Paulo: Abril Cultural, 1973.

CALAFATE, Pedro. *Metamorfoses da palavra*. Estudos sobre o pensamento português e brasileiro. Lisboa: Imprensa Nacional – Casa da Moeda, 1998.

CALVINO, João. *As Institutas da Religião Cristã*. Tradução de Waldyr Carvalho Luz. São Paulo: Editora Cultura Cristã, 2006.

CAMERINO, Luciano C. *Ser sujeito da morte*. Reflexões filosóficas , vivências e morrências. São Paulo: LiberArs, 2020.

CASSIRER, Ernst. *Gesammelte Werke (Hamburger Ausgabe)*. Bd. 22. Hamburg: Felix Meiner, 2006.

CASSIRER, Ernst. *The Individual and the Cosmos in Renaissance Philosophy*. New York: Harper & Row, 1963.

CAVANAUGH, William T. *The Myth of Religious Violence*: Secular Ideology and the Roots of Modern Conflict. Oxford: Oxford University Press, 2009.

CLARK, Dorothy. Erasmus and Zwingli's o the true and false religion. In: FURCHA, E. J.; PIPKIN, H. Wayne (Ed.). *Prophet, Pastor, Protestant*: The Works of Huldrych Zwingli After Five Hundred Years. Allison Park: Pickwick, 1984.

CLARK, Henry. *History of English Non-conformity*: From Wiclif to the Close of Nineteenth Century. Vol. I. London: Chapman Hall, 1911.

COELHO, Humberto Schubert. A necessidade de integração metafísica: o panenteísmo como síntese das teorias sobre a natureza de Deus. In: DIMAS, Samuel; EPIFÂNIO, Renato; LÓIA, Luís. *Redenção e escatologia*. III. Lisboa: Universidade Católica Editora, 2019.

COELHO, Humberto Schubert. Revolução na Reforma; a mística e a ciência sob a nova perspectiva teológica de Jakob Böhme. *Plura 2*, 2, 2011. (123-139)

COHEN, Hermann. *Ethik des reinen Willens*. Berlin: Bruno Cassirer, 1904.

COLERIDGE, Samuel Taylor. *The collected works of Samuel Taylor Coleridge*. Gen Ed. Kathleen Coburn. Vol. 8. New Jersey: Princeton University Press, 2000.

COLLINGWOOD, Robin G. *The Idea of History*. Oxford: Clarendon Press, 1946.

COMENIUS, Jan Amos. *Pampedia*: Educação universal. Bragança Paulista: Editora Comenius, 2014.

COX, Homersham. *The First Century of Christianity*. London: Longmans, Green and Co, 1886.

CRUSIUS, Christian August. *Entwurf der notwendigen Vernunft-Wahrheiten, wiefern sie den zufälligen entgegen gesetzt werden*. Leipzig: Johann Friedrich Gleditschens Buchhandlung, 1766.

CUSA, Nicolau de. *A douta ignorância*. Lisboa: Calouste Gulbenkian, 2003.

CUSA, Nicolau de. *A visão de Deus*. Lisboa: Calouste Gulbenkian, 1998.

CYRANKA, Daniel. *Lessing im Reinkarnationsdiskurs*: Eine Untersuchung zu Kontext und Wirkung von G. E. Lessings Texten zur Seelenwanderung. Göttingen: V&R, 2005.

DANTE ALIGHIERI. *The Divine Comedy*. Vol. I: Inferno. Cambridge: Harvard University Press, 1918.

DANTE ALIGHIERI. *Vida Nova*. Lisboa: Guimarães Editora, 1993.

DE BRUYN, Theodore. *Pelagius' Commentary on St Paul's Epistle to the Romans*. Oxford: Clarendon Press, 1993.

DE MELLO, José A. Teixeira (dir.). *Annais da Bibliotheca Nacional do Rio de Janeiro*. Vol. XIX. Rio de Janeiro: Typographia Leuzinger, 1897.

DE PLINVAL, Georges. *Pélage; ses écrits, sa vie et sa reforme*. Lausane: Payot, 1943.

DE SOYRES, John. *The Provincial Letters of Pascal*. London: George Bell and Sons, 1880.

DE STE. CROIX, Geoffrey E. M. *Christian Persecution, Martyrdom & Orthodoxy*. Oxford: Oxford University Press, 2006.

DENIELSON. Dennis. That Copernicanism Demoted Humans from the Center of the Cosmos. In: NUMBERS, Ronald. *Galileo goes to Jail; and other Myths about Science and Religion*. Cambridge: Harvard University Press, 2009.

DESCARTES, René. *Los princípios de la filosofía*. Barcelona: Alianza Editorial, 1995.

DESCARTES, René. *Meditações metafísicas*. São Paulo: Martins Fontes, 2005.

DOBRÉE, Bonamy. *William Penn*: Quaker and Pioneer. London: Constable, 1932.

DONNELY, John Patrick. New religious orders for men. In: PO-CHIA HSIA, R. *The Cambridge History of Christianity*: Reform and Expansion 1500-1660. Vol. 6, Cambridge: Cambridge University Press, 2007.

DRUMMOND, Andrew; BULLOCH, James. *The Scottish Church 1688-1843*. The Age of the Moderates. Edimburgh, The Saint Andrew Press, 1983.

DURANT, Will. *A História da Civilização IV*: A idade da fé. Rio de Janeiro: Record, 2002.

DURANT, Will. *A História da Civilização VI*: A Reforma. Rio de Janeiro: Record, 2002.

DURANT, Will ; DURANT, Ariel. *The Story of Civilization VII*: The Age of Reason Begins. New York: Simon and Schuster, 1961.

DURANT, Will ; DURANT, Ariel. *The Story of Civilization VIII*: The Age of Louis XIV. New York: Simon and Schuster, 1963.

DURANT, Will ; DURANT, Ariel. *The Story of Civilization IX*: The Age of Voltaire. New York: Simon and Schuster, 1965.

DURANT, Will ; DURANT, Ariel. *The Story of Civilization X*: Rousseau and Revolution. New York: Simon and Schuster, 1967.

DYCK, Corey. Between Wolffianism and Pietism: Baumgarten's Rational Psychology. In: FUGATE, Courtney D.; HYMERS, John (Ed.). *Baumgarten and Kant on Metaphysics*. Oxford: Oxford University Press, 2018.

DYCK, Corey. G. F. Meier and Kant on the Belief in the Immortality of the Soul. In: Corey DYCK; Falk WUNDERLICH. *Kant and his German Contemporaries*. Vol. I. Cambridge: Cambridge University Press, 2018.

EBERT, Klaus (Hrsg.). *Protestantische Mystik*. Von Martin Luther bis Friedrich D. Schleiermacher. Weinheim: Deutsche Studien, 1996.

ERASMUS, Desiderius. *The Praise of Folly*. Oxfofd: Clarendon Press, 1913.

ESPINOSA, Baruch. *Breve Tratado de Deus, do homem e do seu bem-estar*. Belo Horizonte: Autêntica Editora, 2014.

ESPINOSA, Baruch. *Ética*. São Paulo: Nova Cultural, 2005.

ESPINOSA, Baruch. *Pensamentos metafísicos*. São Paulo: Nova Cultural, 2005.

EVANS, Robert. *Four Letters of Pelagius*. New York: The Seabury Press, 1968.

FÉNELON. *Ouvre de Fénelon*. Paris: Louis Vivés, 1854.

FÉNELON, François de. *Telemachus, son of Ulysses*. Cambridge: Cambridge University Press, 1994.

FERGUSON, John. *Pelagius*: A Historical and Theological Study. Cambridge: W. Heffer & Sons, 1956.

FINOCCHIARO, Maurice A. That Galileo was Imprisoned and Tortured for Advocating Copernicanism. In: NUMBERS, Ronald. *Galileo goes to Jail; and other Myths about Science and Religion*. Cambridge: Harvard University Press, 2009.

FOCK, Otto. *Der Socianismus; nach seiner Stellung in der Gesammtentwicklung des christlichen Geistes nach seinem historischen Veraluf und nach seinem Lehrbegriff*. Kiel: Carl Schröder & Comp., 1847.

FORTIN, Ernest L. *Dissent and Philosophy in the Middle Ages*: Dante and his Precursors. London: Lexington Books, 2002.

FOX. George. *The Journal of George Fox; Being an Historical Account of his Life, Travels, Sufferings, and Christian Experiences*. London: Headley Brothers, 1902.

FUGATE, Courtney D.; HYMERS, John (Ed.). *Baumgarten and Kant on Metaphysics*. Oxford: Oxford University Press, 2018.

FURCHA, E. J. In Defense of the Spirit Zwingli Authenticates his Reforms. In: FURCHA, E. J.; PIPKIN, H. Wayne (Ed.). *Prophet, Pastor, Protestant*: The Works of Huldrych Zwingli After Five Hundred Years. Allison Park: Pickwick, 1984.

FRANCIS OF ASSISI. *The Writings of Francis of Assisi*. Indianapolis: Liberty Fund, 2005. (From Philadelphia: The Dolphin Press, 1906).

GALILEO GALILEI. *Dialogues concerning two new sciences*. New York: McMillan, 1914.

GARDNER, Edmund. *Dante and the Mystics*. A Study of the Mystical Aspect of the Divina Commedia and its Relations with some of its Medieval Sources. London: J. M. Dent & Sons, 1913.

GARRARD, L. A. *Athens or Jerusalem?* A Study in Christian Comprehension. London: George Allen & Unwin, 1965.

GAY, Peter. *The Enlightenment*: An Interpretation. I. The Rise of Modern Paganism. London: Weidefeld and Nicolson, 1966.

GAY, Peter. *The Enlightenment*: An Interpretation. II. The Science of Freedom. London: Weidefeld and Nicolson, 1969.

GEORGE, Timothy. The Presuppositions of Zwingli's Baptismal Theology. In: FURCHA, E. J.; PIPKIN, H. Wayne (Ed.). *Prophet, Pastor, Protestant*: The Works of Huldrych Zwingli After Five Hundred Years. Allison Park: Pickwick, 1984.

GILSON, Étienne. *Dante the philosopher*. London : Sheed & Ward, 1948.

GLOCKNER, Hermann. *Die Europäische Philosophie.* Von den Anfängen biz zur Gegenwart. Stuttgart: Reclam, 1968.

GORÉ, Jeanne-Lydie. *L'Itinéraire de Fénelon*: Humaniseme et spiritualité. Paris : Presses Universitaires, 1957.

GREGORY, Brad S. *The Unintended Reformation*: How a Religious Revolution Secularized Society. Cambridge: Harvard University Press, 2012.

GRIMSLEY, Ronald. *Rousseau and the Religious Quest.* Oxford: Clarendon Press, 1968.

HAMANN, Johann Georg. *Hauptschriften erklärt.* Bd. II: Sokratische Denkwürdigkeiten. Erklärt von Fritz Blanke. Berlin: Gütersloher Verlagshaus Gerd Mohn, 1959.

HARRISON, Peter; ROBERTS, Johm (Ed.). *Science without God?* Rethinking the History of Scientific Naturalism. Oxford: Oxford University Press, 2019.

HATFIELD, Gary. The Cartesian Circle. In: GAUKROGER, Stephen. *The Blackwell Guide to Descartes' Meditations.* Malden: Blackwell Publishing, 2006.

HAYES, Kevin. Benjamin Franklin's Library. In: MULFORD, Carla (Ed.). *Cambridge Companion to Benjamin Franklin.* Cambridge: Cambridge University Press, 2008.

HAZARD, Paul. *La crise de la conscience européene, 1680-1715.* Paris: Fayard, 1961.

HEGEL, G. W. F. *Werke in 20 Bänden.* Frankfurt: Suhrkamp Verlag, 1970.

HENDRIX, Scott. Martin Luther, reformer. In: PO-CHIA HSIA, R. *The Cambridge History of Christianity:* Reform and Expansion 1500-1660. Vol. 6, Cambridge: Cambridge University Press, 2007.

HENRICH, Dieter. Über Kants früheste Ethik; Versuch einer Rekonstruktion. *Kant-Studien 54*, 1963. (404-431)

HILLERBRAND, Hans J. *Oxford Encyclopedia of Reformation.* Vol. I. Oxford: Oxford University Press, 1996.

HIMMELFARB, Gertrude. *The Roads to Modernity.* The British, French and American Enlightenments. New York: Alfred A. Knopf, 2004.

HOBBINS, Daniel. *The Trial of Joan of Arc.* Cambridge: Harvard University Press, 2005.

HOFMANN, Michael. Die Religion des Späten Lessing. In : HOFMANN, Michael; ZELLE, Carsten. *Aufklärung und Religion; Neue Perspektiven.* Erlangen: Werhan Verlag, 2010.

HORNBECK II, J. Patrick; LAHEY, Stephen E.; Somerset, Fiona. *Wycliffite Spirituality.* Mahwah: Paulist Press, 2013.

HUME, David. *A Dissertation on the Passions.* The Natural History of Religion. The Clarendon Editions of the Works of David Hume. Tom L. Beauchamp (Ed.) Oxford: Clarendon Press, 2007.

HUS, John. *The Church.* Indianapolis: Liberty Fund, 2004. (From New York: Charles Scrybner and Sons, 1915).

HUTTON, Sarah. *British Philosophy in the Seventeenth Centurty.* Oxford: Oxford University Press, 2015.

ISRAEL, Jonathan I. *Radical Enlightenment.* Philosophy and the Making of Modernity 1650-1750. Oxford: Oxford University Press, 2001.

JOLLEY, Nicholas. Metaphysics. In: Donald RUTHERFORD. *The Cambridge Companion to Early Modern Philosophy*. Cambridge: Cambridge University Press, 2007.

JONNSON, Inge. Die Swedenborgforschung: ein persönnlicher Überblick. In: STENGEL, Friedrich (Hrsg). *Kant und Swedenborg*: Zugänge zu einem umstrittenen Verhältnisse. Tübingen: Max Niemeyer Verlag, 2008.

JOSEPHSON-STORM, Jason. *The Myth of Disenchantment*: Magic, Modernity and the Birth of Human Sciences. Chicago: University of Chicago Press, 2017.

JULIA, Dominique. Christian education. In: Stewart J. BROWN; TACKETT, Timothy (Ed.). *The Cambridge History of Christianity*: Enlightenment, Reawakening and Revolution 1660-1815. Vol. 7, Cambridge: Cambridge University Press, 2006.

KAHL, Wilhelm. *Die Lehre com Primat des Willens bei Augustinus, Duns Scotus und Descartes*. Strassburg: Verlag von Karl Trübner, 1886.

KANT, Immanuel. *Allgemeine Naturgeschichte und Theorie des Himmels*. Zeiss: Wilhelm Webel, 1789.

KANT, Immanuel. *Träume eines Geistersehers*. Stuttgart: Philipp Reclam, 2002.

KELLETER, Frank. Franklin and the Enlightenment. In: MULFORD, Carla (Ed.). *Cambridge Companion to Benjamin Franklin*. Cambridge: Cambridge University Press, 2008.

KLASSEN, William. Anabaptism. In: HILLERBRAND, Hans (Ed.). *The Encyclopedia of Protestantism*. New York: Routledge, 2004.

KLEISNER, Friederike. *Körper und Seele bei Georg Christoph Lichtenberg*. Würzburg: Königshausen & Neumann, 1998.

KORFF, Hermann. A. *Geist der Goethezeit*. In 4 Bänden. Leipzig: Koehler & Amelang, 1954.

KULSTAD, Mark A. Newton, Spinoza, Stoics and Others: A Battle Line in Leibniz Wars of (Natural) Religion. *The Leibniz Review 18*, 2008. (81-121)

KRAUSE, Gerhard; MÜLLER, Gerhard (Hrs.). *Theologische Realenzyklopädie*. Berlin: Walter de Gruyter, 1979.

LARMORE, Charles. Descartes and Skepticism. GAUKROGER, Stephen. *The Blackwell Guide to Descartes' Meditations*. Malden: Blackwell Publishing, 2006.

LAURO, Monalisa Maria. *A imortalidade da alma na filosofia crítica de Kant*: um estudo a partir de eu confronto com o Fédon de Mendelssohn. Dissertação de mestrado. Juiz de Fora: Universidade Federal de Juiz de Fora, PPGCRE, 2010.

LECLER, Joseph. *Histoire de la tolerance au siècle de la Réforme*. Aubier : Montaigne, 1955.

LE GOFF, Jacques. *Para um novo conceito de Idade Média*. Lisboa: Estampa, 1993.

LEHMANN, Hartmut. Continental Protestant Europe. In: Stewart J. BROWN, Stewart J.; TACKETT, Timothy (Ed.). *The Cambridge History of Christianity*: Enlightenment, Reawakening and Revolution 1660-1815. Vol. 7, Cambridge: Cambridge University Press, 2006.

LEHMANN, Hartmut. Lutheranism in the seventeenth century. In: PO-CHIA HSIA, R. *The Cambridge History of Christianity*: Reform and Expansion 1500-1660. Vol. 6, Cambridge: Cambridge University Press, 2007.

LEIBNIZ, G. W. *Discurso de Metafísica e outros textos*. São Paulo: Martins Fontes, 2004.

LEIBNIZ. G. W. *Princípios da natureza e da graça*. Lusofonia Press: www.lusofonia.net. 29/04/2020.

LEIBNIZ, G. W. *Theodicy*. La Salle: Open Court, 1997.

LEIGH, Gertrude. *The Passing of Beatrice; A Study in the Heterodoxy of Dante*. London: Faber & Faber, 1932.

LESSING, Gotthold Ephraim. *A Educação do Gênero Humano*. Bragança Paulista: Comenius, 2019.

LESSING, Gotthold Ephraim. *Lessing Werke und Briefe: in zwölf Bänden*. Bd. VII. Frankfurt am Main: Deutsche Klassiker Verlag, 2000.

LOCKE, John. *The Works of John Locke*. Vol. VII. London: Thomas Davison, Whitefriars, 1823.

LOOK, Brandon. Baumgarten's Rationalism. In: FUGATE, Courtney D.; HYMERS, John (Ed.). *Baumgarten and Kant on Metaphysics*. Oxford: Oxford University Press, 2018.

LOUGH, John. *The Encyclopédie*. New York: David McKay, 1971.

LUTHER, Martin. An Exposition of the Lord's Prayer to Simple Laymen. In: DIETRICH, Martin; LEHMANN, Helmut (Ed.). Luther's Works. Vol. 42. Philadelphia: Fortress Press, 1969.

MacCULLOCH, Diarmaid. *All Things Made New*: Writings on the Reformation. Penguim, 2016.

MacCULLOCH, Diarmaid. *Reformation*: Europe's House Divided, 1490-1700. London : Penguin Books, 2003.

MAHAFY, John Pentland. *Descartes*. In: Philosophical Classics for English Readers, ed. KNIGHT, William. New York: Books for Libraries Press, 1902.

MAMIANI, Maurizio. Newton on Prophecy and the Apocalypse. In: COHEN, Bernard; SMITH, George. *The Cambridge Companion to Isaac Newton*. Cambridge: Cambridge University Press, 2004.

MAILHOS, Georges. Pour une "Revolution dans les esprits". In: SIPRIOT, Pierre (Ed.). *Voltaire, ou la liberté de l´esprit*. Les Cahiers du Rocher. Monaco: Editions du Rocher, 1989.

MAILHOS, Georges. *Voltaire; Temoin de son temps*. Paris : Universite Lille III, Atelier National, Reproduction des Theses, 1985.

MANEA, Dragos. Beyond Enlightenment Error: The Christian Dimension of Francis Bacon's Novum Organum. *Annals of the University of Craiova, Philology 2*, XVI, 2015. (102-110)

MARGOLIS, Nadia. The Mortal Body as Divine Proof: A Spiritual-Physical Blazon of Joan of Arc. In: ASTELL, Ann W.; WHEELER, Bonnie (Ed.). *Joan of Arc and Spirituality*. Hampshire: Palgrave, 2003.

MARTENSEN, Hans Lassen. *Jacob Boehme*: His Life and Teaching; or Studies in Theosophy. London: Hodder and Stoughton, 1885.

MARTINSON, Steven D. *The Work of Ephraim Lessing*. Heidelberg: synchron, 2013.

MASSEAU, Didier. *Les ennemis des philosophes*: L'antiphilosophie au temps des Lumières. Paris: Albin Michel, 2000.

MCLAUGHLIN, Emmet. The radical Reformation. In: PO-CHIA HSIA, R. *The Cambridge History of Christianity*: Reform and Expansion 1500-1660. Vol. 6, Cambridge: Cambridge University Press, 2007.

MCMANNERS, John. *Church and Society in Eighteenth-Century France. Vol. 2*: The Religion of the People and the Politics of Religion. Oxford: Clarendon Press, 1998.

MEIER, George F. *Vertheidigung der Gedanken von Gespentern*. Halle: Hemmerde, 1748.

MENDELSSOHN, Moses. *Gesammelte Schriften Jubiläumsausgabe*. Berlin: Akademie Verlag, 1931.

MENDELSSOHN, Moses. *Gesammelte Schriften Jubiläumsausgabe*. Suttgart: Friedrich Frommann Verlag Günther Holzbook, 1974.

MEYER, D. H. The Uniqueness of the American Enlightenment. *American Quarterly 28*, 2, 1976. (165-186)

MILTON, John. *Paradise Lost*. Djvu Editions E-books, Global Language Resources, 2001.

MONTER, William. The Meditrranean Inquisitions of early modern Europe. In: PO-CHIA HSIA, R. *The Cambridge History of Christianity*: Reform and Expansion 1500-1660. Vol. 6, Cambridge: Cambridge University Press, 2007.

MORNET, Daniel. *Les origines intellectuelles de la Révolution Française (1715-1787)*. Paris: Libraire Armand Colin, 1933.

MOUT, Nicollete. Peace without concord: religious toleration in theory and practice. In: PO-CHIA HSIA, R. *The Cambridge History of Christianity*: Reform and Expansion 1500-1660. Vol. 6, Cambridge: Cambridge University Press, 2007.

MURY, Paulo S. J. *História de Gabriel Malagrida da Companhia de Jesus*. Lisboa: Livraria Editora de Mattos Moreira, 1875.

NISBET, H. B. *Lessing, eine Biographie*. München: Beck, 2008.

NUGENT, Madeline Pecora. *Antônio, Palavras de fogo, vida de luz*. São Paulo: Paulinas, 2008.

NUOVO, Victor (Ed.). *John Locke and Christianity*: Contemporary Responses to The Reasonableness of Christianity. Bristol: Thoemmes Press, 1997.

OBERDORFER, B. Wendepunkt: Lessings Bedeutung für Aufstieg und Krise des Gottes der Vernunft im "Zeitalter der Aufklärung". In: LAUSTER, jörg; OBERDORFER, Bernd. *Der Gott der Vernunft*. Tübingen: Morh Siebeck, 2009.

OGONOWSKI, Zbigniew. Der sozianismus und das Problem der toleranz. In: SZCZUCKI, Lech. *Faustus Socinus and his heritage*. Kraków: Polish Academy of Arts and Science, 2005.

OLIVEIRA MARTINS, J. P. *História de Portugal*. Lisboa: Viuva Bertrand, 1882.

PAGDEN, Anthony. *The Enlightenment; and why it still matters*. Oxford: Oxford University Press, 2013.

PAINE, Thomas. *The Writings of Thomas Paine*. Philadelphia: R. Bell, 1776.

PANNENBERG, Wolfhart. *Filosofia e Teologia*: Tensões e convergências de uma busca comum. São Paulo: Paulinas, 2008.

PASCAL. Blaise. *Pensamentos*. São Paulo: Nova Cultural, 1999.

PELISSIER, Georges. *Voltaire Philosophe*. Paris: Libraire Armand Colin, 1908.

PENELHUM, Terence. *Butler*. London: Routledge & Kegan Paul, 1985.

PENELHUM, Terence. *Themes in Hume*: The Self, the Will, Religion. Oxford: Clarendon Press, 2000.

POMEAU, René. La religion de Voltaire. In: SAREIL. Jean (Ed.) *Voltaire et la critique*. Englewood Cliffs: Prentice Hall, 1966.

POPP, Karl Robert. *Jakob Böhme und Isaac Newton*. Leipzig: Verlag von S. Hirzel, 1935.

RACK, Henry D. *Reasonable Enthusiast*: John Wesley and the Rise of Methodism. London: Epworth Press, 1989.

REES, Thomas. The Racovian Cathecism, with notes and illustrations, translated from the latin: to which is prefixed a sketch of the history of Unitarianism in Poland and the adjacent countries. In: NUOVO, Victor (Ed.). *John Locke and Christianity*: Contemporary Responses to The Reasonableness of Christianity. Bristol: Thoemmes Press, 1997.

REIMARUS, Hermann Samuel. *Abhandlungen von den vornehmsten Wahrheiten der natürlichen Religion*. Tübingen: Chr. Gottl. Franck und Wilh. Heinr. Schramm, 1782.

REYNOLDS, J. S. *The Evangelicals at Oxford, 1735-1871*: A Record of an Uncrhonicled Movement. Appleford, Abingdon, Oxford: Marcham Mannor Press, 1975.

RICHARDSON, David. Agency, Ideology and Violence in the History of Transatlantic Slavery. *The Historical Journal 50*, 4. 2007. (971-989)

RIHS, Charles. Histoire et Philosophie. In: SAREIL. Jean (Ed.) *Voltaire et la critique*. Englewood Cliffs: Prentice Hall, 1966.

RITTER, Joachim; GRÜNDER, Karlfired (Ed.). *Historisches Wörterbuch der Philosophie*. Bd. 7. Basel: Schwabe & Co. Ag. Verlag, 1989.

ROBERTS, Frank Carl. *Gottfried Arnold as a historian of Christianity*: A reappraisal of the Unparteische Kirchen- und Ketzerhistorie. Vanderbilt University, Ph.D., 1973.

ROUSSEAU, Jean-Jacques. *Confissões*. São Paulo: Edipro, 2008.

ROUSSEAU, Jean Jacques. *Discurso sobre a origem e os fundamentos da desigualdade entre os homens*. Brasília: Ed. Universidade de Brasília, 1989.

ROUSSEAU, Jean Jacques. *Emílio, ou da Educação*. São Paulo: Difel, 1979.

ROWLAND, Ingrid. *Giordano Bruno*: Philosopher/Heretic. Chicago: Chicago University Press, 2008.

RUTHERFORD, Donald. Introduction: Leibniz and Religion. American Catholic Philosophical Quarterly 76, 4, 2002. (523-530)

RUTHERFORD, Donald. Malebranche's Theodicy. In: NADLER, Steven. *The Cambridge Companion to Malebranche*. Cambridge: Cambridge University Press, 2006.

SACKVILLE-WEST, V. *Saint Joan of Arc*. London: Cobden-Sanderson, 1936.

SANTOZKI, Ulrich. Die Bedeutung antiken Theorien für die Genese und Systematik von Kants Philosophie. *Kant-Studien* 153, Berlin: Walter de Gruyter, 2006.

SCHARGO, Nelly Noémie. *History in the* Encyclopedie. New York: Columbia University Press, 1947.

SCHNEEWIND, J. B. *A invenção da autonomia*. São Leopoldo: Editora Unisinos, 2001.

SCHÖFFLER, Herbert. *Deutsches Geistesleben zwischen Reformation und Aufklärung*: Von Martin Opitz zu Christian Wolff. Frankfurt: Vittorio Klostermann, 1956.

SCHWARZ, Carl G. E. *Lessing als Theologe*. Halle: Pfeffer, 1954.

SCHWEIGER, Clemens. Baumgarten's Theory of Freedom; A Contribution to the Wolff-Lange Controversy. In: FUGATE, Courtney D.; HYMERS, John (Ed.). *Baumgarten and Kant on Metaphysics*. Oxford: Oxford University Press, 2018.

SCRUTON, Roger. *Introdução à Filosofia Moderna*: De Descartes a Wittgenstein. Rio de Janeiro: Zahar, 1982.

SECADA, Jorge. The Doctrine of Substance. In: GAUKROGER, Stephen. *The Blackwell Guide to Descartes' Meditations*. Malden: Blackwell Publishing, 2006.

SERVET. Miguel. *Restitución del Cristianismo*. Madrid: Fundación universitaria española, 1980.

SCHOLZ, Heinrich. *Goethes Stellung zur Unsterblichkeitsfrage*. Tübingen: Mohr. 1934.

SHANK, Michael. Naturalist Tendencies in Medieval Science. In: HARRISON, Peter; ROBERTS, Johm (Ed.). *Science without God? Rethinking the History of Scientific Naturalism*. Oxford: Oxford University Press, 2019.

SNOEBELEN, Stephen. Isaac Newton, heretic: the strategies of a Nicodemite. *The British Journal for the History of Science 32*, 1999. (381-419)

SNOEBELEN, Stephen. Socianism and Newtonianism: The Case of William Whiston. In: SZCZUCKI, Lech. *Faustus Socinus and his heritage*. Kraków: Polish Academy of Arts and Science, 2005.

SOMMER, Andreas. *Crossing the Boundaries of Mind and Body: Psychical Research and the Origins of Modern Psychology*. PhD Thesis in Science and Technology Studies, University College London, 2013.

SPINKA, Mathew (Ed.). *Advocates of the Reform: From Wyclif to Erasmus*. London: SCM Press, 1953.

SPINKA, Matthew. *John Huss at the Council of Constance*. New York: Columbia University Press, 1965.

SPINOZA, Baruch. Tratado teológico-político. Lectulandia: www.lectulandia.com. Última visita em 10/11/2020.

STARK, Rodney. *For the Glory of God*: How Monotheism Led to Reformations, Science, Witch-hunts and the End of Slavery. Princeton: Princeton University Press, 2003.

STEIN, Ludwig. *Leibniz und Spinoza*: Ein Beitrag zur Entwicklungsgeschichte der Leibnizischen Philosophie. Berlin: Druck und Verlag von Georg Reimer, 1890.

STENGEL, Friedmann. Kant – "Zwillingsbruder" Swedenborgs? In: STENGEL, Friedrich (Hrsg). *Kant und Swedenborg*: Zugänge zu einem umstrittenen Verhältnisse. Tübingen: Max Niemeyer Verlag, 2008.

STENGER, Gerhardt. *Nature et liberté chez Diderot; aprèz l'Encyclopédie*. Paris: Universitas, 1994.

STIENING, Gideon. Zur physischen Antropologie einer « Unsterblichkeit der Seele ». In: GRUNERT, Frank; STIENING, Gideon (Hg.). *Johann Georg Sulzer (1720-1779). Aufklärung zwischen Christian Wolff und David Hume*. Berlin: Akademie Verlag, 2011.

STUART, Matthew. *Locke's Methaphysics*. Oxford: Clarendon Press, 2013.

SWEDENBORG, Emanuel. *Arcana Coelestia*. West Chester: Swedenborg Foundation, 2009.

TAFEL, Rudolf L. *Documents Concerning the Life and Character of Emanuel Swedenborg*. London: Swedenborg Society, 1890.

THIELICKE, Helmut. *Offenbarung*: Vernunft und Existenz. Kassel: Gütersloher, 1957.

TIMM, Hermann. *Gott und die Freiheit*: Studien zur Religionsphilosophie der Goethezeit, Bd. 1, Die Spinozarenaissance. Frankfurt am Main: Klostermann, 1974.

TOTH, William. Highlights of the Hungarian Reformation. *Church History* 9, 1940. (141-156)

TROELTSCH, Ernst. *Gesammelte Schriften*. Tübingen: J. C. B Mohr & Siebeck, Erschien 1912-1925.

VAILATI, Ezio. *Leibniz & Clarke: A Study of Their Correspondence*. Oxford: Oxford University Press, 1997.

VALLEJOS, Alfredo L. Miguel Servet ¿Heterodoxo? Corrientes teológicas y filosóficas en el cristianismo del siglo XVI. In: SAGAZ, Manuel de F.; ECHEVERRÍA, Francisco J. G.; PANIAGUA Y ARELLANO, Juan A.; VALLEJOS, Alfredo L. *Miguel Serveto o Miguel de*

Villanueva. Commemoración del 450 aniversario de la muerte de Miguel Servet, 1553. Pamplona: Gobierno de Navarra, 2004.

VALLÈS, Alejandro. La invertida escala de Jacob: filosofía y teología en El Sueño de Sor Juana Inés de la Cruz. In: VALLÈS, Alejandro S.; LÓPEZ, Édgar F. C. *Premio Nacional de Ensayo Sor Juana Inés de la Cruz*. Toluca: Instituto Mexiquense de Cultura, 1996.

VAN KLEY, Dale K. Jansenism and the internationa suppression of the Jesuits. In: Stewart J. BROWN; TACKETT, Timothy (Ed.). *The Cambridge History of Christianity*: Enlightenment, Reawakening and Revolution 1660-1815. Vol. 7, Cambridge: Cambridge University Press, 2006.

VERNIÈRE, Paul. *Spinoza et la pensée française avant la révolution*. Paris: Presses Universitaires de France, 1954.

VOGEL, Christine. *Guerra aos jesuítas*: A propaganda antijesuítica do Marquês de Pombal em Portugal e na Europa. Lisboa: Temas e Debates-Círculo de Leitores, 2017.

VOLTAIRE. F. M. A. *L'Evangile de la Raison, ouvrage philosophique*. Paris: Du Laurens, 1765.

VOLTAIRE, F. M. A. *Oevre complètes*. Paris: Garnier, 1877.

VV.AA. *Bíblia Sagrada*. São Paulo: Co-edição EP e Maltese, 1980.

WADE, Ira O. *The Intellectual Development of Voltaire*. Princeton: Princeton University Press, 1969.

WARD, W. R. Evangelical awakenings in the North Atlantic world. In: Stewart J. BROWN; TACKETT, Timothy (Ed.). *The Cambridge History of Christianity: Enlightenment, Reawakening and Revolution 1660-1815*. Vol. 7. Cambridge: Cambridge University Press, 2006.

WATTS, Michael. *The Dissenters. Vol. I*: From the Reformation to the French Revolution. Oxford: Clarendon Press, 1978.

WEHR, Gerhard. *Jakob Böhme*. Hamburg: Rowohlt, 1971.

WILKINSON, Maurice. *Erasmus of Rotterdam*. Catholic Thought and Thinkers. New York: Kennedy and Sons, 1921.

WILLES, Maurice. *Archetypal Heresy*: Arianism through the Centuries. Oxford : Clarendon Press, 1996.

WINTER, Ernst. *Erasmus and Luther*: Discourse on Free Will. London: Continuum, 2007.

WOLFF, Christian. *Natürliches Gottesgelahrheit nach beweisender Lehrart. Abschnitt I*. Halle: Rengerischen Buchandlung, 1743.

WOLFF, Christian. *Natürliches Gottesgelahrheit nach beweisender Lehrart. Abschnitt II*. Halle: Rengerischen Buchandlung, 1745.

WOLFF, Christian. *Vernünftigen Gedanken von den Kräften des Menschen Verstandes und ihren richtigen Gebrauche in Erkäntniss der Wahrheit, Den Liebhabern der Wahrheit*. Halle: Rengerischen Buchandlung, 1722.

WOLLGAST, Siegfried. *Philosophie in Deutschland zwischen Reformation und Aufklärung, 1550-1650.* Berlin: Akademie Verlag, 1988.

WOLLGAST, Siegfried. *Zur Fiedensidee in der Reformationszeit*: Texte von Erasmus, Paracelsus, Franck. Berlin : Akademie Verlag, 1968.

WUNDERLICH, Falk. Johann Georg Sulzers Widerlegung des Materialismus und die Materientheorien der Zeit. In: GRUNERT, Frank; STIENING, Gideon (Hg.). *Johann Georg Sulzer (1720-1779). Aufklärung zwischen Christian Wolff und David Hume.* Berlin: Akademie Verlag, 2011.

WYCLIFF, John. *Writings of Reverend and Learned John Wycliff.* Philadelphia: Presbiterian Board of Publication, 1842.

WYCLIFFE, John. *Tracts and Treatises of John Wycliffe.* London: Blackburn and Pardon, 1845.

YANDELL, Keith. *Hume's "Inexplicable Mystery"*: His Views on Religion. Philadelphia: Temple University Press, 1990.

ZAUNSTÖCK, MÜLLER-BAHLKE; VELTMANN, Claus. Die Welt verändern. August Hermann Francke – Ein Lebenswerk um 1700. Halle: Verlag Frankeschen Stiftung, 2013.

Série Ciência e Espiritualidade

- *História da liberdade religiosa – Da reforma ao Iluminismo*
Humberto Schubert Coelho

30.000
+
700
300
1300 30.000
390 000 000
40 10 30 20
746
57742
57.000